◇现代经济与管理类系列教材

物流成本管理

（第 2 版修订本）

王欣兰　主　编
田海霞　徐素波　副主编
韩乐江　主　审

清华大学出版社
北京交通大学出版社
·北京·

内 容 简 介

本教材系统地阐明以企业为典型代表的现代物流成本管理的系统理论和方法，吸收了最新的研究成果，反映了物流成本管理的发展趋势，采用了富有创意的体例设计。其内容和体系安排的特点是：在阐明物流成本管理基本理论的基础上，系统阐述了物流成本计算和物流功能成本管理的基本理论与方法，并介绍了物流成本管理发展趋势。本书在体例设计上力求探索教学改革，每章设有结构图、学习目标、引导案例、复习与应用和案例分析。全书共分为10章，具体内容包括物流成本管理概述、企业物流成本计算、物流成本预测与决策、物流成本预算、物流成本控制、运输成本管理、仓储成本管理、采购成本管理、物流成本分析和物流绩效评价。

本书可作为高等学校物流管理类专业的教科书，也可供管理学其他各类专业使用，还可供物流管理人员在职培训和应试参考使用。

本书封面贴有清华大学出版社防伪标签，无标签者不得销售。
版权所有，侵权必究。侵权举报电话：010-62782989　13501256678　13801310933

图书在版编目（CIP）数据

物流成本管理/王欣兰主编. —2版. —北京：北京交通大学出版社：清华大学出版社，2015.3（2022.1重印）
（现代经济与管理类系列教材）
ISBN 978-7-5121-2220-8

Ⅰ. ① 物… Ⅱ. ① 王… Ⅲ. ① 物流-成本管理-高等学校-教材 Ⅳ. ① F253.7

中国版本图书馆CIP数据核字（2015）第 046494 号

责任编辑：吴嫦娥　　特邀编辑：林夕莲	
出版发行：清华大学出版社　　邮编：100084　　电话：010-62776969　　http://www.tup.com.cn	
北京交通大学出版社　　邮编：100044　　电话：010-51686414　　http://www.bjtup.com.cn	
印　刷　者：北京时代华都印刷有限公司	
经　　　销：全国新华书店	
开　　　本：185×260　　印张：21.25　　字数：530千字	
版　印　次：2021年3月第2版第1次修订　　2022年1月第5次印刷	
定　　　价：56.00元	

本书如有质量问题，请向北京交通大学出版社质监组反映。对您的意见和批评，我们表示欢迎和感谢。
投诉电话：010-51686043，51686008；传真：010-62225406；E-mail：press@bjtu.edu.cn。

第 2 版前言

当前,经过30多年高速发展的中国物流业正在进入转型升级的发展阶段。但在新的形势下,我国物流成本居高不下的现状对物流持续健康发展提出了严峻的挑战。物流成本管理教学已由简单描述物流成本管理理论和实务,演进为系统阐述物流成本管理理论体系并将之有机融入物流发展实践。本教材的编写是为了满足培养21世纪物流管理人才的需要,注重贯彻专业基础教育与创新能力培养相结合的教学要求。

《物流成本管理》第1版教材自2009年8月出版并投放市场以来,得到市场的良好反响,出版社已进行了多次印刷,印数已达到万余册。使用过该教材的学生对该教材给予了较高评价,普遍认为该教材利用率高,理论与实践兼顾,内容丰富系统,体例设计合理,可读性强。采用本书的任课教师普遍反映该教材一方面重视基本概念、基本理论和基本原则的论述;另一方面汲取和借鉴了国外一些最具代表性和普遍适用性的物流成本管理新理论、新方法。这些有助于教师讲授和学生自学,有利于培养学生的基本功和实务操作能力。鉴于此,在出版社和广大读者的支持下,作者着手该书的再版修订工作。

本书第2版较第1版在内容和形式上都进行了修订和完善。在内容体系和体例设计上,加强了基础内容,引入了学科前沿内容,增加了引导案例和案例分析。修订后的本书更有利于读者对基本物流成本管理观念的深化和应用能力的提升。

本书再版修订由王欣兰总策划,具体编写与再版修订人员及分工如下:王欣兰(第1、2章),田海霞(第3、4章),左琳琳(第5章),徐素波(第6章),李红梅(第7章),张冰(第8章),李玉红(第9、10章)。全书由王欣兰统稿并主编,田海霞、徐素波副主编,韩乐江负责主审。

在修订过程中,北京交通大学出版社的吴嫦娥编辑给予了大力支持;不少热心读者,尤其是使用过本教材的高校教师们对教材修改提出了良好建议,在此一并由衷地表示感谢。另外,本书的部分内容也是作者主持的《物流管理专业多学科交叉与融合柔性培养机制和创新型培养模式研究与实践》教学研究项目(JYA2011-023)和黑龙江省高等学校教改工程项目(JG2012010629)的阶段性研究成果。

限于作者的水平和编写时间比较紧迫,教材中错误疏漏之处敬请广大读者不吝赐教,以利于本教材的日臻完善。如果本书的再次出版能对广大读者有所裨益,我们则不胜欣慰。

王欣兰
2015年1月

前　言

随着世界经济一体化进程的加快和科学技术突飞猛进的发展，物流产业作为国民经济中的一个新兴的产业部门和新的经济增长点，日益受到国家和社会的重视。但现代物流成本管理科学理论和技术在我国应用的普及程度还很低。因此，研究物流成本管理的理论与方法，对于提高我国企业的物流成本管理水平和竞争能力，具有十分重要的意义。在阐明物流成本管理基本理论的基础上，系统阐述了物流成本计算和物流功能成本管理的基本理论与方法，并介绍了物流成本管理发展趋势。本书可作为高等学校物流管理类专业的教科书，也可供管理学其他各类专业使用，还可供物流管理人员在职培训和应试参考使用。

本教材在编写组成员多年教学实践的基础上，通过广泛的调研，确立了编写体系和整体风格。具体的特色如下：

1. 内容和体系安排的逻辑性和系统性。本教材以企业物流成本计算为理论基础；以企业物流成本预测与决策、物流成本预算与控制、物流成本分析和绩效评价为物流成本管理的基本环节和方法；以企业持续经营的常规物流业务成本管理为教材的主体。

2. 理论与实践相结合。本书在进行理论阐述的同时，注意将基本理论、基本方法和基本技能的有机融合。力图通过必要的案例素材，使学生在对物流成本管理有感性认识的基础上，充分理解物流成本管理的原理和方法，并付诸应用。目的在于使读者在学习物流成本管理理论的同时，提高对物流成本管理理论的感悟和对理论的综合应用能力。

3. 融合最新研究成果。本教材吸收最新物流成本管理研究成果，例如，2006年12月出版的冯耕中等人著的《企业物流成本计算与评价——国家标准GB/T 20523—2006〈企业物流成本构成与计算〉应用指南》。

4. 积极探索体例设计的创新。全书在体例设计上力求探索教学改革。每章开篇通过结构图使学生对该章内容有一个全局性的感性认识；通过引导案例，激起学生的学习兴趣；接下来是学习目标；然后是每章的基本内容及相关例题；各章结尾设有本章概要，总结本章的基本理论内容，有利于学生自我测试对该章内容的掌握程度；各章最后设置复习与应用、案例分析、辅助教学材料（包括中英文关键词语阐释、辅助学习参考书及网址等）。这将有助于教师的讲授和学生的自学。

本书由王欣兰担任主编，田海霞、徐素波担任副主编，李玉红、左琳琳、潘晓丹参加编写。编写分工为：王欣兰编写第1、2章；田海霞编写第3、4章；左琳琳编写第5章；李玉红编写第6、10章；徐素波编写第7、8章；潘晓丹编写第9章。全书由韩乐江担任主审。

本书在写作过程中参阅了大量的文献，使我们得以"站在巨人的肩膀上"成长，在此对这些卓越的研究者表示深深的敬意和真诚的感谢。在本书出版之际，我们还要感谢北京交通大学出版社吴嫦娥编辑，她为本书的出版付出了大量的时间和精力，在此真诚致谢！

由于作者的水平有限，本书难免有疏漏和不当之处，恳请专家和读者在使用本书后，对本书从内容到形式提出宝贵意见，以便修改完善。

王欣兰

2009 年 10 月

目 录

第1章 物流成本管理概述 ... 1
- 1.1 物流成本的内涵 ... 2
- 1.2 物流成本构成与分类 ... 8
- 1.3 物流成本相关理论学说 ... 24
- 1.4 物流成本管理的产生与发展 ... 29
- 1.5 物流成本管理的内容与方法 ... 34
- ◇ 复习与应用 ... 38
- ◇ 中英文关键词语 ... 39
- ◇ 进一步阅读 ... 39

第2章 企业物流成本计算 ... 40
- 2.1 企业物流成本计算的意义、特点和原则 ... 41
- 2.2 企业物流成本计算的内容和计算对象的确定 ... 44
- 2.3 企业物流成本计算方法 ... 48
- 2.4 企业间接物流成本分配 ... 53
- 2.5 企业物流成本表 ... 70
- ◇ 复习与应用 ... 77
- ◇ 案例分析 ... 78
- ◇ 中英文关键词语 ... 90
- ◇ 进一步阅读 ... 90

第3章 物流成本预测与决策 ... 92
- 3.1 物流成本预测 ... 93
- 3.2 物流成本决策概述 ... 103
- 3.3 物流功能成本决策 ... 104
- 3.4 物流综合成本决策 ... 118
- ◇ 复习与应用 ... 129
- ◇ 案例分析 ... 130
- ◇ 中英文关键词语 ... 134
- ◇ 进一步阅读 ... 134

第4章 物流成本预算 ... 135
- 4.1 物流成本预算体系 ... 136
- 4.2 物流成本预算的编制 ... 140

- ◇ 复习与应用 ·············· 148
- ◇ 案例分析 ·············· 148
- ◇ 中英文关键词语 ·············· 151
- ◇ 进一步阅读 ·············· 151

第 5 章　物流成本控制 ·············· 152
- 5.1　物流成本控制概述 ·············· 153
- 5.2　物流功能成本控制 ·············· 157
- 5.3　物流目标成本控制 ·············· 162
- 5.4　物流标准成本控制 ·············· 165
- 5.5　物流综合成本控制 ·············· 172
- ◇ 复习与应用 ·············· 176
- ◇ 案例分析 ·············· 176
- ◇ 中英文关键词语 ·············· 178
- ◇ 进一步阅读 ·············· 179

第 6 章　运输成本管理 ·············· 180
- 6.1　运输成本概述 ·············· 180
- 6.2　汽车运输成本的计算 ·············· 186
- 6.3　降低运输成本的措施及方法 ·············· 191
- 6.4　运输成本管理 ·············· 197
- ◇ 复习与应用 ·············· 210
- ◇ 案例分析 ·············· 210
- ◇ 中英文关键词语 ·············· 211
- ◇ 进一步阅读 ·············· 211

第 7 章　仓储成本管理 ·············· 212
- 7.1　仓储成本概述 ·············· 212
- 7.2　仓储成本的计算 ·············· 217
- 7.3　仓储成本管理 ·············· 226
- 7.4　仓储成本控制方法 ·············· 238
- ◇ 复习与应用 ·············· 246
- ◇ 案例分析 ·············· 246
- ◇ 中英文关键词语 ·············· 248
- ◇ 进一步阅读 ·············· 249

第 8 章　采购成本管理 ·············· 250
- 8.1　采购成本概述 ·············· 250
- 8.2　有效降低和控制采购成本的方法 ·············· 254
- ◇ 复习与应用 ·············· 268
- ◇ 案例分析 ·············· 268
- ◇ 中英文关键词语 ·············· 272
- ◇ 进一步阅读 ·············· 273

第 9 章　物流成本分析 274
9.1　物流成本分析概述 275
9.2　物流成本结构分析 279
9.3　物流成本比率分析 295
◇　复习与应用 306
◇　实战习题 306
◇　中英文关键词语 306
◇　进一步阅读 307

第 10 章　物流绩效评价 308
10.1　物流绩效评价概述 308
10.2　物流绩效评价指标体系 315
10.3　物流绩效评价方法 325
◇　中英文关键词语 328
◇　进一步阅读 328

参考文献 329

第 1 章 物流成本管理概述

【本章结构图】

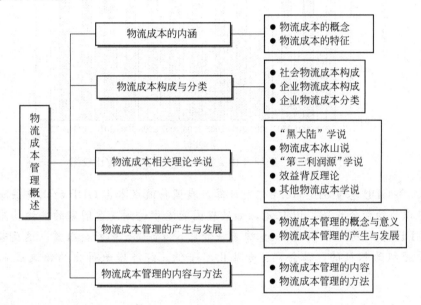

【本章学习目标】

通过本章的学习,你将能够:
- 解释物流成本的含义;
- 描述物流成本的特征;
- 区分物流成本与产品成本;
- 说明企业物流成本的构成;
- 了解企业物流成本的分类;
- 概括物流成本相关理论学说;
- 说明物流成本管理的内容;
- 解释物流成本管理的方法。

【引导案例】

中美物流总成本占 GDP 比重的对比

物流成本占 GDP 的比重已成为衡量一个国家物流业发展水平的重要指标。国内外物流发展的经验表明,物流发展与一个国家的经济总量成正比,与一个国家的经济发展水平成正比，经济增长越快对物流的依赖程度也就越高。

美国是现代物流业的发源地，经过几十年时间，美国物流已经得到了极大的发展，其物流总成本占GDP的比重自2000年以来基本保持在10%以下，而同期我国社会物流总成本占GDP的比重一直在18%～19%徘徊（见图1-1）。

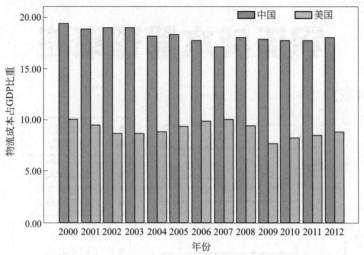

图1-1　2000—2012年中美物流成本占GDP比重比较图

按2012年GDP总量518 942.1亿元计算，我国物流成本占GDP的比重每降低1个百分点，则可以节约资金5 189.42亿元，如果我国能逐步达到发达国家的平均物流成本（物流成本占GDP的10%）水平，那就意味着将带来5万多亿元的社会效益。这反映出我国物流运作水平是极为粗放的，社会化、专业化水平低，经济增长付出的物流成本代价极其昂贵。

1.1　物流成本的内涵

1.1.1　物流成本的概念

1. 成本的含义

成本是商品经济的产物，是商品经济的一个经济范畴，是产品价值的重要组成部分。马克思在《资本论》中分析资本主义商品生产时，对成本的含义进行了科学的分析，指出："按照资本主义方式生产的每一个商品 W 的价值，用公式来表示是 $W=C+V+M$。如果我们从这个产品价值中减去剩余价值 M，那么在商品中剩下的，只是一个在生产要素上耗费的资本价值 $C+V$ 的等价物或补偿价值。""商品价值的这个部分，即补偿所消耗的生产资料价格和所使用的劳动力价格的部分，只是补偿商品使资本家自身耗费的东西，所以对资本家来说，这就是商品的成本价格。"马克思在这里所称的"商品的成本价格"指的是产品成本。马克思这一关于产品成本含义的论述，人们通常称之为产品的理论成本。但是长期以来，人们却把马克思界定的产品成本当作一般的成本概念，犯了一个逻辑上的错误，忽视了成本的内容是一种随经济发展而不断变化的一般规律。产品成本属于成本，但成本并不等同于产品成本。成本涵盖了产品成本、期间成本、固定成本、变动成本等各种具体概念。

随着社会经济的发展和企业管理要求的提高，成本的概念和内涵也在不断完善与发展。英国《标准会计实务公告》（SSAP）将成本定义为：成本是在企业正常经营过程中为使产品或劳务达到现在的位置和状态所发生的各种支出。美国会计学会（AAA）所属的成本概念与标准委员会将成本定义为：成本是指为达到特定目的而发生或应该发生的价值牺牲，它可以用货币单位加以衡量。这一定义外延已相当宽泛，它不仅包括了产品成本、劳务成本，还将工程成本、开发成本、资金成本、质量成本及环保成本等都包括在其中。

从制度经济学角度出发，成本可被定义为：在某种制度环境中，当事人采用给定的交换方式获取某一商品而消耗的资源——货币、时间和商品等的机会成本。从中可以看出，这里的成本不仅是指生产成本，还包含了特定的交易成本，从而为管理活动提供了完整的有关成本的信息。

因此，经济学家将成本的定义进一步扩展，认为凡是经济资源的牺牲都是成本。成本包括支出成本和机会成本。支出成本是指现在、过去或未来的现金流出或实物消耗。机会成本是将所放弃的资源用于最佳用途可能实现的收益。由于机会成本不能被很好地确定和计量，所以会计系统重点还是记录支出成本，但是机会成本不可或缺，在制定决策上要认真予以考虑。

综上所述，成本是一个动态发展的概念。从事经济活动的内容不同，管理的需要不同，相应的成本含义也会随之变动。但是在成本的演化进程中，有两个基本特征始终不变：一是成本的形成是以某种特定目标为对象的，目标满足于管理需要，可以是有形或无形的产品，也可以是某种特殊的服务；二是成本是为实现这种特定的目的而发生的消耗，没有目的的消耗是一种损失，不能称之为成本。另外，基于一个重要的会计特征，即会计的货币计量假设，成本还必须是可以用货币计量的，否则就无法进行成本的核算。

2. 物流成本的含义

物流成本的概念是在 20 世纪 50 年代提出的。1956 年，美国的 Lewis、Culliton 和 Steel 三位学者研究航空运输在物流配送中的作用时，提出了物流总成本的概念，把物流总成本定位于包括实现物流需求所必需的全部开支，包括仓库、运输、订单处理等成本，并且指出物流总成本是运输成本、存货成本和订单处理成本之间的权衡，而不是某一个或几个局部成本的简单相加。物流总成本概念的提出为了解功能成本的相互关联以及物流成本的构成开辟了道路，也为物流成本分析和成本统计理论的研究奠定了基础。

从实体经济角度看，物流经济活动及其衍生出的物流成本几乎无处不在，从而使物流成本核算成了国民经济核算体系中的基本组成部分。并且随着产业分工的细化和产业链条的拉长，使得物流成本在产品总成本中所占的比重不断提高，使得物流成本核算不仅越来越重要，而且越来越复杂，对物流状况的客观描述越来越困难。在这种情形下，物流成本的研究需要区分层次。按照人们对物流成本认识和管理的角度不同，物流成本分为宏观物流成本、中观物流成本和微观物流成本 3 个层次。

1) 宏观物流成本

宏观物流成本又称社会物流成本，是指全社会在一定时间范围内，为消除时间和空间障碍而发生的有价值的商品运动和静止行为所耗费的成本开支总额。具体包括有形的物流成本和无形的资金成本的总和。社会物流成本是从国民经济总量的角度出发，分析国内物流活动的总开支水平。常见的指标是国内物流成本与一国 GDP 的比例，该比例越小，说明其物流业越发达。

目前，各国对社会物流成本的测算方法各不相同。理论上，社会物流成本数据应该由成千上万个微观企业数据累加而得，但在实践中，由于物流系统的开放性和企业边界的模糊性，导致微观求和的方法行不通。我国于 2005 年建立了社会物流统计公报制度，根据国家发改委、国家统计局、中国物流与采购联合会对 2005 年、2006 年、2007 年中国社会物流统计公报，我国的社会物流总成本与 GDP 的比例分别为 18.6%、18.3%和 18.4%，这一比例高于发达国家近一倍，只相当于美国等发达国家 20 世纪 70 年代的水平。根据中国社会物流统计数据，直到 2012 年，中国社会物流总费用与 GDP 的比率仍为 18%，同比持平，社会经济运行的物流成本仍然较高。国家与地方政府可以通过制定物流相关政策、进行区域物流规划、促进物流园区建设等措施来推动物流及相关产业的发展，从而降低社会物流成本。

2) 中观物流成本

中观物流成本又称行业物流成本，是指采用标准管理的理念，研究某个行业的"平均物流成本"数据，从而建立分行业的物流成本参考标准。广义的中观物流成本，甚至包括某个产品、某项服务的"平均物流成本"。行业物流成本的确定，其数据来源于对企业的抽样调查或问卷调查，进而通过统计学的分析方法来推断经验性的物流成本参考标准。因此，它的可行性依赖于微观企业物流成本核算的准确程度。行业物流成本作为一项基准型指标，通常要求一定的样本数量和时间跨度，而我国统一微观企业物流成本计算的工作刚刚起步，行业物流成本的确定还需要相当一段时间跨度的积累和大量的微观企业物流成本数据的收集。

3) 微观物流成本

微观物流成本又称企业物流成本，现有文献谈及的物流成本概念，通常是基于微观物流成本而言的。随着物流产业及物流理论的不断发展，物流成本的概念也在不断地发展完善。主要有以下几种权威的界定。

1992 年，美国管理会计师协会在其发布的物流成本管理公告中指出：物流成本是指企业在计划、实施、控制内部和外部物流活动的过程中所发生的费用，包括企业在采购、运输、仓储、物料和存货管理、订单处理、客户服务、预测和生产计划、相关信息系统以及其他物流支持活动等典型的物流活动中所发生的费用。但是，这些费用不包括原材料的采购成本、产成品的生产成本、营销和销售费用以及与物流活动无直接关系的其他费用。该物流成本是指企业具体物流活动所发生的成本费用。

1992 年，日本通产省政策局流通产业部编写了《物流成本计算实用手册》一书。在该书中，物流成本被定义为：物流成本是指从有形或无形物质资源的供应者到需要者为止的实物流动所需要的成本，包括包装、装卸、运输、保管以及信息处理等各种物流活动所发生的费用。该定义从实物流动的层面定义了物流成本。

2006 年，中国发布实施的中华人民共和国国家标准《企业物流成本构成与计算》（GB/T 20523—2006）中，将物流成本定义为：物流成本是指企业物流活动中所消耗的物化劳动和活劳动的货币表现，包括货物在运输、储存、包装、装卸搬运、流通加工、物流信息、物流管理等过程中所耗费的人力、物力和财力的总和以及与存货有关的流动资金占用成本、存货风险成本和存货保险成本。其中，与存货有关的流动资金占用成本包括负债融资所发生的利息支出即显性成本和占用自有资金所产生的机会成本即隐性成本两部分内容。

本书研究的主要对象是企业物流成本。

1.1.2 物流成本的特征

1. 物流成本的特性

1) 背反性（Trade off）

背反性又叫交替损益性，是指系统中一个要素的改变，会影响到另一个或几个要素的变化，要素之间处于相互联系和影响的关系之中。美国营销专家菲利普·科特勒指出：物流的目的必须引进投入与产出的系统效率概念，即把物流看成是由多个效益背反的要素构成的系统。背反性要求必须将各功能要素有机联系起来，从整体上理解和管理物流，追求总成本最低。在企业物流系统中，与成本相关的交替损益性有着非常广泛的表现。典型的有物流成本与物流服务水平之间的交替损益关系和各物流功能成本之间的交替损益关系。

2) 系统性

企业物流成本虽然是各个功能活动成本总和，产生于企业从事物流活动所耗费的资源，但物流总成本不是各子系统成本的简单相加，而是一个相互联系、相互影响的整体，具有系统性，贯穿企业的整个核心制造业务的始终。从系统观点来看，物流成本虽然分布于企业的各个职能部门活动之中，但实际上是采购、生产、销售等子系统的物流成本相互制约、博弈均衡的结果。由于存在效益背反性，所以从系统的角度看，单独强调单个职能子系统成本的降低，只能带来局部效益，并不一定能保证系统运行总成本的降低。因此，对物流成本的管理必须站在整体的角度，通过对系统运行的协调和配合，才能降低总成本，达到优化的目的。

3) 分散性

物流成本的产生并不单纯集中在某个或几个职能部门，而是涉及企业的全部经营活动，包括采购、生产、销售、配送以及其他的相关部门，呈现出比较分散的态势。正是由于这种分散性，导致人们对其认识比较模糊，也不全面。另外，企业在以产品为中心的财务会计处理中，往往将涉及物流活动所发生的支出作为企业的期间费用进行处理，进一步分散了企业物流成本构成，同时也掩盖了物流活动所发生的成本之间的相互关系及其实质，造成人们对物流成本的认识偏差。

4) 隐蔽性

物流成本的隐蔽性是指物流成本费用项目未单独列支，而是隐含在其他费用项目中，使企业难以正确把握实际物流成本的现象。物流成本隐蔽性主要有以下3个原因。一是由于物流活动分散在企业的各个功能部门之中，物流成本的计算范围太大，计算环节、对象和种类多，不易被人们清楚地认识和理解；二是由于现存的会计制度都是以产品为核心进行成本核算，将物流活动发生的成本归入各职能部门，如采购物流成本被计入原材料成本、生产物流成本被计入加工费用等，没有专门的物流成本归集项目，导致人们认识不全面。而现行企业财务会计中所记载的运输、保管等相关物流费用，只是物流成本中很小的一部分。因而在损益表中所能看到的企业物流成本在整个销售额中只占极小的比重，还有大量的企业物流成本被现存的会计记账方法所掩盖，这就给人们全面认识企业物流成本带来很大的难度；三是由于迄今为止还没有找到普遍接受的物流成本核算的方法标准，用不同的核算方法核算同一企业的物流成本差别很大,对物流成本的统计有分歧、不完整,这也模糊了人们的认识。

5) 核算标准不统一

从成本核算角度看,企业物流系统成本的计算要素难以确定,标准不统一,如物流基础设施建设费和企业自营物流费用目前都没有列入物流会计科目内。其原因主要是由于企业物流系统成本的计算范围太大,涉及的部门多,牵涉的面也很广;还由于企业物流系统成本的计算对象和内容难以确定,特别是本企业内部发生的物流费用不易全面归集,而混合在生产等其他系统中的物流成本更是难以分离;还有些成本具有隐性成本的性质,不易发现和认识,不同类型的企业对物流隐性成本的核算标准也不一样,要素的权重也不同。另外,在物流成本的分配方面,也没有统一的标准,有按工时分配的,有按作业分配的,差别很大,缺乏可比性。

6) 战略性

物流成本的大小往往与企业所实施的战略有关,受企业战略影响大。例如,零库存战略的实施将极大地影响企业物流成本。尽管消灭了不必要的库存,但订单处理、配送运输等环节的支出将明显改变。同时,物流成本又反作用于企业的经营战略,企业在制定有关战略时必须考虑物流成本的制约因素。如小批量生产、个性化需求的满足必须以增加物流成本为前提,如果该战略带来的收益抵不上物流成本的增加,则不宜实施。再如市场营销战略与物流成本更是密切相关,营销模式的选择、营销区域的划分等都要充分考虑物流成本的影响。

7) 行业相关性

物流成本的产生主要是由于物质资料的物理流动引起的,而不同行业的物资流动方式、特点等都不一样,因而产生的成本也就存在较大的差异。如工业制成品与农产品物流相比,无论运输、仓储,还是装卸、加工等都存在很大的区别,其成本的发生也就相去甚远。另外,隐性物流成本与行业联系更加紧密,特别是现代市场的竞争激烈,往往要求物流步伐加快,时间缩短。如电子数码类产品物流,稍有疏忽就可能发生贬值等隐性物流成本,甚至由于物流不及时而导致企业市场的全面损失。所以,物流成本与企业所处的行业密切相关,不同行业的企业在制定战略时要充分考虑物流成本可能带来的影响。

8) 独特性

由于每个企业在战略规划、经营理念、所处行业及区域、资源结构、产品特点、市场范围等方面都存在一定的差异性,因此企业的物流运作差别很大,物流服务能力有别,物流成本大小及构成也就不一样。如物流战略方面,有的企业注重降低库存,有些企业却关注供应链协调;在物流运作方面,有大批量作业,有柔性制造等。因此,即便是两个企业的物流成本总额相等,其总成本的具体构成也必然存在着差异性。

9) 削减的乘数效应(Multiplier Effect)

所谓乘数效应,是指由于自变量改变而导致因变量最终呈倍数剧烈变动的各种现象。企业物流系统成本削减的乘数效应是指物流系统成本的节约,等价于企业总收入的倍数增加。如某企业的年销售额为5 000万元,利润率为8%,即利润为400万元,总成本为4 600万元。现假定企业改进了企业物流系统的运作,使得物流成本降低了40万元,这就意味着企业直接增加了40万元的利润。按照该企业8%利润率水平,企业需增加500万元销售额才能够获得同等的利润增加额。因此,对企业的利润增长来说,企业物流系统成本降低40万元,等效于该企业销售额增加500万元。

2. 物流成本与产品成本的比较

(1) 物流成本与产品成本均以货币来计量。产品成本是以货币计量的，它们若不是过去已经支付了货币，就是将来需要支付货币。根据成本流转观念，企业从购进设备和原材料开始，直到把产品交给客户，随着实物的流转，成本亦在流转，会计人员追溯成本的流转过程，通过成本记录反映企业的经济活动，最初购置资产的货币支出逐步归属到产品。因此，只有以货币计量并支付货币的耗费才属于产品成本。

物流成本也是以货币计量的，其中既包括实际支付货币的显性物流成本，也包括无须支付货币的隐性物流成本。对于隐性物流成本，尽管无须支付货币，但同样需要以货币计量其发生额，以供管理决策使用。对于无法以货币计量的耗费，例如生产、运输对环境的影响等，既不能计入产品成本也不能计入物流成本。

(2) 物流成本与产品成本均是特定对象的耗费。成本总是针对特定对象或目的的。成本是转嫁到一定产出物的耗费，是针对一定的产出物计算归集的。这个产出物称为成本计算对象，它可以是一项产品或者一项服务（活动）。成本和费用的区别之一，就是成本有特定的对象，而费用没有特定对象。广义的费用是资产的耗费，它强调耗费，而不是被"谁"耗费；狭义的费用仅指为取得收入而发生的耗费，它强调与特定会计期收入配比的耗费，而不是特定产出物的耗费。

产品成本总是针对某一特定产品的，在产品成本归集和计算过程中，对于与特定产品相关的支出计入产品成本，对于不能经济合理地归属于特定产品的支出，如办公费、广告费、利息支出等，只能在发生当期计入期间费用。

物流成本总是针对特定物流活动的，在企业生产经营和物流活动过程中，凡是与物流活动直接相关的支出计入物流成本，对于不能经济合理地归属于物流活动的支出，如物流企业财务部门、人事部门的人员费、办公费等，以及银行手续费支出等，不能计入物流成本，只能将其理解为物流企业在物流管理和运营过程中发生的费用。

3. 物流成本与产品成本的差异

(1) 产品成本与物流成本概念所属的理论范畴不同。产品成本是财务会计中的成本概念，物流成本是管理会计中的成本概念。

财务会计中，成本是经济资源的实际耗费。产品的生产经营过程同时也是资产的耗费过程。例如，为生产产品需要耗费原材料、磨损固定资产以及用现金支付工资等。原材料、固定资产和现金，都是企业的资产，这些资产原本可以为企业换取经济利益，现在被耗用掉了。根据成本归属理论，当任何原材料或设备在被耗用之后，它们的原始购置成本就随之归属于产出物，成为产出物的成本。

管理会计中，成本既包括实际耗费的经济资源，也包括虽未耗费经济资源但决策时为选择最优方案需要考虑的机会成本。企业在物流活动过程中，物流成本既包括在运输、仓储、包装、装卸搬运、流通加工、物流信息、物流管理过程中实际耗费的经济资源即显性成本，也包括虽未耗费经济资源但物流活动过程中因存货占用自有资金所产生的机会成本即隐性成本。因此，物流成本是管理会计中的成本概念。

(2) 产品成本与物流成本所属的经济活动范畴不同。产品成本是企业在正常生产经营活动中发生的耗费，物流成本贯穿于企业经营活动和筹资活动全过程。

从理论上讲，企业的全部经济活动应当分为生产经营活动、投资活动和筹资活动，这3项活动的损益在利润表中要分开报告，以便分别评价其业绩。企业经济活动的正常损益和非正常损益也要分开报告，以便评价企业的获利能力。只有生产经营活动的正常耗费才能计入产品成本并从营业收入中扣减，以便使营业利润能反映生产经营活动的正常获利能力，非正常的、意外的耗费不计入产品成本，而将其直接列为期间费用或损失。

就物流成本而言，它既包括企业在正常经营过程中发生的与物流活动有关的费用支出，如物流人员费用、物流设施维护费、物流管理费用等，也包括经营过程中发生的非正常的、意外的耗费，如存货丢失发生的风险损失、废弃物处理的成本支出等，还包括筹资过程中发生的与物流有关的支出，如与存货有关的负债融资所发生的利息支出等。因此和产品成本相比，物流成本不仅仅包括正常经营过程中发生的有关费用，还包括经营过程中发生的非正常支出和筹资过程中发生的部分支出。

(3) 产品成本与物流成本计算起点不同。产品成本包括物流过程中物的价值，计算起点是物（原材料等）的成本；物流成本不包括物流过程中物的价值，计算起点是为取得物（原材料等）发生的有关费用。

产品成本的计算通常从原材料投入使用开始，随着生产过程中人、财、物的投入直至成为产成品以及产品的出库、销售，实物在流转，成本也在累计流转。其成本计算始终着眼于物，随着投入的不断增多，物的价值在增长，产品成本也在累积增大。

物流成本的计算通常从采购原材料开始，以物的活动为主线，但不包括物本身的价值，是因物品的流动而发生的独立于物的价值之外的费用支出。

1.2 物流成本构成与分类

由于存在"合成谬误"，宏观物流成本不能用微观物流成本数据简单相加而得，需要有独立的构成与核算体系，而中观物流成本即通常意义上的行业物流成本，其计算依赖于微观物流成本构成与核算体系的健全。所以，探讨物流成本构成，应分别从宏观和微观，即社会物流成本和企业物流成本这两个体系进行。

1.2.1 社会物流成本构成

社会物流成本是一个国家一定时期内发生的物流总成本，各国通常使用物流成本总额占GDP的比例来衡量一国物流发展水平。目前美国、日本等国家已经形成了一套非常完整的社会物流成本核算体系，随时掌握国家物流总成本情况。与美国、日本等国家相比，我国对社会物流成本核算的研究起步较晚，直到2004年国家发展改革委员会、国家统计局发布了《社会物流统计制度及核算表式（试行）》的通知后，相对完善的社会物流成本统计核算体系才面世。在此，分别介绍美国、日本及我国社会物流成本构成及计算。

1. 美国社会物流成本的构成

美国社会物流成本计算的历史可以追溯到1960年。《美国物流年度报告》由美国Cass信息系统公司副总裁罗伯特·德兰尼（Robert V. Delaney）先生负责撰写，每次报告中均包括以下内容：年度物流总成本及其组成结构；物流总成本及各项目变化趋势；物流成本占

GDP 的比率及发展趋势。

美国的社会物流成本由存货持有成本、运输成本和物流行政管理成本 3 部分组成。

1) 存货持有成本

存货持有成本除了包括仓储成本、残损、人力费用及保险和税收费用外，还包括库存占压资金的利息。其中，利息是当年美国商业利率乘以全国商业库存总金额得到的。把库存占压资金的利息计入物流成本，这是现代物流成本与传统物流成本的最大区别。只有这样，降低物流成本与加速资金周转才能从根本上统一起来。在美国，存货持有成本约占存货价值的 25%。

2) 运输成本

运输成本包括公路运输费用、铁路运输费用、水路运输费用、航空运输费用、货运代理相关费用、油料管道运输费用和货主费用等。其中，公路运输费用包括本地卡车运输费用和城际卡车运输费用，货主费用包括运输管理部门的运营费用和货物装卸费用。近十年来，美国的运输费用大体占 GDP 的比率为 6%，并且一直保持着这一比重，这说明运输费用与经济的增长是同步的。

3) 物流行政管理成本

物流行政管理成本包括订单处理成本、IT 成本以及市场预测、计划制订和相关人员发生的管理费用。由于这项费用的实际发生额很难准确统计，因此，在计算物流行政管理成本时，是按照美国的历史情况由专家确定一个固定比例，乘以存货持有成本和运输成本的总和得出的。从 1973 年出版的第一篇《美国物流年度报告》起，就一直沿用 4%这一固定比例乘以存货持有成本和运输成本的总和计算物流行政管理成本。

2. 日本社会物流成本的构成

日本是物流业发展速度较快的国家之一，其社会物流成本核算主要根据每年公布的就业统计和库存统计等各种数据来推算总体物流费用。此外，也借鉴了美国的推估法，站在货主的立场来推算部分国内物流成本。

从整体上看，尽管日本的社会物流成本计算方法与美国略有不同，但也是由运输费、保管费和管理费 3 部分构成。

1) 运输费

运输费分为营业运输费用和企业内部运输费用。其中，营业运输费用包括卡车货运费、铁路货运费、内海航运货运费、国内航空货运费及货运站收入等；企业内部运输费是以营业车平均行走一里的原价为基础，将自家卡车的行走里数、实际平均一日一车行走里数比、自家卡车装载比率相乘得出的。

2) 保管费

保管费是将日本经济企划厅编制的《国民经济计算年报》中的国民资产、负债余额中原材料库存余额、产品库存余额及流通库存余额的合计数乘上日本资材管理学会调查所得的库存费用比例和原价率得出的。这项保管费不是狭义的保管费，它不仅包括仓储业者的保管费或企业自有仓库的保管费，还包括仓库、物流中心的库内作业费用和库存所发生的利息、损耗费等。保管费的计算用公式表示为：

保管费＝(原材料库存余额＋产品库存余额＋流通库存余额)×原价率×库存费用比例

其中：　　　　　库存费用比例＝利率除外的库存费用比例＋利率

3) 管理费

由于物流管理费用无法用总体估计的方法求得,所以根据日本《国民经济计划年报》中的《国内各项经济活动生产要素所得分类统计》,将制造业、批发和零售业的产出总额,乘以日本物流协会(Japan Institute of Logistics,JILS)根据行业分类调查出来的各行业物流管理费用比例0.5%计算得出,即：

$$管理费 = (制造业产出额 + 批发、零售业产出额) \times 物流管理费用比例$$

3. 我国社会物流成本的构成

根据国家发展改革委员会、国家统计局关于组织实施《社会物流统计制度及核算表式(试行)》的通知以及中国物流与采购联合会关于组织实施《社会物流统计制度及核算表式(试行)》的补充通知,我国的社会物流总成本是指一定时期内,国民经济各方面用于社会物流活动的各项费用支出。其内容包括支付给运输、储存、装卸搬运、包装、流通加工、配送、信息处理等各个物流环节的费用；应承担的物品在物流期间发生的损耗；社会物流活动中因资金占用而应承担的利息支出；社会物流活动中发生的管理费用等。具体由运输费用、保管费用和管理费用3部分构成。

1) 运输费用

运输费用是指社会物流活动中,国民经济各方面由于物品运输而支付的全部费用。它包括支付给物品承运方的运费(即承运方的货运收入)；支付给装卸搬运保管代理等辅助服务提供方的费用(即辅助服务提供方的货运业务收入)；支付给运输管理与投资部门的,由货主方承担的各种交通建设基金、过路费、过桥费、过闸费等运输附加费用。用公式表示为：

$$运输费用 = 运费 + 装卸搬运等辅助费 + 运输附加费$$

具体计算时,根据铁路运输、道路运输、水上运输、航空运输和管道运输不同的运输方式及对应的业务核算办法分别计算。

2) 保管费用

保管费用是指社会物流活动中,物品从最初的资源供应方(生产环节、海关)向最终消费用户流动的过程中,所发生的除运输费用和管理费用之外的全部费用。其内容包括物流过程中因流动资金的占用而需承担的利息费用；仓储保管方面的费用；流通中配送、加工、包装、信息及相关服务方面的费用；物流过程中发生的保险费用和物品损耗费用等。基本计算公式为：

$$保管费用 = 利息费用 + 仓储费用 + 保险费用 + 货物损耗费用 + 信息及相关服务费用 + 配送费用 + 流通加工费用 + 包装费用 + 其他保管费用$$

3) 管理费用

管理费用是指社会物流活动中,物品供需双方的管理部门,因组织和管理各项物流活动所发生的费用。主要包括管理人员报酬、办公费用、教育培训、劳动保险、车船使用等各种属于管理费用科目的费用。其计算公式为：

$$管理费用 = 社会物流总额 \times 社会物流平均管理费用率$$

式中,社会物流平均管理费用率是指在一定时期内,在各物品最初供给部门完成全部物品从供给地流向最终需求地的社会物流活动中,管理费用额占各部门物流总额比例的综合平均数。

1.2.2 企业物流成本的构成

按所处领域不同，企业物流成本可以划分为生产制造企业物流成本、流通企业物流成本和物流企业物流成本，其中生产制造企业物流成本和流通企业物流成本又可统称为货主企业物流成本。

生产制造企业为进行生产经营活动，必须同时进行有关生产要素的购进、储存、生产、搬运及产品的销售等活动。另外，为保证产品质量，为消费者提供优质服务，企业还要负责商品的返修和废品的回收等。因此，生产制造企业的物流成本贯穿于供应、生产、销售、回收和废弃这一物流全程。与生产制造企业相比，流通企业的业务活动相对简单，以购、存、销活动为主，不涉及生产过程。物品实体也较为单一，多为产成品。从产业链条上看，流通企业是连接生产制造企业和最终客户的纽带。因此，流通企业的物流可以看成是生产制造企业物流的延伸。另外，从物流范围上看，生产制造企业包括了供应、生产、销售、回收和废弃物物流全程，而流通企业不包括生产物流。因此，流通企业物流又可以看成是生产制造企业物流的一部分。

物流企业，就其服务类型而言，可分为两类。一类是提供功能性物流服务的物流企业，这类企业一般只提供一项或者某几项主要的物流服务功能，如仓储服务、运输服务、装卸搬运服务等；另一类是提供一体化物流服务的第三方物流企业，这类企业能够提供综合性的物流服务。无论哪种类型的物流企业，其在运营过程中发生的各项费用支出，都不能简单地一概定为物流成本，而应按物流成本的定义及内涵进行分离和计算。实际上，当货主企业把物流业务外包给物流企业运营时，物流企业发生的各项支出构成了它的成本，其中物流成本在总成本中占有相当大的比重。而物流企业向货主企业的收费包括物流企业的成本费用、税金以及利润，这些就构成了货主企业的物流成本。

尽管不同类型企业在经营目的以及经营领域和范围方面有很大差异，但就物流成本构成的组成内容而言却是趋同的。按照国家标准《企业物流成本构成与计算》（GB/T 20523—2006），企业物流成本构成包括企业物流成本项目构成、企业物流成本范围构成和企业物流成本支付形态构成3种类型，见图1-2。

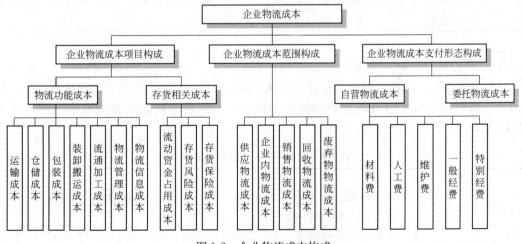

图1-2 企业物流成本构成

1. 企业物流成本项目构成

按成本项目划分，企业物流成本由物流功能成本和存货相关成本构成。其中，物流功能成本包括物流活动过程中所发生的包装成本、运输成本、仓储成本、装卸搬运成本、流通加工成本、物流信息成本和物流管理成本，存货相关成本包括企业在物流活动过程中所发生的与存货有关的资金占用成本、存货风险成本、存货保险成本。具体内容如企业物流成本项目构成表（表1-1）所示。

表1-1 企业物流成本项目构成表

	成本项目	内容说明
物流功能成本 / 物流运作成本	运输成本	一定时期内，企业为完成货物运输业务而发生的全部费用，包括从事货物运输业务的人员费用、车辆（包括其他运输工具）的燃料费、折旧费、维修保养费、租赁费、养路费、过路费、年检费、事故损失费、相关税金等
	仓储成本	一定时期内，企业为完成货物储存业务而发生的全部费用，包括仓储业务人员费用，以及仓储设施的折旧费、维修保养费、水电费、燃料与动力消耗等
	包装成本	一定时期内，企业为完成货物包装业务而发生的全部费用，包括包装业务人员费用，包装材料消耗，包装设施折旧费、维修保养费、包装技术设计、实施费用以及包装标记的设计、印刷等辅助费用
	装卸搬运成本	一定时期内，企业为完成装卸搬运业务而发生的全部费用，包括装卸搬运业务人员费用、装卸搬运设施折旧费、维修保养费、燃料与动力消耗等
	流通加工成本	一定时期内，企业为完成货物流通加工业务而发生的全部费用，包括流通加工业务人员费用，流通加工材料消耗，加工设施折旧费、维修保养费，燃料与动力消耗费等
物流功能成本	物流管理成本	一定时期内，企业物流管理部门及物流作业现场所发生的管理费用，具体包括管理人员费用、差旅费、办公费、会议费等
	物流信息成本	一定时期内，企业为采集、传输、处理物流信息而发生的全部费用，指与订货处理、储存管理、客户服务有关的费用，具体包括物流信息人员费用、软硬件折旧费、维护保养费、通信费等
存货相关成本	资金占用成本	一定时期内，企业在物流活动过程中负债融资所发生的利息支出（显性成本）和占用内部资金所发生的机会成本（隐性成本）
	存货风险成本	一定时期内，企业在物流活动过程中所发生的物品跌价、损耗、毁损、盘亏等损失
	存货保险成本	一定时期内，企业支付的与存货相关的财产保险费

2. 企业物流成本范围构成

按物流成本产生的范围划分，企业物流成本由供应物流成本、企业内物流成本、销售物流成本、回收物流成本以及废弃物物流成本构成。具体内容如企业物流成本范围构成表（表1-2）所示。

表1-2 企业物流成本范围构成表

成本范围	内容说明
供应物流成本	指经过采购活动，将企业所需原材料（生产资料）从供给者的仓库运回企业仓库为止的物流过程中所发生的物流费用
企业内物流成本	指从原材料进入企业仓库开始，经过出库、制造形成产品以及产品进入成品库，直到产品从成品库出库为止的物流过程中所发生的物流费用

续表

成本范围	内容说明
销售物流成本	指为了进行销售，产品从成品仓库运动开始，经过流通环节的加工制造，直到运输至中间商的仓库或消费者手中的物流活动过程中所发生的物流费用
回收物流成本	指退货、返修物品和周转使用的包装容器等从需方返回供方的物流活动过程中所发生的物流费用
废弃物流成本	指将经济活动中失去原有使用价值的物品，根据实际需要进行收集、分类、加工、包装、搬运、储存等，并分送到专门处理场所的物流活动过程中所发生的物流费用

3. 物流成本支付形态构成

按物流成本支付形态划分，企业物流总成本由委托物流成本和企业内部物流成本（营物流成本）构成。其中，企业内部物流成本按支付形态分为材料费、人工费、维护费、一般经费和特别经费。具体内容如企业物流成本支付形态构成表（表1-3）所示。

表1-3　企业物流成本支付形态构成表

成本支付形态		内容说明
企业内部物流成本	材料费	资材费、工具费、器具费等
	人工费	工资、福利、奖金、津贴、补贴、住房公积金等
	维护费	土地、建筑物及各类物流设施设备的折旧费、维护维修费、租赁费、保险费、燃料与动力消耗费等
	一般经费	办公费、差旅费、会议费、通信费、水电费、煤气费等
	特别经费	存货流动资金占用费、存货跌价、损耗、盘亏和毁损费、存货保险费
委托物流成本		企业向外部物流机构所支付的各项费用

4. 各成本项目构成内容分析

对于不同的成本项目，其支付形态各异，且存在于不同的物流范围阶段。按照国家标准《企业物流成本构成与计算》（GB/T 20523—2006）中企业物流成本项目构成为主线，结合物流范围和物流成本支付形态的内容，对各成本项目构成内容进行具体分析如下。

1）运输成本

中华人民共和国国家标准《物流术语》（GB/T 18354—2006），将"运输"界定为：用专用运输设备将物品从一个地点向另一个地点运送。其中包括集货、分配、搬运、中转、装入、卸下、分散等一系列操作。目前，我国的运输方式主要包括铁路运输、道路运输、水上运输、航空运输和管道运输5种方式。

运输功能在现代企业物流中占有主导地位。例如，在生产制造企业中，运输这一功能贯穿于供应、生产、销售、回收和废弃物物流全程。运输费用在企业物流总成本中占有很大比重。因此，物流合理化很大程度上依赖于运输合理化，运输合理与否直接影响着运输成本的高低，进而影响着企业物流总成本的水平。

运输成本是指一定时期内，企业为完成货物运输业务而发生的全部费用，包括支付外部运输费和自有车辆运输费。具体包括以下3部分内容。

（1）人工费。运输成本中的人工费主要指从事运输业务的人员的费用。具体包括运输业务人员的工资、福利、奖金、津贴、补贴、住房公积金、职工劳动保护费、人员保险费、职工教育培训费和其他一切用于运输业务人员的费用等。

（2）维护费。运输成本中的维护费主要指与运输工具及其运营有关的费用。具体包括车辆及其他运输工具的燃料费、折旧费、维修保养费、保险费、租赁费、养路费、过路过桥费、年检费等。

（3）一般经费。运输成本中的一般经费主要指在企业运输业务中，除了人工费和维护费之外的其他与运输工具和运输业务有关的费用，如事故损失费等。

就物流成本产生的范围而言，运输成本存在于企业供应物流、企业内物流、销售物流、回收物流和废弃物物流全过程。

2）仓储成本

中华人民共和国国家标准《物流术语》（GB/T 18354—2006），将"仓储"界定为：利用仓库及相关设施设备进行物品的入库、储存、出库的活动。仓储是以改变"物"的时间状态为目的的活动，以克服产需之间的时间差异，而获得更好的效用。仓储管理的主要任务是用最低的费用在适当的时间和适当的地点取得适当数量的存货。

目前，一些教材中将仓储成本界定为较为宽泛的一个含义，包括仓储持有成本、订货或生产准备成本、缺货成本和在途库存持有成本等。本书中的仓储成本相对来讲是指狭义的仓储成本，是指一定时期内，企业为完成货物储存业务而发生的全部费用，包括支付外部仓储费用和使用自有仓库仓储费用。具体包括以下 3 部分内容。

（1）人工费。仓储成本中的人工费是指从事仓储业务人员费用。具体包括仓储业务人员工资、奖金、津贴、补贴、职工福利费、住房公积金、社会保险费、工会经费、职工教育经费、非货币性福利、因解除与职工的劳动关系给予的补偿以及其他与获得职工提供的服务相关的支出。

（2）维护费。仓储成本中的维护费是指与仓库及保管货物有关的费用。具体包括仓储设施的折旧费、设施设备维修保养费、水电费、燃料与动力消耗费等。

（3）一般经费。仓储成本中的一般经费是指除了人工费和维护费之外的其他与仓库或仓储业务有关的费用，如仓库业务人员办公费、差旅费等。

就物流成本产生的范围而言，本书所指的狭义的仓储成本存在于企业内物流阶段。

3）包装成本

中华人民共和国国家标准《物流术语》（GB/T 18354—2006），将"包装"界定为：为在流通过程中保护产品、方便储运、促进销售，按一定技术方法而采用的容器、材料及辅助物等的总体名称，也指为了达到上述目的而采用容器、材料和辅助物的过程中施加一定技术方法等的操作活动。包装作为物流活动的功能之一，与运输、仓储、装卸搬运、流通加工等物流功能均有十分密切的关系。

包装成本是指一定时期内，企业为完成货物包装业务而发生的全部费用，包括运输包装费和集装、分装包装费。具体包括材料费、人工费、维护费和一般经费 4 部分内容。

（1）材料费。包装成本中的材料费是指包装业务所耗用的材料费。企业的包装材料除少数自制外，大部分是通过外购取得的。外购材料成本包括买价、购买材料的运杂费、运输途中的合理损耗、入库前的挑选整理费用和购入材料负担的不能抵扣的税金等。

(2) 人工费。包装成本中的人工费是指从事包装业务的人员的费用。具体包括包装业务人员工资、奖金、津贴、补贴、职工福利费、住房公积金、社会保险费、工会经费、职工教育经费、非货币性福利、因解除与职工的劳动关系给予的补偿以及其他与获得职工提供的服务相关的支出。

(3) 维护费。包装成本中的维护费是指与包装机械有关的费用。包装过程中使用包装机械，可以极大地提高包装水平和劳动效率。包装机械有关费用主要包括设备折旧费、维修费、能源消耗费和低值易耗品摊销等。

(4) 一般经费。在包装过程中，除了人工费、材料费和与包装机械有关的费用外，还发生了一些诸如包装技术费用和辅助费用等的其他杂费，这部分费用通常列入一般经费。例如，为发挥包装功能达到最佳效果，需要实施的缓冲、防潮、防霉技术所发生的设计和实施费用，以及包装标记标志的设计费、印刷费、辅助材料费等。

包装业务可能存在于企业的采购、生产和销售阶段。因此，就物流成本产生的范围而言，包装成本存在于供应物流、企业内物流和销售物流阶段。另外，需要指出的是，本书对于进入流通加工环节实施包装作业所发生的成本列为流通加工成本，不列为包装成本。

4) 装卸搬运成本

中华人民共和国国家标准《物流术语》(GB/T 18354—2006)，将"装卸搬运"界定为：装卸是物品在指定地点以人力或机械载入或卸出运输工具的作业过程；搬运是在同一场所内，对物品进行空间移动的作业过程。装卸一般指对物进行上下方向的移动，而搬运一般是指对物进行横向或斜向的移动。

装卸搬运活动是每一项物流功能活动开始和结束时必然发生的活动，也是物流各项活动中出现频率最高的一项作业活动。因此，其效率的高低直接影响到物流整体效率。

装卸搬运成本是指一定时期内，企业为完成货物装卸搬运业务而发生的全部费用。具体包括人工费、维护费和一般经费3部分。

(1) 人工费。装卸搬运成本中的人工费是指从事装卸搬运业务的人员的费用。具体包括装卸搬运业务人员的工资、奖金、津贴、补贴、职工福利费、住房公积金、社会保险费、工会经费、职工教育经费、非货币性福利、因解除与职工的劳动关系给予的补偿以及其他与获得职工提供的服务相关的支出。

(2) 维护费。在装卸搬运活动中，需要使用一些起重搬运设备和输送设备等，维护费是指这些装卸搬运设备的折旧费、维修费及能源消耗费等。

(3) 一般经费。装卸搬运成本中的一般经费是指物品装卸搬运过程中，除了上述人工费和设备维护费外，发生的其他与装卸搬运业务有关的费用，如分拣费、整理费等。

就物流成本产生的范围而言，装卸搬运成本存在于供应物流、企业内物流、销售物流、回收物流和废弃物物流整个物流活动的全程。

5) 流通加工成本

中华人民共和国国家标准《物流术语》(GB/T 18354—2006)，将"流通加工"界定为：物品从生产地到使用地的过程中，根据需要施加包装、分割、计量、分拣、刷标志、拴标签、组装等作业的总称。

流通加工不同于一般生产加工。一般来说，生产加工是通过改变物质形态和性质，进而创造商品价值和使用价值的一种活动，而流通加工是保持商品原有形式和性质，以完成所有权转移和空间位移的一种活动。流通加工的对象是进入流通过程的商品，具有商品的属性，而生产加工对象不是最终产品，而是原材料、零配件及半成品；流通加工的内容大多是简单加工，主要是解包分包、裁剪分割、组配集合、废物再生利用等，而生产加工一般是复杂加工；流通加工的目的主要是促进销售、维护商品质量、提高物流效率，同时对物流活动具有增值作用，而生产加工的目的在于创造商品价值和使用价值；流通加工处于流通领域，由流通企业完成，而生产加工处于生产领域，由生产企业完成。

流通加工成本是指一定时期内，企业为完成货物流通加工业务而发生的全部费用，包括支付外部流通加工费和自有设备流通加工费。具体由人工费、材料费、维护费和一般经费4部分构成。

（1）人工费。流通加工成本中的人工费是指从事流通加工业务的人员的费用。具体包括流通加工业务人员的工资、奖金、津贴、补贴、职工福利费、住房公积金、社会保险费、工会经费、职工教育经费、非货币性福利、因解除与职工的劳动关系给予的补偿以及其他与获得职工提供的服务相关的支出。

（2）材料费。流通加工成本中的材料费是指流通加工过程中所耗用的辅助材料、包装材料等材料费。材料成本的计算方式同包装作业中材料成本的计算。

（3）维护费。流通加工过程中需要使用一定的设备，如电锯、剪板机等。维护费是指与这些流通加工设备有关的折旧费、摊销费、维修保养费以及电力、燃料、油料等能源消耗费。

（4）一般经费。流通加工成本中的一般经费是指除了上述人工费、材料费、维护费之外，所发生的与流通加工有关的其他费用支出，如流通加工作业应分摊的车间经费和其他管理费用支出。

就物流成本产生的范围而言，流通加工成本仅存在于销售物流阶段。

6）配送成本

中华人民共和国国家标准《物流术语》（GB/T 18354—2006），将"配送"界定为：在经济合理区域范围内，根据客户要求，对物品进行拣选、加工、包装、分割、组配等作业，并按时送达指定地点的物流活动。

配送是物流系统中一种特殊的、综合的活动形式，是商流和物流的紧密结合。从物流角度来说，配送几乎包含了所有的物流功能要素，一般的配送集运输、仓储、包装和装卸搬运功能于一身，特殊的配送还包括流通加工。

正因为配送是一个"小物流"的概念，所以配送成本包括在配送物流范围内发生的运输、仓储、包装、装卸搬运和流通加工成本。其具体支付形态包括人工费、材料费、维护费和一般经费。需要指出的是，本书对配送成本不单独作为物流功能成本的构成内容进行讨论，而是将其中发生的有关费用支出分配归入其他物流功能成本中进行核算。就物流成本产生的范围而言，配送成本存在于供应物流、企业内物流和销售物流阶段。

上述介绍的运输成本、仓储成本、包装成本、装卸搬运成本、流通加工成本统称为物流运作成本，是物流功能成本的重要构成内容。

7）物流管理成本

在物流作业分工日益精细的今天，物流管理工作逐渐从其他物流功能作业中分离出来，成为独立存在的作业形式。为加强物流管理，整合物流运作流程，以最低的支出获取最大的物流收益，很多企业纷纷成立了专门的物流管理部门或在其他业务部门中指定专人从事物流管理工作。

物流管理成本是指一定时期内，企业为完成物流的规划设计、调度、调整、控制等管理活动所发生的全部费用，包括物流管理部门及物流作业现场所发生的管理费用，具体由人工费、维护费和一般经费3部分构成。

(1) 人工费。物流管理成本中的人工费是指从事物流管理工作的人员的费用。具体包括物流管理人员的工资、奖金、津贴、补贴、职工福利费、住房公积金、社会保险费、工会经费、职工教育经费、非货币性福利、因解除与职工的劳动关系给予的补偿以及其他与获得职工提供的服务相关的支出。

(2) 维护费。物流管理成本中的维护费是指物流管理人员在物流管理工作中，会使用有关软件系统和硬件设施进行管理，这些软硬件系统及设施的折旧费、摊销费、修理费等就构成物流管理成本的维护费。

(3) 一般经费。物流管理成本中的一般经费是指物流管理活动中，除了人工费和维护费之外的其他费用支出。如物流管理部门、物流作业现场及专门的物流管理人员应分摊的办公费、会议费、水电费、差旅费等，还包括国际贸易中发生的报关费、检验费、理货费等。

由于物流管理活动贯穿于企业物流活动全程，因此就物流成本产生的范围而言，物流管理成本存在于供应物流、企业内物流、销售物流、回收物流和废弃物物流全程。

8) 物流信息成本

畅通信息渠道，及时充分地获取各类信息，是物流系统高效运行的保证。企业物流管理活动中的信息流既包括企业内部信息流，也包括企业间的信息流。如企业内原材料、半成品、产成品物流和与之相关的物流成本核算所产生的信息流动属于企业内部信息流，而供应链企业间订货、收货、发货、中转、代理及结算等活动所产生的信息流动属于企业间信息流。无论何种形式的信息流，都主要以物流及信息技术作为载体，通过与物流活动的高度融合，最终推动和促进物流管理水平的提升。

物流信息成本是指一定时期内，企业为完成物流信息的采集、传输、处理、存储等活动所发生的全部费用，具体包括人工费、维护费和一般经费3部分内容。

(1) 人工费。物流信息成本中的人工费是指从事物流信息工作的人员的费用。具体包括物流信息业务人员的工资、奖金、津贴、补贴、职工福利费、住房公积金、社会保险费、工会经费、职工教育经费、非货币性福利、因解除与职工的劳动关系给予的补偿以及其他与获得职工提供的服务相关的支出。

(2) 维护费。在物流信息管理过程中，开发物流信息软件系统，投入信息硬件设施，已经成为物流信息管理的重要手段和必备条件。物流信息成本的维护费主要指与物流信息软硬件系统及设备有关的费用。如物流信息系统开发摊销费、信息设施折旧费及物流信息软硬件系统维护费等。

(3) 一般经费。在物流信息活动过程中，除了人工费和维护费外，所发生的其他与物流信息有关的费用，如采购、生产、销售过程中发生的通信费、咨询费等。

无论哪种类型的企业，物流信息活动都贯穿于物流活动全程，在企业运营过程中，有物流就有相关的信息客观存在。因此，就物流成本发生的范围而言，物流信息成本存在于供应物流、企业内物流、销售物流、回收物流和废弃物物流全程。

一般来说，前述运输成本、仓储成本、包装成本、装卸搬运成本、流通加工成本所构成的物流运作成本与物流管理成本、物流信息成本共同构成了物流功能成本。物流成本除了包括上述物流功能成本外，还包括与存货有关的流动资金占用成本、存货风险成本和存货保险成本。

9）流动资金占用成本

从各国社会物流成本的构成来看，均包括存货占用流动资金的利息费用，而且这部分利息费用在整个保管费中占有相当大的比重。目前，加快资金周转、减少资金占用成本已成为降低物流成本的重要渠道之一。因此，从微观企业物流成本构成内容来看，存货占用流动资金的成本也应纳入物流成本的范畴，并作为独立的内容加以重点管理和控制。将流动资金占用成本计入物流成本，指明了成本改善的取向是减少原材料、产成品等存货在物流环节的耽搁及时滞，降低资金占用成本，从而降低物流总成本。

流动资金占用成本是指在一定时期内，企业在物流活动过程中因持有存货而占用流动资金所发生的成本，包括存货占用借入资金所支付的利息（显性成本）和存货占用自有资金所发生的机会成本（隐性成本）。

就物流成本发生的范围而言，因流动资金占用成本主要是指产品被锁闭在物流环节，从而导致事实上被企业所占用的资金成本。因此，流动资金占用成本主要存在于供应物流、企业内物流和销售物流阶段。

10）存货风险成本

在物流活动过程中，由于多种不确定因素的存在，原材料、半成品、产成品等存货通常面临着风险损失。如产品在运输过程中可能发生的破损或完全毁损导致价值丧失；在装卸搬运过程中可能发生货物破损、散失和损耗；在保管过程中可能会发生货物的毁损、丢失等。同时，由于货物保管时间过长等原因，还会发生货物的跌价损失等。

存货风险成本指一定时期内，企业在物流活动过程中所发生的物品损耗、毁损、盘亏及跌价损失等。广义上说，无论会计核算体系是否反映，只要存货发生了风险损失，都应计入存货风险成本。但考虑到实际的可操作性，本书采纳冯耕中等人著的《企业物流成本计算与评价——国家标准GB/T 20523—2006〈企业物流成本构成与计算〉应用指南》（以下简称《应用指南》）的观点，仅将显性成本即会计核算体系反映的存货损失成本计入存货风险成本，而对于会计核算体系尚未纳入反映的贬值和过时损失等隐性成本，不包括在存货风险成本中。

就物流成本发生的范围而言，因存货风险损失在运输、仓储、装卸搬运等环节均时有发生，因此存货风险成本主要存在于供应物流、企业内物流和销售物流阶段。

11）存货保险成本

目前，很多企业对货物采取投保缴纳保险费的方式以规避风险损失。保险费支出的高低与产品价值、类型以及产品丢失或损坏的风险程度等因素相关。

存货保险成本是指一定时期内，企业在物流活动过程中，为预防和减少因物品丢失、毁损造成的损失，而向社会保险部门支付的物品财产的保险费用。

就物流成本发生的范围而言，存货保险成本主要发生于物品的购进、储存和销售过程中。因此，存货保险成本存在于供应物流、企业内物流和销售物流阶段。

上述介绍的流动资金占用成本、存货风险成本和存货保险成本均属于与存货相关的物流成本，本书仍采纳《应用指南》的观点，其支付形态统一在"特别经费"中反映，从而与物流功能成本中的人工费、材料费、维护费和一般经费相区别。

1.2.3 企业物流成本分类

对于企业的物流成本，主要有以下 7 种分类方法。

1. 按物流成本计入成本对象的方式分类

按计入成本对象的方式分类，目的是经济合理地将物流成本归属于不同的物流成本对象。所谓成本对象，是指需要对成本进行单独测定的一项活动。物流成本对象可以是物流功能、物流活动范围及物流成本支付形态等。物流成本按其计入成本对象的方式可分为直接成本和间接成本两类。

1) 直接成本

直接成本也称为可追溯成本，是指与某一特定的成本对象存在直接关系，即它们之间存在明显的因果关系或受益关系，它是为某一特定的成本对象所消耗，故可直接计入该成本对象的成本。直接物流成本是直接计入物流范围、物流功能和物流支付形态等成本对象的成本。

一种成本是否属于直接成本，取决于它与成本对象是否存在直接关系，并且是否便于直接计入。因此，直接成本也可以说是与成本计算对象直接相关的成本中可以用经济合理的方式追溯到成本计算对象的那一部分成本。所谓的"追溯"，是指在物流成本发生后，寻找引起成本发生的特定对象。如物流过程中所耗用的材料成本，很容易找到是用于包装作业还是流通加工作业；"经济合理的方式追溯"是指将某项物流成本直接分派给该成本对象是合乎逻辑的，并且追溯到成本对象的代价不能太高。

2) 间接成本

间接成本是指与某一特定成本对象没有直接联系的成本，它为几种成本对象所共同消耗，不能直接计入某一特定成本对象的成本。例如，以物流范围作为成本计算对象，不能直接计入特定物流范围的物流管理成本、物流信息成本都属于间接成本。

间接成本是与成本对象相关联的成本中不能用一种经济合理的方式追溯到成本对象的那一部分成本。所谓"不能用经济合理的方式追溯"，是指以下两种情况：一是不能合理地追溯到成本对象，如不单设立物流信息部的物流管理人员兼做物流信息工作，这部分人员的工资很难分辨出物流信息成本应分担的人工费的数额；二是不能经济地追溯到成本对象，如润滑油的成本可以通过单独计量追溯到个别成本对象，但是单独计量的成本较高，且其本身数额不大，即使准确地分配也无多大的实际意义，不如将其列入间接成本，统一进行分配更为经济。

一项成本是直接成本还是间接成本，不是一成不变的，通常随物流成本计算对象的变化而变化。例如，若以物流功能作为成本计算对象，从事仓储业务的人员的工资报酬属于直接成本；但若以物流范围作为成本计算对象，上述支出则为间接成本。因此，一项成本是直接成本还是间接成本，要根据物流成本对象的选择而定。

2. 按物流活动的成本项目分类

以活动为基础确定物流成本的分类方法，是一切从活动本身出发，将所消耗的有关费用与活动的执行联系起来，成本被分摊到消费资源的活动上。这种分类方法的目的是便于检查物流构成的各环节成本支出，分析各种物流活动的绩效，方便物流资金的安排和衔接各环节的关系。物流成本按物流活动的成本项目划分，可分为物流功能成本和存货相关成本。

1) 物流功能成本

企业每一阶段的物流活动都是由具体的物流功能活动组合而成的，各项物流功能对应的成本项目称之为物流功能成本。物流功能成本可分为物流运作成本、物流管理成本和物流信息成本。其中，物流运作成本是指完成商品、物资的流通而发生的费用，可进一步细分为运输成本、仓储成本、包装成本、装卸搬运成本、流通加工成本；物流管理成本是为完成物流管理活动而发生的费用支出，既包括物流管理部门也包括物流作业现场的管理费用；物流信息成本是指为完成物流信息的收集、传递、存储和处理等而发生的费用支出。

2) 存货相关成本

存货相关成本是指物流活动过程中发生的与持有存货有关的成本支出，具体包括流动资金占用成本、存货风险成本和存货保险成本。传统的按物流功能进行的物流成本分类中，仓储成本是一个"大成本"的概念，既包括仓储运作成本，也包括与存货相关的成本。但随着物流业务分工的细化及管理精细化的要求越来越迫切，与存货相关的成本从仓储成本中逐渐分离出来，单独进行分析和管理。其原因主要有以下两个方面：一是将存货相关成本从仓储成本中分离出来，有助于积极探寻加速存货资金周转、减少存货风险损失，从而降低物流总成本的方法；二是存货相关成本在总成本中的比重较大，且贯穿于物流活动的全程，而不仅仅发生在仓储环节。基于此，物流功能成本中的仓储成本是与其他物流功能成本意义等同的，仅反映在仓储环节所发生的物流运作支出上。

3. 按物流成本发生的范围分类

所谓按物流成本发生的范围分类，就是按企业物流活动发生的先后次序进行分类。现代企业物流活动范围是指从原材料采购开始，经过企业内的生产周转，到产品销售乃至退货以及废弃物处理等这样一个广阔的领域。这种分类的目的是了解每个物流范围阶段所发生的成本支出，了解哪个或哪些物流范围阶段是成本发生的集聚点，并通过趋势分析和与其他企业的横向比较，把握成本改善的阶段取向。同时，为企业进一步实施成本控制和降低提供依据。物流成本按照发生的范围可划分为供应物流成本、企业内物流成本、销售物流成本、回收物流成本和废弃物物流成本。

1) 供应物流成本

供应物流成本是指企业在采购环节所发生的物流费用，即经过采购将企业所需原材料、零部件、燃料、包装材料等从供应者的仓库运回企业仓库为止的物流过程中所发生的物流费用。

2) 企业内物流成本

企业内物流成本是指货物在企业内部流转所发生的费用，即从原材料进入企业仓库开始，经过出库、制造形成产成品以及产成品进入成品库，直到产品从成品库出库为止的物流过程中所发生的物流费用。

3) 销售物流成本

销售物流成本是指企业在销售环节发生的物流费用，即产品确认销售后，从成品库运动开始，经过流通环节，直至送到消费者手中或终端销售点的物流过程中所发生的物流费用。

4）回收物流成本

回收物流成本是指由于退货、返修和周转使用的包装容器等，从需方返回供方的物流活动过程中所发生的物流费用。

5）废弃物物流成本

废弃物物流成本是指将经济活动中失去原有使用价值的物品，根据实际需要进行收集、分类、加工、包装、装卸搬运、储存等，并分送到专门处理场所的物流活动过程中所发生的物流费用。

4. 按物流成本的支付形态分类

按物流成本的支付形态进行分类的目的是便于检查物流成本在各项日常支出中的数额和所占比例，有利于对比与分析各项费用水平的变化情况，评价、分析各物流活动的绩效。这种分类方法是以财务会计中发生的费用为基础，将物流成本分为企业内部发生的物流成本和物流业务外包支付的委托物流成本。

1）企业内部发生的物流成本

企业内部发生的物流成本是指企业在供应、销售、退货等阶段，因运输、包装、装卸搬运、整理等物流业务发生的由企业自行支付的物流成本。物流成本的计算虽然属于管理会计的范畴，但必须以会计核算资料为基础。从基本的费用支付形态出发，逐一提取和分离物流成本信息。这是物流成本计算的难点，也是物流成本计算的起点。

在财务会计上，费用支付形态多种多样，非常繁杂。鉴于物流成本计算更多地服务于管理，这就需要将形式多样的费用支付形态予以抽象和归类。本书采纳《应用指南》的做法，并结合新《企业会计准则》的基本要求，将企业内部物流成本按支付形态分为人工费、材料费、维护费、一般经费和特殊经费。

（1）人工费。人工费是指因人力劳务的消耗而发生的费用，具体包括职工工资、奖金、津贴和补贴，职工福利费，医疗保险费、养老保险费、失业保险费、工伤保险费和生育保险费等社会保险费，住房公积金，工会经费和职工教育经费，非货币性福利，因解除与职工的劳动关系给予的补偿，其他与获得职工提供的服务相关的支出。

（2）材料费。材料费是指因物料消耗而发生的费用，具体包括资材费、工具费、器具费、低值易耗品摊销及其他物料消耗等。

（3）维护费。维护费是指土地、建筑物以及各种设施设备等固定资产的使用、运转和维护保养所产生的费用，具体包括折旧费、维护维修费、租赁费、保险费、税金、燃料与动力消耗费等。

（4）一般经费。一般经费涵盖了各物流功能成本在人工费、材料费和维护费三种支付形态之外反映的所有费用细目，具体包括办公费、差旅费、会议费、通信费、咨询费、水电费、煤气费及其他杂费。

（5）特殊经费。特殊经费是指与存货相关的物流成本费用支付形态，具体包括存货占用资金而产生的利息、存货保险费和存货风险损失等。

2）委托物流成本

委托物流成本是指企业将物流业务外包给外部物流机构，企业向外部物流机构支付的各项费用支出。

5. 按物流成本是否具有可控性分类

按物流成本是否具有可控性，可以划分为可控物流成本和不可控物流成本。这种分类有利于明确责任，明确物流成本改进对象，进而加强物流成本管理，对持续降低物流成本具有重要意义。

1）可控物流成本

可控物流成本是指在一定时期内，特定责任中心能够直接控制或施加影响其发生的物流成本。可控物流成本总是针对特定的责任中心而言的，是特定责任中心业绩考核的重要指标——责任成本的计算基础。所谓责任成本，是指以具体的责任单位（部门、单位或个人）为对象，以其承担的责任为范围所归集的成本，也就是特定责任中心的全部可控成本。

2）不可控物流成本

不可控物流成本是指在一定时期内，特定责任中心不能对物流成本的发生直接控制或施加影响，因而也不予负责的物流成本。

一项物流成本，对某个责任中心来说是可控的，但对另外的责任中心来说则是不可控的。例如，物流管理部门发生的管理费，对物流管理部门来说是可控的，但对于物流信息部门来说则是不可控的；有些物流成本对下级单位来说是不可控的，但对于上级单位来说则是可控的。例如，物流信息业务人员不能控制自己的工资，而他的上级则可以控制。

区分可控物流成本和不可控物流成本，还要考虑物流成本发生的时间范围。一般来说，在消耗或支付的当期成本是可控的，一旦消耗或支付就不再可控；有些成本是以前决策的结果，如折旧费、租赁费等，在添置设备和签订租约时曾经是可控的，而使用设备或执行契约时已无法控制。

尽管对于特定的责任中心或时间来说，物流成本有些是可控的，有些是不可控的，但从整个企业的空间范围和很长的时间范围来观察，所有物流成本都是人的某种决策或行为的结果，都是可控的。因此，企业应充分调动经营者和物流管理人员的主观能动性，进一步降低物流成本。

6. 按物流成本习性进行分类

物流成本习性是指一定时期内，物流成本总额与物流业务量之间的依存关系。这种分类方法的目的是在以管理会计方法进行规划和控制物流成本的基础上，积极探索不同类型物流成本改善的最佳途径。物流成本按成本习性进行分类，可分为变动物流成本、固定物流成本和混合物流成本。

1）变动物流成本

变动物流成本是指在一定相关范围内，总发生额随物流业务量的变动而成正比例变动的物流成本项目，即随着物流业务量的增减，物流成本总额也会随之增减相应的倍数。如包装用直接材料的消耗、与业务量挂钩的物流作业人员的工资等。变动物流成本的特点是其总额随着物流业务量的增减变动而成正比例增减变动，但单位变动物流成本不会受业务量的影响，而是保持不变。根据变动物流成本的成因，又可进一步划分为技术性变动物流成本和酌量性变动物流成本两类。

（1）技术性变动物流成本。技术性变动物流成本是指与物流业务量有明确技术关系的变动物流成本，如物流设施设备的燃料动力消耗支出，在一定条件下，这一成本就属于受设计影响的、与物流作业量成正比例关系的技术性变动物流成本。技术性变动物流成本，是物流活动中所必须发生的成本，而且除非技术革新等情况，否则很难降低单位技术性变动物流成本。

（2）酌量性变动物流成本。酌量性变动物流成本是指受企业管理决策影响的变动物流成本，如物流作业人员的工资等。要想降低酌量性变动物流成本，可以通过提高管理人员的素质，进而提高决策的合理化水平来实现。

2）固定物流成本

固定物流成本是指在一定相关范围内，总发生额不受物流业务量变动影响的物流成本项目。例如，按直线法计提的物流设施设备的折旧费、定期缴纳的仓库租金、物流管理人员的基本工资等。在一定的范围内，固定物流成本的总额不会受到物流业务量变动的影响，将保持在一个恒定的水平上。但随着物流业务量的增加，单位物流业务量所分摊的固定物流成本将会下降。固定物流成本还可以进一步分为约束性固定物流成本和酌量性固定物流成本。

（1）约束性固定物流成本。约束性固定物流成本是指通过管理当局的短期决策行为不能改变其支出数额的物流成本项目，如仓库、物流设备的折旧、租金、税金、存货保险费等。这部分成本支出是与管理当局的长期决策密切相关的，具有很大的约束性，一经形成，长期存在，短期内难以发生重大改变。

（2）酌量性固定物流成本。酌量性固定物流成本是指通过管理当局的短期决策行为可以改变其支出数额的物流成本项目，如物流管理人员的培训费等。这类费用的支出与管理当局的短期决策密切相关，即管理当局可以根据企业的实际情况和财务状况，考虑这部分费用支出的轻重缓急。

3）混合物流成本

上述的变动物流成本和固定物流成本都是企业实际物流活动中所遇到的众多成本性态的两种极端类型，大多数的物流成本都是介于两者之间的混合体，称之为混合物流成本。混合物流成本是指总发生额虽会随着物流业务量变动而变动，但是不保持正比例关系的物流成本项目。较为常见的混合物流成本有以下两类。

（1）以一定初始量为基础的半变动物流成本。这类物流成本的特点是：即使物流业务量为零时，也会发生一定的成本，即保持一定的基数。在此基数的基础上，随着物流业务量的增加，物流成本也会成正比例地增加。这种混合物流成本，可以将其看成是固定物流成本与变动物流成本的结合体。基数代表企业获得该项物流服务所必须付出的最低支出部分，具有固定物流成本的性质；变动部分代表随着物流业务量增加，企业所需要额外付出的成本，这些额外成本与物流业务量成正比例变动关系，可以看成是变动物流成本。例如，物流设施设备的维护费等。

（2）阶梯式混合物流成本。阶梯式混合物流成本即总成本随着物流业务量的增加而呈现阶梯性变动。其特点是：物流业务量在一定范围内增长时，其总成本不变；而物流业务量超出一定的限度时，总成本会突然上升，而在物流业务量增长一定限度内又保持不变。在一定的物流业务量范围内，可以将阶梯式混合物流成本看成是固定物流成本。

7. 按物流成本是否在会计核算中反映分类

物流成本是管理会计中的成本概念。与财务会计中的成本概念相比较，其具有对内提供信息，帮助内部使用者作出经营管理的决策，其提供信息的方式和内容很少受到限制的特点。物流成本既包括会计核算中实际发生的，计入企业实际成本费用的各项支出，也包括会计核算中没有实际发生，但在物流管理决策中应该考虑的成本支出。按照是否在会计核算中予以反映，物流成本可分为显性成本和隐性成本两类。

1) 显性成本

显性成本是指企业实际发生的，既在财务会计核算中反映，又为物流成本管理决策所需要的成本支出。显性成本是物流成本在管理会计和财务会计两大领域的共性成本。在物流活动过程中实际发生的人工费、材料费、水电费、折旧费、保险费等都属于显性成本。这部分物流成本的计算是以会计核算资料为依据，是对会计核算资料的分析和信息提取的过程。所有显性成本的数据均来源于财务会计资料。

2) 隐性成本

隐性成本是在财务会计核算中没有反映，但在物流成本管理决策中需要考虑的成本支出，它是管理会计领域的成本。例如，存货占用资金所产生的机会成本，由于物流服务不到位所造成的缺货损失、存货的贬值损失、回程空载损失等。这些成本支出和损失确实客观存在，但由于不符合会计核算的确认原则，难以准确量化和缺少科学的计量规则等原因，这部分支出没有在财务会计中反映；但是在管理会计领域，为了保证管理决策的科学合理化，又要求将这部分成本支出纳入物流总成本范围予以考虑。

当前对物流成本研究的重点通常是如何降低显性成本，但企业在降低物流显性成本的同时，很可能更大幅度地提高了隐性成本，从而导致物流总成本上升。因此，企业在进行物流成本管理时，要适当权衡显性成本和隐性成本的关系，合理调配资源，使物流总成本下降。

1.3 物流成本相关理论学说

1.3.1 "黑大陆"学说

财务会计中，由于物流成本在核算过程中被分别计入生产成本、销售费用、管理费用和营业外支出等科目，这样，在损益表中无法反映物流成本在总成本以及销售额中所占的比重，因此物流成本的重要性往往被忽视，这就是物流成本被称为"黑暗大陆"的一个原因。

由于物流成本管理存在的问题以及有效管理对企业盈利、发展的重要作用，1962年世界著名管理学家彼得·德鲁克在《财富》杂志上发表了题为《经济的黑大陆》一文，他将物流比作"一块未开垦的处女地"，强调应高度重视流通及流通过程中的物流管理。彼得·德鲁克曾经指出：流通是经济领域里的黑暗大陆。这里彼得·德鲁克虽然泛指的是流通，但是由于流通领域中的物流活动的模糊性特别突出，是流通领域中人们认识不清的领域，所以"黑大陆"学说主要是针对物流而言的。

"黑大陆"学说主要是指尚未认识、尚未了解。"黑大陆"学说是对20世纪经济学界存在的愚昧认识的一种批驳和反对，指出在市场经济繁荣和发达的情况下，科学技术也好，经济发展也好，都没有止境。"黑大陆"学说也是对物流本身的正确评价，这个领域未知的东西还很多，理论与实践都不成熟。

从某种意义上看，"黑大陆"学说是一种未来学的研究结论，是战略分析的结论，带有较强的哲学抽象性,这一学说对于物流成本领域研究起到了启迪和动员作用。

1.3.2 物流成本冰山学说

"物流成本冰山"学说是日本早稻田大学西泽修教授最早提出来的,他潜心研究物流成本时发现,财务会计制度和会计核算方法都不能掌握物流费用的实际情况,企业在计算盈亏时,销售费用和管理费用项目所列的"运输费用"和"保管费"的金额一般只包括企业支付给其他企业的运输费和仓储保管费,而这些外付费用不过是企业整个物流成本的冰山一角。冰山的特点是大部分沉在水面以下,是看不到的黑色区域,而看到的只是露出水面的一小部分。物流成本便是一座冰山,其中人们尚未认识、尚未了解的就是沉在水面以下的看不到的黑色区域,而认识到的只是物流成本的一小部分。人们过去之所以轻视物流成本,正是因为只看到了冰山的一角,而没有看见冰山全貌的缘故,"物流成本冰山"理论如图 1-3 所示。

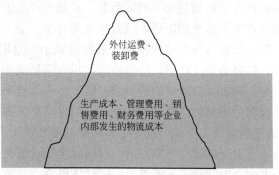

图 1-3 物流成本冰山理论图解

西泽修教授用物流成本具体分析了德鲁克的"黑大陆"学说。事实证明,人们对物流领域还远未认识清楚,在"黑大陆"中和"冰山"的水下部分正是物流尚待开发的领域,也正是物流的潜力所在。

一般情况下,在企业的财务数据中,只能看到支付的外部运费和仓储费用。而实际上,企业因购买原材料所支付的费用、物流基础设施的折旧费、企业利用自己的车辆运输、利用自己的仓库保管货物、由自己的工人进行包装、装卸搬运、与物流有关的利息支出等,都计入了原材料、生产成本、制造费用、管理费用、销售费用和财务费用科目中。而企业内部发生的这些物流成本在数额上远远超过企业向外支付的物流成本。美国、日本等国家的实践都表明,企业实际物流成本的支出往往要超过企业对外支付物流成本额的 5 倍以上。

"物流成本冰山"学说之所以成立,除了会计核算制度本身没有考虑到物流成本之外,主要有以下 3 个方面的原因:一是物流活动范围太大,包括供应物流、企业内物流、销售物流、回收物流和废弃物物流,从而使物流成本的计算贯穿于企业经营活动始终;二是物流运作环节太多,包括运输、仓储、包装、装卸搬运、流通加工、物流信息、物流管理等;三是物流成本的支付形态太繁杂,除了对外支付的费用外,内部支付形态包括材料费、人工费、维护修理费、设施设备折旧费、燃料费、水电费、办公费等,几乎涵盖了会计核算中的所有支付形态。正是由于上述 3 个方面的原因,使物流成本难以计算,计算时难免挂一漏万。因此,物流成本确实犹如冰山,目前人们掌握的部分只是其一角。

1.3.3 "第三利润源"学说

"第三利润源"的说法是由日本早稻田大学教授、权威物流成本研究学者西泽修先生1970 年提出的。在《流通费用》一书中,西泽修教授把物流看作是企业的"第三利润源泉"、"降低成本的宝库",并预见未来的时代将是"物流时代";认为物流是继物质资源消耗和提高劳动生产效率之后的第三个利润源泉。他将企业的发展战略与企业物流活动所具备的潜力相联系，以发展的眼光来认识物流成本管理在企业整体发展战略中的重要性。

第三利润源泉是相对于第一利润源泉和第二利润源泉而言的。从社会经济发展的历史轨迹看，随着经济发展阶段的演变和经济环境的变革，曾经有过两个大量提供利润的领域。在生产力相对落后、社会产品处于供不应求的历史阶段，由于市场商品匮乏，制造企业无论生产多少产品都不愁卖不出去，作为生产型企业为了达到规模化生产这个目的，大力进行设备更新改造，扩大生产能力，通过规模经济的实现降低生产成本，以此来创造企业的剩余价值，产生了所谓的第一利润源泉。然而当产品极大丰富，市场格局转为供过于求时，商品的销售产生了极大的阻碍，这时依靠提高生产能力和扩大规模经济来实现的第一利润源达到了极限，很难再为企业的持续发展提供动力，这时企业逐渐将管理的重心放在了依靠科技进步，提高劳动生产率，降低消耗，从而降低成本，增加利润，这就是所谓的第二利润源泉。但是，随着社会经济的进步和发展，在今天越来越强调差异化、高增值服务的时代，前两个利润源可挖掘的空间越来越小，人们逐渐意识到物流领域的潜力，于是出现了西泽修教授的"第三利润源"学说。这3个利润源着重开发生产力的3个不同要素：第一利润源挖掘对象是生产力中的劳动对象；第二利润源挖掘对象是生产力中的劳动者；第三利润源挖掘对象则是生产力中劳动工具的潜力，同时注重劳动对象与劳动者的潜力，因而更具全面性。

第三利润源的理论最初认识是基于以下4个方面。

（1）物流是可以完全从流通中分化出来，自成体系、有目标、有管理，因而能进行独立的总体判断。

（2）物流和其他独立的经济活动一样，它不是总体的成本构成因素，而是单独盈利因素，物流可以成为"利润中心"。

（3）从物流服务角度看，通过有效的物流服务，可以给接受物流服务的生产企业创造更好的盈利机会，成为生产企业的"第三个利润源泉"。

（4）通过有效的物流服务，可以优化社会经济系统和整个国民经济的运行，降低整个社会的运行成本，提高国民经济总效益。

"第三利润源"学说，是对物流潜力及效益的描述。经过半个世纪的探索，人们已肯定这"黑大陆"虽不清楚，但绝不是不毛之地，而是一片富饶之源。特别是两次石油危机之后，物流管理已正式确立了其在现代企业管理中的战略地位。它已与生产管理和营销管理并列为企业管理的"三驾马车"。

1.3.4 效益背反理论

"效益背反"，又称为"二律背反"，这一术语表明两个相互排斥而又被认为是同样正确的命题之间的矛盾。"效益背反"是物流领域中很普遍的现象，是物流领域中内部矛盾的反映和表现。"效益背反"是指物流的若干功能要素之间存在着损益矛盾，即某一功能要素的优化和利益发生的同时，必然会存在另一个或几个功能要素的利益损失，反之也如此。物流系统中的效益背反包括物流成本与服务水平的效益背反和物流各功能活动的效益背反。

1. 物流成本与物流服务水平的效益背反

在没有较大的技术进步的情况下，企业物流很难做到既提高物流服务水平，同时也降低物流成本。物流成本与服务水平的效益背反指的是物流服务的高水平在带来企业业务量和收入增加的同时，也带来了企业物流成本的增加，即高水平的物流服务必然伴随着高水平的物流成本。而且，物流服务水平与物流成本之间并非呈线性关系，即投入相同的物流成本并非可以得到相同的物流服务增长，如图 1-4 所示。

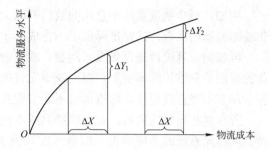

图 1-4 物流服务水平与物流成本的效益背反关系

由图 1-4 可见，物流服务如处于较低水平，追加物流成本 ΔX，物流服务水平可上升 ΔY_1；如物流服务处于较高水平，同样追加物流成本 ΔX，物流服务水平仅上升 ΔY_2，但 $\Delta Y_2 < \Delta Y_1$。

一般而言，在对提高物流服务和降低物流成本之间进行权衡决策时，可以以价值工程理论为指导，考虑以下 4 种方法。

（1）保持物流服务水平不变，尽量降低物流成本。在不改变物流服务水平的情况下，通过改进物流系统来降低物流成本，提高物流价值。这种通过优化系统结构降低物流成本来维持一定物流服务水平的方法被称为追求效益法。

（2）提高物流服务水平，增加物流成本。这是许多企业提高物流服务水平的做法，是企业面对特定客户或竞争对手时所采取的具有战略意义的做法。

（3）保持物流成本不变，提高物流服务水平。这是一种积极的物流成本对策，是一种追求效益的方法，也是一种有效地利用物流成本性能的方法。

（4）用较低的物流成本实现较高的物流服务。这是一种增加效益、具有战略意义的方法。企业物流只有合理运用自身的资源，才能获得这样的结果。

企业采取何种物流成本策略，要考虑各方面的综合因素，包括商品战略、流通战略、物流系统所处的环境以及竞争对手的情况等。在与竞争对手的比较过程中，企业应根据以下 4 种情形，分别采取不同的策略。

（1）如果本企业物流服务水平低于竞争对手，但物流成本却高于竞争对手，这是最差的一种情况。在这种情况下，企业应尽快改进物流系统，提高物流服务水平，降低物流成本。

（2）如果本企业物流服务和物流成本处于双高水平，企业应在保持物流服务水平的情况下，不断降低物流成本来改善物流系统。

（3）如果本企业物流服务和物流成本处于双低水平，企业应在保持低水平物流成本的前提下，追求物流服务水平的提高，改进物流服务。

（4）如果本企业物流成本水平低于竞争对手，但物流服务水平却高于竞争对手，说明企业物流管理水平较高，成本控制较好。

在现实中，由于受到多种因素的影响，尤其是在资源有限的情况下，决策远非理论那么简单，可能存在很多复杂因素交织在一起的情形，这时，企业应根据自身的总体经营战略，在成本和服务水平的定位上作出选择。

2. 物流各功能活动的效益背反

现代物流是由运输、包装、仓储、装卸搬运及配送等物流活动组成的集合。物流的各项活动处于这样一个相互矛盾的系统中，即要想较多地达到某个方面的目的，必然会使另外一些方面的目的受到一定的损失，这便是物流各功能活动的效益背反。

例如，减少物流系统中仓库的数目并减少库存，必然会使库存补充变得频繁而增加运输和装卸搬运的次数。这样虽降低了库存成本，却使运输成本和装卸搬运成本增加了。

再如物流基础设施设备投入问题，减少物流基础设施设备投资，会大大减少物流设施设备的折旧费和维护保养费等，但因缺少先进的设施设备，将导致物流效率低下，物流作业的各个环节不能有机衔接，物流信息不能实现共享，从而会大幅增加物流作业成本。

所有这些现象均表明，要实现物流成本的降低，不能仅关注个别物流功能成本的控制，而要从物流系统的角度出发，综合考虑物流成本各项目之间的关系，按照总成本最低的原则，强调各物流功能成本之间的矛盾统一，使整个物流系统达到最优。

效益背反理论应用于企业物流成本管理中，揭示了物流系统总成本与各功能要素成本间的相互影响因素与程度，有助于从整体上把握物流系统的成本性态和结构。该理论的出现，使物流学科对物流功能因素的认识产生了实质性的飞跃，对企业物流的认识不再是"黑暗大陆"。

1.3.5 其他物流成本学说

除了上述较有影响的物流成本理论学说之外，还有一些物流成本学说在物流学界广为流传。

1. 成本中心说

该理论认为，物流在整个企业战略中，只对企业营销活动的成本发生影响。物流是企业成本的重要产生点，因而解决物流的问题，并不只是搞合理化、现代化，不只是为了支持保障其他活动，重要的是通过物流管理和物流的一系列活动降低成本。所以，成本中心既是指主要成本的产生点，又是指降低成本的关注点，物流是"降低成本的宝库"等说法正是这种认识的形象表述。

成本中心说虽然认识到物流活动是企业经营成本发生的重要环节，但却认为物流活动对产品的增值以至创造利润没有多大影响。因此，该理论的局限性在于没有认识到物流在企业整体战略中的重要性，更没有认识到物流的增值效应。一味地强调物流成本的降低，势必影响到企业整体战略的实施。

2. 服务中心说

服务中心说是在"效益背反"理论基础上，由欧美学者于20世纪60年代提出的。该理论认为，物流活动最大的作用，并不在于为企业节约了消耗，降低了成本或增加了利润，而是在于提高企业对用户的服务水平进而提高了企业的竞争能力。因此，他们在使用描述物流的词汇上选择了"后勤"一词，特别强调物流服务的保障功能。通过对企业竞争优势与能力的培育，从整体上来压缩企业的综合经营成本和提升企业的发展潜力。

3. 系统说

1973年，美国哈佛大学教授詹姆斯·海斯凯特在著作《企业物流》中，用系统论的方法对企业物流活动进行了深入的阐述。其主要观点是：企业各物流活动之间，物流与其他经营活动和客户服务之间普遍存在着内在联系。所以，在考察个别物流活动的变化时，应尽可能从总体和系统的角度进行比较，分析要素间的互动关系。他认为，对物流活动应当进行系统管理，要对各种物流活动成本及其相互关系，在既定的客户服务水平约束下，进行有效协调和权衡。也就是说，所有的物流活动和结果都可以换算成物流成本，不管是显性成本还是隐性成本。该理论通过物流成本对物流活动进行管理，成为研究物流管理的切入点。

4. 价值链说

伴随信息技术的发展，全球采购的兴起，企业间竞争日益加剧等环境，要求企业物流战略的制定与成本管理必须摒弃狭隘的内部成本观念。要着眼于产业链的构成与变化，将企业内部的物流系统延伸到整个价值链。该理论采用系统的、整体的观点与方法对企业的物流实行管理，认为企业竞争失败的关键在于企业所处价值链的整体运转效率，而不是企业自身单方面低成本。因而物流成本管理必须摒弃单个企业物流成本最小化的观点，从整个价值链的角度出发，寻求价值链总成本的最小化，提升价值链的整体竞争力，这需要价值链上所有企业共同努力。只有价值链物流成本降低了，企业物流成本才能真正、持续地降低。

1.4 物流成本管理的产生与发展

1.4.1 物流成本管理的概念及意义

1. 物流成本管理的概念

物流成本管理，简言之，就是通过成本来管理物流，是以成本为手段的物流管理方法。这是因为，一是成本能真实地反映物流活动的实态。用成本去掌握物流活动，物流活动方法上的差异就会以成本差别的形式明显表现出来；二是成本可以成为评价所有活动的共同尺度。用成本这个统一的尺度来评价各种活动，可以使性质不同的活动具有可比性，是有效管理物流的一种新思路。

从物流成本管理的内容上看，物流成本管理是以物流成本信息的产生和利用为基础的，按照物流成本最优化的要求有组织地进行预测、决策、计划、控制、分析和考核等一系列的科学管理活动。然而，需要指出的是，在实践中，人们常常将物流成本的计算误以为是物流成本管理，只看到了成本计算的结果，而忽视了成本的管理过程。物流成本管理不单是一项具体的可操作的成本计算任务，也不仅仅是对物流成本进行管理，而是通过成本去管理物流，即通过利用各种管理工具对物流成本进行预测、计划、控制等，在既定的服务水平上达到降低物流成本的目的。

物流成本管理是物流管理的核心，为此，理论界与实业界都在谋求降低物流成本的途径。实行物流成本管理，对社会与企业都具有非常重要的现实意义。

2. 物流成本管理的意义

物流成本管理，归根结底是为了在提高物流效率和服务水平的同时，不断降低物流成本，对原材料、半成品、产成品以及相关的信息流动做到6R，即正确的产品、正确的质量、正确的顾客、正确的地方、正确的时间和正确的成本。这也正是现代物流管理的实质。加强物流成本管理对社会和企业均具有长远的现实意义。

1) 微观层面的物流成本管理的意义

据有关资料统计，我国生产流通企业物流成本占企业总成本的比重接近20%，物流企业物流成本占总成本的比重达 80% 以上。因此，在产品成本降低空间越来越小的情况下，降低物流成本意味着企业总成本的大幅下降，在产品定价不变的情况下，企业利润率水平会大幅提升，这也正是"第三利润源"的内涵所在。

加强物流成本管理是提高企业核心竞争力的重要手段。对于物流企业而言，通过加强物流成本管理，不断降低物流成本，在买方市场条件下，可以以更低的服务价格对外提供物流服务，进而不断扩大企业市场占有率；对于生产流通企业而言，物流成本管理带来物流成本下降，从而使产品总成本下降，进而在保证总利润水平的前提下，大幅降低产品价格。低廉的产品价格又会带来销售量的大幅提高，进而使利润总水平大幅提升。如此的良性循环，企业可以形成更多的资源用于进一步优化物流系统，实现企业物流管理的战略目标，提高企业核心竞争力。

2）宏观层面的物流成本管理的意义

加强物流成本管理，是保持物价稳定的重要举措。物流成本是商品价格的重要组成部分，通过加强物流成本管理，使用于物流管理领域的人力、物力、财力的耗费不断下降，这将对商品价格产生积极的影响，导致社会物价相对下降，从而起到平抑通货膨胀、进而相对提高国民的购买力的作用。

加强物流成本管理，是提高国家核心竞争力的重要手段。从全社会来看，物流成本管理的过程是优化和整合全社会商品流程的过程。在优化流程的过程中，会使全社会物流效率普遍提高，物流成本水平不断降低。这不仅意味着创造同等数量的财富所消耗的物化劳动和活劳动得到节约，而且也会增加外国投资者前来投资的吸引力，对提高一国的核心竞争力具有重要意义。

加强物流成本管理，也是建设节约型社会的要求。近年来，我国提出了建设资源节约、环境友好型社会的目标和要求，而加强物流成本管理工作，不断降低物流管理领域的各类耗费，节约各类资源，以最少的耗费换取最大的物流收益则是建设节约型社会的具体举措。

1.4.2 物流成本管理的产生与发展

1. 物流成本管理的产生

物流观念在理论上最初产生于 1901 年，约翰·F·格鲁威尔（John F. Crowell）在美国政府报告《农产品流通产业委员会报告》中第一次论述了对农产品流通产生影响的各种因素和费用。1915 年，阿奇·萧（Arch Shaw）在《经营问题的对策》一书中，初次论述物流在流通战略中的作用。同年，L. D. H. 威尔德（Weld）指出市场营销能产生 3 种效用，即所有权效用、空间效用和时间效用，与此同时，他还提出了流通渠道的概念，应该说这是早期对物流活动较全面的一种认识。

将物流活动真正上升到理论高度加以研究和分析的当数著名营销专家弗莱德·E·克拉克（Fred E. Clark），他于 1929 年在所著的《市场营销的原则》一书中，将市场营销定义为商品所有权转移所发生的各种活动以及包含物流在内的各种活动，从而将物流纳入到了市场经营行为的研究范畴之中。1927 年拉尔夫·布索迪（Ralph Borsodi）在《流通时代》一书中，初次用 Logistics 来称呼物流，为物流的概念化奠定了基础。

从实践发展的角度看，1941 年到 1945 年第二次世界大战期间，美国军事兵站后勤活动的开展为人们对综合物流的认识和发展提供了重要的实证依据，而且也推动了战后对物流活动的研究以及实业界对物流活动的重视。这表现在 1945 年，美国正式形成了一个戴尔塔-阿尔法输送组织，这是一个对输送管理知识教育给予奖励，并为进一步推广而在全美范围内结成的团体组织。此后，1946 年在美国正式成立了全美输送物流协会（AST&L），该组织的主要职能是对专业输送者进行考试，并发予证书，从而将物流活动的培训纳入到正规化的轨道。

物流管理正是起源于军事后勤。第二次世界大战中，美国海军基于巨额军用物资的调拨而首创物流管理，而后被美国陆军所推崇并实施运用。由于在军事上的应用注重的是保证军用物资供应的可达性和及时性，所以这时物流成本管理并没有得到重视。

第二次世界大战后，西方发达国家各大公司效益普遍下滑，这一方面是由于市场的激烈竞争，另一方面则是由于物价上涨及人工成本的提高使利润率降低。企业在平均利润率杠杆的作用下，已难以靠提高产品售价增加利润。同时，要进一步降低产品生产成本也是困难重重。在这种情况下，企业千方百计寻找降低成本的新途径，于是物流管理便进入了商业领域，成为继生产资料消耗、劳动效率提高后的第三利润源。企业注重成本管理，追求利润最大化，于是物流成本管理便应运而生，成为一种降低成本、提高服务水平的手段。

2. 美国物流成本管理的发展

物流成本管理的发展与经济的发展有着密切的关系。美国物流成本管理已经与日渐兴起的供应链理论的发展紧密结合，形成了一套先进的管理体系。美国对物流成本的管理主要是通过对美国会计师协会下属的管理会计实务委员会所颁布的一系列"管理会计公告"来进行的。就发展阶段而言，美国物流成本管理的发展大致经历了以下 5 个阶段。

1）物流成本认识阶段

"第三利润源"说、"利润中心"说等都说明了物流对提高企业利润水平、增强企业核心竞争力的重要意义。正是由于物流领域广泛的降低成本的空间，物流成本问题才引起经营管理者的重视。但在这个阶段，人们对物流成本还停留在感性的、表层的认识阶段，意识到了物流成本的重要性，但没有进行理性的、科学的物流成本管理实践。

2）物流项目成本管理阶段

在这一阶段，基于对物流成本的认识，根据不同部门、不同领域或不同产品出现的特定物流问题，组织人员进行研究并着手进行解决。但是，这一阶段对于物流成本管理的组织化程度以及对物流成本的持久把握方面仍存在不足。值得肯定的是，这一阶段物流管理组织开始出现。

3）引入物流预算管理制度阶段

随着物流管理组织的设置，对物流成本有了系统的理解和把握，开始引入物流预算管理制度，通过编制物流成本预算，比较预算和执行的差异，分析差异水平，进而达到管理和控制物流成本的目的。但是，这个阶段编制物流成本预算的准确程度低，对差异原因的分析缺乏全面性，并且对物流成本的把握仅限于对外支付的运费和仓储费用。

4）物流预算管理制度确立阶段

在这一阶段，推出了物流成本计算的标准，使物流预算及其管理有了比较客观准确的依据，物流部门成为独立的成本中心或利润中心。物流成本预算的准确性大为提高，对差异原因的分析也更为全面，同时对物流成本计算范围的确定也由原来的仅限于对外支付的费用扩大到企业内部与外部所有与物流有关的费用支出。物流成本管理的科学水平得以大幅提高。

5）物流绩效评估制度确立阶段

当物流预算管理制度逐步得以建立和健全，物流部门作为独立的成本中心或利润中心后，随之而来的必然是对物流部门绩效的评价问题。这时，物流成本管理工作进一步得以深化，物流部门绩效评估制度得以确立。通过绩效评估，促进物流部门进一步降低物流成本，这是物流成本管理的永恒主题。

3. 日本物流成本管理的发展

日本近代物流业的发展始于1965年日本内阁会议上通过的《中期经济计划》，该计划把物流现代化作为日本的国策。日本对物流的研究，由重视功能变为重视成本，进而变为重视服务，在这一过程中对物流成本构成与计算的研究始终受到高度重视。日本是由政府制定企业物流成本核算标准而后强制执行的。日本影响较大的物流成本核算类国家标准是日本运输省在1977年制定的《物流成本计算统一标准》，以统一物流成本计算口径。日本最新的物流成本计算标准是2003年中小企业厅颁布的《物流作业成本法物流成本计算、效率化指南》，这一标准对中小企业应用新的成本管理方法计算物流成本起到了很好的推进作用。

在日本，关于物流成本管理的发展阶段问题，主要存在着以下两种不同的学术观点。

1）四阶段论

日本神奈川大学的唐泽丰教授认为日本的物流成本管理的发展可以分为4个阶段，而目前日本企业物流成本管理正处于第三阶段。

（1）明确物流成本阶段。明确企业物流成本构成与计算方法，定量地掌握物流成本总额，并通过计算物流成本与销售收入的比率来进行物流成本管理。这一阶段是物流成本管理的前提和基础。

（2）建立预算管理制度阶段。在明确物流成本的基础上，通过建立预算制度，定期编制物流成本预算，比较预算和实际执行的差异，分析差异产生的原因，为进一步改进物流成本管理工作提供依据。

（3）设定物流成本基准值或标准值阶段。在长时期的时间跨度和丰富的成本数据积累的基础上，通过科学的方法，合理设定物流成本基准值或标准值，从而使物流成本预算的编制和物流成本管理有一个客观、合理的标准。

（4）建立物流成本管理会计制度的阶段。将物流成本计算及管理纳入会计制度和财务管理的范畴，实现物流成本管理与财务会计管理的一体化，以一体化、全局化的思想整合物流系统，使物流成本管理会计化。

2）五阶段论

日本著名物流研究专家菊池康也教授在《物流管理》一书中将物流成本管理的发展分为以下5个阶段。

（1）了解物流成本的实际状况阶段。通过对物流成本实际状况的了解，明确物流活动过程中哪些成本应归为物流成本，从而提高对物流活动及物流重要性的认识。

（2）物流成本核算阶段。在明确物流成本构成内容的基础上，通过一定的方法来计算物流成本，了解物流成本数额及其与总收入和总成本的比重，了解物流活动中存在的问题，为物流成本管理工作提供数据支撑。

（3）物流成本管理阶段。在准确掌握物流成本数据的基础上，引入物流成本标准管理和预算管理机制，制定物流标准成本，编制物流成本预算，并通过实际成本支出与标准成本和预算成本的比较，分析成本差异产生的环节和原因，为进一步控制物流成本支出、降低物流成本提供科学依据。

（4）物流收益评估阶段。在建立健全物流成本管理制度、控制物流成本支出的基础上，着手进行物流对企业贡献度的评估工作，科学评价物流对企业效益的贡献程度，进一步明确物流在企业经营管理中的地位和重要性。

（5）物流盈亏分析阶段。对物流收益与支出进行对比，在此基础上进行物流盈亏分析，并通过建立数学模型的方式进一步分析物流系统应如何优化或改革，从而提高企业物流净收益及企业总利润水平。

菊池康也教授认为目前日本企业的物流成本管理大多处于第三阶段，还没有达到第四、第五阶段的水平，物流部门的职能还落后于销售和生产部门的职能。

4. 我国物流成本管理的发展

我国的物流起步较晚，1979年中国物资经济学会派代表团参加了在日本举行的第三届国际物流会议，第一次把"物流"这一概念从日本介绍到国内。

20世纪80年代初，作为生产资料流通的主要承担者——国有物资部门，开始从宏观角度研究物流。当时我国流通领域还带有浓厚的计划经济色彩，商业系统对物流的研究远远落后于物资系统，基本上处于概念的引进和初级理论研究阶段，对物流成本的认识也只是停留在概念认识的层次上。

20世纪90年代初，竞争的激烈、业态的多样化导致了流通领域利润的下降，使得商业系统开始重视物流，特别是连锁经营与物流配送关系的研究。1991年，由中国物资流通学会承担的《工业企业物流合理化研究》课题组，对我国电子、石化、有色等8个行业的物流状况做了一次表格调查，发现企业现有统计报表中按物流概念统计的数据极少，大量数据需要通过估算得出，有些数据甚至无法填写。但这次活动引起了企业对物流的重视。物流成本开始进入初步的研究和试验性管理阶段，但还只限于个别的企业和部门，并没有引起全社会对物流成本的关注。

进入20世纪90年代后期，随着我国经济体制的改革，企业产权关系的明确，生产企业及其他流通企业开始认识到物流的重要性。世纪之交，引发产、学、官、研一体热的物流现象，国内一些企业内部开始设立专门的物流部门，也开始出现了不同形式的物流企业（大多数物流企业是由原运输企业、仓储企业、商业企业或工业企业等改造重组而来），已有少数物流企业开始在物流理论基础上，根据物流运作规律进行组织与管理。物流这个"第三利润源泉"引起了社会和企业的极大兴趣，纷纷参照国外的先进经验和技术来加强物流管理，组织专门的人员研究降低物流成本，物流成本管理开始制度化。

自从物流的重要性越来越多地被政府及企业所认识和接受以来，国家在物流研究领域投入了大量人力、物力和财力，制定了一系列的物流政策和国家标准，以推进物流业的快速发展。

从社会宏观物流成本的角度看，在2004年10月由国家统计局、国家发改委发布的《社会物流统计制度及核算表式（试行）》的通知实施前，我国社会物流成本没有统一、权威的数据来源，来自不同渠道、不同统计口径的社会物流成本占GDP的比重各不相同。在我国尚未对社会物流成本进行测算时，国外一些机构和公司却先于我们对我国社会物流成本进行了测算，但结果却各不相同。例如，国际货币基金组织（IMF）测算的我国1997年的社会物流成本占GDP的比重为16.9%；世界银行估算的我国2000年的社会物流成本占GDP的比重为16.7%；摩根士丹利亚太投资研究组测算的我国2000年的社会物流成本占GDP的比重为15%；美智（Mercer）管理顾问公司在2001年与中国物流与采购联合会合作，编写了"中国第三方物流市场调查"，认为我国物流成本占GDP的比重为20%左右。直到2004年《社会物流统计制度及核算表式（试行）》发布后，我国社会物流成本才有了统一的核算标准，数据发布才得以权威化和定期化。

从企业微观物流成本的角度看，由于我国现行的财务会计制度中，没有"物流成本"这一科目，物流成本分散在企业的成本费用科目之中，且由于物流活动涉及面广、关联性强，界定和核算复杂，导致很多成本项目企业都无法准确掌握，统计时常常挂一漏万。同时，不同企业对物流成本有不同的界定和理解，计算标准不统一，不同企业物流成本不具有可比性。2006年《应用指南》发布实施后，企业物流成本的计算才有了统一、明确的依据，系统的物流成本管理工作才得以启动。

从其他国家物流成本管理发展阶段的研究可以看出，物流成本管理的基础和前提即第一阶段是要了解物流成本的构成和金额，但在我国，物流成本管理的这一前提和基础性工作才刚刚起步。

1.5　物流成本管理的内容与方法

1.5.1　物流成本管理的内容

物流成本管理首先是一个成本管理体系，同时又具有物流管理的特性。从物流成本管理的职能层面上看，其内容可分为3个模块：物流成本分析模块、物流成本决策模块和物流成本控制模块。

1. 物流成本分析模块

物流成本分析模块包括物流成本核算和物流成本分析。物流成本分析模块是物流成本决策和物流成本控制的基础。

1）物流成本核算

成本核算是指对生产经营过程中实际发生的成本、费用按照一定的对象和标准进行汇集与分配，并进行相应的账务处理，最后采用适当的成本计算方法，计算出各对象的总成本和单位成本以及各项期间费用。成本核算是对成本计划执行的结果，即成本控制结果的事后反映，是成本管理最基本的职能，也是成本管理其他职能赖以存在的基础。所以务必要确保成本核算的正确性，因为其对成本管理起着基础性的作用。

所谓物流成本核算，是指从物流系统的角度出发，对物流各功能活动中实际发生的成本费用，按照一定的成本计算对象进行归集和分配，采用适当的成本计算方法，按照规定的标准计算出单项物流成本及物流成本总额。

物流成本核算并不是物流成本管理的目的，但却是物流成本管理的前提和基础。缺乏可靠的物流成本数据，物流成本管理工作就会成为无源之水、无本之木。

2) 物流成本分析

物流成本分析是指根据物流成本核算提供的物流成本数据和其他有关资料,通过与本期计划物流成本额、上年实际物流成本额、本企业历史先进物流成本水平以及国内外先进企业的物流成本额等进行比较,确定物流成本水平和结构的差异,进而分析物流成本差异的影响因素和产生原因,从而提出合理化建议,采取有效措施,进一步挖掘降低物流成本的潜力。

在分析物流成本的过程中,应从财务分析的角度出发,运用趋势分析法、结构分析法、因素分析法、比率分析法等科学方法,考虑物流的固有特征,尤其是考虑物流效益背反的特征,确保物流成本分析的科学性和合理性。

2. 物流成本决策模块

物流成本决策模块包括物流成本预测、物流成本决策和物流成本计划。

1) 物流成本预测

物流成本预测是指根据与物流成本有关的各种数据及各种技术经济因素的依存关系,采用一定的程序、方法和模型,对未来的物流成本水平及其变化趋势作出科学的推测。

物流成本预测可以为物流成本决策、物流成本计划和物流成本控制提供及时有效的信息与依据,可以减少物流活动的盲目性,提高物流成本管理的预见性和科学性,从而有利于选择最优方案,挖掘降低物流成本的潜力。

2) 物流成本决策

物流成本决策是指在物流成本预测的基础上,按照既定的物流成本管理目标,运用定量和定性的方法,在若干个实现物流成本管理目标的方案中,选择最优方案的过程。物流成本决策对于企业正确制订物流成本计划、提高企业经济效益具有重要意义。

物流成本决策的价值标准应考虑使用综合经济目标的办法,即以长期稳定的经济增长为目标,以经济效益为尺度。考虑到物流系统的复杂性和经济活动的不确定性,必要时也应加入一些非经济目标,进行综合判断,选取行动方案。

物流成本决策通常包括收集物流成本信息和有关资料,设计备选方案,从备选方案中选择最优方案和对决策进行评价等阶段。

3) 物流成本计划

物流成本计划是根据物流成本决策所确定的目标成本,按照计划期的物流成本管理及其他要求,运用科学的方法,以货币形式规定计划期物流各环节耗费水平和物流成本总水平,并提出保证物流成本计划顺利实现所采取的措施。

物流成本计划为降低物流成本提出了具体的目标,同时也为进行物流成本控制和物流成本分析提供了重要资料和依据。当然,物流成本计划并不是一经制订,就是金科玉律不容改变,而要根据未来形势的发展变化,以服务最终的物流管理为目的适时地加以调整。

3. 物流成本控制模块

物流成本控制模块包括物流成本控制和绩效评价。物流成本控制模块是根据物流成本计划和控制过程中的实时信息反馈,及时调整控制手段,来保证计划的实现。成本控制阶段也是对物流计划实施和监督的阶段。

1) 物流成本控制

物流成本控制是指在物流活动过程中,根据物流成本计划预定的目标,对各项实际发生的物流成本进行审核、分析和控制,并及时反馈实际费用与标准或定额之间的差异及原因,进而采用措施,以保证物流成本计划的执行。

上述物流成本控制实质上是一般意义的成本控制,即所谓的事中成本控制,是对物流成本、费用的发生过程进行控制,从而降低物流成本和费用。实际上,物流成本决策方案一经确定,在开展的过程中,物流成本的可降空间已大为减小,所以为了最大限度地挖掘降低物流成本、费用的潜力,应该重视进行事前控制,即在物流成本预测、物流成本决策和编制物流成本计划的过程中,也进行物流成本控制。

2) 绩效评价

绩效评价是指从对物流活动实施分权管理开始,必须把整个物流过程划分为各种不同形式的责任中心,对每个责任中心,明确其权利、责任及其业绩计量和评价方式,建立以各个责任中心为主体,责、权、利相统一的机制,通过信息的积累、加工、反馈,形成物流系统内部严密的控制系统。

物流系统的管理在实施过程中需要耗费大量的人力、物力和财力,受到来自管理、组织和产品的风险,因此必须进行严格的核算和绩效评价,才能实现企业资源和社会资源的最大化应用。但需要指出的是,对责任单位的物流成本考核应当建立在其可控的基础上。对不可控因素如不可预见的自然灾害以及在本责任中心发生的成本但属于其他责任中心的控制范围,应当予以剔除,使物流成本考核更加合理。同时,对责任单位的成本考核应当使其权、责、利结合起来,依据物流成本考核的结果进行奖励,以充分调动责任单位降低物流成本、提高物流效益的积极性。

上述物流成本管理的各项内容是相互联系、互为条件、相互补充的,共同构成了一个有机的整体,贯穿于企业物流的全过程。其中,物流成本核算是基础,离开了物流成本核算提供的翔实的资料,物流成本预测、决策、计划、控制、分析和评价将无的放矢。在物流成本核算的基础上进行物流成本预测,为物流成本决策做好准备,是物流成本决策的前提;物流成本决策是物流成本预测的结果,又是制订物流成本计划的依据;物流成本计划是物流成本决策的具体化,又是物流成本控制的依据;物流成本控制是对物流成本计划的实施进行监督控制,又是实现物流成本决策既定目标的保证;物流成本分析和物流成本评价是进行物流成本控制、实现物流成本决策和物流成本计划目标的有效手段。

1.5.2 物流成本管理的方法

物流成本管理的方法主要包括物流成本核算方法、物流成本控制方法和物流成本优化方法等,企业根据物流管理的实际需要选择利用,可有效降低物流成本。

1. 物流成本核算方法

企业物流成本核算的方法主要有传统法、任务成本法、作业成本法、M-A 模型法。

1) 传统法

传统核算方法就是在现有会计报表成本资料的基础上,按照一定的原则和方法,将涉及物流经营的费用从相关成本项目中分离出来。传统核算方法将物流成本分为 3 部分:输入物流成本、输出物流成本和设施成本。其中,输入物流成本包括订购成本、库存持有成本及运输成本;输出物流成本包括订单处理成本、库存持有成本、短缺成本及配送成本;设施成本包括仓库设施的年租赁成本或折旧成本,以及物流设施内工作人员的人力成本(工资等)。该方法是从传统成本会计的各项费用中剥离出物流费用，通常是按物流功能或工时进行分离的。由于在分配物流成本时很难按照个别活动进行细分，人为因素较多，从而难以准确分配。

2) 任务成本法（Mission Costing）

任务成本法认为物流各子系统间相互作用并提供不同水平的客户服务，该方法既能从总成本角度来强调物流系统内各子系统之间的相关性，又能从系统的角度来提供为不同客户服务的成本信息，强调的是整个物流系统的输出并确定与这些输出相关的成本。它改变了传统的物流总成本计算法没有考虑物流系统各环节的具体运作过程以及横向的以部门为单位的成本结构，代之以纵向的功能为单位的成本结构。该方法核算过程复杂，在分配某项作业成本时往往存在人为因素，导致结果不准确，特别是公共作业领域，如仓储成本的分摊等。

3) 作业成本法（Activity Based Costing）

作业成本法，又称 ABC 核算法。它是指以作业或活动为基础，将企业消耗的资源按资源耗费的动因分配到作业或活动中，再把收集的作业成本按作业发生的动因分配到成本对象中的核算方法。其基本逻辑是：各种资源的耗费驱动成本的发生，因而各种产品成本的多少应取决于对各种活动的消耗量，并以此来核算成本。在此逻辑上的物流成本核算方法具有更大的准确性。作业成本法认为凡是有助于增加价值的活动都应计入产品或服务成本，包括生产成本、技术成本、物流成本、信息成本、营销成本及服务成本等，都能追溯到某一产品或产品系列，成为直接成本。

作业成本法能提供相对准确的成本信息，加强企业的物流成本控制，进而有效降低物流成本。然而，作业成本法本身也存在缺陷：首先，不是所有的成本费用都可用作业成本法处理，有些费用如生产能力不足时所产生的成本不能纳入作业成本核算体系，一些难以在短期内见效的作业也不能用这一方法评价其合理性；其次，该方法必须具备详细的基础资料，会带来较高的管理费用；再次，该方法没能考虑时间成本，同样的物流流程作业量可能相当，但花费时间不同，造成库存持有成本、订单响应成本、缺货成本等不同；最后，该方法未能揭示构成物流成本的各子系统间的相互关系，不利于物流系统总成本的有效控制。

4) M-A 模型法（Mission Costing-ABC）

任务成本法和作业成本法的逻辑思想是一致的，都是以过程为导向，用成本来追溯特定的活动或任务成本。M-A 模型法将任务成本法和作业成本法结合在一起进行物流成本核算，构建物流成本核算的 M-A 模型，界定了物流成本的涵盖范围，明确了物流成本数据的信息来源，描述了 M-A 模型的理论框架。该方法把物流成本的测算过程分为两个阶段：根据任务成本法确定成本目标，再由作业成本法分析物流活动及相关资源，并对企业物流活动中各个成本要素向各个环节的分配途径做了清楚、直观的描述。但该方法在描述成本涵盖范围时没有针对不同企业进行分类处理。另外，该方法也没能考虑时间成本和一般管理费用的分配等。

2. 物流成本控制方法

物流成本控制方法主要包括目标成本控制法、系统成本控制法、流程成本控制法和层次成本控制法。

1) 目标成本控制法

目标成本控制法就是将目标管理的原理运用到企业物流成本控制中来，即通过制定企业物流成本控制的总目标、部门目标及具体行动方案，以达到降低物流总成本的预期目标。实施目标成本控制时，首先制定物流总成本的控制目标，然后以此为基础来协调各子系统并将物流总成本分解到各子系统作为子目标，通过子系统的优化、集成，最终获得使物流总成本最低的物流系统最优状态，并用数量分析说明物流成本的局部控制和综合控制效应。

2）系统成本控制法

系统成本控制法是指由于企业物流功能之间的效益背反性，物流成本控制不能局限于企业局部功能控制，必须以企业整体为对象，以企业内外发生的所有物流成本为目标，从科学管理和决策的角度出发，用系统观念进行控制。

3）流程成本控制法

流程成本控制法就是从企业的物流流程视角特别是流程占用的时间、空间、资金等方面实施控制，其主要强调的是对隐性成本的控制。

4）层次成本控制法

层次成本控制法是将企业的物流成本按照一定的标准划分为不同的层次，通过对各个层次的成本实施不同控制策略达到对总成本的有效控制。例如，可以将企业物流成本划分为战略成本、经营成本和作业成本3个层次，通过对不同层次的物流成本和价值分析，建立综合考虑物流成本和物流服务的物流成本控制系统。

3. 物流成本优化方法

物流成本优化方法主要包括基于传统数学法的优化和基于信息化方法的优化两大类。

1）基于传统数学法的优化

基于传统数学法的优化是通过建立数学公式或模型，并对公式或模型进行解析，求出最优解的一种物流成本优化方法。这种方法能在条件变化时对所求解进行灵敏度分析。但是，由于企业物流成本问题本身的复杂性，仅用解析法往往难以挖掘物流成本的实质。另外，在数学建模时，一般要事先作出一些假设，这往往也会影响到该方法解析结果的准确性和实际意义。如经济批量模型（EOQ）就是典型的运用数学方法优化物流成本的例证。

2）基于信息化方法的优化

由于企业物流成本优化目标不是简单地削减某部门成本，它是一个复杂的、相互关联的系统，包括诸多因素和环节，其约束条件也很复杂，因此实现这样的系统优化需要用先进的现代信息技术和高效可行的计算方法。在信息化优化技术方面，系统仿真是非常有效和实用的方法。

仿真方法将成本、运输方式、运输批量、库存容量与库存周转等要素以合理的数量关系加以描述，编制计算机程序进行模拟运行，通过对模拟结果评估分析，选出最优的方案。由于仿真方法是通过对现实物流系统的模拟进行方案选优，因此，严格讲该方法是一种实验技术。

物流成本核算、控制和优化的方法，目前正处于理论界和业界探讨阶段，很多观点还不成熟，方法也不完善，需要进一步研究。不过由于企业物流系统构成复杂，影响因素多，其成本核算、控制和优化问题应着重从源头抓起，并以系统的观点，借助现代信息技术实施，这将是未来研究与实践的重点。

复习与应用

1. 随着物流产业及物流理论的不断发展，物流成本的概念也在不断地发展完善。从反映问题的层面上理解，美国、日本和中国关于企业物流成本的定义有何不同？

2. 在了解美国和日本物流成本管理发展历程的基础上，他们的做法对我国物流成本管理有何借鉴作用？

3. "效益背反"是物流领域中很普遍的现象，这些现象的存在对物流成本管理有何启示？

中英文关键词语

1. 物流成本　Logistics cost
2. 物流成本管理　Logistics cost management
3. 物流活动　Logistics activities
4. 物流服务水平　Logistics service level
5. 效益背反　Trade-off
6. 物流冰山　Logistics iceberg
7. 第三利润源　the third-party profit headspring
8. 社会物流成本　External logistics cost
9. 企业物流成本　Enterprise logistics cost

进一步阅读

［1］中华人民共和国标准：GB/T 20523—2006 企业物流成本构成与计算. 北京：中国标准出版社，2006.

［2］国家发展和改革委员会经济运行调节局，南开大学现代物流研究中心. 中国现代物流发展报告（2013年）. 北京：北京大学出版社，2013.

［3］中国物流与采购联合会，中国物流学会. 中国物流发展报告（2012—2013）. 北京：中国财富出版社，2013.

第 2 章 企业物流成本计算

【本章结构图】

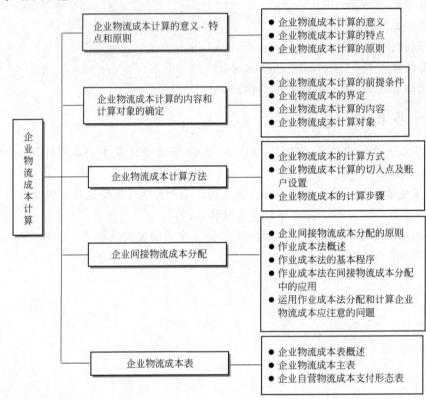

【本章学习目标】

通过本章的学习，你将能够：
- 阐述物流成本计算的特点和原则；
- 说明物流成本计算的前提条件；
- 区分企业物流成本的界限；
- 说明显性物流成本和隐性物流成本计算的思路；
- 说明企业物流成本计算的步骤；
- 运用作业成本法分配和计算企业物流成本；
- 说明企业物流成本主表的编制方法；
- 说明企业自营物流成本支付形态表的编制方法。

2.1　企业物流成本计算的意义、特点和原则

2.1.1　企业物流成本计算的意义

企业物流成本计算是根据物流成本的内涵，通过对会计数据进行整理和分析，从中分离出物流成本的数据，为企业物流成本管理提供依据。物流成本计算是物流成本管理中的重要环节，通过对各项物流活动进行计算，可以提高成本信息的准确性，为物流企业经营决策提供重要依据，也为制造企业或商品流通企业进行业务流程改造提供重要依据。同时，微观企业层面的物流成本数据为行业物流成本数据的确定提供了基础数据支持，使行业内不同企业之间以及企业与行业平均物流成本的比较成为可能。这为国家规划物流产业与制定物流产业发展政策提供了重要依据，并对提高我国行业和企业物流管理和服务水平、不断降低物流成本具有重要意义。具体来说，建立企业物流成本计算制度具有微观和宏观两方面的意义。

1. 物流成本计算微观层面的意义

1）为企业物流成本的管理提供依据

随着人们对物流成本的重视程度越来越高，不少企业已经开始着手系统的物流成本管理。然而，科学管理物流的前提是了解物流活动中存在的问题，明确物流过程中的成本耗费。但在我国当前的企业财务会计制度中没有单独反映物流成本的项目，物流成本的各个构成部分分散在众多的成本费用科目中。因此，企业很难对自身发生的各种物流成本费用做出明确、全面的计算与分析。通过建立企业物流成本计算制度，准确及时地计算物流成本，可以为企业提供详细真实、及时全面的物流成本数据，帮助企业了解其在物流管理方面的优势与劣势，为企业建立物流成本预算制度、标准成本管理制度以及明确物流成本责任单位及进行业绩评价提供依据。

2）为企业自营或外包物流决策提供依据

随着现代经营理念的引入，很多企业更加专注于自身的核心业务，而将不具备竞争优势的物流业务全部或部分外包出去。建立物流成本计算制度，准确及时地计算物流成本，可以使企业较详尽地了解自营物流业务发生的成本费用的信息。在此基础上结合外包物流业务委托物流成本的有关信息，通过自身物流成本和委托物流成本二者的比较，同时考虑其他相关因素，使企业对自营或是外包物流作出科学合理的决策。

3）为企业间物流成本水平的比较提供依据

由于竞争的需要，企业在物流管理过程中，既要了解自身的物流成本水平，也需要了解行业中其他企业物流成本水平以及行业平均物流成本水平。通过建立企业物流成本计算制度，准确及时地进行物流成本计算，不仅有可能使企业了解其他企业物流成本的水平，而且使行业平均物流成本水平的生成成为可能，为物流成本、水平的横向比较提供依据。

2. 物流成本计算宏观层面的意义

1）为制定物流服务价格提供依据

成本是制定价格的主要依据，而物流成本是制定物流价格的主要依据。随着市场竞争的

加剧，越来越多的生产流通企业希望将物流业务外包以集中精力提高核心竞争力并降低成本。然而，由于我国物流业发展时间短，市场不规范，物流服务价格及质量标准不一，恶性价格竞争使物流企业要么以超载、违规运作等方式生存，要么在降价的同时降低物流服务质量以生存，使物流业及生产流通企业的利益同时受到损害。建立企业物流成本计算制度，通过物流成本统计以期为确定国家指导性的物流服务价格与质量标准提供依据，从而减少恶性竞争，促进我国物流业的健康发展。

2) 为完善我国会计核算制度和社会物流统计制度奠定基础

建立企业物流成本计算制度，可以弥补现行企业会计核算制度在物流成本计算方面的缺失；同时，2004年由国家发改委和国家统计局组织实施的《社会物流统计制度及核算表式（试行）》，旨在统计社会各行业的物流总成本，而通过建立企业物流成本计算制度，计算企业物流成本，可以更准确地获取物流统计数据，有助于推进社会物流统计制度的顺利实施。

2.1.2 企业物流成本计算的特点

企业物流成本的计算与产品成本计算相比，其特点可以归纳为以下5个方面。

1. 计算目的是为管理活动提供依据

物流成本计算本身不是目的，而是为了加强企业经营管理，特别是为物流成本的控制和优化等管理活动提供数据支持，进而为企业的成本、利润预测和生产经营决策提供依据。通过物流成本计算能提高人们对物流成本重要性的认识，发现物流经营活动中的问题，促进物流管理水平的提高；否则，就会陷入一种不计算、不了解、不重视、不控制的恶性循环之中，不利于企业降低物流成本，挖掘"第三利润源泉"。

2. 计算数据不精确

由于物流成本的隐蔽性、分散性等特点，在核算过程中不可能将每个细节都分析得十分清楚。另外，作为物流成本计算前提的数据资料不仅包括会计核算提供的实际经营费用，还包括有关的统计数据、技术测算数据等，特别是隐性成本的数据资料来源不可能从现存会计资料中获得，必须经过行业统计测算，制定有关标准，再由企业有关人员根据企业自身的具体情况做适当调整，以此为标准核算隐性成本，所以其结果往往不精确。

3. 核算标准不统一

由于不同企业的经营项目与物流模式不同，因而成本项目也不同，核算的内容与方法可以由企业根据实际需要和具体条件自行确定，目的是削减物流成本，提高企业经济效益。而在《应用指南》发布实施前，各企业对物流成本的计算和控制是分散进行的，各企业根据自己不同的理解和认识来把握物流成本，不同企业对物流成本内涵的理解，对物流成本计算方法的运用各不相同，这不仅对企业自身物流成本管理带来影响，而且使企业间物流成本可比性不强。尽管《应用指南》已发布实施，企业物流成本的计算有了统一、明确的依据，但系统的物流成本管理工作才刚刚启动，许多企业并未真正掌握该标准的核心。因此，物流成本计算标准的统一尚需一段时间。

4. 计算对象复杂

企业物流成本计算的对象不是单一的产品成本，而是适应企业经营管理需要的各种不同成本，以产品为核心的成本核算方法是现代会计制度的基础，在该方法下，企业物流成本被分散在各个职能部门之中,无法核算。所以,物流成本计算不仅仅是单品成本,还有项目、范围或支付形态等成本。

5. 计算成本高

由于企业物流成本涉及的范围广、环节多,而现行会计制度通常将一些应计入企业物流成本的费用计入产品成本核算之中。例如,采购环节发生的运输费、装卸费、包装费、仓储费、运输途中的合理损耗等被计入材料采购成本,并随这些材料的消耗而计入产品成本或期间费用,而材料的存储费用等则计入管理费用;制造过程中发生的物流费用被计入制造费用并最终分配计入产品成本;销售环节的物流费用与营销费用一起被计入了销售费用;在商品退货以及处理废弃物等环节发生的有关费用则被计入了管理费用、其他业务成本等科目。这种物流信息与其他信息的混杂,使物流成本在具体分离时在操作上存在很大的困难。另外,还存在一个制度规范的问题,所以计算成本较高。

2.1.3 物流成本计算的原则

为提高企业物流成本计算的质量,发挥成本计算的作用,计算企业物流成本时,除应遵循成本会计工作的基本原则外,还应遵循以下 6 个原则。

1. 真实性原则

真实性原则是指在物流成本核算过程中,各项数据来源准确可靠,分配标准合理,核算方法得当,其资料能真实反映企业在核算期间里的物流费用大小,特别是混合在其他职能活动中的成本和物流隐性成本。混合成本主要是考虑其分配方案,要能符合企业运作的实际情况;而对于隐性成本的计算,关键是计算方法的选择,方法合理,计算结果自然就真实可靠。

2. 系统性原则

由于企业物流成本是由各功能的成本之和构成的,而这些功能成本之间又相互影响,甚至效益背反。所以,在计算企业物流成本时,不能单独计算某一功能或几个功能的成本,或者直接让各功能系统自身计算各自的物流成本,然后简单相加。企业必须站在战略层面上进行物流成本的计算,用系统的观点,妥善处理系统间的矛盾和冲突,这样才能做到全面完整地反映企业物流成本。

3. 一致性原则

一致性原则要求企业物流成本的计算对象、成本项目、计算方法、口径等前后期一致,以使各个期间计算的物流成本具有可比性,以提高成本信息的利用程度。

4. 实效性原则

物流成本计算的目的是控制、优化、降低企业物流总成本,为企业管理部门提供决策的数据支持。实效性原则要求要及时向管理部门提供有关成本构成、分布、变化等相关数据,如果数据滞后,则不能提供决策支持,计算也就失去了意义。

5. 确定性原则

确定性原则是指在合理划分物流责任中心的基础上,分解并确定物流责任成本,做到各责任中心既明确自身的责任,又能及时得到信息反馈,以便及时采取措施,调整各责任中心的经营活动。

6. 逐步完善原则

对多数企业而言，在正常的产品成本计算体系之外，建立物流成本计算体系尚属初步尝试阶段，系统科学的物流成本计算体系尚未真正建立，这需要一个逐步建立和健全的过程。逐步完善原则是指物流成本核算必须结合企业的具体情况，如企业的性质、规模、产品结构、人员素质、物流运作水平以及外部环境等的变化情况，逐步完善自己的计算制度和方法。

2.2　企业物流成本计算的内容和计算对象的确定

2.2.1　企业物流成本计算的前提条件

企业在开展物流成本计算工作之前，首先应具备以下两个基本前提条件。

1. 掌握企业物流成本内涵及形成机制

企业物流成本的形成和整个运作流程，对于物流管理人员而言是不陌生的，但物流成本计算通常是由会计人员来完成的。由于企业部门职责和人员分工的细化，会计人员往往只负责产品成本的核算以及其他财务管理工作，通常不能以系统和全局的观点来把握物流的运作过程，且囿于传统产品成本计算思路的影响，对物流成本计算会不由自主地产生抵制和畏难情绪。因此，准确计算物流成本，首先是会计人员或其他成本计算人员必须把握物流及物流成本的内涵，掌握企业物流成本形成的过程。对企业会计人员而言，物流成本计算的准确程度取决于其对物流及物流成本内涵的把握。

2. 会计基础工作规范，各相关部门密切协作

物流成本计算可与产品成本计算同步，也可于期末单独计算。无论哪种方式，均要求企业有健全规范的会计工作流程，有完整可靠的原始资料记录。物流成本计算是对会计数据的提取和分离的过程，尤其对于间接成本，目前主要是根据有关实物量的消耗进行分配。因此，会计原始凭证中一定要清晰记录有关实物的数量，以便为间接成本的分配提供可靠的依据。

另外，在企业物流成本计算中，作为分配基础的很多实物量数据来源于其他部门，包括采购、生产、销售、人事、物流管理和物流信息部门等。所以，财务部门必须加强与各相关部门的沟通与协作，才能够取得所需要的业务数据，从而使物流成本计算的依据，尤其是间接成本的分配依据更为可靠，物流成本计算工作才能顺畅实施。

2.2.2　企业物流成本的界定

为了正确计算企业物流成本，必须分清以下3项费用支出的界限。

1. 正确划分应计入物流成本和不应计入物流成本的费用界限

企业的经济活动是多方面的，其相应发生的支出也有多方面的用途，其中只有一部分费用可以计入物流成本。一般来说，企业的全部经济活动可分为生产经营活动、投资活动和筹

资活动。

首先，由于物流活动贯穿于企业经营活动的始终，所以只有生产经营活动和与流动资金有关的筹资活动的成本才能计入物流成本。筹资活动和投资活动不属于生产经营活动，因此投资以及与流动资金筹资无关的筹资活动所发生的耗费不能计入物流成本，具体包括：对外投资的支出、耗费和损失，对内长期资产投资的支出、耗费和损失，包括有价证券的销售损失、固定资产出售损失和报废损失等；捐赠支出；各种筹资费用，包括流动资金之外的应计利息、贴现费用、证券发行费用等。

其次，生产经营活动的成本包括正常的生产经营成本和非正常的生产经营成本。在会计计算上，只有正常的生产经营成本才能计入产品成本，非正常的经营活动成本不计入产品成本而应计入营业外支出。非正常的经营活动成本包括灾害损失、盗窃损失等非常规损失；滞纳金、违约金、罚款、损害赔偿等赔偿支出；短期投资跌价损失、坏账损失、存货跌价损失、长期投资跌价损失、固定资产减值损失等不能预期的原因引起的资产减值损失；债务重组损失；等等。物流成本就其范围而言，贯穿企业生产经营活动的始终，包括供应物流、企业内物流、销售物流、回收物流和废弃物物流。从其成本项目构成看，既包括与物流运作和管理有关的物流功能成本，也包括与存货有关的物流成本支出。因此，物流成本既包括计入产品成本的正常生产经营活动耗费，也包括部分不计入产品成本的非正常经营活动耗费，如存货的非常损失、跌价损失，应计入存货风险成本。

最后，企业的正常生产经营活动成本又分为产品成本和期间费用。这两部分成本费用支出正是物流成本的主要构成内容。所以，计算物流成本首先应从产品成本和期间费用有关的会计科目出发，按物流成本的内涵，逐一分离、归集和计算物流成本。

因此，正确划分应计入物流成本和不应计入物流成本的费用界限，是为了正确计算产品成本和物流成本。如果把产品成本列入物流成本，会导致少记产品成本，而夸大物流成本；反之，则会虚增产品成本，忽视物流成本的重要性。无论哪种情况，其所提供的信息都已失真，不能客观地反映成本信息，从而不利于企业经营管理和物流管理工作的有效开展。

2. **正确划分不同会计期间物流成本的费用界限**

企业物流成本的计算期可分为月度、季度和年度，一般要求每月计算一次。企业在物流运作过程中发生的物流费用，也并非全部计入当期的物流成本，按照收益原则，有的应计入以后各期的物流成本。因此，为了正确划分各会计期间物流成本费用界限，在会计核算上，要求企业不能提前结账，将本月费用作为下月费用处理，也不能延后结账，将下月费用作为本月费用处理；同时，还要求企业严格贯彻权责发生制原则，正确核算待摊费用和预提费用。本月已经支付但应由以后各月负担的费用，应作为待摊费用处理，本月尚未支付但应由本月负担的费用，应作为预提费用处理。若企业在会计上未遵循上述原则，在计算物流成本时，应对有关费用项目进行调整，以正确反映各会计期间的物流成本。

因此，正确划分各个会计期间的物流成本的费用界限，是保证成本核算正确的重要环节。

3. **正确划分不同物流成本对象的费用界限**

对于应计入本会计期间的物流成本的费用还应在各成本对象之间进行划分。凡是能分清应由某个成本对象负担的直接成本，应直接计入该成本对象；各个成本对象共同发生、不易分清应由哪个成本对象负担的间接费用，应采用合理的方法分配计入有关的成本对象，并保持一贯性。

因此，正确划分不同成本对象间的费用界限，有利于正确计算各种物流成本对象的成本，以及防止在盈利成本计算对象和亏损成本计算对象、可比成本计算对象与不可比成本计算对象之间任意转移物流成本费用，从而虚报物流成本，掩盖物流成本超支或以盈补亏的错误做法。

2.2.3　企业物流成本计算的内容

物流成本的计算并不是企业财务会计制度的规定，而属于管理会计的范畴，是为加强企业内部物流成本管理服务的。计算物流成本首先应明确计算内容，即站在管理的角度，从大的框架体系上考虑物流成本与财务会计的关系。物流成本计算的基础数据来源于会计核算资料，但成本计算的范围还包括会计核算没有反映但物流成本管理决策应考虑的隐性成本。因此，物流成本计算应包括两大部分内容，即显性成本和隐性成本。

需要指出的是，从物流成本计算的适度准确和可操作性的要求出发，本书仅将存货占用自有资金所发生的机会成本作为隐性成本纳入物流总成本计算范畴，并在管理决策时予以考虑。

2.2.4　企业物流成本计算对象

物流成本如何归集和计算，取决于成本计算对象的选取。成本计算对象的选取方法不同，得出的物流成本的计算结果也就不同。因此，计算物流成本，首先应明确物流成本计算对象。所谓物流成本计算对象，是指在计算物流成本时确定归集和分配物流成本费用的具体对象，即物流费用承担的客体。一般来说，企业进行物流成本计算时，大多是以物流活动范围、物流成本项目、物流成本支付形态作为成本计算对象，也可根据企业物流成本管理和控制的重点来选取物流成本计算对象。

1. 基本物流成本计算对象

1）以物流活动范围作为成本计算对象

以物流活动范围作为成本计算对象，是对物流的起点与终点以及起点与终点间的物流活动过程作为成本计算对象的选取，具体包括供应物流、企业内物流、销售物流、回收物流和废弃物物流等不同阶段所发生的成本支出。它的主要任务包括以下 4 个方面。

（1）从材料采购和管理费用等会计科目中分离出供应物流成本。如材料采购账户中的外地运输费、装卸搬运费，管理费用账户中的市内运杂费以及列入有关费用科目中的采购环节所发生的企业自行运输的人工费、燃料费，运输工具的折旧费、维修费等。

（2）从生产成本、制造费用、管理费用等账户中分离出企业内物流成本。例如，与仓储有关的人工费，仓库折旧费、维修费，企业内的运输成本，企业内的包装成本以及存货的资金占用成本、风险损失等。

（3）从销售费用账户中分离出销售物流成本。如销售过程中发生的运输、装卸搬运、流通加工等费用。

（4）从销售费用、管理费用以及其他业务成本等账户中分离出回收物流成本和废弃物物流成本。

通过上述的数据分离、归集和计算，就可以得出不同物流活动范围的物流成本及物流总成本，可以使企业管理者一目了然地把握各范围物流成本的全貌，并据此进行比较分析。

2）以物流成本项目作为成本计算对象

以物流成本项目作为成本计算对象，是将物流成本首先按照是否属于功能性成本分为物流功能成本和存货相关成本。其中，物流功能成本是指在运输、仓储、包装、装卸搬运、流通加工、物流信息和物流管理过程中所发生的物流成本；存货相关成本是指企业在物流活动过程中所发生的与存货有关的流动资金占用成本、风险成本和保险成本。

以物流成本项目作为物流成本计算对象的选取，不仅对于加强每个物流功能环节的管理、提高每个功能环节的作业水平具有重要意义，而且可以直观地了解与存货相关的物流成本支出数额，对于加速存货资金周转、减少资金风险损失具有重要意义。另外，在整个物流成本构成中，物流功能成本以及功能成本之外的成本支出各自所占的份额，对于物流成本控制和成本管理工作具有重要的意义。

物流成本项目是最基本的物流成本计算对象。

3）以物流成本支付形态作为成本计算对象

以支付形态表现的物流成本是企业物流成本发生的最原始的状态。以物流成本的支付形态作为物流成本计算对象是把一定时期的物流成本，从财务会计数据中予以分离，按照成本支付形态进行分类归集计算。企业的物流成本按照支付形态可划分为企业自营物流成本和委托物流成本。

(1) 企业自营物流成本。企业自营物流成本是指企业在物流活动过程中发生的人工费、材料费、办公费、差旅费、折旧费、维修费、租赁费、利息费、保险费，等等。由于本书采用《应用指南》一书中的观点，将上述形式多样的支付形态按其性质归为5类：材料费、人工费、维护费、一般经费和特别经费。其中，材料费和人工费意义较为明确；维护费是指物流设施设备的折旧费、维修费、燃料动力消耗费等维护性支出；一般经费是指物流功能成本中除人工费、材料费和维护费之外的其他费用支出；特别经费仅用于计量与存货有关的费用支出。

(2) 委托物流成本。委托物流成本是指企业委托外单位组织物流活动所支付的运输费、保管费、装卸搬运费等支出。

以支付形态作为物流成本计算对象，可以得到不同形态的物流成本支出数据，了解企业本身的物流成本支出和对外支付的物流成本支出的数据和结构，尤其是可以获得较为详尽的内部支付形态信息，为企业制定标准物流成本和编制物流成本预算提供资料依据。

2. 其他物流成本计算对象

企业为加强物流成本管理，在基本物流成本计算对象选取的基础上，还可以根据物流成本管理的要求和物流成本控制的重点，选取其他对象作为物流成本计算对象，以便于满足不同决策对物流成本信息的需要。

1）以客户作为成本计算对象

在物流服务业竞争日益激烈的今天，以客户作为物流成本计算对象，可以了解为不同客户服务所发生的成本支出，这对于加强客户服务管理、制定有竞争力的收费价格，以及为不同客户提供差别化的物流服务具有重要意义。以客户作为物流成本计算对象主要适用于物流服务企业。

2) 以产品作为成本计算对象

以产品作为物流成本计算对象主要适用于生产流通企业。它是指生产流通企业在物流成本计算时，可以以产品作为成本计算的对象，计算为组织该产品的购、产、销所花费的物流成本，据此可进一步了解各产品的物流成本开支情况，以便明确管理的重点。同时，通过不同产品物流成本支出的比较和分析，明确产品物流成本的改进取向。

3) 以部门作为成本计算对象

以部门作为物流成本计算对象获取物流成本信息，对于内部划分了运输部门、仓储部门、装卸搬运等部门的企业而言，意义尤为重大。这种物流成本计算对象便于明确物流成本责任中心，有利于开展物流责任成本管理。通过不同责任部门物流成本的趋势分析，了解各责任中心物流成本的升降趋势，可进一步为部门绩效考核提供依据。

4) 以营业网点作为成本计算对象

以营业网点作为物流成本计算对象，是对各营业网点组织物流活动所花费的物流成本进行的计算，进而了解企业物流总成本以及各网点物流成本的构成。此种成本计算对象的选取便于企业进行物流成本的日常控制，对各网点实施绩效考核和物流系统优化决策提供重要依据。

总之，企业可以按照对物流成本管理和控制的需要，选取适当的成本计算对象。从理论上讲，企业可以根据全部经营活动的任何一个管理对象设定为物流成本计算对象，物流成本计算对象可以是一维、二维、甚至多维的，维数越多，物流成本信息也就越详尽。但从物流成本计算的可操作性上来看，成本计算对象的维数越多，计算的难度和工作量就越大。

2.3　企业物流成本计算方法

2.3.1　企业物流成本的计算方式

1. 传统企业物流成本计算方式

传统的企业物流成本计算方式，概括起来主要包括会计方式、统计方式、会计与统计相结合的方式。

1) 会计方式

会计方式的物流成本计算是通过凭证、账户、报表的完整体系，对物流耗费予以连续、系统、全面记录的计算方法。具体包括两种模式：单轨制和双轨制。

(1) 单轨制。由于现行的会计制度并无物流成本费用科目，有学者提出把物流成本计算与正常的会计核算相结合，增设"物流成本"科目。对于发生的各项成本费用，若与物流成本无关，就直接计入会计核算中相关的成本费用科目；若与物流成本相关，则先计入"物流成本"科目，待会计期末，再将各个物流成本账户归集的物流成本余额按一定的标准分配到相关的成本费用账户上，以保证成本费用账户的完整性和真实性。

(2) 双轨制。采用双轨制进行物流成本核算是指在现有会计成本核算体系外，重新构建一套成本核算系统来反映企业发生的与物流相关的所有费用，并在新的成本核算体系中单独反映物流成本的种类、位置和成本对象等方面的核算内容。单独建立物流成本计算的凭证、账户和报表核算体系,物流成本计算和正常的会计核算两套体系同步进行,物流成本的内容在物流成本计算体系和会计核算体系中得到双重反映。

运用会计方式进行物流成本计算,提供的物流成本信息比较系统、全面、连续,且准确、真实。但这种计算方法比较复杂,或者需要重新设计新的凭证、账户、报表核算体系,或者需要对现有体系进行较大的甚至可以说是彻底的调整。

2) 统计方式

所谓统计方式,就是通过对企业现行成本核算体系中反映的物流成本资料进行解剖分析,分离出其中的物流成本,按不同的物流成本计算对象进行重新归类、分配和汇总,加工成企业物流成本管理所需的物流成本信息。这种物流成本计算方式,无须单独设置用于反映物流成本的凭证、账户和报表核算体系。

与会计方式的物流成本计算比较起来,由于统计方式的物流成本计算没有对物流耗费进行连续、全面、系统的跟踪,所以据此得到的信息,其精确程度受到很大的影响。也正由于它不需要对物流耗费做全面、系统、连续的反映,所以运用起来比较简单、方便。

3) 会计与统计相结合的方式

所谓会计与统计相结合的方式,是指物流耗费的一部分内容通过会计方式予以计算,另一部分内容通过统计方式予以计算。由于企业物流成本由显性成本和隐性成本两部分构成,一般情况下,显性成本主要由会计方式进行计算,而隐性成本主要通过统计的方式进行计算。

因此,计算企业物流成本,不存在绝对的会计方式或统计方式。从可操作性的角度看,计算企业物流成本通常要采用会计和统计相结合的方式。

2. 企业物流成本计算的新方式

《应用指南》一书中,提出了企业物流成本计算的新方式。它忽略了"会计方式"和"统计方式"的提法,而是区分显性成本和隐性成本,并结合成本计算的时点,提出了物流成本计算的新思路。

1) 显性物流成本计算思路

显性物流成本是指现行会计核算体系中已经反映,可以从会计信息中分离并予以计算的物流成本。对于这部分成本的计算,可根据企业的实际情况,选择在期中或期末收集相关信息进行物流成本计算。

若期中收集物流成本信息,企业在按照会计制度的要求编制记账凭证、登记账簿、进行正常产品成本核算的同时,登记相关的物流成本辅助账户,在不影响现行成本费用核算的基础上,通过账外核算得到物流成本信息资料。

若期末收集物流成本信息,企业平日则不需进行额外的处理,按照财务会计制度的要求进行会计核算,期末(月末、季末、年末)通过对有关物流业务的原始凭证和单据进行再次的归类整理,对现行成本核算资料进行解剖分析,从中分离出物流成本的部分,加工成所需物流成本的信息。

2) 隐性物流成本计算思路

隐性物流成本是指现行会计核算中没有反映,需要企业在会计核算体系之外单独计算的那部分物流成本。本书中隐性物流成本主要指存货占用自有流动资金所发生的机会成本。这部分物流成本的计算,需要在期末根据有关存货统计资料按一定的公式计算。

2.3.2 企业物流成本计算的切入点及账户设置

由于隐性物流成本计算通常是在会计核算体系之外,通过统计存货的相关资料,按一定的公式计算得出。其计算方法相对简单,不涉及会计科目的选取和物流成本账户的设置问题。因此,物流成本计算科目和账户设置的问题,主要是针对显性物流成本计算而言。

1. 企业物流成本计算的切入点

计算显性物流成本必须依赖于现行的会计核算体系,完整准确的会计核算资料尤其是成本核算资料是计算物流成本的基础。而从纷繁复杂的会计信息中获取物流成本信息,无论是在期中与会计核算同步进行,还是在期末单独进行,均需找到计算物流成本的切入点——是从原始凭证、会计科目,还是从会计报表入手来计算物流成本?哪个切入点计算物流成本更富有成效?这是首先需要考虑和解决的问题。

从原始凭证开始计算物流成本,理论上看是行得通的。——分析每张原始凭证,不会遗漏物流成本信息。但与物流成本无关的信息太多,徒增工作量;从会计报表切入计算物流成本,尽管会计信息高度概括,但无法具体分析哪些内容包括物流成本信息,并且即使明确了包括物流成本信息的会计报表项目,物流成本的计算仍需向会计科目和原始凭证追溯;而从会计科目入手计算物流成本,方法相对折中。因为就物流成本的含义而言,首先属于成本费用类支出范围,所以在计算物流成本时,只要从会计核算中所有的成本费用类会计科目入手,逐一分析其发生的明细项目,必要时追溯至原始凭证,逐一确认其是否属于物流成本的内容,就找到了计算物流成本的切入点。

一般来说,在会计核算中,生产制造企业的成本费用类会计科目主要包括管理费用、销售费用、财务费用、生产成本、制造费用、其他业务成本、营业外支出等科目。另外,由于我国会计核算中对于采购环节存货成本的确认通常包括运输费、装卸费等与物流成本有关的内容,而这部分内容连同存货本身的采购价格一并计入"材料采购"科目。所以,计算企业物流成本时,除了从上述成本费用类会计科目入手计算外,还应考虑"材料采购"科目中所包含的物流成本信息。

当明确了物流成本计算的切入点,即从哪些会计科目中获取物流成本信息后,剩下的工作就是会计人员对物流成本内涵的准确把握了。

2. 企业物流成本计算账户的设置

计算物流成本往往需要设置物流成本辅助账户,具体需要设置哪些物流成本账户,取决于物流成本计算对象的选取和物流成本管理的要求。基本的物流成本计算对象主要包括三维:物流成本活动范围、物流成本项目和物流成本支付形态。

为了对企业物流成本进行核算,要设置"物流成本"一级账户。为了分别核算各物流成本项目,应在一级账户下,分别设置"运输成本"、"仓储成本"、"包装成本"、"装卸搬运成本"、"流通加工成本"、"物流信息成本"、"物流管理成本"、"流动资金占用成本"、"存货风险成本"和"存货保险成本"10个二级账户。为了体现各物流成本项目下各物流活动范围成本信息,还应在二级账户下,分别设置"供应物流成本"、"企业内物流成本"、"销售物流成本"、"回收物流成本"和"废弃物物流成本"5个三级账户。另外,为了使物流成本信息能够反映出其支付形态,在三级账户下可以设置"材料费"、"人工费"、"维护费"、"一般经费"和"特别经费"5个四级账户。

按照以上"大而全"的物流成本明细账户设置思路,现以物流成本中运输成本的计算为例,一般需要设置的15个明细账户如下:

物流成本——运输成本——供应物流成本——人工费
物流成本——运输成本——供应物流成本——维护费
物流成本——运输成本——供应物流成本——一般经费

物流成本——运输成本——企业内物流成本——人工费
物流成本——运输成本——企业内物流成本——维护费
物流成本——运输成本——企业内物流成本——一般经费

物流成本——运输成本——销售物流成本——人工费
物流成本——运输成本——销售物流成本——维护费
物流成本——运输成本——销售物流成本——一般经费

物流成本——运输成本——回收物流成本——人工费
物流成本——运输成本——回收物流成本——维护费
物流成本——运输成本——回收物流成本——一般经费

物流成本——运输成本——废弃物物流成本——人工费
物流成本——运输成本——废弃物物流成本——维护费
物流成本——运输成本——废弃物物流成本——一般经费

企业在物流成本计算实践中,可参照上述物流运输成本明细账户的设置来进行其他物流成本项目明细账户的设置。值得注意的是,按照上述"大而全"的账户设置思路,需要设置100多个物流成本明细账户。实际上,企业可根据自身物流管理的要求和业务范围,通过分析有关会计资料,仅对企业本会计期间发生的成本设置相应的明细账户,而无须一一设置,即实际计算物流成本时设置的明细账户数量远远少于上述列举的物流成本明细账户。另外,设置物流成本明细账户的一、二、三、四级次序时,也不必拘泥于上述设置的次序,可根据本企业实际情况选择确定。

总之,物流成本明细账户的设置只是开辟了一条计算物流成本的通道或者说是一种载体,明细账户设置本身不是目的,目的是通过这样一个通道来计算企业物流成本。企业无论选择期中还是期末计算物流成本,都需要设置明细账户。期中计算时需要平日里实时登记各物流成本明细账户,期末进行汇总;期末计算时,需要在各明细账户中逐一归集各物流成本,然后汇总。尽管期中和期末计算物流成本采用的方式不同,但两者的本质是相同的。

2.3.3 企业物流成本计算步骤

按照《应用指南》提出的企业物流成本计算的新方式,计算物流成本需要分别计算显性成本和隐性成本。依据物流成本计算的原则,将两大类成本进行汇总,即得到物流成本总额。尽管企业的物流成本经营管理要求不尽相同,相应的成本计算方法也有所差异,但其物流成本计算的步骤是基本相同的。

1. 显性物流成本计算步骤

显性成本在现行会计核算体系中已有反映,但由于其分散于不同的会计科目中,需将其按照以下步骤进行计算。

1) 设置物流成本辅助账户

为了分别核算物流成本项目,在"物流成本"一级账户下,按照物流成本项目分别设置运输成本、仓储成本、包装成本、装卸搬运成本、流通加工成本、物流信息成本、物流管理成本、流动资金占用成本、存货风险成本、存货保险成本等二级账户,按物流范围设置供应物流、企业内物流、销售物流、回收物流和废弃物物流等三级账户,按支付形态设置自营和委托物流成本四级账户,对于自营物流成本,还应按费用支付形态设置材料费、人工费、维护费、一般经费、特别经费费用专栏。上述物流成本二级、三级、四级账户及费用专栏的设置次序,企业可根据实际情况选择。

值得注意的是,物流企业不需按物流范围设置三级账户,可直接按照物流成本项目和物流成本支付形态设置账户或费用专栏,进行物流成本归集。

2) 分析确认物流成本内容

由于显性物流成本分散于企业会计核算的有关成本费用科目中,包括管理费用、销售费用、财务费用、生产成本、制造费用、其他业务成本、营业外支出以及材料采购等科目及明细项目,应对以上会计科目及明细项目逐一进行分析,确认物流成本的内容。

3) 归集物流成本

对于应计入物流成本的内容,企业可根据本企业的实际情况,选择在期中与会计核算同步登记物流成本辅助账户及相应的二级、三级、四级账户和费用专栏,或在期末(月末、季末、年末)集中归集物流成本,分别反映出按物流成本项目、物流范围和物流成本支付性态作为归集动因的物流成本数额。凡能直接计入物流成本计算对象的,应直接计入各该成本计算对象对应的成本项目内;对于不能分清用于哪种成本计算对象的物流成本,应根据因果关系及其受益原则,选择合理的方法,分配计入各成本计算对象对应的成本项目内。

4) 汇总计算物流成本

期末(月末、季末、年末)汇总计算物流成本辅助账户及相应的二级、三级、四级账户和费用专栏成本数额。

2. 隐性物流成本计算步骤

隐性物流成本是指在现行成本核算体系中没有直接反映,但应计入物流成本的费用,本书主要指存货占用自有资金所发生的机会成本。其计算步骤如下。

1) 统计存货占用的资金额

期末(月末、季末、年末)对存货按在途、在库和销售在途3种形态分别统计出账面余额。无论按在途或在库哪种状态统计,均以存货正在占用自有资金为统计标准。对于存货在途或在库但企业尚未支付货款以及企业已收到销售货款但存货仍在库或在途的,不计入统计范围。

2) 计算存货占用自有资金的机会成本

按照存货占用自有资金的账面余额,以行业基准收益率为机会成本率,计算出存货占用自有资金所发生的机会成本。其计算公式如下:

存货资金占用成本＝存货账面余额（存货占用自有资金）×行业基准收益率

其中，对于生产制造企业和流通企业而言，若企业计提了存货跌价准备，则存货账面余额为扣除存货跌价准备后的余额；对于物流企业而言，由于通常不发生存货购销业务，只是在受托物流业务时需要垫付一定的备用金和押金，这部分备用金和押金可以理解为存货占用自有资金，也应计算其产生的机会成本。

关于机会成本率，若企业无法取得有关行业基准收益率的数值，也可使用一年期银行贷款利率或企业内部收益率计算，尤其当企业计算物流成本仅为内部管理所用时，则使用内部收益率计算的物流成本对于内部物流成本管理决策更有意义。

2.4 企业间接物流成本分配

物流成本按照其与特定成本对象的关系，可分为直接物流成本和间接物流成本。直接物流成本和间接物流成本最主要的区别在于能否直接计入成本计算对象。对于直接物流成本，只要掌握一定的成本计算方法和步骤，就可以直接计算出结果；但对于间接物流成本，则需要对归集的成本采取一定的分配原则和方法进行分配。

2.4.1 企业间接物流成本分配的原则

间接物流成本的分配通常要使用某种参数作为成本分配的标准。一般来说，可供选择的间接物流成本的分配标准包括人工工时、机器台时、占用面积、直接人工工资、订货次数、采购价值、品种数、直接材料成本、直接材料数量等。为了合理地选择分配标准，正确分配物流间接成本，需要遵循以下8个原则。

1. 因果原则

因果原则是指资源的使用导致成本发生，两者有因果关系，因此应当按使用资源的数量在对象间分摊成本。因此，在对间接物流成本进行分配时，应根据各物流成本计算对象使用资源的数量比例，分摊间接物流成本。

2. 受益原则

受益原则可以概括为谁受益、谁负担，负担多少，视收益程度认定。这一原则要求选用的分配标准能够反映受益者受益的程度，即谁受益多，谁承担的成本多，按受益比例分摊间接成本。因此，在对间接成本进行分配时，物流成本管理人员应首先确定间接成本的受益者。如房屋维修成本可按各部门的面积作为分配标准进行分摊；广告费可以各项目的业务额作为分配标准进行分摊等。

3. 公平原则

公平原则是指在物流成本分配时，应公平地对待利益双方。由于根据成本确定对外销售价格和内部转移价格时，合理的成本是合理价格的基础，因此计算成本时要在供销双方之间采用公平合理的物流成本分配标准。但公平本身是个抽象的概念，可操作性不强，一般来说，在实务中政府规范或有权威的标准成了公平性的尺度。

4. 承受能力原则

承受能力原则是假定利润高的部门耗用的间接成本大，按照成本计算对象的承受能力在各部门之间分摊间接物流成本。如按各部门的营业利润作为分配标准分摊公司的物流管理成本。

5. 及时性原则

及时性原则是指应及时将各项成本费用在收益对象之间进行分配。不得将应由上期或下期承担的物流成本费用，转嫁分配给本期。不及时进行成本费用的分配，必然会影响到成本计算的准确性，也必然影响到成本信息的质量，造成经济决策的失误。

6. 基础性原则

基础性原则是指成本分配要以完整、准确的原始记录为依据，不能凭主观臆断进行分配，更不能故意扰乱成本分配秩序，制造虚假成本信息。如果各项基础性工作做不好，必然使物流成本分配工作陷入被动局面。

7. 管理性原则

管理性原则是指物流成本分配要有利于企业加强物流成本管理。成本是一个综合性指标，既可以用它来进行经济预测和决策，又可以用它来编制成本计划，考核各部门的业绩。因此，提高物流成本分配的科学性，对提高物流成本管理水平具有积极的作用。

8. 多元化原则

由于物流成本分配的目的存在着多样性，导致成本分配的标准是多元化的。在进行成本分配时，应根据物流成本管理的要求，对成本分配标准加以灵活的应用，不能一成不变地采用一种分配标准。物流成本分配只有遵循多元化的原则，才能逐步科学化，才能更好地发挥其在物流管理中的作用。

实践中，鉴于不同类型企业以及不同企业之间实际运作的差异性，间接物流成本的分配标准也各不相同，企业可根据自身实际情况，在考虑成本－收益原则的基础上，选择适合本企业特点和有利于物流成本管理决策的分配方法。

2.4.2 作业成本法概述

事实上，在明确了物流成本计算方法和步骤后，物流成本计算的难点就在于间接物流成本的分配。仅提供一些关于间接物流成本分配的原则，可操作性仍然很差。因此，本书应用作业成本法对间接物流成本进行分配做详细的介绍。

1. 作业成本法的产生与发展

作业成本法（Activity-Based Costing，ABC）是基于作业的成本核算方法，是指以作业为间接成本汇集对象，通过资源动因的确认、计量，汇集资源成本到作业上，再通过作业动因的确认计量，汇集作业成本到产品、顾客、服务或其他成本计算对象上去的一种间接成本分配方法。作业成本法体现的是一种精细化和多元化的成本计算和管理的思想。

作业成本法的产生，最早可追溯到20世纪杰出的会计学大师——埃里克·科勒（Eric Kohler）教授。科勒教授1952年编著的《会计师词典》首先提出了"作业"、"作业账户"、"作业会计"等概念。1971年，乔治·斯托布斯（George Staubus）教授在《作业成本核算和投入产出会计》中对"作业"、"成本"、"作业会计"、"作业投入产出系统"等概念作了全面系统的讨论,这是理论上研究作业会计的第一部宝贵著作。尽管理论界对此持冷淡态度,实务界也未采纳,但其在作业会计理论框架形成的过程中占有重要地位。20世纪80年代后期,随着以MRPⅡ为核心的管理信息系统(MIS)的广泛应用,以及集成制造(CIMS)的兴起,美国实务界普遍感到产品成本信息与现实脱节,成本扭曲普遍存在,且扭曲程度令人吃惊。经理们在根据这些扭曲的成本信息作出决策时感到不安,甚至怀疑公司财务报表的真实性,这些问题严重影响了公司的盈利能力和战略决策。美国芝加哥大学的青年学者罗宾·库珀(Robin Cooper)和哈佛大学教授罗伯特·卡普兰(Robert Kaplan)发展了斯托布斯的思想,提出了以作业为基础的成本核算,从而奠定了作业成本法的理论基础。即作业成本法是要确定分配间接成本的合理基础——作业,并引导管理人员将注意力集中在发生成本的原因——成本动因上,而不仅仅是关注成本结果本身;通过对作业成本的计算和有效控制,来克服传统的以交易或数量为基础的成本体系中间接成本分配不准确和责任不清的缺陷,为成本管理提供及时、准确、相关的成本信息。

作业成本法的产生与发展有其深刻的社会经济背景。传统成本核算法是以某一总量(如人工总量、材料总量、机器工时总量等)为基础,计算统一的间接成本费用分配率来分配间接成本。其主要目的是为分摊间接成本提供统一的基础,以有利于存货计价和利润计算。这种以产品的直接人工、直接材料或直接工时总量为基础的间接成本分配方法,在间接成本项目较少、间接成本在总成本中所占比重较小、对成本管理的要求不高的情况下是可行的。

但随着经济社会的不断发展,一方面,生产经营环境发生了重大变化,生产活动信息化、自动化程度日益加深,对机器人、特殊机器设备以及计算机控制程序使用的不断增加,成本中的间接成本比重急剧增加,费用的构成也日益复杂化。如果仍采用传统的成本核算法对间接成本进行分配,将可能使产量高但科技含量低的产品成本被高估,而使产量低但科技含量高的产品成本被低估,其结果是使产品成本计价和利润计算不准确,影响成本管理的有效开展。因此,客观上要求对传统的成本核算法进行变革。

另一方面,在高科技革命的推动下,现代企业的经营理念、生产方式和管理要求也发生了重大变化,形成了新的企业观,即把企业看作是为满足顾客需求而设计的一系列作业的集合体,形成了一个由此及彼、由内及外的作业链。作业链的实现过程也正是其价值链的形成过程。每完成一项作业需要消耗一定的资源,而作业的产出又形成一定的价值,逐步推移,直到产品的生命周期结束,从而有效地开展成本管理,努力消除不增值作业,合理改进增值作业。新的企业观的要求,客观上又要求实施适时制生产系统(JIT)和全面质量管理(TQM)。

这种新的企业理念、生产方式和管理要求的出现,必然要求将企业的经营管理工作深入到作业层次,从而也必然要求与其相适应的作业成本会计系统的出现。

最后,电子计算机技术的发展为作业成本核算的实践运用奠定了坚实的技术基础。新理论或方法的创立不仅要有其本身内在的新因素的成长,而且还要有相邻学科的配合以及它赖以形成的社会环境和技术基础。就成本核算而言,作业成本核算与传统成本核算的不同之处主要在于采用多元化的制造费用分配标准。毫无疑问,即使上述技术和社会背景乃至管理观念都具备,如果没有现代电子计算技术的高速发展和应用,多元化制造费用分配标准所带来的庞大计算工作量可能使得信息处理成本超过其效益,如此,作业成本核算充其量也只能停留在理念上,而难以真正付诸实践。20世纪80年代以来,电子计算机技术的发展与应用,信息处理技术的发展,为在成本核算方法上实行多元化制造费用分配标准的作业成本核算奠定了坚实的技术基础。

作业成本法在企业的应用有3个层次:成本核算层、成本管理层和作业优化层。企业在应用中,首先要做的是实施作业成本核算,在正确核算企业各作业以及产品作业成本的基础上,运用管理会计的方法,把作业成本的信息运用到企业各项决策和管理中去。最高的层次是借助作业成本的信息,开展作业管理,消除不增值作业,提高作业效率。作业成本法在过去10年中受到了广泛的关注,新型的咨询公司已经扩展了作业成本法的应用范围并研发出相应的软件。对美国运输与物流企业的相关调查显示,有29%左右的企业用作业成本法代替了传统成本法,超过了50%的企业使用作业成本法作为传统成本系统的补充,另外还有15%的企业将作业成本法当作辅助成本系统和成本分析的工具。

总之,作业成本法正是适应了社会经济发展的需要而产生和发展起来的,它能够弥补传统成本核算法的缺陷,从而为成本管理提供及时、准确、相关的成本信息。

2. 作业成本法的基本原理

作业成本法的基本原理主要是成本溯源理论和成本驱动因素(Cost Driver)理论。成本溯源理论是指在作业成本下,将所有成本分成一系列作业活动,再由这些作业活动消耗各种资源从而将产生成本,所以各种成本都能追溯它的根源。成本驱动因素理论认为,在作业成本法下大多数成本都是可以找出形成和变化的原因,即成本动因。

作业成本法认为,产品消耗作业,作业消耗资源并导致成本的发生。作业成本法实际上就是将各种资源分解到业务流程中的各种作业活动,从而核算各活动环节所耗费的资源,再将活动成本分摊到各产品、服务、顾客或部门,进而计算这些对象是如何消费活动资源的。

具体来说,作业成本法首先将企业所消耗的资源通过资源动因分配到作业或作业成本库中,形成作业或作业成本库的成本,然后再将作业或作业成本库的成本通过成本动因分配到成本计算对象上,形成成本计算对象的成本,见图2-1。通过这一过程,作业

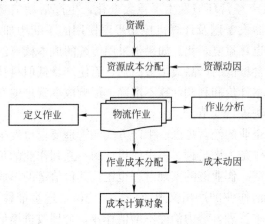

图2-1 作业成本法分配和计算
物流成本的逻辑流程图

成本计算改进了传统的成本分配方法采用单一成本分配标准的弱点,力图找到资源消耗与成本对象之间的因果关系,从而得到更加精确的成本。

3. 作业成本核算系统的基本要素

作业成本核算系统有以下3个层面的基本要素。

1)作业、作业中心和作业成本库

作业是企业为了某一特定目的而进行的资源耗费活动,是连接资源耗费和成本计算对象的桥梁。企业经营过程中的每个环节或每道工序都可以视为一项作业,企业的经营过程就是

由若干项作业构成的。

作业中心是一系列相互联系、能够实现某种特定功能的作业集合。例如，原材料采购作业中，材料采购、材料检验、材料入库、材料仓储保管等都是相互联系的，并且都可以归类到材料处理作业中去。

把相关的一系列作业消耗的资源费用汇集，就构成了各作业的作业成本库，作业成本库是作业的货币表现形式。

2) 作业链和价值链

作业链是指企业为了满足顾客需要而建立的一系列有序的作业集合体。价值链是与作业链紧密联系在一起的，产品消耗作业，作业消耗资源，一项作业转移到另一项作业的过程，同时也伴随着价值量的转移，最终产品是全部作业的集合，同时也是全部作业的价值集合。即作业链的形成过程，也表现为价值链的形成过程。作业的推移，表现为价值在企业内部的逐渐积累和转移，最后形成转移给顾客的产品总价值。因此，可根据是否会增加顾客价值，将作业划分为增值作业和不增值作业，从而努力消除不增值作业，合理改进增值作业，有效地开展作业成本管理工作。

3) 成本动因

成本动因是指作业被各种产品或劳务即最终成本计算对象消耗的方式和原因，它是作业成本库成本分配到成本计算对象中去的标准。因此，要把间接成本合理分配到成本计算对象中，就必须识别恰当的成本动因。

根据作业成本法的原理，可将成本动因分为两类。一是资源动因。其是衡量资源消耗量与作业之间关系的一种计量标准，反映了作业中心对资源的消耗情况，是资源成本分配到作业中心的标准。二是作业动因。其是作业发生的原因，是将作业中心的成本分配到产品或劳务中的标准，也是将资源消耗与最终产出相沟通的桥梁。

4) 作业成本法的评价

作业成本法对间接成本的核算进行了革命性的变革，弥补了传统成本核算方法下以产量为基础的单因素分配标准的不足，强调成本的直接溯源和动因追溯（利用因果关系），提高了成本信息的准确性和相关性。具体表现在以下两方面。

(1) 采用多元的分配基础。传统的成本计算只采用单一的标准进行间接成本的分配，无法正确反映不同技术因素对费用发生的不同影响。作业成本法将直接成本和间接成本都视为产品消耗作业所付出的代价，并予以同等对待。对直接成本的确认和分配，与传统成本计算的方法并无差别；对间接成本的分配则依据作业成本动因，采用多元化的分配标准，并且集财务数据与非财务数据为一体，尤其特别强调非财务数据，如订单处理次数、运输距离、质检次数等，从而使间接成本的分配和计算更为准确。

(2) 以"作业"作为最基本的成本计算对象，提供了多元化分配的平台。传统的成本计算是资源耗费和成本计算对象之间的一对一的直接联系，而作业成本计算在资源耗费和成本计算对象之间引入了"作业"，作为连接二者之间的桥梁。资源耗费首先按不同资源动因分配给作业，形成作业成本，作业成本再按不同的作业动因分配给最终的成本计算对象，作业成为最基本的成本计算对象。作业"插足"于资源耗费和成本计算对象两者之间，提供了多元化分配的平台，使间接成本的多元化分配标准成为可能。同时，作业成本法的多元化分配标准使得所有成本均成为变动成本，尽管有些成本不随业务量的变动而变动，但会随其他成本动因,如产品批次、设备调整次数等的改变而变动。

作业成本法较传统成本计算制度而言,计算出的成本信息更为精确,更接近实际,但其本身也不可避免地存在着一定的局限性。

(1) 作业成本法在成本动因的确定上,需人为地进行判断,主观性较大,且有时会由于因果关系复杂而难以确定。

(2) 作业成本法的计算比较复杂,尤其是需要精细化和多元化的组织文化的支撑。其涉及管理理念的转变,需要企业管理当局强有力的执行力作保证。就其实际操作而言,它需要更多的记录工作和信息系统的支撑,会涉及大量的计算工作。

(3) 实施作业成本法的费用较高。在实施作业成本法的过程中,必须具备详细的基础数据,而且成本核算细化也带来了较高的管理费用,一些难以在短期内见效的作业很难用这一方法评价其合理性。

2.4.3 作业成本法的基本程序

依据上述作业成本法的基本原理,作业成本法核算的基本程序可分为以下几个步骤。

1. 分析和确定资源

资源是指支持作业的成本、费用来源,它是一定期间内为了生产产品或提供服务而发生的各类成本、费用项目,通常在企业会计明细账中可清楚地得到各种资源项目。例如,对于运输作业而言,其发生的运输作业人员的工资和其他人工费用支出、运输车辆的折旧费、维修费、动力费等都是运输作业的资源费用。一般来说,资源可分为货币资源、材料资源、人力资源、动力资源及厂房设备资源等。

在分析和确定资源时,注意有时某一种资源可能被几项作业所拥有,而同一项作业也可能拥有几种资源等。

各项资源被确认后,企业应当设立资源库,并将一定会计期间的资源耗费归集至资源库。设置资源库时,有时需要将不同的会计明细账目结合成一个资源库,有时又需要将反映不同的作业消耗的一个明细账目分解开来。

如果一个企业的会计科目的分类足够细致的话,那么通常可以从会计科目的子科目中明确资源耗费。当通过会计记录确实无法获取资源耗费时,应区别情况,分别估算有关的资源耗费。

2. 分析和确定作业

企业经营过程中的每个环节或每道工序都可以视为一项作业,该步骤就是把企业的物流活动分解为一个个便于核算和操作的基本作业。作业有两个基本特点:一是作业贯穿于企业经营的全过程;二是作业作为最基本的成本计算对象,必须具有可量化的特点。不同类型的企业,由于规模、工艺和组织形式的差异,作业的划分也不尽相同。企业可根据实际情况,选择一定的作业划分和确定方式。

一般来说,作业的划分和确定主要有两种方式:一是依照部门来确定作业分类,这是最合乎大多数人的一种选择,对部门内的作业按照工作内容自上而下层层分解;二是依照业务程序来确定作业分类,按照作业的流程依次确定作业。但值得注意的是,各项作业活动不一定正好与组织的职能部门活动相一致,有时作业是跨部门的,而有时一个部门则能完成若干项不同作业。因此,在分析和确认作业时,必须对作业进行适当的整合和分解。

作业的划分应当粗细适度。划分过细，就会使作业总数过多，由此必然导致成本计算工作量太大，企业为此付出的代价势必过高；反之，如果划分过粗，一个作业中含有多种不相关业务，必然使成本计算结果的准确性大大降低。因此，作业的确定应遵循成本效益原则。

作业确定后，要为每一项作业设立一个作业成本库，然后将资源耗费分配至作业成本库，建立起作业和资源之间的对应关系。正如资源耗费按其计入成本计算对象的方式分为直接耗费和间接耗费一样，作业按其是否具有专属性分为专属作业和共同消耗作业。

专属作业是指为某种特定产品或劳务提供专门服务的作业。专属作业资源耗费价值应直接由该特定的产品或劳务负担，不需再按成本动因分配至成本计算对象，正如直接耗费直接计入成本计算对象一样。

共同耗费作业是指同时为多种产品或劳务提供服务的作业，需要按不同的成本动因分配至成本计算对象。共同耗费作业按不同的成本动因可分为数量动因作业、批别动因作业、工时动因作业及价值管理作业等。

数量动因作业是指使每种产品或劳务的每个单位都均衡受益的作业。如包装作业。产品完工后，需要包装所有的产成品且每件耗费的资源相同，使每件产品都得到了均衡受益。这类作业通常选择数量作为成本动因来分配作业成本。

批别动因作业是指服务于每批产品或劳务并使每批产品或劳务都均衡受益的作业，如分批获取订单的订单作业，分批运送原材料或产品的搬运作业等。这类作业通常选择批别作为成本动因来分配作业成本。

工时动因作业是指资源耗费与工时成比例变动的作业，如机器加工作业等。这类作业通常选择工时作为成本动因来分配作业成本。

价值管理作业是指那些负责综合管理工作的部门作业，如物流管理部门作为一项作业就是价值管理作业。

3. 确认资源动因

资源动因是指资源被各项作业消耗的方式和原因，它反映了作业对资源的消耗情况，是把资源库价值分配到各作业成本库的依据，分配到作业的每一种资源就成为该作业中心的一项成本要素。常用的资源动因有人数、使用次数、面积、公里数等。

在作业成本法下，如果某一项资源耗费能被直观地确定为某一特定产品或劳务即最终成本计算对象所耗费，则直接计入最终成本计算对象，这时不需要确认资源动因和成本动因，这项资源耗费对最终成本计算对象而言，通常是直接成本，如直接材料费支出。

在作业成本法下，如果某项资源耗费从发生领域看，可确定为某项作业所耗费，则可直接计入该作业成本库，这时不需要确认资源动因，这项资源耗费对该项作业而言，通常是直接成本，例如各作业中心发生的办公费。

在作业成本法下，如果某项资源耗费从最初消耗上即呈现混合耗费形态，则需要选择合适的量化依据将资源分解并分配至各项作业，这时需要选择资源动因，而这个量化依据即为资源动因。例如，对于职工医疗保险费、动力费、房屋租金和折旧费而言，其资源动因可分别选择职工人数、耗电量、房屋面积、设备价值等。

4. 分配资源耗费至作业成本库

根据资源动因，将各项资源耗费分配至作业成本库时，应首先确定资源动因分配率，然后据以确定各项作业所耗费的资源。计算公式如下：

$$资源动因分配率＝某项资源耗费/该项资源耗费的动因量$$

其中，某项资源耗费是指耗费某项资源的作业成本之和；资源耗费的动因量是指该项资源动因的量化数值之和。

$$某项作业的资源耗费＝该项作业所耗费的资源动因量×资源动因分配率$$

【例 2-1】 某企业某月份人工费支出为 120 000 元，其主要的作业粗略地划分为采购、生产、销售和管理，从事上述 4 项作业的人数分别为 3、16、5、4 人。

上例中资源耗费为 120 000 元，资源动因为作业人数，则：

人工费资源动因分配率＝120 000/(3+16+5+4)＝4 285.71(元/人)

采购作业分配的人工费＝3×[12 000/(3+16+5+4)]＝12 857.14(元)

生产作业分配的人工费＝16×[12 000/(3+16+5+4)]＝68 571.36(元)

销售作业分配的人工费＝5×[12 000/(3+16+5+4)]＝21 428.55(元)

管理作业分配的人工费＝4×[12 000/(3+16+5+4)]＝17 142.84(元)

各项作业耗费的人工费合计＝12 857.14+68 571.36+21 428.55+17 142.84＝120 000(元)

在成本分配过程中，各资源库价值要根据资源动因逐项分配至各作业成本库中，这样，资源和作业之间的对应关系就建立起来了。

5. 确定作业动因

作业动因是指作业被各种产品或劳务，即最终成本计算对象消耗的方式和原因，它是作业成本库中的成本分配到成本计算对象中去的标准。确定作业动因，即选择驱动成本发生的因素。

一般来说，一项作业的成本动因往往不止一个。因此，在成本计算过程中应注意选择和确定适当的作业动因。作业动因的选择要考虑以下两个基本因素。

(1) 作业动因与实际作业消耗之间的相关性。作业成本计算的核心思想是根据各最终成本计算对象消耗的作业成本动因量将作业成本最终分配至成本计算对象。这实际上是以成本计算对象消耗作业动因的数量作为成本计算对象消耗作业的计量标准。因此，成本分配的准确性依赖于作业的消耗与作业动因的消耗之间的关联性。作业动因与作业消耗之间相关程度越高，现有的成本被歪曲的可能性就会越小。例如，配送作业可选择配送次数作为作业成本动因，但如果不同客户对配送要求不一样，则不宜选择配送次数作为动因，而应选择其他更具可比性的动因，如动力消耗量、人工工时等差异度较小的动因。

(2) 作业动因的计量性及计量成本的合理性。作业成本核算系统通过使用比传统成本计算制度更加多元化的作业成本动因作为间接成本分配标准，以得到更为准确的成本核算结果。但需要指出的是，作业动因必须可以量化，其实际上是一个作业动因量的概念。另外，为了减少与作业动因有关的计量费用，应尽量采用数据容易获得的成本动因。例如，在流通加工作业中，若每次加工时间基本相同，则可用加工次数来替换加工小时作为作业动因。在以作业为基础的成本系统的设计中，用作业次数的作业动因代替作业时间的作业动因是一个很重要的方法，因为计算次数的作业动因较易取得，如订货次数、检验次数等。

取得作业动因信息的基本方法主要包括观察、记录、问卷、访谈等。观察往往需要对此项工作有经验的人来进行。通过观察，可以迅速收集到与作业有关的资料，但这种方法收集到的资料相对较少，一般只能作为补充方法使用。记录是通过工作日志等方法，记录执行某项工作的人员数及所需时间等信息。为完整、准确地获取这方面信息，应通过建立制度明确记录人员的工作职责。问卷是通过设计问卷的形式由相关人员进行填写从而取得所需信息的一种方法。此种方法既可以单独使用,作为收集信息的主要工具,也可以作为访谈法的补充工具,在访谈前发放。问卷的设计应科学合理,尤其是需求信息的列示应清晰完整,以避免收集到不完整或不清晰的信息。访谈是通过与被访谈对象面对面的交流以获取有关信息的一种方法,这是一种最主要且最普遍运用的方法,这种方法可以直观地获取较为详细的信息,但也比较费时。

总之,确定作业动因时应充分考虑动因的相关性、动因资料获得的容易度、动因的可计量性等因素,结合企业成本管理的具体要求,合理选择和确定。

6. 分配作业成本至成本计算对象

根据作业动因,在将作业成本分配到各成本计算对象时,应首先计算作业动因分配率,然后计算各成本计算对象应分配的作业成本。计算公式如下:

作业动因分配率=某作业中心所发生的作业成本/该作业中心的作业动因量

$$\frac{某成本计算对象}{应分配的某项作业成本} = \frac{该成本计算对象}{耗用的该项作业动因量} \times 作业动因分配率$$

【例 2-2】 某企业某月份人工费支出为 120 000 元,其中采购作业所分摊的人工费支出为 12 857.14 元,该企业生产甲、乙、丙 3 种产品,3 种产品当月的采购次数分别为 2、3、4 次。

上例中采购作业的作业成本为 12 857.14 元,作业动因为采购次数,成本计算对象为甲、乙、丙 3 种产品。则:

作业动因分配率=12 857.14/(2+3+4)=1 428.57(元/次)
甲产品应分配的采购作业成本=2×[12 857.14/(2+3+4)]=2 857.14(元)
乙产品应分配的采购作业成本=3×[12 857.14/(2+3+4)]=4 285.71(元)
丙产品应分配的采购作业成本=4×[12 857.14/(2+3+4)]=5 714.28(元)
采购作业成本合计=2 857.14+4 285.71+5 714.28=12 857.14(元)

需要指出的是,上例是假定各成本计算对象实际耗用的采购作业动因量之和等于该作业中心可提供的作业动因量,即甲、乙、丙 3 种产品的实际采购次数等于该作业中心可提供的采购次数。但实际运作过程中,由于各成本计算对象实际耗用的某项作业的动因量之和一般小于该作业中心可提供的作业量,因此按上述方法计算出来的各成本计算对象应分配的某项作业成本之和一般小于该作业中心发生的作业成本,二者的差额即为未耗用的资源成本。

在成本分配的过程中,各作业中心的作业成本根据作业动因逐项分配至各成本计算对象中去,这样,作业成本和各成本计算对象之间的对应关系就建立起来了。

作业成本法的基本流程如图 2-2 所示。

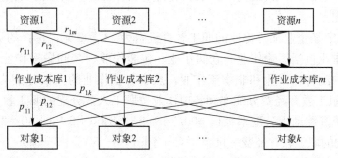

图 2-2 作业成本法的基本流程图

2.4.4 作业成本法在间接物流成本分配中的应用

根据作业成本法的核心思想及关键要素之间的关联关系，应用作业成本法计算和分配企业间接物流成本时，应首先明确资源、作业和成本计算对象，然后根据资源和作业以及作业和成本计算对象之间的关系选择资源动因和作业动因，进而来完成间接物流成本的分配。同时，企业物流成本计算的过程，也是从会计成本费用明细账中分离物流成本的过程，所以在确定资源耗费时，应首先根据其与物流成本的相关性，来明确哪些是物流作业的资源耗费，哪些是非物流作业的资源耗费。然后，将物流作业资源耗费依次分配至各物流作业和最终的成本计算对象中。具体步骤如下：

1. 计算物流成本时资源的选取

无论是生产企业、流通企业还是物流企业，不管企业采用的是传统成本计算制度还是作业成本法，资源都是明确的，是客观发生的耗费。因此，计算物流成本时，资源的选取仍旧要从成本费用类科目入手，包括管理费用、销售费用、财务费用、生产成本、制造费用、其他业务成本、营业外支出及材料采购等科目，找出最原始的费用支付形态，如人工费、材料费、折旧费、维修费、办公费、通信费等，这些最原始的费用支付就是资源及其耗费。

2. 计算物流成本时作业的确定

作业是资源耗费的活动。对不同类型企业及同一类型的不同企业而言，作业可以有不同的定义。作业的确定可粗可细，企业应根据实际情况和管理需求，在考虑成本收益原则的前提下加以确定。首先，应把企业所有的作业活动划分为物流作业和非物流作业。然后，可按物流功能成本的构成内容，将物流作业进一步细分为运输作业、仓储作业、包装作业、装卸搬运作业、流通加工作业、物流信息作业和物流管理作业。这样，企业的所有作业活动可划分为运输、仓储、包装、装卸搬运、流通加工、物流信息、物流管理和非物流作业。当然，作业的确定也可采用其他方式；同时，还可根据物流管理的要求，将上述作业进一步细分。

3. 确定资源动因，将资源耗费分配至作业

如前所述，对于可直接计入成本计算对象以及可直接计入作业的资源耗费，相对于作业而言，都属于直接成本，无须确定资源动因进行分配。只有那些相对于作业而言，资源耗费呈现混合状态，由若干项作业同时耗费的间接成本，才需确定资源动因进行分配。例如，人工费支出中的工资耗费，由于可以直接对应到从事某项作业的人，所以可以直接计入各物流作业及非物流作业中。但人工费支出中的人员保险费、职工教育培训基金等，由于没有直接对应到从事某项作业的人，其最初的提取和支付呈混合状态，所以需要按确定的资源动因在各作业中进行分配。

【例 2-3】 假定某企业某月提取的职工教育经费为 14 500 元，选择的资源动因为职工人数。该月发生的作业包括运输作业、仓储作业、包装作业、装卸搬运作业、流通加工作业、物流信息作业、物流管理作业和非物流作业，从事各项作业的人数分别为 5、4、3、8、5、2、3、30 人，则职工教育经费分配率和各项作业按职工人数分配的职工教育经费分别为：

职工教育经费资源动因分配率＝14 500/5＋4＋3＋8＋5＋2＋3＋30＝241.67(元/人)

运输作业分配的职工教育经费＝14 500/(5＋4＋3＋8＋5＋2＋3＋30)×5＝1 208.33(元)

仓储作业分配的职工教育经费＝14 500/(5＋4＋3＋8＋5＋2＋3＋30)×4＝966.68(元)

包装作业分配的职工教育经费=14 500/(5+4+3+8+5+2+3+30)×3=725(元)

装卸搬运作业分配的职工教育经费=14 500/(5+4+3+8+5+2+3+30)×8=1 933.33(元)

流通加工作业分配的职工教育经费=14 500/(5+4+3+8+5+2+3+30)×5=1 208.33(元)

物流信息作业分配的职工教育经费=14 500/(5+4+3+8+5+2+3+30)×2=483.34(元)

物流管理作业分配的职工教育经费=14 500/(5+4+3+8+5+2+3+30)×3=725(元)

非物流作业分配的职工教育经费=14 500/(5+4+3+8+5+2+3+30)×30=7 250(元)

4. 确定作业动因，将物流作业成本分配至成本计算对象

如前所述，确定作业动因，应考虑其与成本计算对象之间的相关性、可计量性和成本收益原则。在此前提下，选择适合企业实际运作情况的作业动因，将各作业成本分配至最终成本计算对象。由于分配和计算的最终目的是要获取物流成本的相关信息，因此，在将作业成本分配至成本计算对象这一过程中，只需计算分配各物流作业，非物流作业不再做进一步的分配。

在实践中，企业物流成本计算对象的选取可根据物流成本管理的需要进行选择。为了计算方便，也为了与前面所阐述的物流成本计算对象中物流范围阶段的构成内容相符，在此，将物流成本计算对象设定为不同的物流范围，即供应物流、企业内物流、销售物流、回收物流和废弃物物流。

【例 2-4】 沿用例 2-3，假定企业某月运输作业、仓储作业、包装作业、装卸搬运作业、流通加工作业、物流信息作业、物流管理作业，以作业人数为资源动因，分配的职工教育经费分别为 1 208.33、966.68、725、1 933.33、1 208.33、483.33、725 元，则按作业动因向最终成本计算对象（即物流范围）进行职工教育经费分配的计算过程如下。

运输作业的作业动因为运输里程数，其在供应物流、企业内物流、销售物流、回收物流和废弃物物流阶段所发生的里程数分别为 4 000、300、3 800、800、200 km，则供应物流、企业内物流、销售物流、回收物流和废弃物物流应分配的运输作业成本为：

作业动因分配率=1 208.33/4 000+300+3 800+800+200=0.13(元/km)

供应物流应分配的运输作业成本=1 208.33/(4 000+300+3 800+800+200)×4 000=531.13(元)

企业内物流应分配的运输作业成本=1 208.33/(4 000+300+3 800+800+200)×300=39.84(元)

销售物流应分配的运输作业成本=1 208.33/(4 000+300+3 800+800+200)×3 800=504.58(元)

回收物流应分配的运输作业成本=1 208.33/(4 000+300+3 800+800+200)×800=106.23(元)

废弃物物流应分配的运输作业成本=1 208.33/(4 000+300+3 800+800+200)×200=26.55(元)

仓储作业分配的职工教育经费为 966.68 元，因其对应的物流范围阶段仅为企业内物流，所以，企业内物流分配的该项仓储作业成本为 966.68 元。

包装作业分配的职工教育经费为 725 元，因其对应的物流范围阶段仅为企业内物流，所

以，企业内物流分配的该项包装作业成本为 725 元。

装卸搬运作业的作业动因为装卸搬运次数，其在供应物流、企业内物流、销售物流、回收物流和废弃物物流阶段所发生的装卸搬运次数分别为 360、240、420、36、20 次，则供应物流、企业内物流、销售物流、回收物流和废弃物物流应分配的装卸搬运作业成本为：

作业动因分配率＝1 933.33/360＋240＋420＋36＋20＝1.80(元/次)

供应物流应分配的装卸搬运作业成本＝1 933.33/[360＋240＋420＋36＋20]×360＝646.84(元)

企业内物流应分配的装卸搬运作业成本＝1 933.33/[360＋240＋420＋36＋20]×240＝431.23(元)

销售物流应分配的装卸搬运作业成本＝1 933.33/[360＋240＋420＋36＋20]×420＝754.64(元)

回收物流应分配的装卸搬运作业成本＝1 933.33/[360＋240＋420＋36＋20]×36＝64.68(元)

废弃物物流应分配的装卸搬运作业成本＝1 933.33/[360＋240＋420＋36＋20]×20＝35.94(元)

流通加工作业分配的职工教育经费为 1 208.33 元，因其对应的物流范围阶段仅为销售物流，所以，销售物流分配的该项流通加工作业成本为 1 208.33 元。

物流信息作业的作业动因为工作小时数，其在供应物流、企业内物流、销售物流、回收物流和废弃物物流阶段所使用的工作小时数分别为 50、20、45、10、7 小时，则供应物流、企业内物流、销售物流、回收物流和废弃物物流应分配的物流信息作业成本为：

作业运因分配率＝483.33/50＋20＋45＋10＋7＝3.66(元/小时)

供应物流应分配的物流信息作业成本＝483.33/(50＋20＋45＋10＋7)×50＝183.08(元)

企业内物流应分配的物流信息作业成本＝483.33/(50＋20＋45＋10＋7)×20＝73.23(元)

销售物流应分配的物流信息作业成本＝483.33/(50＋20＋45＋10＋7)×45＝164.77(元)

回收物流应分配的物流信息作业成本＝483.33/(50＋20＋45＋10＋7)×10＝36.62(元)

废弃物物流应分配的物流信息作业成本＝483.33/(50＋20＋45＋10＋7)×7＝25.63(元)

物流管理作业的作业动因为工作小时数，其在供应物流、企业内物流、销售物流、回收物流和废弃物物流阶段所使用的工作小时数分别为 40、30、50、6、6 小时，则供应物流、企业内物流、销售物流、回收物流和废弃物物流应分配的物流管理作业成本为：

作业动因分配率＝725/40＋30＋50＋6＋6＝5.49(元/小时)

供应物流应分配的物流管理作业成本＝725/(40＋30＋50＋6＋6)×40＝219.71(元)

企业内物流应分配的物流管理作业成本＝725/(40＋30＋50＋6＋6)×30＝164.77(元)

销售物流应分配的物流管理作业成本＝725/(40＋30＋50＋6＋6)×50＝274.62(元)

回收物流应分配的物流管理作业成本＝725/(40＋30＋50＋6＋6)×6＝32.95(元)

废弃物物流应分配的物流管理作业成本＝725/(40＋30＋50＋6＋6)×6＝32.95(元)

为了更加清晰地表现上述计算结果，可以编制各物流作业所耗费的职工教育经费在不同物流范围阶段的分配一览表，如表 2-1 所示。

表 2-1　职工教育经费在不同物流范围阶段的分配一览表　　　　　　　　　　　元

物流范围 作业	供应物流	企业内物流	销售物流	回收物流	废弃物流	合计
运输作业	531.13	39.84	504.58	106.23	26.55	1 208.33
仓储作业		966.68				966.68
包装作业		725				725
装卸搬运作业	646.84	431.23	754.64	64.68	35.94	1 933.33
流通加工作业			1 208.33			1 208.33
物流信息作业	183.08	73.23	164.77	36.62	25.63	483.33
物流管理作业	219.71	164.77	274.62	32.95	32.95	725
合计	1 580.76	2 400.75	2 906.94	240.48	121.07	7 250

2.4.5　运用作业成本法分配和计算企业物流成本应注意的问题

相对于传统的成本核算体系，作业成本法更适合于物流成本的计算，尤其是间接物流成本的分配。作业成本法使间接物流成本的可归属性明显提高，从而大大提高了计算结果的准确性。它能够提供详细的成本信息，使产品或服务所耗费的作业情况及相应的成本情况能够清晰地揭露出来。但应用作业成本法分配和计算企业物流成本时，应注意以下几个问题。

1. 确保非财务性资料的易获取性和准确性

在作业成本法中，间接成本的分配需要使用资源动因和作业动因，而资源动因和作业动因绝大多数都是数量概念，从会计核算资料中很难取得。因此，为了推进作业成本法的实施，企业必须通过建立制度、明确职责等方式，确保资源动因量和作业动因量的易获取性和准确性。例如，在将电力资源耗费分配至不同作业时，需要取得不同作业所耗用的电力度数，这就需要区分不同作业、设置不同电表等方式来分别统计耗电度数；在将人工费分配至不同作业时，需要取得不同作业的职工人数，这就需要人事部门统一提供或各作业部门分别提供职工人数。再如，在将运输作业成本分配到不同产品时，需要取得不同产品的运输里程数信息，这就需要司机按不同产品分别统计运输里程数，在产品品种较多且经常共同运输时，这项统计工作显然费时费力；在将装卸搬运作业成本分配至不同产品时，需要统计不同产品的装卸搬运次数，这需要工作人员按不同产品实时记录作业次数。上述资源动因量和作业动因量信息是否准确，往往取决于基层作业人员的责任心，而信息准确与否对物流成本计算的准确性影响非常大，所以企业为保证作业成本法的顺利实施，必须在文化建设和制度建设上下工夫，是牵一发而动全身的工作，不是仅仅依靠企业某个部门或某几个工作人员就可以完成的。

为保证有关数量信息的可得性和可靠性，在全面推行作业成本法前，企业应根据管理需要，确定作业及成本计算对象。在此前提下，详细分析所需要的资源动因和作业动因，然后通过设置表格或下达工作任务的形式，将资源动因量和作业动因量的统计工作落到实处。

2. 剔除非物流作业所消耗的资源

无论采用哪种方式计算物流成本，都应明确物流作业所发生的资源耗费和非物流作业所发生的资源耗费。对于直接计入物流成本计算对象的资源耗费，其属性必然是独立、一对一地为成本计算对象所耗费。对于间接为物流成本计算对象所发生的资源耗费，在将资源分配至作业过程中，应首先剔除非物流作业所消耗的资源。具体做法是，在确定作业环节时，对于属于物流业务的作业，根据管理目标和计算需要，将其细分为不同的作业；对于非物流业务的耗费，将其作为一项作业（即非物流作业），和其他细分的物流作业并列，通过相应的资源动因，共同分配资源耗费。通过这种方式，可计算出各细分的物流作业成本和单独的非物流作业成本。在后续的将物流作业向成本计算对象分配的过程中，非物流作业不再参加分配，这样，在计算过程中就剔除了非物流成本及其所消耗的资源。

3. 明确物流作业及成本计算对象的多元性

多元性的概念贯穿于作业成本法的全过程，资源、资源动因、作业、作业动因和成本计算对象均是多元的。在此，尤其要明确作业和成本计算对象的多元性。在本书中，关于物流成本的构成、物流成本的计算对象乃至物流成本表的设计，均包括物流成本项目、物流范围和物流成本支付形态3个维度。在介绍物流成本计算方法的过程中，为简便起见，也为了与物流成本的构成内容相符，本书在计算举例的过程中，通常将支付形态物流成本（如人工费、材料费等）定义为作业成本法中的资源耗费。将成本项目（如运输成本、仓储成本等）定义为作业成本法的作业及相应的作业成本。将物流范围成本定义为最终的物流成本计算对象，然后按资源、作业、成本计算对象这样的路径来计算3个维度的物流成本。实际上，在应用作业成本法计算和管理企业物流成本的过程中，资源耗费是固定的，是物流成本计算的起点。但中间环节物流作业的选择以及最终的物流成本计算对象的确定则是可变的，企业可根据实际情况和物流管理的要求，选择适合企业特定时期、特定需要的作业和成本计算对象。例如，可将运输、仓储、包装、装卸搬运、流通加工、物流信息、物流管理等作业，根据管理需要做相应的合并或者进一步的细分；对于物流成本计算对象的选择，既可以选择前面提高的物流范围，也可以根据管理需要选择产品、部门、市场或区域等。一般来说，对相同的资源耗费而言，作业定义得越多，划分得越细，最终成本计算对象的成本计算越准确。

4. 开发信息系统支持作业成本法在间接物流成本分配中的应用

作业成本法的实施，离不开职责明确和严谨细致的企业文化及制度的支撑，但文化及制度从一定意义上说是管理中的"软方法"。为了确保作业成本法的顺利实施，企业应开发出相应的信息系统，将文化和制度内化于信息系统设计的每一个环节，将定义好的资源、资源动因、作业、作业动因和成本计算对象置于信息系统的控制之中，同时体现上述各种元素的多元性特征，从而通过信息系统的"硬约束"来推动作业成本法的实施。一般来说，作业基础信息系统应具有以下特点：一是资料归集的范围要广，各种资源动因量和作业动因量均应包括在资料归集的范围内，确保有关部门和人员日常日志记录工作落到实处；二是包含多种形式的物流作业及成本分类方式，作业根据管理需要可粗可细，满足灵活选择的需要；成本可以按照产品、服务、客户、订单或者部门加以归属；三是同时归集财务性和非财务性资料，作业成本法下的资源动因和作业动因往往是非财务性的，因此，在信息系统中应同时归集财务性和非财务性资料，非财务性资料往往需要根据有关部门和人员的工作日志单独输入，而财务性资料主要是指物流作业的资源耗费，这需要通过系统的设计实现与财务会计系统的对接，将财务会计系统的有关资料转化为作业成本模块中的资源耗费；四是系统应具有弹性，可实时地提供物流成本计算和管理决策分析所需要的不同信息，这一点尤其体现在作业和成本计算对象的选取上。

5. 按照企业物流成本表的内容汇总计算物流成本

作业成本法的应用主要针对间接物流成本在作业及成本计算对象之间的分配。在企业物流成本计算的过程中，除了间接物流成本的分配，还包括其他直接物流成本的界定和计入物流成本计算对象等问题。根据企业物流成本表的构成内容以及上述应用作业成本法分配企业间接物流成本的计算过程，有以下3点需要明确。一是作业成本法的应用仅限于企业自营物流成本的内容，对于委托物流成本，企业应根据发生的具体情况，另行统计和计算，并填列至企业物流成本表的相应位置。二是作业成本法的应用一般是资源、作业和成本计算对象3级路径之间的分配，我们在计算物流成本表中物流功能成本的运输成本、仓储成本、包装成本、装卸搬运成本、流通加工成本、物流信息成本和物流管理成本的过程中，就是按照资源、作业和成本计算对象，即支付形态、成本项目和物流范围的路径关系来计算的。但企业物流成本除了包括物流功能成本，还包括存货相关成本，对于企业物流成本表中与存货相关的流动资金占用成本、存货保险成本和存货风险成本，它们的资源耗费和作业成本是合二为一的，不涉及资源耗费向作业的分配过程，其中流动资金占用成本需要根据相关统计资料按一定的公式计算得出。所以，这3部分成本的计算，其资源动因和作业动因也是合二为一的。对于它们，能直接计入成本计算对象的，则直接计入；对于不能直接计入成本计算对象的，可以将它们分别定义为相应的作业，选择合适的作业动因，直接分配至最终的成本计算对象，即物流范围成本。三是作业成本法应用的起点是首先界定哪些资源耗费是与物流作业相关的，而这些资源耗费通常是会计核算过程中最原始的资源耗费状态，如工资、职工劳动保险费、燃料费、修理费、办公费等，在将资源分配至作业的过程中，通常是从这些最原始的资源耗费开始，但企业物流成本表是将上述原始资源耗费根据资源耗费性质做了归纳和合并，最终以材料费、人工费、维护费、一般经费和特别经费5种形态来体现。所以，为了满足企业物流成本表的填写要求，企业在应用作业成本法分配和计算物流成本的过程中，在将最原始的资源耗费按资源动因分配至作业的同时，应按物流成本表中支付形态的内容和要求，将最原始的资源耗费分别计入材料费、人工费、维护费、一般经费和特别经费，以满足物流成本的分类要求和物流成本表的填写要求。

6. 企业内部物流成本的分配和计算应区分实际耗用资源和浪费资源

在前述应用作业成本法分配间接物流成本列举的案例中，均忽略计算未耗用资源这一环节，也就是在将作业成本分配至成本计算对象的过程中，假设各项作业可提供的作业动因量等于其实际耗用的作业动因量。因此，最终成本计算对象所分配的资源耗费不区分实际耗用资源和未耗用资源，而假定其所有资源耗费都为实际耗用资源。但在实际中，很多作业都不是满负荷运转的，可能提供的作业动因量总是大于实际耗用的作业动因量。通过对实际耗用资源和浪费资源的区分，企业可以发现在物流运作的过程中，哪些作业未满负荷运作，存在资源浪费现象，从而为资源的合理配置提供依据。在企业内部物流成本计算和管理的过程中，计算未耗用资源对企业物流成本分析和管理具有重要意义。

现举例说明企业内部物流成本的分配和计算中，实际耗用资源和浪费资源的计算方法。

【例2-5】假定某流通企业欲了解和掌握其在供应物流和销售物流阶段所发生的物流成本，某月份该企业发生的资源耗费主要有工资223 200元、电费11 088元、折旧费

155 400 元、办公费 21 600 元,其涉及的作业主要包括运输作业、装卸搬运作业、仓储作业、物流信息作业和物流管理作业。其他具体资料如下:

(1) 该企业有运输车辆 7 台,每月可提供的运输作业小时数为 1 232 小时,根据有关统计资料,运输车辆用于供应物流的运输小时数为 539 小时,用于销售物流的运输小时数为 554.4 小时,未利用即浪费的运输小时数为 138.6 小时。

(2) 该企业有装卸机 3 台,每月可提供 594 个作业机时。根据有关统计资料,在供应物流阶段所耗用的作业机时为 231 机时,在销售物流阶段所耗用的作业机时为 297 机时,未利用即浪费的机时数为 66 机时。

(3) 该企业仓储作业的人员及设施可提供 504 个作业小时。本月在供应物流和销售物流阶段分别提供了 276 个作业小时和 178 个作业小时,未利用即浪费的作业小时数为 50 小时。

(4) 该企业物流信息管理作业是采用计算机辅助系统来完成的。该系统全月可提供 176 个作业机时。本月在供应物流阶段提供了 84 个作业机时,在销售物流阶段提供了 85 个作业机时,未利用即浪费的机时数为 7 个机时。

(5) 该企业物流管理作业的人员及设施全月可提供 320 个作业小时。本月在供应和销售物流阶段分别提供了 96 个作业小时和 152 个作业小时,未利用即浪费了 72 个作业小时。

根据上述资料,采用作业成本法计算企业供应物流成本和销售物流成本,并区分实际耗用资源和浪费资源,步骤如下:

第一,确认企业本月所发生的资源耗费及作业。资源耗费包括工资 223 200 元、电费 11 088 元、折旧费 155 400 元、办公费 21 600 元;作业包括运输作业、装卸搬运作业、仓储作业、物流信息作业和物流管理作业。

第二,确认各资源动因,将各资源耗费分配至各作业。

(1) 工资的分配。采用的资源动因为作业人数,因此应根据各作业的人数和对应的工资标准对工资进行分配(若无工资标准,则可按人数直接应用简单算术平均法分配),如表 2-2 所示。

表 2-2 工资资源分配一览表

资源 \ 作业	运输	装卸搬运	仓储	物流信息	物流管理	非物流作业	合计
人数/人	16	22	8	6	6	40	98
人均月工资/元	2 500	1 800	2 000	3 500	3 500	2 140	
各项作业月工资/元	40 000	39 600	16 000	21 000	21 000	85 600	223 200

(2) 电费的分配。电力资源消耗采用的资源动因为用电度数,已知每度电的价格为 0.8 元,具体分配结果如表 2-3 所示。

表 2-3 电力资源分配一览表

资源 \ 作业	运输	装卸搬运	仓储	物流信息	物流管理	非物流作业	合计
用电度数/度		1 650	2 200	1 050	860	8 100	13 860
每度电价格/元	0.8	0.8	0.8	0.8	0.8	0.8	
各作业消耗电费/元		1 320	1 760	840	688	6 480	11 088

(3) 折旧费的分配。折旧费发生的原因在于有关作业运用了固定资产。因此，可根据各项作业固定资产使用情况来分配折旧费。特定的固定资产通常由特定作业所运用，它们之间一般具有直接对应关系。因此，折旧费相对于各项作业而言，一般属于直接成本，不需要采用资源动因进行分配。实践中，可根据会计明细账资料分别统计记入，具体如表2-4所示。

表2-4 折旧费用一览表

资源＼作业	运输	装卸搬运	仓储	物流信息	物流管理	非物流作业	合计
各项作业折旧费/元	36 000	12 000	45 000	9 900	1 200	51 300	155 400

(4) 办公费的分配。办公费发生的原因在于各作业人员耗用了各项办公用品等支出，其采用的资源分配动因为作业人数，人均办公费支出额为 21 600/98＝220.41 元，具体分配结果如表2-5所示。

表2-5 办公费分配一览表

资源＼作业	运输	装卸搬运	仓储	物流信息	物流管理	非物流作业	合计
人数/人	16	22	8	6	6	40	98
人均办公费/元	220.41	220.41	220.41	220.41	220.41	220.41	
各作业办公费/元	3 526.53	4 848.98	1 763.27	1 322.45	1 322.45	8 816.32	21 600

将上述各项费用分配结果按作业进行汇总，如表2-6所示。

表2-6 资源在各项作业间分配情况一览表　　　　　　　　元

资源＼作业	运输	装卸搬运	仓储	物流信息	物流管理	非物流作业	合计
工资费用	40 000	39 600	16 000	21 000	21 000	85 600	223 200
电费		1 320	1 760	840	688	6 480	11 088
折旧费	36 000	12 000	45 000	9 900	1 200	51 300	155 400
办公费	3 526.53	4 848.98	1 763.27	1 322.45	1 322.45	8 816.32	21 600
作业成本合计	79 526.53	57 768.98	64 523.27	33 062.45	24 210.45	152 196.32	411 288

第三，确认各物流作业的作业动因。各项作业及其作业动因如表2-7所示。

表2-7 各项作业及其作业动因一览表

作业	作业成本动因	作业	作业成本动因
运输	作业小时	物流信息	作业机时
装卸搬运	作业机时	物流管理	作业小时
仓储	作业小时		

第四，计算各物流作业成本动因分配率，计算结果如表2-8所示。

表 2-8 作业动因分配率计算及结果一览表

物流作业	运输	装卸搬运	仓储	物流信息	物流管理
物流作业成本/元	79 526.53	57 768.98	64 523.27	33 062.45	24 210.45
作业动因量/单位	1 232	594	504	176	320
作业动因分配率	64.55	97.25	128.02	187.85	75.66

第五，计算供应物流、销售物流实际耗用资源价值和未耗用（即浪费）资源成本，计算结果如表 2-9 所示。

表 2-9 供应物流、销售物流实际耗用资源价值和未耗用资源成本一览表   元

作业	作业动因分配率	实际耗用作业动因量			未耗用成本动因量	实际耗用资源		未耗用资源
		供应物流	销售物流	合计		供应物流	销售物流	
运输	64.55	539	554.4	1 093.4	138.6	34 792.45	35 786.52	8 946.63
装卸搬运	97.25	231	297	528	66	22 464.75	28 883.25	6 418.50
仓储	128.02	276	178	454	50	35 333.52	22 787.56	6 401
物流信息	187.85	84	85	169	7	15 779.40	15 967.25	1 314.95
物流管理	75.66	96	152	248	72	7 263.36	11 500.32	5 447.52
合计						115 633.48	114 924.9	28 528.6

2.5 企业物流成本表

为了反映、监督和考核企业物流成本计划的执行情况及其结果，使日常物流成本计算取得的各种资料得到充分有效的利用，企业就有必要编制物流成本表。企业在编制完物流成本表后，还要利用成本计划、成本核算及其他相关资料，采取科学的分析方法，分析评价物流成本水平及其构成的变动情况，以揭示影响物流成本升降的各种因素及其变动的原因，寻找降低物流成本的措施。

2.5.1 企业物流成本表概述

1. 企业物流成本表的作用

正确编制企业物流成本表，对于加强物流成本管理，正确进行物流活动决策具有重要的作用。

1）可以反映企业物流成本计划的执行情况

通过物流成本表反映企业在一定时期内的物流资源实际耗费水平，将其与物流成本计划相比，可以反映物流成本计划的执行情况，揭示出企业为完成物流成本计划而取得的成绩和存在的问题，找出差距，进一步挖掘降低物流成本的潜力；将实际物流成本水平与上期相比，可以揭示出企业物流成本水平的变动趋势。

2）为贯彻和完善经济责任制提供参考依据

通过物流成本表的分析，可以考核物流成本计划的完成情况，落实奖惩措施，激励先进，鞭策落后，促进降低物流成本战略和措施的实施，为贯彻和完善经济责任制提供参考依据。

3) 有利于有针对性地编制下期的物流成本预算

根据物流成本表反映的有关报告期成本降低任务完成情况的资料，结合对下一物流成本计算期间有关物流系统成本控制和绩效考核的需要，有利于有针对性地编制下一物流成本计算期的物流成本预算。

4) 促进和提高企业物流成本管理水平

对于有主管部门的企业，通过编制并报送物流成本表给主管部门，有利于主管部门了解和监督企业对国家有关方针、政策以及法规的执行情况；还有利于组织企业间的交流，促进和提高企业的物流成本管理水平。

2. 企业物流成本表编制的总体要求

物流成本表所反映的信息是否有效，取决于其所提供信息的质量。为了充分发挥物流成本表的作用，企业编制的物流成本表必须数字真实、内容完整、指标明晰、编报及时。

1) 数字真实

物流成本表是向企业提供一定时期物流成本资料的主要载体，如果其数据失真，就无法发挥物流成本表的作用，并可能导致错误的决策。因此，编制物流成本表，必须做好各项基础工作。编制物流成本表之前，所有经济业务都应登记入账，既不可以推迟确认已发生的费用，也不可以提前确认尚未发生的费用，正确划分应计入物流成本和不应计入物流成本的费用界限，严禁为赶制报表采用估计数字，避免主观随意性。并在此基础上，认真核对明细账簿，保证账实相符，使资料真实可靠。

2) 内容完整

物流成本表的内容完整性包括两方面的含义：一方面，物流成本表作为一个披露物流成本信息的载体，其需要根据物流成本信息使用者的不同要求，披露不同的物流成本信息内容，因此企业应完整地编制企业物流成本主表及附表；另一方面，物流成本表内各项目之间存在一定的内在联系。所以，应注意不得漏项，以影响物流成本表的真实有效性。

3) 指标明晰

物流成本表编制的目的在于信息的使用，这些报表的使用者不一定具备精深的会计知识和物流专业知识，为使物流成本表的使用者正确理解物流成本信息，物流成本表所提供的有关指标及文字说明必须能简单明了地反映企业物流成本状况、物流成本变动的原因和提出的改进措施，不能含糊其辞，不得要领。

4) 编报及时

编报及时是指必须按照规定期限及时报送物流成本表。信息的及时性是其质量的重要保证，只有报送物流成本表及时，才能准确利用资料对企业物流成本计划或预算完成情况进行检查和分析，从而及时发现问题并采取措施加以解决。

企业物流成本表是披露物流成本信息的载体。按物流成本表披露物流成本信息的内容不同，企业物流成本表可分为主表（企业物流成本主表）和附表（企业自营物流成本支付形态表），分别介绍如下。

2.5.2 企业物流成本主表

1. 企业物流成本主表格式

企业物流成本表作为企业内部报表，其格式是由企业自身物流活动特点和管理要求决定的，国家没有强制的统一要求。本书根据《应用指南》中物流成本表的规范性示例，对物流成本表进行介绍。

企业物流成本主表是按成本项目、成本范围和成本支付形态三维形式反映企业一定期间各项物流成本信息的报表。它是根据物流成本的三维构成，按一定的标准和顺序，把企业一定期间的项目物流成本、范围物流成本和支付形态物流成本予以适当的排列，并对在日常工作中形成的大量成本费用数据进行整理计算后编制而成的。

企业物流成本主表对企业物流成本计算对象的 3 个维度进行了整合，物流成本信息使用者可以从该表中了解到详尽的企业物流成本信息，既可以了解不同物流功能成本及存货相关成本的发生额，也可以了解不同物流范围的成本发生额；既可以了解单项物流成本项目在不同物流范围的成本明细额，也可以了解单一物流范围所发生的不同的成本项目明细额；既可以了解内部自营物流成本及其具体的成本项目和物流范围成本发生额，又可以了解委托物流成本及其支出明细。同时，企业物流成本主表还能够提供进行物流成本评价的基本资料，它是企业物流成本评价的基础。

企业物流成本主表的规范性格式，如表 2-10 所示。

2. 企业物流成本主表编制的具体要求

企业物流成本主表的编制，在符合前述企业物流成本表编制的总体要求的基础上，还应符合以下 6 点具体要求。

第一，企业物流成本主表的编报期为月报、季报和年报。

第二，生产企业和流通企业一般应按供应物流、企业内物流、销售物流、回收物流和废弃物物流 5 个范围阶段逐一进行填列。

第三，按范围形态填列时，若某阶段未发生物流成本或有关成本项目无法归属于特定阶段的，则按实际发生阶段据实填列或填列横向合计数即可。

第四，对于委托物流成本，若无法按物流范围进行划分但可按成本项目分别付费的，填写"物流总成本——委托——17"一列的有关内容即可；若采用不分成本项目的整体计费方式付费但可划分物流范围的，则填写"物流总成本——14"一行中与委托有关的成本即可；若既采用整体计费方式付费又无法划分物流范围的，则填写"物流总成本——14"一行与"物流总成本——委托——17"一列交界位置的成本即可。

第五，在上述第三和第四项具体要求中直接填写"物流总成本"有关内容的，应对其内容在表后做备注说明。

第六，对于物流企业，不需按物流范围进行填列，按成本项目及成本支付形态填写物流成本即可。

3. 企业物流成本主表的编制方法

企业物流成本主表的编制，主要是对日常会计核算中的成本费用数据加以归集、整理和计算，使之成为有用的物流成本信息。企业物流成本主表中各项目的数据来源于会计核算资料和物流成本计算的结果。具体编制方法包括以下 3 种情况。

1) 根据会计明细账发生额汇总填列

企业物流成本主表中各项委托物流成本，一般可根据会计明细账发生额汇总填列。例如，对于生产制造和流通企业而言，委托运输成本和委托装卸搬运成本，可根据会计明细账

表 2-10 企业物流成本主表

企业名称：　　　　　　企业法人代码：　　　　　　企业详细名称：　　　　　　（计量单位：元）

表号：企物流 A1 表　　年　月

成本项目		代码	范围及支付形态															
			供应物流成本			企业内物流成本			销售物流成本			回收物流成本			废弃物流成本			物流总成本		
			自营	委托	小计	自营	委托	小计	自营	委托	小计	自营	委托	小计	自营	委托	小计	自营	委托	小计
甲		乙	01	02	03	04	05	06	07	08	09	10	11	12	13	14	15	16	17	18
物流功能成本	运输成本	01																		
	仓储成本	02																		
	包装成本	03																		
	装卸搬运成本	04																		
	流通加工成本	05																		
	物流信息成本	06																		
	物流管理成本	07																		
	合计	08																		
存货相关成本	流动资金占用成本	09																		
	存货风险成本	10																		
	存货保险成本	11																		
	合计	12																		
其他成本		13																		
物流总成本		14																		

单位负责人：　　　　　　填表人：　　　　　　填表日期：　　年　月　日

中的"销售费用——运费"、"销售费用——装卸费"分别汇总填列；对于物流企业而言，委托运输成本和委托装卸搬运成本，可根据会计明细账中的"主营业务成本——运费"、"主营业务成本——装卸费"分别汇总填列。

2）根据会计明细账发生额分析汇总填列

企业物流成本主表中有些项目需要根据会计明细账发生额分析汇总填列。例如，对于生产制造企业来说，可根据会计明细账"制造费用——折旧费"来具体分析其中有哪几项、多少数额是用于包装设备折旧费的，根据会计明细账"制造费用——保险费"来具体分析其中有哪几项、多少数额是用于包装设备保险费的，从而获取和计算包装成本的有关信息，最后将与包装成本有关的信息汇总填列。

3）根据会计明细账发生额分析计算汇总填列

企业物流成本主表中的多数项目都属于间接物流成本，其填列都需根据会计明细账的有关资料进行分析，并采用一定的标准和方法进行分摊和计算，最后汇总为与某一成本项目有关的细目后加以填列。例如，在填列仓储成本时，首先要看企业仓储成本包括哪些内容，假设经查企业会计明细资料，得知企业仓储成本主要包括人工费和维护费两部分内容，这时需要分别计算人工费和维护费的数额，经查"销售费用——工资"明细账，发现这部分工资费用支出既包括仓库管理人员的工资，也包括仓库运作人员的工资。这时需要进一步分析和计算仓库运作人员的工资，以确定仓储成本中人工费的支出数额；经查"销售费用——折旧费"明细账，发现这部分内容既包括仓库也包括营业用房的折旧费支出，这时需要进一步分析计算仓库的折旧费，以确定仓储成本中维护费的支出数额。然后再将"仓储成本——人工费"和"仓储成本——维护费"两部分内容相加，才能得到仓储成本的有关信息。

总之，企业物流成本主表的填列以物流成本的计算结果为主要依据，是在汇总各同类物流成本项目的基础上进行填列的，而物流成本的计算是以会计成本费用类账户明细资料为依据的。

4. 企业物流成本主表的编制程序

企业物流成本主表的编制大致遵循以下程序。

1）分析各项成本费用是否属于物流成本

在获取成本费用类明细账资料的基础上，按明细账科目逐一分析该项费用是否属于物流成本的内容。

2）设置物流成本4级明细账户

对于属于物流成本内容的，设置物流成本4级明细账户，即"物流成本——物流项目成本——物流范围成本——物流支付形态成本"账户。例如，"物流成本——运输成本——供应物流成本——人工费"。对于可直接计入物流成本明细账户的，直接计入；对于不能直接计入的，则分别情况，按一定的标准对成本进行分摊，分析计算计入。

3）汇总计算物流成本明细项目

按企业物流成本主表内容的要求，汇总计算同一物流成本明细项目。

4）填列企业物流成本主表

按对同一物流成本明细项目汇总的结果，填列企业物流成本主表。

2.5.3 企业自营物流成本支付形态表

1. 企业自营物流成本支付形态表格式

企业自营物流成本支付形态表是按照成本项目和自营物流成本支付形态二维形式反映企业一定期间自营物流成本信息的报表。它是根据物流成本项目和自营物流成本支付形态之间的相互关系，按一定的标准和顺序，把企业一定期间的项目物流成本及其对应的自营支付形态物流成本予以适当排列，并对日常工作中形成的大量成本费用数据进行整理计算后编制而成的。

企业自营物流成本支付形态表是对企业物流成本主表的补充说明。物流成本按支付形态划分为自营物流成本和委托物流成本，自营物流成本又有其具体的支付形态。企业在物流成本管理过程中，除了要了解自营和委托物流成本的数额，还需要了解不同支付形态下的各项自营物流成本数额。企业自营物流成本支付形态表对企业物流成本主表中的自营物流成本做了进一步的诠释和细化，使相关信息使用者可以更详尽地了解企业内部不同支付形态下的物流成本发生额以及不同成本项目的支付形态构成。

企业自营物流成本支付形态表成本项目一维的构成内容与企业物流成本主表的构成内容完全一致，其支付形态一维主要包括材料费、人工费、维护费、一般经费和特别经费内容，基本格式如表 2-11 所示。

表 2-11 企业自营物流成本支付形态表

表号：企物流 A2 表

企业详细名称：　　　　企业法人代码：　　　　计量单位：　元　　年　月

成本项目		代码	内部支付形态					
			材料费	人工费	维护费	一般经费	特别经费	合计
甲		乙	1	2	3	4	5	6
物流功能成本	运输成本	01						
	仓储成本	02						
	包装成本	03						
	装卸搬运成本	04						
	流通加工成本	05						
	物流信息成本	06						
	物流管理成本	07						
	合计	08						
存货相关成本	流动资金占用成本	09						
	存货风险成本	10						
	存货保险成本	11						
	合计	12						
其他成本		13						
物流成本合计		14						

单位负责人：　　　　　　　填表人：　　　　　　　填表日期：　年　月　日

2. 企业自营物流成本支付形态表编制的具体要求

企业物流成本支付形态表的编制，在符合前述企业物流成本表编制的总体要求的基础上，还应符合以下 4 点具体要求。

第一，企业自营物流成本支付形态表编报期为月报、季报和年报。

第二，对于运输成本、仓储成本、装卸搬运成本、物流信息成本和物流管理成本，对应的支付形态一般为人工费、维护费和一般经费；对于包装成本、流通加工成本，对应的支付形态一般为材料费、人工费、维护费和一般经费；对于流动资金占用成本、存货风险成本和存货保险成本，对应的支付形态一般为特别经费。

第三，凡成本项目中各明细项目有相应支付形态的，均需填写；无相应支付形态的，则不填写。

第四，企业自营物流成本支付形态表中"合计——6"一列中各项成本数值应等于企业物流成本主表中"物流总成本——自营——16"一列中各项成本数值。

3. 企业自营物流成本支付形态表的编制方法

企业自营物流成本支付形态表的编制方法与企业物流成本主表的编制方法基本相同，各项目的数据也主要来源于会计核算资料和物流成本计算结果。自营物流成本支付形态表主要依据会计明细账发生额分析汇总或分析计算汇总填列，一般不能直接汇总填列。

1) 根据会计明细账发生额分析汇总填列

企业物流成本支付形态表中有些项目需要根据会计明细账发生额分析汇总填列。例如，计算"仓储成本——人工费"时，需要对"销售费用——工资"明细账进行分析，分析在销售费用列支的工资额中，有多少数额或多大比例是仓储作业人员的工资支出。同时，还需要进一步搜集和分析与"仓储成本——人工费"有关的其他信息。例如，为仓储作业人员支付的奖金、福利费、保险费、住房公积金支出等，最后将与"仓储成本——人工费"有关的信息汇总填列。

2) 根据会计明细账发生额分析计算汇总填列

企业物流成本支付形态表中有些项目需要根据会计明细账发生额分析计算汇总填列。例如，在"销售费用——办公费"明细账中含有物流作业现场管理人员的办公费支出，由于办公费的列支没有按人员明细记账，通过查询明细资料无法直接获得物流管理人员的办公费支出，这时需要计算物流管理人员在全部人员中所占的人数比例，从而计算出物流管理人员所耗用的办公费支出，获得"物流管理成本——一般经费"的信息。在企业管理和经营过程中，应当列入"物流管理成本——一般经费"的内容较多，因此，在填列该项内容之前，需要将属于"物流管理成本——一般经费"的内容进行汇总。

总之，企业自营物流成本支付形态表的填列大多是要对有关的会计成本费用明细账资料进行分析计算，与企业物流成本主表的填列相同；也要获取成本费用类明细账资料，设物流成本 4 级辅助账户，分析、计算、汇总和填写表格。

事实上，只要设置了完整的企业物流成本明细账户，明确了企业物流成本的计算过程，根据企业物流成本表的内容设置，即可完成填写工作。填写企业物流成本主表和企业自营物流成本支付形态表可共享物流成本的计算结果。报表是对物流成本构成内容和物流成本计算结果的综合反映。

复习与应用

1. 对于企业来说，进行物流成本核算有什么意义？
2. 企业如何选择物流成本的计算对象？企业可以选择的物流成本计算对象有哪些？
3. 什么是显性、隐性物流成本？隐性物流成本主要包括哪些内容？
4. 某生产性企业产销 A、B 两种产品。这两种产品的生产工艺过程基本相同，两者的区别主要表现在提供的物流服务上：A 产品实行的是大批量低频率的物流配送服务，每批数量为 4 000 件；B 产品实行的是高频率小额配送服务，每批数量为 10 件。该企业采用作业成本法计算产品的物流成本，所涉及的作业主要有 7 项：订单处理、挑选包装、包装设备调整、运输装卸、质量检验、传票管理和一般管理。

有关具体资料如下。

(1) 本月该企业共销售 A 产品 5 批，共计 20 000 件；B 产品 140 批，共计 1 400 件。

(2) 订单处理作业全月有能力处理 1 008 份订单。本月实际处理订单 800 份，其中 A 产品订单 500 份，B 产品订单 300 份。

(3) 包装机共 4 台，全月总共可利用 640 机器小时。但不能全部用于包装，进行机器调整要耗费一定时间。本月共调整机器 160 次，A 产品 20 次，B 产品 140 次，消耗机器小时数共计 64 小时，占包装机总机器小时数的 10%。包装机如果用于包装 A 产品，每件需要 1.5 分钟；如果用于包装 B 产品，每件则需要 2 分钟。

(4) 运输装卸作业全月总共能够提供 840 工作小时的生产能力。其中 A 产品的运输装卸，每批需 120 小时；B 产品的运输装卸，每批需 0.4 小时。

(5) 质量检验。A、B 两种产品的检验过程完全相同，该企业全月有能力检验 800 件产品。对于 A 产品，每批需要随机抽样 10 件进行检验；对于 B 产品，每批需要随机抽样 3 件进行检验。

(6) 该企业进行传票管理作业是通过计算机辅助设计系统来完成的。该企业全月总共能提供 840 个机时。本月用于 A 产品传票管理的机时数为 168 机时，用于 B 产品传票管理的机时数为 420 机时。

(7) 一般管理。本月人员及设施等利用程度为 75%。一般管理费用按照 A、B 两种产品所消耗的其他资源成本比例分配。

(8) A 产品每件消耗直接材料 1.5 元，B 产品每件消耗直接材料 1.8 元。

(9) 企业本月提供的各类资源价值情况如表 2-12 所示。

表 2-12　企业本月提供的各类资源价值情况　　　　　　　　　　　　　　　　元

资源项目	工资	电力	折旧	办公费
资源价值	23 400	4 800	24 400	8 500

利用作业成本法计算 A、B 两种产品的物流成本。

【案例分析】

C 公司物流成本计算及物流成本表填写[①]

1. 企业概况

C 公司是某集团下设分公司，主要负责啤酒的销售工作。截至 20××年 3 月底，资产总额 8 900 万元，负债总额 2 200 万元。该公司共有员工 1 080 人，设有人力资源部门、物流管理部、财务部、市场营销部和信息部（无专门的物流信息部）5 个管理部门，共有管理人员 78 人，其中物流管理部有 12 名员工，另在全国各省市设有 48 个办事处，主要负责啤酒的营销工作。该公司的运输业务和装卸搬运业务均委托第三方物流公司——某城市招商局下设分支机构办理，同时在本部租赁 3 个仓库，总面积约 20 000 平方米，用于产品的临时储存和市内周转，无本公司的仓库保管人员，有关费用统一在仓库租赁费中支付。公司另有运输车辆 156 辆，主要用于业务联络和办理，同时也零星用于销售产品的运输。该公司的主要工作流程如下：根据客户订单从集团下设另一啤酒生产公司采购啤酒，其中有关的物流运作包括运输和装卸搬运等工作均外包给专业的物流公司。采购环节无运费和装卸费，这部分费用体现在采购价格中，分别占采购价格的 6% 和 1.5%，销售价格按离岸价格确定。为了满足临时订货和销售的需要，在采购总额中约有 15% 的货物储存于仓库用于市内周转和应急所需。公司 20××年 3 月利润表如表 2-13 所示。

表 2-13　C 公司 20××年 3 月利润表　　　　　　万元

项　目	本月数
一、主营业务收入	23 500.00
减：折扣与折让	2 980.00
主营业务净收入	20 520.00
减：主营业务成本	12 300.00
主营业务税金及附加	497.20
二、主营业务利润	7 722.80
加：其他业务利润	10.00
减：销售费用	5 294.54
管理费用	177.91
财务费用	7.00
三、营业利润	2 253.35
加：投资收益	−6.00
补贴收入	
营业外收入	
减：营业外支出	
四、利润总额	2 247.35
减：所得税	741.63
五、净利润	1 505.72

[①] 冯耕中. 企业物流成本计算与评价. 北京：机械工业出版社，2007：104-119.

2. 物流成本的计算

本案例中以C公司20××年3月有关成本费用资料为依据，计算20××年3月的物流成本。C公司的成本费用科目主要有销售费用、管理费用、主营业务成本和财务费用，其中财务费用为银行手续支出，与物流成本无关。

（1）获取20××年3月相关成本费用发生额及明细资料并逐项分析哪些与物流成本相关，具体信息如表2-14所示。

表2-14　20××年3月成本费用科目明细及物流成本相关性分析表　　　　元

成本费用科目及明细项目	发生额	是否与物流成本相关	备注
销售费用——工资	16 606 000	是	含物流管理人员及零星运输业务人员工资
销售费用——职工福利费	231 800	是	含物流管理人员及零星运输业务人员费用
销售费用——折旧费——办公用房设备折旧	152 000	否	主要办公用房及设备折旧费
销售费用——折旧费——运输车辆折旧	566 200	是	运输车辆零星用于物流业务运输
销售费用——折旧费——生啤鲜啤机折旧	3 800	是	属于包装辅助设施折旧费
销售费用——修理费——办公用房及设备修理费	26 600	否	主要为办公用房及设备修理费
销售费用——修理费——车辆维修	106 400	是	运输车辆零星用于物流业务运输
销售费用——低值易耗品摊销——办公用	34 200	是	含物流管理部门费用
销售费用——低值易耗品摊销——鲜酒桶摊销	247 000	是	主要为啤酒包装设施摊销
销售费用——邮电费	368 600	是	含物流信息费用
销售费用——办公费——办公用品费、资料费、市内交通费等	197 600	是	含物流管理人员及零星运输业务人员费用
销售费用——差旅费	691 600	是	含物流管理部门费用
销售费用——水电费	38 000	是	含物流管理部门耗用费用
销售费用——运费	12 285 400	是	为对外支付物流运输费用
销售费用——装卸费	2 378 800	是	为对外支付物流装卸费用
销售费用——广告费	186 200	否	主要为销售宣传费用
销售费用——促销品及其促销奖励费	12 464 000	否	
销售费用——租赁费——经营租赁费	425 600	否	部分办公用房租赁费支出
销售费用——租赁费——仓库租赁	380 000	是	对外支付仓库租赁费
销售费用——机物料消耗	167 200	是	车辆燃料费（含零星物流运输业务）
销售费用——样品酒费用	15 200	否	
销售费用——破损费	186 200	是	主要为啤酒在运输过程中发生的破损费
销售费用——保险费	106 400	是	主要为商品的财产保险费
销售费用——车辆相关费	174 800	是	主要为车辆的过路过桥费等（含零星物流业务）
销售费用——盘盈盘亏及报废损失	19 000	是	主要为期末仓库盘点损失等

续表

成本费用科目及明细项目	发生额	是否与物流成本相关	备 注
销售费用——外用工工资	4 886 800	否	主要为雇用促销员工资支出
管理费用——工会经费	23 925.14	否	按工资总额2%提取用于工会经费的支出
管理费用——职工教育经费	17 943.97	是	按工资总额1.5%提取（含物流管理人员工资等）
管理费用——劳动保险费	439 193.15	否	主要为缴纳离退休统筹金
管理费用——顾问咨询费	355 444.00	否	
管理费用——无形资产摊销	31 938.06	是	主要为物流信息软件摊销费
管理费用——业务招待费	107 705.00	否	含物流管理部门业务招待费
管理费用——住房公积金	353 384.00	是	含物流管理人员及零星运输业务人员住房公积金
管理费用——警卫消防费	4 410.00	否	
管理费用——住房增量补贴	137 534.85	是	按应发工资20%提取发给个人（含物流管理人员等）
管理费用——地方教育费附加	307 636.84	否	按营业税额的1‰上缴
主营业务成本	123 000 000.00	是	为啤酒采购成本（含运费和装卸费）
合　　计	177 724 515.01		

(2) 物流成本资料分析及物流成本计算。根据会计明细账、记账凭证、原始凭证及其他相关资料，对表2-14中与物流成本有关的费用逐项进行分析，并设物流成本辅助账户按3个维度计算物流成本。

① 销售费用——工资16 606 000元。经查明细资料，为公司全体人员工资，其中物流管理部门12名人员工资总额19 680元，据有关统计资料，物流管理人员20××年3月用于啤酒采购环节的工作时数为422小时，用于公司内仓库之间啤酒调拨环节的工作时数为634小时，用于啤酒销售环节的工作时数为1 056小时；另有运输业务人员（主要指内部司机）156人，其工资总额为187 200元，156辆车辆主要用于各地市内的周转运输，包括仓库之间的运输以及仓库与港口码头之间的运输，3月份运输总里程数为343 200公里，其中物流业务运输里程为27 456公里（啤酒采购环节运输里程数为5 491公里，仓库之间调拨发生的运输里程数为13 728公里，啤酒销售环节运输里程数为8 237公里）。物流管理成本和运输成本分别按工作时数和运输里程数进行分配。

根据上述有关资料，相关物流成本计算如下：

物流管理人员采购环节工作时数占总工作时数的比例＝
422/(422＋634＋1 056)＝422/2 112＝0.2

物流管理人员企业内工作时数占总工作时数的比例＝
634/(422＋634＋1 056)＝634/2 122＝0.3

物流管理人员销售环节工作时数占总工作时数的比例＝
1 056/(422＋634＋1 056)＝1 056/2 122＝0.5

物流管理作业在供应阶段负担的人工费＝19 680×0.2＝3 936(元)

第2章 企业物流成本计算

物流管理作业在企业内物流阶段负担的人工费＝19 680×0.3＝5 904(元)
物流管理作业在销售阶段负担的人工费＝19 680×0.5＝9 840(元)
采购环节运输里程数占运输总里程数比例＝5 491/343 200＝0.016
企业内物流阶段运输里程数占运输总里程数比例＝13 728/343 200＝0.04
销售环节运输里程数占运输总里程数比例＝8 237/343 200＝0.024
运输作业在供应阶段负担的人工费＝187 200×0.016＝2 995.2(元)
运输作业在企业内物流阶段负担的人工费＝187 200×0.04＝7 488(元)
运输作业在销售阶段负担的人工费＝187 200×0.024＝4 492.8(元)
将上述计算结果分别计入有关物流成本辅助账户：

物流成本——物流管理成本——供应物流成本——人工费 …………… 3 936 （1）
　　　　——物流管理成本——企业内物流成本——人工费 ………… 5 904 （2）
　　　　——物流管理成本——销售物流成本——人工费 …………… 9 840 （3）
　　　　——运输成本——供应物流成本——人工费 ………………… 2 995.2 （4）
　　　　——运输成本——企业内物流成本——人工费 ……………… 7 448 （5）
　　　　——运输成本——销售物流成本——人工费 ………………… 4 492.8 （6）

② 销售费用——职工福利费 231 800 元。经查明细资料，为按工资总额 14% 提取用于公司集体福利支出的费用，其中按物流管理人员工资总额提取 2 755.20 元，按运输业务人员工资总额提取 26 208 元。

根据上述资料，相关物流成本计算如下。
物流管理作业和运输作业在不同物流范围阶段进行分配的成本动因见①的计算结果。
物流管理作业在供应阶段负担的人工费＝2 755.20×0.2＝551.04(元)
物流管理作业在企业内物流阶段负担的人工费＝2 755.20×0.3＝826.56(元)
物流管理作业在销售阶段负担的人工费＝2 755.20×0.5＝1 377.60(元)
运输作业在供应阶段负担的人工费＝26 208×0.016＝419.33(元)
运输作业在企业内物流阶段负担的人工费＝26 208×0.04＝1 048.32(元)
运输作业在销售阶段负担的人工费＝26 208×0.024＝628.99(元)
将上述计算结果分别计入有关物流成本辅助账户：

物流成本——物流管理成本——供应物流成本——人工费 …………… 551.04 （7）
　　　　——物流管理成本——企业内物流成本——人工费 ………… 826.56 （8）
　　　　——物流管理成本——销售物流成本——人工费 …………… 1 377.60 （9）
　　　　——运输成本——供应物流成本——人工费 ………………… 419.33 （10）
　　　　——运输成本——企业内物流成本——人工费 ……………… 1 048.32 （11）
　　　　——运输成本——销售物流成本——人工费 ………………… 628.99 （12）

③ 销售费用——折旧费——运输车辆折旧费 566 200 元。经查明细资料，主要为业务所用的 156 辆车辆折旧费，该 156 辆车辆也零星用于各地市内的周转运输，包括仓库之间以及仓库与港口码头之间的运输。

根据上述有关资料，相关物流成本计算如下。
运输作业在不同物流范围阶段进行分配的成本动因见①的计算结果。
运输作业在供应阶段负担的折旧费＝566 200×0.016＝9 059.2(元)

运输作业在企业内物流阶段负担的折旧费＝566 200×0.04＝22 648(元)
运输作业在销售阶段负担的折旧费＝566 200×0.024＝13 588.8(元)
将上述计算结果分别计入有关物流成本辅助账户：
物流成本——运输成本——供应物流成本——维护费 ………… 9 059.2　(13)
　　　　　——运输成本——企业内物流成本——维护费 ………… 22 648　(14)
　　　　　——运输成本——销售物流成本——维护费 ………… 13 588.8　(15)

④销售费用——折旧费——生啤鲜啤机折旧3 800元。经查明细资料，为啤酒包装辅助设施生啤鲜啤机折旧费，该项费用主要发生于销售环节。
将上述有关物流成本信息计入相关物流成本辅助账户：
物流成本——包装成本——销售物流成本——维护费 ………… 3 800　(16)

⑤销售费用——修理费——车辆维修106 400元。经查明细资料，主要为156辆车辆所发生的维修费，该156辆车辆也零星用于各地市内的周转运输，包括仓库之间以及仓库与港口码头之间的运输。
根据上述资料，相关物流成本计算如下。
运输作业在不同物流范围阶段进行分配的成本动因见①的计算结果。
运输作业在供应阶段负担的修理费＝106 400×0.016＝1 702.4(元)
运输作业在企业内物流阶段负担的修理费＝106 400×0.04＝4 256(元)
运输作业在销售阶段负担的修理费＝106 400×0.024＝2 553.6(元)
物流成本——运输成本——供应物流成本——维护费 ………… 1 702.4　(17)
　　　　　——运输成本——企业内物流成本——维护费 ………… 4 256　(18)
　　　　　——运输成本——销售物流成本——维护费 ………… 2 553.6　(19)

⑥销售费用——低值易耗品摊销——办公用34 200元。经查明细资料，为企业管理部门使用办公用品等所产生的摊销费。C公司共有管理人员78人，其中物流管理部有12名员工从事物流管理工作。
根据上述有关资料，相关物流成本计算如下。
物流管理作业在不同物流范围阶段进行分配的成本动因见①的计算结果。
物流管理人员占企业管理人员的比例＝12/78＝2∶13
物流管理作业在供应阶段负担的办公用品摊销费＝34 200×2/13×0.2＝1 052.31(元)
物流管理作业在企业内物流阶段负担的办公用品摊销费＝34 200×2/13×0.3＝
　　　　　　　　　　　　　　　　　　　　　　　　　　1 578.46(元)
物流管理作业在销售阶段负担的办公用品摊销费＝34 200×2/13×0.5＝2 630.77(元)
将上述计算结果分别计入相关物流成本辅助账户：
物流成本——物流管理成本——供应物流成本——一般经费 ………… 1 052.31　(20)
　　　　　——物流管理成本——企业内物流成本——一般经费 ………… 1 578.46　(21)
　　　　　——物流管理成本——销售物流成本——一般经费 ………… 2 630.77　(22)

⑦销售费用——低值易耗品摊销——鲜酒桶摊销费247 000元。经查明细资料，为啤酒包装材料鲜酒桶所发生的摊销费，包装作业主要发生于销售环节。
将上述物流成本信息计入有关物流成本辅助账户：
物流成本——包装成本——销售物流成本——材料费 ………… 24 700　(23)

⑧ 销售费用——办公费用——邮电费 368 600 元，经查明细资料，为公司所有部门及人员发生电话费、咨询费等，其中 18 600 元咨询费主要是销售环节发生的物流信息费，其余 350 000 元为电话费。公司共有员工 1 080 人，其中物流管理人员 12 人，物流管理部门电话费用按人数比例进行分配。

根据上述资料，相关物流成本计算如下。

物流管理作业在不同的物流范围阶段进行分配的成本动因见①的计算结果。

物流管理部门人数占企业总人数比例＝12/1 080＝1∶90

物流管理作业在供应阶段负担的电话费＝（350 000×1/90）×0.2＝777.78（元）

物流管理作业在企业内物流阶段负担的电话费＝（350 000×1/90）×0.3＝1 166.67（元）

物流管理作业在销售阶段负担的电话费＝［350 000×1/90］×0.5＝1 944.44（元）

将上述计算结果及其他物流成本信息计入物流成本辅助账户：

物流成本——物流信息成本——销售物流成本——一般经费 …………… 18 600　（24）
　　　　——物流管理成本——供应物流成本——一般经费 …………… 777.78　（25）
　　　　——物流管理成本——企业内物流成本——一般经费 ………… 1 166.67　（26）
　　　　——物流管理成本——销售物流成本——一般经费 …………… 1 944.4　（27）

⑨ 销售费用——办公费——办公用品费、资料费、市内交通费等 197 600 元。经查明细资料，为公司所有部门全体人员所发生费用支出，其中物流管理部门相关费用按人数比例进行分配。

根据上述有关资料，相关物流成本计算如下。

物流管理作业在不同物流范围阶段进行分配的成本动因见①的计算结果。

物流管理部门人数占企业总人数比例＝12/1 080＝1∶90

物流管理作业在供应阶段负担的相关费用＝［197 600×1/90］×0.2＝439.11（元）

物流管理作业在企业内物流阶段负担的相关费用＝［197 600×1/90］×0.3＝658.67（元）

物流管理作业在销售阶段负担的相关费用＝［197 600×1/90］×0.5＝1 097.78（元）

将上述计算结果计入物流成本辅助账户：

物流成本——物流管理成本——供应物流成本——一般经费 ………… 439.11　（28）
　　　　——物流管理成本——企业内物流成本——一般经费 ………… 658.67　（29）
　　　　——物流管理成本——销售物流成本——一般经费 …………… 1 097.78　（30）

⑩ 营业费用——差旅费 691 600 元，营业费用——水电费 38 000。经查明细资料，为公司所有部门发生费用，其中物流管理部门相关费用按人数比例进行分配。

根据上述有关资料，相关物流成本计算如下。

物流管理作业在不同物流范围阶段进行分配的成本动因见①的计算结果。

物流管理部门人数占企业总人数比例＝12/1 080＝1∶90

物流管理作业在供应阶段负担的相关费用＝[(691 600＋38 000)×1/90]×0.2＝1 621.33（元）

物流管理作业在企业内物流阶段负担的相关费用＝[(691 600＋38 000)×1/90]×0.3＝2 432（元）

物流管理作业在销售阶段负担的相关费用＝[(691 600＋38 000)×1/90]×0.5＝4 053.33（元）

将上述计算结果计入物流成本辅助账户：

物流成本——物流管理成本——供应物流成本——一般经费 ………… 1 621.33　（31）

————物流管理成本————企业内物流成本————一般经费 ············ 2 432 （32）
————物流管理成本————销售物流成本————一般经费 ············ 4 053.33 （33）

⑪ 销售费用————运费 12 285 400 元，销售费用————装卸费 2 378 800 元。经查明细资料，为对外支付运费和装卸费。该两项费用均为销售环节所发生费用。

将上述有关物流成本信息计入物流成本辅助账户：

物流成本————运输成本————销售物流成本————委托 ············ 12 285 400 （34）
————装卸搬运成本————销售物流成本————委托 ············ 2 378 800 （35）

⑫ 销售费用————租赁费————仓库租赁费 380 000 元。经查明细资料，为对外支付仓库租赁费。

将上述有关物流成本信息计入物流成本辅助账户：

物流成本————仓储成本————企业内物流成本————委托 ············ 380 000 （36）

⑬ 销售费用————机物料消耗 167 200 元。经查明细资料，主要为 156 辆车辆所耗燃料费，该 156 辆车辆也零星用于各地市内的周转运输，包括仓库之间以及仓库与港口码头之间的运输。

根据上述有关资料，相关物流成本计算如下。

运输作业在不同物流范围阶段进行分配的成本动因见①的计算结果。

运输作业在供应阶段负担的机物料消耗费＝167 200×0.016＝2 675.2(元)

运输作业在企业内物流阶段负担的机物料消耗费＝167 200×0.04＝6 688(元)

运输作业在销售阶段负担的机物料消耗费＝167 200×0.024＝4 012.8(元)

将上述计算结果分别计入相关物流成本辅助账户：

物流成本————运输成本————供应物流成本————维护费 ············ 2 675.2 （37）
————运输成本————企业内物流成本————维护费 ············ 6 688 （38）
————运输成本————销售物流成本————维护费 ············ 4 012.8 （39）

⑭ 销售费用————破损费 186 200 元，营业费用————保险费 106 400 元。经查明细资料，分别为啤酒在销售过程中发生的破损费和向保险部门缴纳的财产保险费。

将上述有关物流成本信息计入物流成本辅助账户：

物流成本————存货风险成本————销售物流成本————特别经费 ············ 186 200 （40）
————存货保险成本————销售物流成本————特别经费 ············ 106 400 （41）

⑮ 销售费用————车辆相关费 174 800 元。经查明细资料，主要为 156 辆车辆的过路过桥费。

根据上述有关资料，相关物流成本计算如下。

运输作业在不同物流范围阶段进行分配的成本动因见①的计算结果。

运输作业在供应阶段负担的过路过桥费＝174 800×0.016＝2 796.8(元)

运输作业在企业内物流阶段负担的过路过桥费＝174 800×0.04＝6 992(元)

运输作业在销售阶段负担的过路过桥费＝174 800×0.024＝4 195.2(元)

将上述计算结果分别计入相关物流成本辅助账户：

物流成本————运输成本————供应物流成本————一般经费 ············ 2 796.8 （42）
————运输成本————企业内物流成本————一般经费 ············ 6 992 （43）
————运输成本————销售物流成本————一般经费 ············ 4 195.2 （44）

⑯ 销售费用——盘盈盘亏及报废损失 19 000 元。经查明细资料，为期末仓库货物盘点损失。

将上述信息计入相关物流成本辅助账户：

物流成本——存货风险成本——企业内物流成本——特别经费 ………… 19 000　(45)

⑰ 管理费用——职工教育经费 17 943.97 元，管理费用——住房公积金 353 384 元，管理费用——住房增量补贴 137 534.85 元。经查明细资料，分别为按工资总额 1.5% 提取用于员工教育的费用、按工资总额 7% 提取的所有权属于职工个人的公司全体人员住房公积金、按工资总额 20% 提取的随工资一起发放的职工住房增量补贴。其中物流管理部门 12 名人员工资总额 19 680 元；另有运输业务人员（主要指内部司机）156 人，其工资总额为 187 200 元，156 辆车辆主要用于各地市内的周转运输，包括仓库之间以及仓库与港口码头之间的运输。

根据上述有关资料，相关物流成本计算如下。

物流管理作业和运输作业在不同的物流范围阶段进行分配的成本动因见①的计算结果。

物流管理作业在供应阶段负担的人工费＝
19 680×(1.5%＋7%＋20%)×0.2＝1 121.76(元)

物流管理作业在企业内物流阶段负担的人工费＝
19 680×(1.5%＋7%＋20%)×0.3＝1 682.64(元)

物流管理作业在销售阶段负担的人工费＝
19 680×(1.5%＋7%＋20%)×0.5＝2 804.4(元)

运输作业在供应阶段负担的人工费＝
187 200×(1.5%＋7%＋20%)×0.016＝853.63(元)

运输作业在企业内物流阶段负担的人工费＝
187 200×(1.5%＋7%＋20%)×0.04＝2 134.08(元)

运输作业在销售阶段负担的人工费＝
187 200×(1.5%＋7%＋20%)×0.024＝1 280.45(元)

将上述计算结果分别计入有关物流成本辅助账户：

物流成本——物流管理成本——供应物流成本——人工费 …………… 1 121.76　(46)
　　　　——物流管理成本——企业内物流成本——人工费 　　 1 682.64　(47)
　　　　——物流管理成本——销售物流成本——人工费 …………　2 804.4　(48)
　　　　——运输成本——供应物流成本——人工费 　　　　853.63　(49)
　　　　——运输成本——企业内物流成本——人工费 ………… 2 134.08　(50)
　　　　——运输成本——销售物流成本——人工费 ………… 1 280.45　(51)

⑱ 管理费用——无形资产摊销 31 938.06 元。经查明细资料，主要为物流信息软件摊销费，其在不同物流范围的分配比例可参照物流管理人员在不同物流范围阶段的工作时数比例进行分配。

物流信息软件摊销费在不同物流范围阶段进行分配的成本动因同①中物流管理作业在不同物流范围阶段进行分配的成本动因。

根据上述有关资料，相关物流成本计算如下。

物流信息作业在供应阶段负担的软件摊销费＝31 938.06×0.2＝6 387.61(元)

物流信息作业在企业内物流阶段负担的软件摊销费＝31 938.06×0.3＝9 581.42(元)
物流信息作业在销售阶段负担的软件摊销费＝31 938.06×0.5＝15 969.03(元)
将上述计算结果计入物流成本辅助账户：

物流成本——物流信息成本——供应物流成本——维护费 ………… 6 387.61 (52)
　　　　——物流信息成本——企业内物流成本——维护费 ………… 9 581.42 (53)
　　　　——物流信息成本——销售物流成本——维护费 ………… 15 969.03 (54)

⑲ 主营业务成本 123 000 000 元。经查明细资料，为啤酒采购成本，其中运费和装卸费分别占采购价格的 6％和 1.5％。

根据上述有关资料，相关物流成本计算如下。

运输作业物流成本＝123 000 000×6％＝7 380 000(元)
装卸搬运作业物流成本＝123 000 000×1.5％＝1 845 000(元)
将上述计算结果计入物流成本辅助账户：

物流成本——运输成本——委托 …………………………… 7 380 000 (55)
　　　　——装卸搬运成本——委托 …………………………… 1 845 000 (56)

⑳ 经了解，公司为了满足临时订货和销售的需要，在采购总额中约有 15％的货物储存于仓库，用于市内周转和应急所需。20××年 3 月主营业务成本为 123 000 000 元，一年期银行贷款利率为 5.31％。

根据上述有关资料，相关物流成本计算如下。

存货占用自有资金产生的机会成本＝123 000 000×15％×5.31％/12＝81 641.25(元)
将上述计算结果计入物流成本辅助账户：

物流成本——流动资金占用成本——企业内物流成本——特别经费 …… 81 641.25 (57)

为计算方便，企业在计算上述物流成本的过程中，对于按相同成本动因将各作业成本分配至最终的成本计算对象（即物流范围成本）的案例资料，可合并进行计算。

(3) 按"企业物流成本主表"和"企业自营物流成本支付形态表"的要求汇总计算物流成本。凡未注明委托字样的，为自营物流成本。具体信息如表 2-15 所示。

表 2-15　C公司物流成本汇总分析表　　　　　　　　　　　　　元

1. 物流管理成本—— 　供应物流成本＝(1)+(7)+(20)+(25)+(28)+(31)+(46)＝3 936+551.04+1 052.31+777.78+439.11+ 　　1 621.33+1 121.76＝9 499.33
2. 物流管理成本—— 　企业内物流成本＝(2)+(8)+(21)+(26)+(29)+(32)+(47)＝5 904+826.56+1 578.46+1 166.67+658.67+ 　　2 432+1 682.64＝14 249
3. 物流管理成本—— 　销售物流成本＝(3)+(9)+(22)+(27)+(30)+(33)+(48)＝9 840+1 377.60+2 630.77+1 944.4+1 097.78+ 　　4 053.33+2 804.4＝23 748.28
4. 运输成本—— 　供应物流成本＝(4)+(10)+(13)+(17)+(37)+(42)+(49)＝2 995.2+419.33+9 059.2+1 702.4+2 675.2+ 　　2 796.8+853.63＝20 501.76
5. 运输成本—— 　企业内物流成本＝(5)+(11)+(14)+(18)+(38)+(43)+(50)＝7 488+1 048.32+22 648+4 256+6 688+ 　　6 992+2 134.08＝51 254.4

续表

6. 运输成本——
   销售物流成本=(6)+(12)+(15)+(19)+(39)+(44)+(51)=4 492.8+628.99+13 588.8+2 553.6+4 012.8+
   4 195.2+1 280.45=30 752.64

7. 包装成本——销售物流成本=(16)+(23)=3 800+247 000=250 800

8. 物流信息成本——销售物流成本=(24)+(54)=18 600+15 969.03=34 569.03

9. 运输成本——销售物流成本——委托=(34)=12 285 400

10. 装卸搬运成本——销售物流成本——委托=(35)=2 378 800

11. 仓储成本——企业内物流成本——委托=(36)=380 000

12. 存货风险成本——销售物流成本=(40)=186 200

13. 存货保险成本——销售物流成本=(41)=106 400

14. 存货风险成本——企业内物流成本=(45)=19 000

15. 物流信息成本——供应物流成本=(52)=6 387.61

16. 物流信息成本——企业内物流成本=(53)=9 581.42

17. 运输成本——委托=(55)=7 380 000

18. 装卸搬运成本——委托=(56)=1 845 000

19. 流动资金占用成本——企业内物流成本=(57)=81 641.25

20. 物流管理成本——
    人工费=(1)+(2)+(3)+(7)+(8)+(9)+(46)+(47)+(48)=3 936+5 904+9 840+551.04+826.56+
    1 377.60+1 121.76+1 682.64+2 804.4=28 044

21. 运输成本——
    人工费=(4)+(5)+(6)+(10)+(11)+(12)+(49)+(50)+(51)=2 995.2+7 488+4 492.8+419.33+
    1 048.32+628.99+853.63+2 134.08+1 280.45=21 340.8

22. 运输成本——
    维护费=(13)+(14)+(15)+(17)+(18)+(19)+(37)+(38)+(39)= 9 059.2+22 648+13 588.8+1 702.4+
    4 256+2 553.6+2 675.2+6 688+4 012.8=67 184

23. 包装成本——维护费=(16)=3 800

24. 物流管理成本——
    一般经费=(20)+(21)+(22)+(25)+(26)+(27)+(28)+(29)+(30)+(31)+(32)+(33)=1 052.31+1 578.46+
    2 630.77+777.78+1 166.67+1 944.4+439.11+658.67+1 097.78+1 621.33+2 432+4 053.33
    =19 452.61

25. 包装成本——材料费=(23)=247 000

26. 物流信息成本——一般经费=(24)=18 600

27. 存货风险成本——特别经费=(40)+(45)=186 200+19 000=205 200

28. 存货保险成本——特别经费=(41)=106 400

29. 运输成本——一般经费=(42)+(43)+(44)=2 796.8+6 992+4 195.2=13 984

30. 物流信息成本——
    维护费=(52)+(53)+(54)=6 387.61+9 581.42+15 969.03=31 938.06

31. 流动资金占用成本——特别经费=(57)=81 641.25

注：表中1~19为主表（企业物流成本主表）内容；20~31为附表（企业自营物流成本支付形态表）内容。

3. 物流成本表的填写

根据上述计算结果填写"企业物流成本主表"和"企业自营物流成本支付形态表",具体内容如表 2-16、表 2-17 所示。

表 2-16 企业物流范围及支

企业详细名称:C 公司　　　　　　　　　　　　企业法人代码:

成本项目		代码	供应物流成本			企业内物流成本			销售物	
			自营	委托	小计	自营	委托	小计	自营	委托
甲		乙	01	02	03	04	05	06	07	08
物流功能成本	运输成本	01	20 501.76		20 501.76	51 254.4		51 254.4	30 752.64	12 285 400
	仓储成本	02					380 000	380 000		
	包装成本	03							250 800	
	装卸搬运成本	04							2 378 800	
	流通加工成本	05								
	物流信息成本	06	6 387.61		6 387.61	9 581.42		9 581.42	34 569.03	
	物流管理成本	07	9 499.33		9 499.33	14 249		14 249	23 748.28	
	合计	08	36 388.7		36 388.7	75 084.82	380 000	455 084.82	339 869.95	14 664 200
存货相关成本	流动资金占用成本	09				81 641.25				
	存货风险成本	10				19 000		19 000	186 200	
	存货保险成本	11							106 400	
	合计	12				100 641.25		100 641.25	292 600	
其他成本		13								
物流总成本		14	36 388.7		36 388.7	175 726.07	380 000	555 726.07	632 469.95	14 664 200

单位负责人:　　　　　　　　　　　　　　　填表人:

注:"物流总成本——委托——17"一列中,(7 380 000)和(1 845 000)分别为无法划分物流范围的委托运输成本和委托装卸搬运成本。

成本主表

表号：企物流 A1 表
20××年3月

计量单位：元

流成本	范围及支付形态								
	回收物流成本			废弃物流成本			物流总成本		
小计	自营	委托	小计	自营	委托	小计	自营	委托	小计
09	10	11	12	13	14	15	16	17	18
12 316 152.64							102 508.8	(7 380 000) 19 665 400	(7 380 000) 19 767 908.8
								380 000	380 000
250 800							250 800		250 800
2 378 800								(1 845 000) 4 223 800	(1 845 000) 4 223 800
34 569.03							50 538.06		50 538.06
23 748.28							47 496.61		47 496.61
15 004 069.95							451 343.47	(9 225 000) 24 269 200	(9 225 000) 24 720 543.47
							81 641.25		81 641.25
186 200							205 200		205 200
106 400							106 400		106 400
292 600							393 241.25		393 241.25
15 296 669.95							844 584.72	(9 225 000) 24 269 200	(9 225 000) 25 113 784.72

填表日期：20××年　　月

表 2-17 企业自营物流成本支付形态表

表号：企物流 A2 表

企业详细名称：C 公司　　　　企业法人代码：　　　　计量单位：元　　　　20××年 3 月

成本项目		代码	内部支付形态					
			材料费	人工费	维护费	一般经费	特别经费	合计
甲		乙	1	2	3	4	5	6
物流功能成本	运输成本	01		21 340.8	67 184	13 984		102 508.8
	仓储成本	02						
	包装成本	03	247 000			3 800		250 800
	装卸搬运成本	04						
	流通加工成本	05						
	物流信息成本	06			31 938.06	18 600		50 538.06
	物流管理成本	07		28 044		19 452.61		47 496.61
	合计	08	247 000	49 384.8	102 922.06	52 036.61		451 343.47
存货相关成本	流动资金占用成本	09					81 641.25	81 641.25
	存货风险成本	10					205 200	205 200
	存货保险成本	11					106 400	106 400
	合计	12					393 241.25	393 241.25
	其他成本	13						
	物流成本合计	14	247 000	49 384.8	102 922.06	52 036.61	393 241.25	844 584.72

单位负责人：　　　　　　　填表人：　　　　　　　填表日期：20××年　　月

中英文关键词语

1. 企业间接物流成本　Enterprise indirect logistics cost management
2. 运输成本　Transport costs
3. 仓储成本　Warehousing costs
4. 包装成本　Packaging costs
5. 装卸搬运成本　Handling costs
6. 流通加工成本　Circulation cost
7. 物流信息成本　Cost of logistics information
8. 物流管理成本　Logistics management costs
9. 显性物流成本　Dominant logistics costs
10. 隐性物流成本　Hidden costs of logistics
11. 作业成本法　Activity Based Costing，ABC
12. 成本动因　Cost driver
13. 物流成本表　Logistics cost table

进一步阅读

[1] 冯耕中，李雪燕，汪应洛，等.企业物流成本计算与评价：国家标准GB/T 20523—

2006《企业物流成本构成与计算》应用指南.北京：机械工业出版社，2007.

［2］宋华.基于供应链流程的物流成本核算与管理.中国人民大学学报，2005（3）.

［3］涂传清.国家标准《企业物流成本构成与计算》的不足及改进建议.中国流通经济，2010（10）.

［4］王增慧.美国物流成本的计算对我国物流成本优化的启示.物流技术，2014（13）.

第 3 章 物流成本预测与决策

【本章结构图】

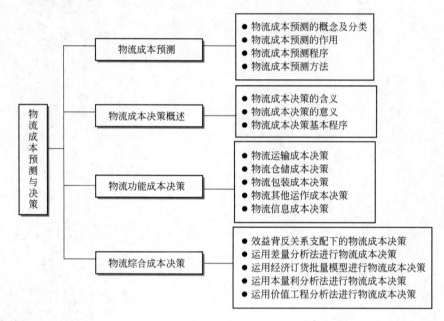

【本章学习目标】

通过本章的学习，你将能够：
- 解释物流成本预测的概念及分类；
- 说明物流成本预测的基本程序；
- 熟练运用物流成本预测方法；
- 说明物流成本决策的含义及意义；
- 说明物流成本决策的基本程序；
- 掌握物流功能成本决策的内容；
- 掌握物流综合成本决策方法。

3.1 物流成本预测

3.1.1 物流成本预测的概念及分类

1. 物流成本预测的概念

所谓预测，是指人们根据过去和现在已知的资料信息，依据事物发展的规律，运用科学的方法，预计和推测事物发展趋势的过程。简言之，预测就是根据过去和现在预计未来，根据已知推测未知的过程。预测的应用范围很广，如经济预测、自然现象预测等。无论何种预测，都具有3个共同的特征：一是预测都是以不同程度的历史资料为依据；二是预测中都存在着不确定性；三是预测都涉及未来。

物流成本预测是经济预测的一种，是指依据有关物流成本的历史资料信息，运用一定的科学技术方法，对计划进行的物流活动未来可能发生的物流成本水平及其变化趋势做出科学的推测和估计。物流成本预测，可以使企业对计划进行的物流活动未来的物流成本水平及其变化趋势做到"心中有数"，并能与物流成本分析一起为企业的物流成本决策提供科学的依据，以减少企业物流成本决策过程中的主观性和盲目性。

2. 物流成本预测的分类

1) 按物流成本预测时间的长短分类

按物流成本预测时间的长短，可以将物流成本预测分为短期预测、中期预测和长期预测。

短期预测一般是指1年或1年以内的预测，如年度、季度或月度预测等。短期预测由于预测的时间短，不确定性因素少，资料齐全，预测结果精确度较高。短期预测主要是为企业日常经营服务的。

中期预测一般是指1年以上（不包括1年）5年以下的预测。中期预测，不确定性因素不是很多，数据资料比较齐全，预测的难度和精确度与短期预测相比略差些。中期预测主要是为企业的中期经营决策提供依据。

长期预测一般是指5年以上（不包括5年）的预测，又称为远景预测。由于预测时间越长，不确定性因素越多，对各种可能的变化越难以全面把握和预计。因此，与中、短期预测相比，长期预测的精确度较低。长期物流成本预测主要用于对市场物流成本变化趋势、物流需求趋势、物流未来的发展趋势所做出的总体预测和战略预测，是物流企业规划发展目标、制定战略对策的依据。

2) 按物流成本预测性质的不同分类

按物流成本预测性质的不同，可将物流成本预测分为定量预测和定性预测。

(1) 定量预测。定量预测是根据过去积累的比较完备的统计数据资料，运用一定的数学方法进行科学的加工整理，建立预测模型，充分揭示有关变量之间的规律性联系，作为对预测对象的未来发展变化趋势进行预测的依据。定量预测方法是一种规范方法，其特点是只要数据和具体方法确定，预测就可按规范化步骤进行，最终得出数字化的结果，并且这种结果与预测者无关。

定量预测法通常根据建立预测模型的基本原理又可进一步分为时间序列预测法、因果关系预测法和综合预测法 3 类。

时间序列预测法是将预测变量历史数据按照时间顺序排成时间序列，然后分析它随时间的变化趋势，来外推预测对象的未来值。

因果关系预测法是利用预测变量与其他变量之间的因果关系进行预测，该方法的关键是正确确定变量之间的因果关系。

综合预测法是将时间序列预测法与因果关系预测法的结果进行适当的综合，这样有可能得出更为准确的新的预测值。综合预测法的关键是必须要有两种不同方法的若干期预测值，然后才能进行综合。因此，严格来说，综合预测法并不是一种独立的预测方法，而是一种提高已有预测结果精确度的一个手段。鉴于该种方法简单有效，且目前已被广泛采用，可将其列为第三类定量预测法。

需要强调的是，任何定量预测都是外推预测，外推预测的有效性基于这样一个基本假定：通过历史数据反映出来的具体模式将延续到未来时期。这个假定称为连续性假定，是外推预测的依据。因此，为了保证预测结果的有效性，采用定量预测时必须具备以下两个先决条件：一是可获得有关预测对象的较完备的历史数据信息；二是连续性假设成立。只要满足这两个先决条件，定量预测法总是人们优先考虑的方法。同定性预测法相比，该方法具有执行步骤规范，预测结果量化，预测误差较小和费用低廉等优点。

(2) 定性预测。定性预测也称为主观预测法或判断分析法，是指预测者凭借自身业务知识、经验和综合判断能力，根据已掌握的相关资料信息，对事物未来发展状态做出性质和程度的预测。定性预测在历史数据信息缺乏或虽可获得历史数据信息但连续性假定不成立的场合，定量预测无法使用的情况下采用。该方法的特点是对于同样的信息，不同的预测者往往会做出不同的判断，预测者的思想、知识和经验在其判断中具有重要的作用。因此，定性预测的基本做法是征询专家意见。为了提高预测结果的可靠性，需要采取措施尽量消除或缩小不同专家之间的意见分歧。

3.1.2　物流成本预测的作用

物流成本预测是企业物流成本管理的一个重要环节，在企业物流成本管理过程中的作用主要体现在以下 3 个方面。

1. 物流成本预测为物流成本决策提供依据

物流成本预测是从客观实际出发，通过对物流过程中有关信息资料的系统研究，提出物流过程成本支出的若干可行性方案，为企业进行物流成本决策提供依据。

2. 物流成本预测为确定目标成本打下基础

物流成本预测是物流成本管理的重要组成部分，是制定物流成本预算过程中必不可少的科学分析阶段。在进行物流活动之前必须做科学的分析论证，对每一步物流过程都应当有精心的成本预测，以免造成不应有的失误。

3. 物流成本预测可确定最佳的物流成本投入方案

物流成本预测对物流过程的设计以及物流过程中各功能成本投入的多少等方面进行分析、考核、测算，并以此为依据，提出若干套物流成本方案，然后根据多方面的综合权衡，确定出企业最终可行的物流成本投入方案，即最佳的物流成本投入方案。

3.1.3 物流成本预测程序

为了保证预测结果的客观性，企业进行物流成本预测时，通常按以下程序进行。

1. 确定预测目标

进行物流成本预测，首先必须要有一个明确的目标。只有明确了预测的具体目标，工作才能抓住重点，避免盲目性，提高预测工作的效率。物流成本预测的目标又取决于企业对未来的生产经营活动所期望达成的总目标。物流成本预测目标确定后，便可以明确物流成本预测的具体内容。

2. 搜集和审核相关历史资料

任何预测都是以相关历史资料为依据，对未来趋势做出分析的。物流成本指标是一项综合性指标，涉及企业的生产技术、生产组织和经营管理等各个方面。因此，在进行物流成本预测之前，尽可能全面地搜集相关资料信息，并对这些资料信息进行加工、整理和分析，以便去伪存真、去粗取精。

3. 提出假设，建立预测模型，进行预测

建立预测模型就是对已搜集到的相关资料，运用一定的科学方法进行分析研究，通过数学方程式将预测对象（在此指物流成本）与各个影响因素或相关事件之间数量依存关系表示出来。它是对预测对象发展变化情况的高度概括和抽象模拟，进而利用这个预测模型对预测对象的未来发展水平及其发展趋势进行预测。

4. 分析预测误差，检验假设

以历史资料为基础建立起来的预测模型，可能与未来的实际情况之间有一定的偏差。由于受资料的质量、预测方法本身的局限性、工作人员的分析判断能力等因素影响，预测结果未必能够确切地估计预测对象的未来状态。因此，有必要将每项预测结果与实际结果进行比较，以发现和确定误差大小。所有的预测报告都应当定期地、不断地用有关的最新资料去复核，检验所作的假设是否可靠。若发现误差很大，假设不可靠，就应当变更假设，不断完善数学模型，改进预测方法。即使某种预测方法已被确认为较为完善，预测不会有较大的误差，也应不断检验其误差，以确定其精确性。若检验表明误差在允许的范围内，假设成立，则可进行下一步，即对预测结果进行修正。

5. 修正预测结果

由于假设的存在，预测模型往往舍弃了一些影响因素或事件，只反映出预测对象与各个主要影响因素和相关事件之间的数量依存关系。因此，需要由具有丰富经验的专家对预测结果进行修正，以保证预测目标顺利实现。

另外，由于预测需要一定的时间，在此期间，若企业内部和外部发生了不同于过去的影响因素或重大事件，就必须对已有的预测结果进行修正，这样才能保证预测结果的可靠性和准确性。例如,在物流成本预测中,应当考虑价格体系的重大改革,以及经济管理体制和财经制度的改革与重要因素的影响。

6. 编写并提交预测报告

将预测的最终结果编制成文件和报告,提交有关部门,作为编制计划、制定决策和拟定策略的依据。预测报告除了应列出预测结果之外,一般还应包括资料的搜集与处理过程、选用的预测模型及对预测模型的检验、对预测结果进行修正的理由和修正方法等。预测报告的表述,应尽可能利用统计图表及数据,做到形象直观、准确可靠。

综上所述,物流成本预测程序可以用图 3-1 表示。

3.1.4 物流成本预测方法

物流成本预测的基本方法包括定量预测法和定性预测法。定量预测法中运用比较广泛的有高低点法、时间序列法、回归分析法、非线性回归模型、学习曲线法和投入产出法等。定性预测法主要形式包括市场调查法、主观概率法、专家意见法(德尔菲法)等。这里主要介绍高低点法、时间序列法、回归分析法、专家意见法。

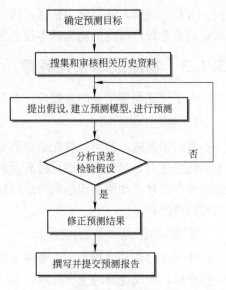

图 3-1 物流成本预测程序框架图

1. 高低点法

该方法的基本思路是:建立直线方程 $y=a+bx$,其中,y 表示一定时期的物流成本,a 表示固定成本,b 表示单位变动成本,x 表示物流业务量,bx 表示变动成本。以历史物流成本资料中物流业务最高和最低两个时期的物流成本数据为依据,计算出系数 a 和 b;利用 $y=a+bx$,推算出计划物流业务下的物流成本水平。

高低点法的具体计算步骤如下。

第一步,将最高业务量下的总成本和最低业务量下的总成本进行比较,确定系数 b,计算公式为:

$$b=\frac{最高点的成本-最低点的成本}{最高点的业务量-最低点的业务量} \tag{3-1}$$

第二步,将根据最高点成本(或最低点成本)、最高点业务量(或最低点业务量)和第一步已求得的 b 值代入 $y=a+bx$,求出 a,计算公式为:

$$a=最高点成本-b×最高点的业务量$$

或

$$a=最低点成本-b×最低点的业务量 \tag{3-2}$$

第三步,将计划业务量及 a 和 b 值代入 $y=a+bx$,计算出计划期的物流成本。

【例 3-1】 某运输公司近 6 年运输量及物流成本资料如表 3-1 所示,明年该运输公司计划年运输量为 18 000 件,要求利用高低点法预测明年该运输公司的物流成本。

表 3-1　某运输公司年运输量及物流成本资料

年份	第 1 年	第 2 年	第 3 年	第 4 年	第 5 年	第 6 年
年运输量/件	15 400	14 800	15 800	16 600	17 400	17 200
物流成本/元	978 000	940 000	996 000	1 016 000	1 070 000	1 065 000

首先，确定物流成本中的单位变动成本 b。

$$b = \frac{\text{最高点的成本} - \text{最低点的成本}}{\text{最高点的业务量} - \text{最低点的业务量}}$$

$$= \frac{1\,070\,000 - 940\,000}{17\,400 - 14\,800} = 50(\text{元/件})$$

其次，确定物流成本中的固定成本 a。

$a =$ 最高点成本 $- b \times$ 最高点的业务量 $= 1\,070\,000 - 50 \times 17\,400 = 200\,000$(元)

或　$a =$ 最低点成本 $- b \times$ 最低点的业务量 $= 940\,000 - 50 \times 14\,800 = 200\,000$(元)

于是得到物流成本预测方程为：$y = 200\,000 + 50x$

最后，预测明年的物流成本。

明年的计划年运输量为 18 000 件，则明年该运输公司的物流成本预测值为：

$$y = 200\,000 + 50 \times 18\,000 = 1\,100\,000(\text{元})$$

需要注意的是，当业务量的最高点与成本的最高点不在同一期，业务量的最低点与成本的最低点也不在同一期时，可以按照业务量为依据确定最高点和最低点，或者以成本为依据确定最高点和最低点。最高点和最低点确定后，业务量与成本必须是同一期的数据。所以，在有些情况下，所用的高点成本（或业务量）不一定是最高业务量（或成本），同样，所用的低点成本（或业务量）也不一定是最低业务量（或成本）。

2. 时间序列法

时间序列法的基本原理是：在连续性假定成立的前提下，将预测变量历史数据按照时间顺序排成时间序列，则预测变量随时间发展变化的规律性信息就包含在组成该序列的历史数据之中，只要提取出这个规律性信息就可对未来进行预测。

时间序列预测法根据所用模型的不同又可分为多种类型。下面主要介绍时间序列法中几种常用的方法。

1) 移动平均法

移动平均法是测定时间序列变动趋势的基本方法。它是对原时间数列按一定项数逐项递移，并依次计算其算术平均数，组成新的时间序列，新时间序列消除或削弱了原数列中由于短期偶然因素影响而形成的差异，达到对原始序列进行修匀的目的，从而显示出现象在较长时期的基本发展变化趋势。

(1) 简单移动平均法。

简单移动平均法又称一次移动平均法，其基本思想是：不采用全部历史数据资料，用最近若干期历史数据的平均值作为下期预测值。由于参与平均的数据较少，数据水平的变动就能在平均值中反映出来，从而使预测方法具备跟踪数据水平变动的能力。由于简单移动平均法，仅对部分历史数据取平均，所以具有消除随机干扰的部分能力。

设变量 x 的时间序列为 $x_t(t=1, 2, \cdots, n)$，定义这一序列的第 t 期移动平均值

$$M_t(N) = \frac{1}{N}(x_t + x_{t-1} + x_{t-2} + \cdots + x_{t-(N-1)}) = \frac{1}{N}\sum_{i=1}^{N-1} x_{t-i} \qquad (3\text{-}3)$$

N 为移动平均的项数,称为跨越期数。

式（3-3）表明当 t 向前移动一个时期,就增加一个新近数据,去掉一个远期数据,得到一个新的平均数。由于它不断地"吐故纳新",逐期向前移动,所以称为移动平均法。

由于移动平均可以平滑数据,消除周期变动和不规则变动的影响,使得长期趋势显示出来,因而可以用于预测。

简单移动平均法预测公式：

$$\begin{aligned}
\bar{x}_{t+1} &= M_t(N) = \frac{1}{N}(x_t + x_{t-1} + \cdots + x_{t-(N-1)}) \\
&= \frac{1}{N}(x_{t-1} + \cdots + x_{t-(N-1)} + x_{t-N} + x_t - x_{t-N}) \\
&= \frac{1}{N}(x_{t-1} + \cdots + x_{t-(N-1)} + x_{t-N}) + \frac{x_t - x_{t-N}}{N} \\
&= M_{t-1}(N) + \frac{x_t - x_{t-N}}{N} \qquad (3\text{-}4)
\end{aligned}$$

即用第 t 期移动平均值 $M_t(N)$ 作为第 $t+1$ 期预测值 $\bar{x}_{t+1}$ ($t = N+1, N+2, \cdots, N+n$)。

通常称 $N=3$ 为 3 期移动平均, $N=5$ 为 5 期移动平均,以此类推。

【例 3-2】 某企业某年 1—6 月份的各月物流成本数据资料如表 3-2 所示。要求运用简单移动平均法对 7 月份的物流成本进行预测。假定该企业确定的移动平均期数为 3。

表 3-2　各月物流成本资料　　　　　　　　　　　　　　　　千元

月份	1	2	3	4	5	6
实际物流成本	270	305	295	300	325	335

采用 3 期简单移动平均法进行预测结果见表 3-3。

表 3-3　简单移动平均法预测值　　　　　　　　　　　千元

月份	实际物流成本	移动平均趋势值（3 期）
1	270	
2	305	
3	295	
4	300	290[(270+305+295)/3]
5	325	300[(305+295+300)/3]
6	335	306.67[(295+300+325)/3]
7		320[(300+325+335)/3]

实际工作中,跨越期数 N 的选择非常重要,这也是移动平均法的难点。N 值取多大,应根据观察期数据特点、数目以及预测的目的和要求来定,N 一般取 5~200。当 N 等于变动的周期时,可消除周期变动的影响。在实际应用中,一个有效的方法是取几个 N 值进行

试算，比较它们的预测误差，从中选择预测误差小的那一个 N 值。

简单移动平均法一般适用于时间序列数据是水平型变动的预测，在大多数情况下只用于以月度或周为单位的近期预测。简单移动平均法的另外一个主要用途是对原始数据进行预处理，以消除数据中的异常因素或除去数据中的周期变动成分。该方法不适用于具有明显的长期变动趋势和循环型变动趋势的时间序列预测。

(2) 加权移动平均法。

简单移动平均法对每期的数据是同等对待，并没有考虑时间先后对预测值的影响。但实际上，各个不同时期的数据对预测值的影响是不一样的。越是接近预测期的数据，对预测值的影响就越大。考虑到各期数据对预测值的影响大小，分别赋予不同的权数，采用加权平均方式求得移动平均数。这种预测方法称为加权移动平均法。

加权移动平均法预测公式为：

$$\hat{x}_{t+1}=M_t(N)=\frac{w_1 x_t+w_2 x_{t-1}+\cdots+w_N x_{t-N-1}}{w_1+w_2+\cdots+w_N} \tag{3-5}$$

加权移动平均法中 w_i 的选择，具有一定的经验性。一般的原则是：越是接近预测期的数据，赋予的权数越大；越是远离预测期的数据，赋予的权数越小。至于权数大到什么程度和小到什么程度，则需要依据预测者对序列的了解和分析来确定。

【例 3-3】 仍用例 3-2 的资料，假设移动期数仍为 3，权数按资料距预测期的远近分别确定为 1、2、3，则 4、5、6、7 月份的物流成本预测值如表 3-4 所示。

表 3-4　物流成本预测值　　　　　　　　　　千元

月份	实际物流成本	加权移动平均趋势值（3 期）
1	270	
2	305	
3	295	
4	300	294.17[(270×1+305×2+295×3)/6]
5	325	299.17[(305×1+295×2+300×3)/6]
6	335	311.67[(295×1+300×2+325×3)/6]
7		325.83[(300×1+325×2+335×3)/6]

(3) 趋势移动平均法。

前面介绍的简单移动平均法和加权移动平均法，在时间序列没有明显趋势变动时，能够准确地反映实际情况，直接用第 t 周期的一次移动平均数值就可预测第 $t+1$ 期值。但当时间序列出现直线变动趋势时，用简单移动平均法和加权移动平均法来预测就会出现滞后偏差。因此，需要进行修正。修正的方法是做两次移动平均，利用移动平均滞后偏差的规律来建立直线趋势的预测模型。这种方法叫趋势移动平均法，也叫双重移动平均法或二次移动平均法。

一次移动平均为：

$$M_t^{(1)}=\frac{x_t+x_{t-2}+\cdots+x_{t-N+1}}{N} \tag{3-6}$$

在一次移动平均的基础上再做二次移动平均：

$$M_t^{(2)} = \frac{M_t^{(1)} + M_{t-1}^{(1)} + \cdots + M_{t-N+1}^{(1)}}{N} \tag{3-7}$$

递推公式为:

$$M_t^{(2)} = M_{t-1}^{(2)} + \frac{M_t^{(1)} - M_{t-N}^{(1)}}{N} \tag{3-8}$$

设时间序列 x_t,从某一时刻起具有直线趋势,且认为未来时期也按照此直线趋势变化,假定直线趋势的预测模型为:

$$\hat{x}_{t+T} = a_t + b_t T \tag{3-9}$$

其中,t 为当前时期,T 为 t 向后推移的期数($T=1,2,\cdots$),$t+T$ 为预测期,a_t 为截距,b_t 为斜率。

由式(3-9)知:

$$\hat{x}_t = a_t$$

由于

$$\hat{x}_{t-1} = \hat{x}_t - b_t$$
$$\hat{x}_{t-2} = \hat{x}_t - 2b_t$$
$$\vdots$$
$$\hat{x}_{t-(N-1)} = \hat{x}_t - (N-1)b_t$$

因此

$$M_t^{(1)} = \frac{x_t + x_{t-1} + \cdots + x_{t-(N-1)}}{N} = \frac{x_t + (x_t - b_t) + \cdots + [x_t - (N-1)b_t]}{N} = x_t - \frac{N-1}{2}b_t \tag{3-10}$$

因此:

$$x_t - M_t^{(1)} = \frac{N-1}{2}b_t$$

同理:

$$x_{t-1} - M_{t-1}^{(1)} = \frac{N-1}{2}b_t$$
$$x_t - x_{t-1} = M_t^{(1)} - M_{t-1}^{(1)} = b_t$$

类似有:

$$M_t^{(1)} - M_t^{(2)} = \frac{N-1}{2}b_t$$

于是,可得 a_t 和 b_t 值为:

$$\begin{cases} a_t = 2M_t^{(1)} - M_t^{(2)} \\ b_t = \frac{2}{N-1}[M_t^{(1)} - M_t^{(2)}] \end{cases} \tag{3-11}$$

将式(3-11)得到的 a_t 和 b_t 值代入式(3-9)可得直线趋势预测模型。只要给出当前时期 t 向后推移期数 T,就可以预测出 $t+T$ 期数值。

2)指数平滑法

指数平滑法是加权移动平均法的进一步完善和发展,分为一次指数平滑法、二次指数平滑法和多次指数平滑法。这里主要介绍一次指数平滑。指数平滑法一般也只适用于短期预测。

一次指数平滑法的公式为:

$$\begin{aligned} S_t^{(1)} &= \alpha x_t + (1-\alpha) S_{t-1}^{(1)} \\ \hat{x}_{t+1} &= S_t^{(1)} \end{aligned} \tag{3-12}$$

式中，$S_t^{(1)}$ 为一次指数平滑值，α 为平滑系数（$0<\alpha<1$）。

则
$$\hat{x}_{t+1}=S_t^{(1)}=\alpha x_t+(1-\alpha)\hat{x}_t \tag{3-13}$$

用一次指数平滑法进行预测，关键性的问题是：确定一个合适的平滑系数 α 和初始值 $S_0^{(1)}$。

平滑系数 α 取值的大小，对预测效果有直接的影响。α 的大小规定了在新预测数值中新数据和原预测值所占的比重。α 值越大，新数据所占的比重越大，原预测数据所占的比重越小；反之亦然。平滑系数 α 既代表了预测模型对时间序列数据变化的反映速度，也决定了预测模型修匀误差的能力。

α 的理论计算公式为 $\alpha=\dfrac{2}{N+1}$，其中，N 为观测值数目。但 α 在实际应用中的选择主要是依靠经验，根据具体情况而定。一般经验是：当对估算的初始值 $S_0^{(1)}$ 正确性有疑问时，必须取较大的 α 值；当长期趋势接近于某一稳定常数时，需较小的 α 值，通常在 0.1～0.3 取值；当时间序列具有迅速且明显的变化倾向时，需取较大的 α 值，通常在 0.6～0.8 取值。实际应用中，较有效的做法是，多取几个 α 值进行试算，比较预测误差，选误差小的那一个。

初始值 $S_0^{(1)}$ 由预测者估计或指定。如果时间序列数据较多（如 20 个以上），初始值影响较小，可选择第一期数据为初始值；如果时间序列的数据较少（如 20 个以下），初始值对以后预测值的影响较大，一般以最初几期的实际值的平均值作为初始值。

3. 回归分析法

回归分析法的基本原理是，在对大量统计数据资料分析研究的基础上，利用数理统计方法建立因变量与自变量的回归方程，根据自变量的增减变动来预测因变量变动方向和程度。回归分析法包括多种类型，这里重点介绍一元线性回归分析法。

采用一元线性回归分析法进行预测，主要步骤如下。

(1) 确定自变量 x 与因变量 y 之间是否线性相关及其相关程度。

通常我们对所研究的问题首先要搜集与它有关的 n 组样本数据 (x_i, y_i)，$(i=1, 2, \cdots, n)$，运用"散点图法"和"相关系数法"判断自变量 x 与因变量 y 之间是否线性相关及相关程度。

相关系数 r 的计算公式为：

$$r=\dfrac{n\sum x_iy_i-\sum x_i\sum y_i}{\sqrt{n\sum x_i^2-\left(\sum x_i\right)^2}\cdot\sqrt{n\sum y_i^2-\left(\sum y_i\right)^2}} \tag{3-14}$$

$r\in[-1, 1]$，根据相关系数的计算结果进行相关关系判断。判断标准为：当 $0<|r|\leqslant 0.3$ 为弱相关；$0.3<|r|\leqslant 0.5$ 为低度相关；$0.5<|r|\leqslant 0.8$ 为显著相关；$0.8<|r|\leqslant 1$ 为高度相关；$|r|=0$ 为不相关。一般认为，当 $|r|>0.7$，变量 x 和 y 之间就呈现强相关性。

(2) 建立回归方程，并对参数进行估计。

通过绘制散点图和相关系数的计算，如表明自变量 x 与因变量 y 之间具有密切的线性相关关系，则建立 y 对 x 的一元线性回归方程：

$$\hat{y}_i=a+bx_i \tag{3-15}$$

其中，a 和 b 为线性回归方程的待定参数，称为回归系数。只要确定回归系数 a 和 b

值，回归方程就是唯一确定的了。

为了由样本数据得到回归系数 a 和 b 的理想估计值，最常用的是最小二乘法。最小二乘法的中心思想是通过数学模型，拟合一条较为理想的趋势线，并要求拟合的这条趋势线必须满足：① 原数列的观测值与模型估计值的离差平方和为最小；② 原数列的观测值与模型估计值的离差总和为 0。

根据最小二乘法的要求，令：

$$Q = \sum_{i=1}^{n} [y_i - (\hat{b}_0 + \hat{b}_1 x)]^2 \qquad (3\text{-}16)$$

最小二乘法的意义在于使 Q 达到最小。根据最优化原理有：

$$\begin{cases} \dfrac{\partial Q}{\partial a} = -2 \sum_{i=1}^{n} [y_i - (\hat{a} + \hat{b} x_i)] = 0 \\ \dfrac{\partial Q}{\partial b} = -2 \sum_{i=1}^{n} [y_i - (\hat{a} + \hat{b} x_i)] x_i = 0 \end{cases}$$

求解方程组，得 a 和 b 值为：

$$\begin{cases} \hat{a} = \bar{y} - \hat{b}\bar{x} \\ \hat{b} = \dfrac{n \sum\limits_{i=1}^{n} x_i y_i - \sum\limits_{i=1}^{n} x_i \sum\limits_{i=1}^{n} y_i}{n \sum\limits_{i=1}^{n} x_i^2 - \left(\sum\limits_{i=1}^{n} x_i\right)^2} \end{cases} \qquad (3\text{-}17)$$

一元线性回归方程确定之后，就可以运用该方程对预测对象进行预测了。

4. 专家意见法

专家意见法又称德尔菲法，属于定性预测，通常在预测对象历史数据信息资料缺乏或虽有历史数据资料信息但不满足连续性假定，难以进行定量预测的情况下采用。

专家意见法的具体做法是：根据物流成本预测的目的和要求，认真挑选出一定数量的相关专家，然后向这些专家提供有关预测对象的背景资料，这些专家凭借自身深厚的专业理论知识、丰富的实践工作经验及综合分析判断能力，对预测对象的过去和现状进行综合分析，从中找出规律，并对今后的发展趋势做出判断，然后再由预测人员对专家的意见进行归纳整理，得出预测结果。

专家的选择是否恰当，在很大程度上直接影响了预测结果的好坏。那么谁是专家？如何选择专家呢？这里所称的"专家"是指对所要预测的目标比较了解，并有丰富的实践经验或较高的理论水平，对预测目标有一定见解的人。这些人既可以是教授、理论研究人员或工程师，也可以是有一定工龄的工人或管理人员。可通过单位专家推荐，或从报纸杂志上视其研究成果的大小进行挑选，或查询专家档案数据库等途径挑选出合适的专家。

为了保证预测结果的可靠性，选择专家时需注意以下几点。

第一，专家要具有代表性。选择专家时，要充分考虑到专家的代表性。这些专家应该来自于与预测项目有关的各个方面，具有深厚的理论知识水平，较长的相关工作经历和较丰富的实践工作经验，良好的思维能力及表达能力。最好是专家之间彼此互不相识，这样可以避免专家之间发生横向联系，以保证预测结果的客观性。

第二，专家要具有一定的物流成本调研能力及预测方面的知识和经验。

第三,专家的人数要适当。经验表明,人数控制在 15 人以内比较恰当。

3.2 物流成本决策概述

3.2.1 物流成本决策的含义

决策的含义,从字面上来讲,就是"作出决定",确切地说,就是为实现既定目标,从若干个可行性备选方案中挑选出最佳方案的过程。

物流成本决策就是为了实现既定的目标,在物流成本分析和预测的基础上,拟定几种可以达到目标的可行性方案,根据成本—效益方法对各个可行性方案进行横向比较,从中挑选出最优方案的过程。

物流成本决策不仅是企业物流成本管理的核心,也是企业生产经营决策体系中的重要组成部分。由于物流成本决策考虑的是企业未来物流活动中资金耗费与所获得的效益关系问题,即资金耗费的经济合理性问题,因而物流成本决策的综合性较强,对其他生产经营决策起着指导和约束作用。

3.2.2 物流成本决策的意义

伴随着市场经济的发展,物流成本决策对企业的生存和发展有着越来越重要的作用。

1. 物流成本决策是企业管理体制改革的客观要求

企业自主经营、自负盈亏的性质决定了企业必须对经营结果负责,对企业自身与广大员工负责,企业在物流活动过程中势必要作出正确的决策。否则,企业的生存将受到严重的影响,更别谈发展了。

2. 物流成本决策是企业提高经济效益的迫切需要

对于大多数企业来说,物流已成为企业经营的一项关键性成本因素。物流成本管理水平的高低,对产品成本的影响越来越明显。因此,物流成本决策对企业的生存和发展有着越来越重要的作用。企业为了增强自身在市场中的竞争力和适应能力,必须不断研究、改进物流的技术流程,积极寻求降低物流成本的方法,提高经济效益,促进企业的发展。

3. 物流成本决策是企业内外部环境条件变化的必然结果

一方面,随着生产的社会性愈加强烈,企业外部环境条件处于急剧的变化之中,为了适应这种形势,必须从节约资金的角度来规划企业的活动;另一方面,随着企业生产技术含量的不断提升、规模的不断扩张,生产投资额不断加大,耗费也日益增大。因此,为了降低成本,提高经济效益,企业应对自身的生产经营活动进行合理控制,而这又要依赖于物流成本决策。

近年来,管理科学的进步已对成本管理产生了重大影响,人们已经认识到,单一的计划管理和行政手段远远不能满足现代生产经营管理的需要。因此,应用新理论,采取新方法,更新、完善传统的成本管理方式也就顺理成章了。

3.2.3 物流成本决策基本程序

1. 确定决策目标

决策目标是指一项决策所要达到的结果，简单地说，就是要弄清楚一项决策究竟是要解决什么问题，以便为决策分析的开展提供一个方向和依据。确定决策目标时尽量做到：目标明确具体，尽可能用定量指标表达，避免过于笼统抽象；若有约束条件应充分揭示其约束条件；当决策具有多个目标时，应做到主次恰当，统筹兼顾。

2. 提出备选方案

物流成本决策目标确定之后，应尽可能全面地搜集与进行该项物流成本决策相关的所有的成本资料及其他资料。然后根据对这些资料的分析研究，预测今后物流成本可能发生的变化趋势，也就是说，根据过去和现在的信息对未来进行预测。在物流成本预测的基础上，提出各种实现决策目标的、具有可行性的备选方案。所谓"可行性"，是指技术上可行，经济上合理。

3. 评价备选方案，作出决策

对各个可行性备选方案进行分析，在综合比较各个方案优缺点的基础上，全面权衡利弊得失，按照一定的原则要求确定最终择优的标准及有关方法，挑选出理想的相对最优方案。

3.3 物流功能成本决策

3.3.1 物流运输成本决策

物流运输成本是指一定时期内，企业为完成货物运输业务而发生的全部费用，包括从事货物运输业务的人员费用、车辆（包括其他运输工具）的燃料费、折旧费、维修保养费、租赁费、养路费、过路费、年检费、事故损失费、相关税金等。

在物流活动中，运输成本在物流总成本中所占比重非常大。据中国物流采购联合会、中国物流信息中心统计：2007年，全国社会物流总成本为45 406亿元，其中运输成本为24 708亿元，占全社会物流总成本的54.4%。[①] 据统计，在企业物流总成本构成中，通常运输成本约占企业物流总成本的1/3～2/3，比其他任何物流活动的成本所占的比重都高。因此，无论是物流企业，还是企业物流，在物流运输成本管理中都应贯彻"及时、准确、经济、安全、增值、优化"的基本原则，加强物流运输成本管理，以达到提高运输效率，降低运输成本的目的。

1. 物流运输成本决策应考虑的主要因素

在运输市场上存在着多种不同的运输方式以及不同的运输价格，企业在物流活动中应该选择哪一种运输方式以及运输价格呢？为了作出合理的运输成本决策，实践中我们需要对影响运输成本的基本因素进行分析。一般来说，影响运输成本的基本因素有运送物品的种类、

---

① 中国物流发展报告（2007—2008）。

运输距离、运输时间、产品密度、载货量等。企业在进行物流运输成本决策时,必须对这些因素加以综合考虑。

1) 运输距离

运输距离是影响运输成本的主要因素,因为它直接对人工、燃料和维修保养等变动成本发生作用。运输成本随着运输距离的增加而增加。需要强调的是,运输距离为 0 时,运输成本并不为 0,因为存在着与距离无关但与货物的提取和交付活动所产生的固定费用有关的成本。图 3-2 显示了物流运输距离与运输成本的一般关系。

2) 运输时间

运输时间与运输成本之间是一种此消彼长的关系。在物流活动中,如果缩短运输时间,就需要采用快速的运输方式,这样就有可能增加运输成本;同样,运输成本下降有可能导致运输速度的缓慢,运输时间变长。因此,如何有效地协调运输时间与运输成本之间的关系,是企业选择运输服务方式时必须考虑的一个重要因素。

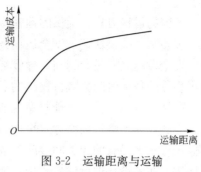

图 3-2 运输距离与运输成本之间的一般关系

3) 产品的密度和载货量

任何一种物流运输方式都会受到核定载货量和载货空间的限制,事实上更多的是载货空间的限制。例如,单独的一辆运输货车装载货物的空间是有限的,即使需要运输的产品重量很轻,车辆一旦装满,就不可能再增加装运数量。而运输成本通常用每单位重量所花费的成本来表示。因此,有必要将运输方式的载货空间和载货量结合起来考虑,即考虑产品密度问题。由于运输工具实际消耗的劳动成本和燃料成本等固定运输成本一般不受重量的影响,因而产品的密度越高,运输工具所能装载的货物重量越多,即载货量越大,则分摊到每单位重量上的固定物流运输成本相对越低,进而这些产品所承担的每单位重量的运输成本也相对越低。也就是说,每单位重量的运输成本与产品密度之间,以及与载货量之间成反向变动关系。

在实际物流活动中,物流管理人员会设法增加产品密度,以便能更好地利用运输工具的容积,使其装载更多数量的货物,增加载货量。载货量越多,货物单位重量的运输成本就越低。在某种程度上,由于运输工具已经满载,即使再增加产品的密度,也无法再增加利益。例如,运输工具的载货容积还没有充分利用,仍有空余,而装载的货物重量却已到达了运输工具核定载货量的限制。尽管如此,努力增加产品的密度通常会使货物单位重量的运输成本降低。

2. 物流运输成本决策

通过上述对影响物流运输成本的基本因素的分析可以看出,在物流运输成本决策中主要应该解决两个问题:一是合理选择运输方式问题;二是合理选择运输路径问题。

1) 物流运输方式选择

在物流活动中,选择合理的运输方式,是合理地组织物流运输、保证运输质量,降低物流运输成本,提高物流运输效益的一项重要内容。

目前,我国运输方式主要有铁路、公路、水运、航空和管道 5 种。由于每一种运输方式都有各自特点，每一类货物对运输方式的要求也不尽相同。因此，在选择运输方式时，首先应根据运输对象种类、运输时间、距离、数量、费用等要求，选出具有可行性的运输方式；其次，对选中的各种不同运输方式进行运输成本比较；再次，计算不同运输服务水平导致的相关间接库存成本情况；最后，根据既定的物流服务水平的要求，选择出使总物流成本最低的方案。

不同的运输方式，提供的运输服务水平是不同的，进而导致运输成本乃至物流总成本也存在着差别。提供快速、安全运输方式的运输商实际要收取更高的运费，运输服务的速度越快、安全性越高，运费越高，导致运输成本增加；与此同时，快速、安全的运输方式，可以缩短物品的备运时间，减少物品的必要库存，从而可以降低物品的库存持有成本。这样降低的库存持有成本，就有可能抵减运输服务中增加的运输成本，甚至有可能使物流总成本降低。因此，在不将运输服务水平作为竞争手段的情况下，能使该运输服务水平的成本与由该运输服务水平导致的相关间接库存成本之间达到平衡的运输服务方案就是最合理的方案。简单地讲，在各种备选运输方式中，能够满足既定的物流服务水平要求，又能使物流总成本最低的运输方式，就是最合理的运输方式。

2) 物流运输路径选择

现有的运输线路很多，有公路网、铁路网、水运航道和航空线。管理人员应科学地决定应采用哪种运输工具，沿着什么路线向客户或配货中心运送，使货物运输时间和运输距离尽量缩短，从而降低运输成本，改善物流服务水平。例如，某产品有 M 个"供应源"，需要向 N 个"目的地"供应，"供应源"指的是生产产品的企业，而"目的地"则指客户或配货中心，怎样才能使企业生产的产品运达目的地时所需的运输总成本最低？这类问题称为运输问题。在企业到目的地的单位运费和运输距离，以及各个工厂生产能力和消费量都已确定的情况下，可用线性规划法解决；如果工厂的生产量发生变化，生产费用函数是非线性的，则用非线性规划法来解决①。线性规划的基本思想是在一组线性等式和不等式约束下求解线性函数的极值问题。这里仅讨论总产量与总销量相等的产销平衡运输问题，而产销不平衡运输问题参见相关管理运筹学教材。

设某类商品从 m 个产地 $A_1, A_2, \cdots, A_m$ 运往 n 个销地 $B_1, B_2, \cdots, B_n$；产地 A_i ($i=1, 2, \cdots, m$) 的发运量为 a_i ($i=1, 2, \cdots, m$)；销往 B_j ($j=1, 2, \cdots, n$) 的需要量为 b_j；已知从产地 A_i 运到 B_j 的单位运价为 C_{ij} ($i=1, 2, \cdots, m$, $j=1, 2, \cdots, n$)。在产销平衡的条件下，有 $\sum_{i=1}^{m} a_i = \sum_{j=1}^{n} b_j$。

如用 X_{ij} 表示由产地 A_i 到销地 B_j 的商品运量，则 X_{ij} 应满足下列约束条件：

$$\begin{cases} \sum_{j=1}^{n} X_{ij} = a_i \\ \sum_{i=1}^{m} X_{ij} = b_j \\ X_{ij} \geqslant 0 \end{cases}$$

---

① 用非线性规划法求解运输问题参见相关运筹学教材。

$\sum_{j=1}^{n} X_{ij} = a_i$ 是供给约束，表示第 i 个产地 A_i 发往 n 个销地的总量等于 A_i 的生产量（供给量）；$\sum_{i=1}^{m} X_{ij} = b_j$ 是需求约束，表示第 j 个销地收到 m 个产地的总量等于 B_j 的需求量（销售量）。除非负约束外，运输问题约束条件个数为产地和销地的数量之和，即 $m+n$ 个，由于在这 $m+n$ 个约束条件中，隐含着一个总产量等于总销量的关系式，因此，相互独立的约束条件个数为 $m+n-1$。

确定一个最为合理的产销地联系方案，使 X_{ij} 各值满足上述约束条件，同时使总的运输成本最小。

$$\min(f) = \sum_{i=1}^{m} \sum_{j=1}^{n} C_{ij} X_{ij}$$

运输问题求解的方法常用表上作业法，现通过例 3-4 介绍该方法的具体步骤。

【例 3-4】 某公司经销一种产品，它下设 3 个工厂 A_1，A_2，A_3；4 个销售部 B_1，B_2，B_3，B_4。3 个工厂每天的产量分别为 $A_1=7$，$A_2=4$，$A_3=9$，4 个销售部每天的销量分别为 $B_1=3$，$B_2=6$，$B_3=5$，$B_4=6$。该公司的产销平衡表和各厂到各销售部的单位产品的运价表如表 3-5 所示。问该公司应该怎样调运产品，在满足各个销售点需求的情况下，使总运输费用最少？

表 3-5 产销平衡表和单位运价表　　　　千元

产地＼销地	产销平衡表				产量/吨	单位运价表			
	B_1	B_2	B_3	B_4		B_1	B_2	B_3	B_4
A_1					7	3	11	3	10
A_2					4	1	9	3	8
A_3					9	7	4	10	5
销量/吨	3	6	5	6					

解 用 X_{ij} 表示由产地 A_i 到销地 B_j 的商品运量（$i=1, 2, \cdots, m$，$j=1, 2, \cdots, n$），则该运输问题可表述为：

$$\min(f) = \sum_{i=1}^{m} \sum_{j=1}^{n} C_{ij} X_{ij}$$

约束条件为：

$$\begin{cases} X_{11}+X_{12}+X_{13}+X_{14}=7 \\ X_{21}+X_{22}+X_{23}+X_{24}=4 \\ X_{31}+X_{32}+X_{33}+X_{34}=9 \\ X_{11}+X_{21}+X_{31}=3 \\ X_{12}+X_{22}+X_{32}=6 \\ X_{13}+X_{23}+X_{33}=5 \\ X_{14}+X_{24}+X_{34}=6 \end{cases} \text{，所有的 } X_{ij} \geqslant 0$$

(1) 确定初始调运方案。

与一般的线性规划不同,产销平衡的运输问题一定具有可行解,同时也一定存在最优解。确定初始调运方案的方法很多,常用的是最小元素法。

最小元素法的基本思想就是就近供应,即从单位运价表中最小的运价开始确定产销关系,以此类推,直至确定出基本方案为止。

从表 3-5 中可以看出,最小运价是 $C_{21}=1$,则 A_2 供应的产品应先满足 B_1 的需要。由于 A_2 的供应量为 4 吨,B_1 的需求量为 3 吨,B_1 的需求量全部满足后,A_2 的产品还将剩余 1 吨。在产销平衡表(A_2,B_1)的交叉格处填上 3,同时将 A_2 的产量 4 画上圈,改为 1,表示还剩 1 吨;把 B_1 的销量 3 画上圈,表示需求量全部得到满足,并把运价表中 B_1 列去掉,表示 B_1 的需求量已全部满足,这一列运价下一次就不用考虑了。在没有被划去的运价表中找出最小运价为 3,而 $C_{13}=C_{23}=3$,此时从中任选一个,本例选 $C_{23}=3$(最小运价不止一个时,从中任选一个),则 A_2 供应的产品应先满足 B_3 的需要,由于 A_2 供应的产品满足 B_1 需求后仅剩 1 吨,B_3 的需求量为 5 吨,在产销平衡表(A_2,B_3)的交叉格处填上 1,同时将 A_2 的剩余产量 1 画上圈,并将运价表中 A_2 行去掉,表示 A_2 的产量全部供应完;把 B_3 的销量 5 画上圈,改为 4,表示 B_3 的需求量还有 4 吨没有满足。再在没有被划去的运价表中找出最小运价为 $C_{13}=3$,重复以上步骤,以此类推,直到 3 个供应站的产品全部分配完,4 个销地的需求量都得到了满足为止,此时,相应的运价表中的运价也已全部划完,而在平衡表上就得到了一个初始调运方案,见表 3-6。

表 3-6 初始调运方案和单位运价表　　　　　　　　　　　　　千元

销地 产地	初始调运方案					单位运价表			
	B_1	B_2	B_3	B_4	产量/吨	B_1	B_2	B_3	B_4
A_1			4	3	7	3	11	3	10
A_2	3		1		4	1	9	3	8
A_3		6		3	9	7	4	10	5
销量/吨	3	6	5	6					

初始调运方案的运费为:
$$4\times3+3\times10+3\times1+1\times3+6\times4+3\times5=87(千元)$$

运用最小元素法在运价表中划掉的行或列是产品供应完毕的行和需求得到满足的列。一般情况下,在产销平衡表空格上每填入一个数字,相应的运价表上就要划去一行或一列,这样产销平衡表上最终得到一个具有 $m+n-1$ 个数字格(基变量)的初始基可行解。但是,在制订初始方案时,有时会碰到这样的情况,在产销平衡表(A_i,B_j)交叉格处填上一数字,恰好使 A_i 的供应量供应完,同时 B_j 的需求量也得到满足。此时在运价表上需要将 A_i 行和 B_j 列同时划去。由于填入一个数字,却划去了一行和一列,产销平衡表上填有数字的方格数必然小于 $m+n-1$,无法得到一个具有 $m+n-1$ 数字格(基变量)的初始基可行解。为了使产销平衡表上具有 $m+n-1$ 个数字格,这时需要在第 A_i 行或第 B_j 列此前未被划掉的任意一个空格上填"0",并将它和其他发生产销关系的数字格同样看待,不能视为空格。其目的是保证使填有数字的方格数满足 $m+n-1$ 的要求。

（2）初始调运方案的最优性检验。

初始调运方案确定之后，需要对它进行检验，因为这个初始调运方案不一定是最优方案，必须对此进行最优性检验。最优性检验基本方法有闭合回路法和位势法。闭合回路法具体、直接，并为方案调整指明了方向；而位势法具有批量处理功能，计算效率较高。在实际工作中，常采用位势法进行初始方案的最优性检验。

运用位势法对初始调运方案进行最优性检验具体步骤如下。

第一步，对于特定调运方案的每一行给一个因子 u_i（称为行位势），每一列给一个因子 v_j（称为列位势），使目前调运方案的每一个数字格（基变量）X_{ij} 都有运价 $C_{ij}=u_i+v_j$，任意空格（非基变量）X_{ij} 的检验数为 $\lambda_{ij}=C_{ij}-(u_i+v_j)$。

第二步，求解非基变量的检验数 λ_{ij}。对于一个具有 m 个产地和 n 个销地的运输问题，基变量个数只有 $m+n-1$ 个，而位势数有 $m+n$ 个（m 个行位势，n 个列位势），因此通过基变量所对应的 $m+n-1$ 个方程，求出 $m+n$ 个位势，进而求出非基变量的检验数是不可能的。通常，对任意一个行或列位势假定任意值，求出其余 $m+n-1$ 个未知位势，进而求出非基变量的检验数 λ_{ij}。

第三步，对特定调运方案进行最优性检验。如果非基变量的检验数 $\lambda_{ij} \geqslant 0$，则通过检验，否则进行调整。

根据例 3-4 的初始调运方案，可以列出如下方程组：

$$\begin{cases} u_1+v_3=3 \\ u_1+v_4=10 \\ u_2+v_1=1 \\ u_2+v_3=3 \\ u_3+v_2=4 \\ u_3+v_4=5 \end{cases} \quad \begin{cases} \lambda_{11}=3-(u_1+v_1) \\ \lambda_{12}=11-(u_1+v_2) \\ \lambda_{22}=9-(u_2+v_2) \\ \lambda_{24}=8-(u_2+v_4) \\ \lambda_{31}=7-(u_3+v_1) \\ \lambda_{33}=10-(u_3+v_3) \end{cases}$$

令 $u_1=0$，求得 $u_2=0$，$u_3=-5$，$v_1=1$，$v_2=9$，$v_3=3$，$v_4=10$；$\lambda_{11}=2$，$\lambda_{12}=2$，$\lambda_{22}=0$，$\lambda_{24}=-2$，$\lambda_{31}=11$，$\lambda_{33}=12$。

对例 3-4 的初始调运方案进行最优性检验，检验数见表 3-7。

表 3-7 初始调运方案检验数表

销地 产地	B_1	B_2	B_3	B_4	产量/吨	u_i
A_1	2	2			7	$u_1=0$
A_2		0		-2	4	$u_2=0$
A_3	11		12		9	$u_3=-5$
销量/吨	3	6	5	6		
v_j	$v_1=1$	$v_2=9$	$v_3=3$	$v_4=10$		

（3）初始调运方案的调整。

当一个初始调运方案的检验数出现负值时，说明这个方案不是最优调运方案，需要对检验数出现负值的空格进行闭合回路调整。如果检验数是负值的空格不止一个时，一般选择检验数最小的空格作为具体的调整对象。

理论上，对于表上作业法的初始调运方案来说，从调运方案表上的一个空格出发，存在一条且仅存在一条以该空格（用 X_{ij} 表示）为起点，以其他填有数字的点为其他顶点的闭合回路，简称闭回路。这个闭回路具有下列性质：

① 每个顶点都是转角点；
② 闭回路是一条封闭折线，每一条边都是水平或垂直的；
③ 每一行（列）若有闭回路的顶点，则必有两个。

只有从空格出发，其余各转角点所对应的方格内均填有数字时，所构成的闭合回路，才是我们这里所说的闭回路；另外，过任一空格的闭合回路不仅是存在的，而且是唯一的。

具体调整办法是：从一个检验数为负数且最小的空格出发，找到其所处的闭回路，在转角点依次标上（＋）、（－）号。并将所有标有（－）转角格中的最小运量作为调整数，将标有（＋）的转角格中的运量加上这个调整数，标有（－）转角格中的运量减去这个调整数。运量调整后，必然使作为调整数所在的标有（－）转角格中的运量变成零，将该数字格中的"0"去除，使其变为空格，得到新的调运方案。

对调整后的调运方案运用位势法对其进行最优性检验，即重复以上步骤（2）的第一步和第二步。如非基变量的检验数 $\lambda_{ij} \geq 0$，则通过检验，该调整后的方案即是最优调运方案；否则再进行调整，直至非基变量的检验数 $\lambda_{ij} \geq 0$。

对例 3-4 初始调运方案进行调整。从表 3-7 可知，负检验数为 $\lambda_{24} = -2$，从其对应的空格 X_{24} 出发，与其他数字格构成闭合回路，见表 3-8。调整后的结果见表 3-9。

表 3-8　初始调运方案调整过程

销地＼产地	B_1	B_2	B_3	B_4	产量/吨
A_1			4（＋）	3（－）	7
A_2	3		1（－）	（＋）	4
A_3		6		3	9
销量/吨	3	6	5	6	

表 3-9　初始调运调整方案（一）

销地＼产地	B_1	B_2	B_3	B_4	产量/吨
A_1			5	2	7
A_2	3			1	4
A_3		6		3	9
销量/吨	3	6	5	6	

根据初始调运方案（一）列出如下方程组：

$$\begin{cases} u_1+v_3=3 \\ u_1+v_4=10 \\ u_2+v_1=1 \\ u_2+v_4=8 \\ u_3+v_2=4 \\ u_3+v_4=5 \end{cases} \quad \begin{cases} \lambda_{11}=3-(u_1+v_1) \\ \lambda_{12}=11-(u_1+v_2) \\ \lambda_{22}=9-(u_2+v_2) \\ \lambda_{23}=3-(u_2+v_3) \\ \lambda_{31}=7-(u_3+v_1) \\ \lambda_{33}=10-(u_3+v_3) \end{cases}$$

令 $u_1=0$,求得 $u_2=-2$, $u_3=-5$, $v_1=3$, $v_2=9$, $v_3=3$, $v_4=10$; $\lambda_{11}=0$, $\lambda_{12}=2$, $\lambda_{22}=2$, $\lambda_{23}=4$, $\lambda_{31}=9$, $\lambda_{33}=12$。

对例 3-4 的初始调运调整方案（一）进行最优性检验,其检验系数见表 3-10。

表 3-10　初始调运调整方案（一）检验系数表

产地＼销地	B_1	B_2	B_3	B_4	产量/吨	u_i
A_1	0	2			7	$u_1=0$
A_2		2	4		4	$u_2=-2$
A_3	9		12		9	$u_3=-5$
销量/吨	3	6	5	6		
	$v_1=3$	$v_2=9$	$v_3=3$	$v_4=10$		

检验数都非负,则调整方案是最优方案。这个最优方案的运费为：
$$5\times3+2\times10+3\times1+1\times8+6\times4+3\times5=85(千元)$$

可见,最优方案的运费较初始调运方案的运费 87 千元,节约了 2 千元。

3.3.2　物流仓储成本决策

1. 物流仓储成本决策应考虑的主要因素

物流仓储成本指一定时期内,企业为完成货物储存业务而发生的全部费用,包括仓储业务人员费用、仓储设施的折旧费、维修保养费、水电费、燃料与动力消耗等。在实际工作中影响企业仓储成本的因素很多,综合起来看,主要影响因素包括仓储货物数量和仓储类型。

1) 仓储货物数量

仓储货物数量对企业物流总成本有着重要的影响。一般来说,随着物流活动中仓储货物数量的增加,企业仓储成本也会增加。同时,由于仓储货物数量的增加,企业可以进行原材料或产成品的大批量运输,进而使单位运输成本下降；在销售物流方面,仓储货物数量的增加,意味着仓库更加靠近客户和市场,因此减少了商品的运输里程,这不仅会降低运输成本,而且由于能够及时满足客户需求,提高了客户服务水平,减少了销售损失机会,从而降低了销售损失成本。

由此可知,企业仓储货物数量增加导致运输成本和销售损失成本的降低,有可能抵减增加的仓储成本,进而有可能降低企业物流总成本。实践经验表明,随着仓储货物数量的增加,运输成本和销售损失成本迅速下降,其减少额大于仓储成本增加额,导致企业物流总成本的下降；但是,当仓储货物数量增加到一定规模时,运输成本和销售损失成本的减少额小于仓储成本的增加额,使企业物流总成本又开始上升。

2) 企业仓储类型

企业对货物仓储空间的取得方式,通常有 3 种选择,即自建仓库、租赁公共仓库和采用合同制仓储。

(1) 自建仓库仓储。与公共仓储相比,企业利用自有仓库进行仓储活动主要具有以下优点。

① 企业可以更大程度地控制仓储，仓储管理也更具有灵活性。企业是自有仓库的所有者，因此可以直接对仓储活动进行管理控制，可以根据需要调整仓储功能。

② 自有仓库如能得到长期充分利用，自有仓储的成本将低于公共仓储的成本，降低企业成本。由于长期充分使用自有仓库保管大量货物，自有仓库的前期投资被大量仓储货物分摊，这样就会降低单位货物的仓储成本，从而使自有仓库的仓储成本低于公共仓库的仓储成本。

企业利用自有仓库进行仓储活动也存在着一定的缺点，并不是所有的企业都适合拥有自有仓库。

① 自有仓库的容量是固定的，当企业对仓储的空间需求减少时，也必须承担自有仓库没有被利用部分的成本，这样导致企业资源浪费。

② 地理位置上的局限性。使用自有仓库的企业，如果市场需求发生变化时，不能在仓库布局上适应这种变化，进而可能会失去一定的商机。

③ 建自有仓库，需要一定规模的前期资金投入，资金的机会成本较高。

（2）租赁公共仓库仓储。企业通常租赁为一般公众提供营业性服务的公共仓库进行仓储。

利用公共仓库进行仓储活动具有以下优点。

① 从财务角度看，企业不需要自建仓库的资本投资，可以避免大量资金的占用，进而降低财务风险。

② 公共仓储的规模经济可以降低企业的仓储成本和运输成本。由于公共仓储为众多企业保管库存，大大提高了仓库的利用率，降低了仓库存货的单位存储成本。因此，公共仓储会产生自有仓储难以达到的规模经济。正因为存在规模经济，公共仓储能够采用更加有效的物料搬运设备，进而提高仓储活动的效率。规模经济还有利于拼箱作业和大批量运输，降低企业的运输成本。

③ 企业可以清楚地掌握保管和搬运成本，有助于企业预测和控制不同仓储水平的成本。

使用公共仓储存在着诸多优势，但也有不足，主要是会导致企业包装成本的增加。因为，公共仓库中存储了各种不同种类的物品，各种不同性质的物品可能会相互影响，这就要求企业使用公共仓储时必须对存储物品进行保护性包装，从而导致包装成本的增加。

（3）合同制仓储。合同制仓储是指企业将物流活动转包给外部储运公司，由外部储运公司为企业提供综合物流服务。

利用合同制仓储进行仓储活动的优点如下。

① 与公共仓储相比，合同制仓储可以提供更高质量的物流服务，可以满足企业特殊货物的高标准、专业化的搬运和存储需求。

② 与自有仓储相比，合同制仓储更能有效地处理季节性产品生产经营中普遍存在的淡、旺季存储问题。

③ 有利于提高物流系统的运作效率，降低物流成本。由于合同制仓储由具有专业性的物流营运专家进行仓储管理，这些专家更具有仓储管理经验和创新的管理理念及降低成本的方法，因而有利于提高物流系统的运作效率，降低物流成本。

④ 能够通过设施的网络系统扩大企业的市场覆盖范围。由于合同制仓储企业具有战略性选址设施与服务，因此，货主在不同位置的仓库都会得到相同的仓储管理水平及一系列的

物流服务。

正是由于合同制仓储具有上述优势,目前众多的企业将其自有仓库的数量减到有限几个,将各个地区的物流转包给合同制仓储企业。但是,企业利用合同制仓储也存在着一些不利因素。企业最担心的问题是对物流活动失去直接管理控制。由于企业对合同制仓储的运作过程和外部员工等缺乏控制,进而很难对物流活动进行直接管理控制,尤其是产品价值较高的企业更是担心这一点。

2. 物流仓储类型决策

自建仓库仓储、租赁公共仓库仓储及合同制仓储各有优势,物流仓储成本决策实际上就是仓储类型的选择,选择的依据是物流总成本最低。

租赁公共仓库仓储和合同制仓储一般按所占用的空间收费,企业需要仓储货物总量越大,需要租赁的仓储空间也就越大,这样仓储成本也就越高。由于租赁公共仓库仓储和合同制仓储的仓储成本中只包含变动成本,所以仓储成本与货物周转总量成正比,其成本函数是线性的。而自有仓库的仓储成本中除了可变成本外,还包含固定成本。自有仓库的各类仓储作业成本是可变成本,与仓储货物的周转总量成线性关系;而建自有仓库的固定资产投资是固定成本,与使用程度无关,必须由大量的仓储货物来分摊这部分成本,才能使自有仓库的平均单位成本低于公共仓库的平均单位成本。因此,仓储货物周转量越大,使用自有仓库越能达到规模经济;相反,当货物周转量相对较少时,就应选择公共仓库。

由于公共仓库的经营具有营利性质,因此自有仓库的仓储成本的增长速度通常低于公共仓库仓储成本的增长速度。当周转量达到一定规模时,两条成本线就相交,即成本相等。这表明在周转量较低时,公共仓库是最佳选择。随着周转量的增加,由于可以把固定成本均摊到大量的仓储货物中,因此使用自有仓库会更经济。自有仓库仓储与租赁公共仓库仓储的成本比较如图 3-3 所示。

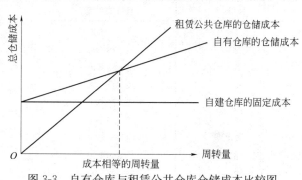

图 3-3 自有仓库与租赁公共仓库仓储成本比较图

企业在选择仓储类型时,除了考虑周转量外,还应考虑市场密度和企业库容需求的稳定性。

市场密度较大时,修建自有仓库比较有利。因为零担运输成本比较高,建成自有仓库后,货物可以批量运输,这样运输成本大大降低;相反,当市场密度较低时,在不同的地方租赁公共仓库比建自有仓库更经济。

如果一定时期内,企业库容需求比较稳定,则可根据仓储成本的高低决定是自建仓库还是租赁公共仓库。通常情况下,多数企业有多种产品线,使仓库具有稳定的周转量,这时使用自有仓库会更经济。但是,如果企业在一定时期内库容需求不稳定,具有季节性波动时,则采取混合策略会更好些。因为这时自建仓库的库容规模如按企业的高峰期库容需求来确定,那么在库容需求低谷期就会出现自建仓库库容的大量闲置,库容利用率不足,导致企业仓储成本攀升。所以解决这一问题最好的策略是,采用多种仓储类型相结合的策略,即混合策略。通过自建仓库或长期租赁公共仓库来满足稳定性库容需求,而高峰期的库容需求通过租赁短期公共仓库解决。

【例 3-5】 某企业计划自建一个仓库,该企业一年中不同月份货物吞吐量预测如表 3-11 所示。预计该仓库库存周转率为 3 次/月,总库容中 50%为巷道,为了应对未来可能发生的库容需求变化,仅有 70%的库容被利用。1 千克产品平均占用 0.5/16 平方米的空间。该仓库连同设备在内的投资为 30 元/平方米,折旧期限为 20 年,运营成本为 0.05 元/千克。总库容的年固定成本为 3 元/平方米。租赁公共仓库的租金为每月 0.1 元/千克,入库和出库的搬运费用为 0.07 元/千克。问该企业如何进行仓储类型决策?

企业在进行自营—租赁混合仓储策略决策时,主要目标就是寻求总成本最小的方案。具体步骤如下。

第一步,需要计算出企业不同月份对仓库库容需求数。从已知的库存周转率可知,每月经仓库流转的每 3 千克产品中就有 1 千克成为存货,因此每月存货量为吞吐量的 1/3,每储存 1 千克货物需要占用 0.5/16 平方米的空间。由于巷道占用空间 50%,且仓库利用率为 70%,则每月的库容需求为:

$$月库容需求(平方米)=每月吞吐量\times\frac{1}{3}\times\frac{0.5}{16}\times\frac{1}{0.5}\times\frac{1}{0.7}$$

编制企业库容需求表,如表 3-12 所示。

表 3-11 货物吞吐量预测表   千克

月份	仓库吞吐量
1	66 500
2	328 000
3	1 048 500
4	2 141 000
5	2 820 000
6	2 395 000
7	1 303 000
8	460 900
9	99 900
10	15 300
11	302 200
12	556 700
总计	11 537 000

表 3-12 企业库容需求表

月份	仓库吞吐量/千克	库容需求/平方米
1	66 500	1 979
2	328 000	9 762
3	1 048 500	31 205
4	2 141 000	63 720
5	2 820 000	83 929
6	2 395 000	71 280
7	1 303 000	38 780
8	460 900	13 717
9	99 900	2 973
10	15 300	455
11	302 200	8 994
12	556 700	16 568
总计	11 537 000	343 362

第二步,在满足全年库容需求的前提下,计算各种规模自营—租赁混合仓储组合的相关成本。以 60 000 平方米的仓库规模为例进行测算。一个 60 000 平方米的仓库造价为 1 800 000 元(60 000 平方米×30 元/平方米),在 20 年的折旧期限内平均摊销,年折旧成本为 90 000 元。相关指标计算方法如下。

每月固定成本=(年折旧成本+3×60 000)/12

每月可变成本=仓库吞吐量×自营份额×0.05

自营份额=60 000/仓储空间需求(仓储空间需求小于 60 000 时,自营份额为 100%)

租用份额=1-自营份额

第 3 章 物流成本预测与决策

每月存储成本＝[(仓库吞吐量×租用份额)/3]×0.1

每月搬运成本＝仓库吞吐量×租用份额×0.07

编制仓库规模方案的成本计算表，如表3-13所示。

表 3-13　混合策略的成本计算表——使用 60 000 平方米自营仓库

月份	仓库吞吐量/千克	库容需求/平方米	自营份额/%	每月固定成本/元	每月可变成本/元	租用份额/元	每月存储成本/元	每月搬运成本/元	每月成本/元
1	66 500	1 979	100	22 500	3 325	0	0	0	25 825
2	328 000	9 762	100	22 500	16 400	0	0	0	38 900
3	1 048 500	31 205	100	22 500	52 425	0	0	0	74 925
4	2 141 000	63 720	94	22 500	100 627	6	4 282	8 992	136 401
5	2 820 000	83 929	71	22 500	100 110	29	27 260	57 246	207 116
6	2 395 000	71 280	84	22 500	100 590	16	12 773	26 824	162 687
7	1 303 000	38 780	100	22 500	65 150	0	0	0	87 650
8	460 900	13 717	100	22 500	23 045	0	0	0	45 545
9	99 900	2 973	100	22 500	4 995	0	0	0	27 495
10	15 300	455	100	22 500	765	0	0	0	23 265
11	302 200	8 994	100	22 500	15 110	0	0	0	37 610
12	556 700	16 568	100	22 500	27 835	0	0	0	50 335
合计	11 537 000	343 362		270 000	510 377		44 315	93 062	917 754

由表3-13可知，企业自建仓库规模为6 000平方米时，4—6月期间需要租赁库容，5月是需求的高峰期，自建仓库仅能满足71%的库容需求。

第三步，对各种仓库规模成本进行计算，根据计算数据绘制出不同规模组合下的成本曲线。成本最低的那一点即为自营—租赁仓储混合策略最终模式。

3.3.3　物流包装成本决策

1. 合理选择包装材料

对于一个企业来说，市场上产品包装材料品种规格众多，怎样合理选择包装材料，使其符合保护产品，方便储运及促进销售要求的同时，又能节约成本呢？这就要求企业应在产品包装设计时，从产品性质、储运要求、外观等方面综合考虑降低包装成本的可能性，主要是分析包装材料的价值功能，剔除不必要的功能和过剩的质量，使其既能达到预期效果，又能节约包装成本。

运用价值工程分析法，收集具有同样功能的材料，核算它们所需要的成本，努力寻找有替代性的廉价材料，以便替代原来的包装材料，这种方法称之为包装成本的改善分析或比较分析。关于价值工程分析法具体分析步骤详见3.5节。

2. 采用机械化、标准化包装

采用机械化包装，可以确保产品包装质量，提高包装的作业效率，实现包装的标准化。包装的标准化，使包装的外部尺寸与运输工具、装卸机械相配合，这样既可以方便物流过程的各项作业，又可以节约物流成本。

3. 包装物的回收和再利用

我国企业每年产生的旧包装物的数量惊人，回收利用的潜力巨大。企业回收利用旧包装物既可以降低企业的生产成本，又可以解决产品部分包装问题，进而保证物流活动的顺畅进行。包装材料对资源的消耗数量较大，企业如果能回收利用旧包装，能为国家节约大量的资源，创造出良好的社会效益。

3.3.4 物流其他运作成本决策

1. 物流装卸搬运成本决策

装卸搬运是指在某一物流节点范围内进行的，以改变物品的存放状态和空间位置为主要内容和目的的活动，是连接物流的各个环节及同一环节不同活动的纽带。装卸搬运活动在整个物流过程中占的比重很大，因此，装卸搬运效率高低、质量好坏、成本大小，不仅是决定物流速度的关键因素，也是影响物流成本的重要因素。

装卸搬运成本是物品在装卸搬运过程中所支出费用的总和，由装卸搬运直接费用和营运间接费用构成。

装卸搬运直接费用一般包括：工资、职工福利费、燃料和动力、轮胎、修理、折旧、工具、租费、劳动保护费、外付装卸搬运费、运输管理费、事故损失费和其他费用。

营运间接费用是指应由装卸搬运成本负担的营运间接费用。物流装卸搬运成本决策的关键是装卸搬运方法的选择。装卸搬运方法是装卸搬运路线、装卸搬运设备和装卸搬运单位的总和，也就是说，一定类型的装卸搬运设备与一定的装卸搬运单元相结合，进行一定模式的装卸搬运活动，从而形成的一定的装卸搬运路线系统。在进行装卸搬运方法选择时应注意以下几点。

第一，物流装卸搬运的机械化程度应与货物吞吐量相适应。

第二，合理规划作业场地。在规划作业场地时要考虑作业所需要的预留空间以及空间布局。

第三，作业辅助设施建设应协调、均衡。

2. 流通加工成本决策

流通加工成本是商品从生产者到消费者的流动过程中，为了促进销售、维护商品质量，实现物流的高效率所采用的使商品发生形状和性质的变化而产生的成本，主要包括流通加工设备费用、流通加工材料费用、流通加工劳务费用、流通加工其他费用。除了上述费用外，在流通加工中耗用的电力、燃料、油料及管理费用等，也属于流通加工成本。在流通加工成本决策时应主要考虑以下 3 个方面的因素。

第一，合理确定流通加工能力和加工方式。流通加工的数量越多，则加工成本总额也越大。如果加工数量超过了企业自身的加工能力，就需要增加流通加工设备投入；如果加工批量小，不能满足加工能力的要求，就会出现加工设备、工作人员的闲置，给企业带来成本损失。另外，流通加工的方式很多，不同的加工方式，流通加工成本也不同。因此，企业必须根据客户的需要及自身的加工能力来确定加工的批量和数量，选择适当的加工方法和加工深度。

第二，制定反映流通加工特征的经济指标。

第三，对流通加工过程实施全面管理。

3.3.5 物流信息成本决策

1. 物流信息成本来源

物流信息在物流活动中具有十分重要的作用，物流信息的收集、传递、存储、处理，都为物流管理决策提供依据，对整个物流活动起着指挥、协调、支持和保障的作用。对于一个企业而言，物流信息成本主要来源于两个方面：一是物流信息系统建设方面发生的各项费用支出，即物流信息系统建设成本；二是物流信息系统使用过程中发生的各项费用支出，即物流信息使用成本。

1) 物流信息系统建设成本

物流信息系统建设成本包括硬件建设成本、软件开发成本和人员培训费用。其中，企业物流信息系统硬件建设成本主要包括企业物流信息中心控制系统硬件建设费用（如机器购买、机房装修、线路的架设等费用）、终端设备的建设费用（包括终端信息采集设备费用和终端信息处理设备费用）；物流信息软件开发成本主要包括软件自行开发成本和软件购置成本；人员培训费用包括培训人员的工时费、材料费、被培训人员的工时费等。

2) 物流信息使用成本

物流信息的使用成本包括两个方面：一是来自于物流系统内部信息生产、传递、处理的成本；二是来自于物流系统外部的信息成本，主要是信息的采集成本。

物流系统内部的信息，是伴随着物流活动而发生的，包括物料流转信息、物流作业层信息、物流控制层信息和物流管理层信息。物流系统外部的信息，是在物流活动以外发生的，但提供给物流活动使用的信息，包括供应商信息、顾客信息、订货合同信息、交通运输信息、市场信息、政策信息，以及来自于有关企业内部生产、财务等部门的与物流有关的信息。

物流现代化主要表现在物流信息传递上的高速、准确、高效方面，物流信息传递成本是指支持物流信息现代化的费用支出，这部分支出主要表现为通信费用、能源动力费用和设备的维护费用。物流信息处理是物流信息现代化的最终环节和基本内容，是对传递过来的大量物流信息进行整理、分析、研究的过程。物流信息处理成本主要有物流信息处理直接成本和物流信息处理间接成本。物流信息处理直接成本是指支持日常工作中物流信息处理活动所发生的各项费用支出；物流信息处理的间接成本是指由于物流信息处理不当而造成的物流信息失真而增加的物流费用。

2. 物流信息系统建设成本决策

物流信息系统是一个由人、计算机等组成的能进行物流信息的收集、存储、分析、处理、传递和使用的系统。物流信息系统应用范围非常广泛，实用价值很高。通过物流信息系统，企业可以实时监测物流活动各环节的运行情况，预测未来可能出现的问题，对物流管理提供辅助性的决策，帮助企业实现物流规划目标；可以提高订单的处理效率，降低存货成本，提高装卸搬运作业的效率，实现合理运输，降低运输成本，提高运输效率。总之，通过物流信息系统，企业可以实现物流过程中各个环节的有机衔接与合作，实现物流资源的最优化配置，进而提高企业物流系统的运作效率，改善企业物流管理水平。

不同类型的企业对物流信息系统的要求是不同的。例如，有些企业物流终端信息的采集和处理设备比较简单，使用普通的办公室自动化设备就能够胜任，有些企业就不行，需要采用较复杂的终端信息采集和处理设备，如商品零售企业就要用到条码技术、无线射频技术等专用技术；有些企业需要专门开发的软件，有些企业一般通用的软件就可以满足需要。因此，不同类型的企业，物流信息系统建设的成本差异很大。因此，企业应根据自身的实际需要，确定建设合理的物流信息系统。企业在物流信息系统建设成本决策时，常用的方法有投资报酬率法、净现值法和内含报酬率法。

1）投资报酬率法

投资报酬率是指投资方案的未来期间的平均净收益与该方案平均投资额之间的比率。其基本原理是：按有关投资方案的有效期限，分别计算平均净收益和其平均投资额二者的比率，确定该投资方案在未来投资期限内的平均投资报酬水平。投资报酬率越高，说明投资效果越好。其公式如下：

$$投资报酬率 = \frac{年平均净收益}{年平均投资额} \times 100\%$$

$$年平均净收益 = \frac{有效期内各年净收益总额}{有效期间}$$

$$年平均投资额 = \frac{有效期内各年平均投资余额之和}{有效期间}$$

2）净现值法

净现值法是指某一投资方案未来现金流入量的现值与现金流出量的现值之差。其原理是：将某投资项目投产后的现金流量按照预定的投资报酬率折算到该项目开始建设的当年，以确定折现后的现金流入量、现金流出量及其差额。若差额为正数，表明不仅能获得符合预期报酬的收益，还能得到正值差额表示的现值收益。反之，则表明投资收益低于预定报酬率，投资者在经济上是不划算的。净现值的公式如下：

$$净现值（NPV） = 各年现金流入量的现值之和 - 原始投资额$$

该方法由于考虑了资金的时间价值因素，能够反映投资方案的净收益，是一种较好的分析方法。

3）内含报酬率法

内含报酬率法是指能够使未来现金流入量现值等于未来现金流出量现值的贴现率。它是指一项长期投资方案在其寿命周期内按现值计算的实际可能达到的投资报酬率。其基本原理是：在任何一个投资方案中，客观存在着一个报酬率，它能使投资方案各年的现金净流量折现后的未来报酬总现值等于该投资方案的原始投资额。内含报酬率实际上是投资项目的真实报酬率。该方法主要是确定一个合适的资金成本率，若内含报酬率大于资金成本率，则方案可行。内含报酬率法考虑了资金的时间价值，反映了投资项目的真实报酬率，但计算过程比较复杂。

3.4 物流综合成本决策

现代的物流活动贯穿于企业经营的全过程，如需求预测、选址、采购、生产进度、运输、装卸搬运、库存控制、仓储、包装、配送、订单处理、客户服务、返还品管理、废弃物处理及其他辅助活动。因此，企业在进行物流成本决策时，不仅要注重整个物流系统的各类物流成本决策，更要注重物流综合成本决策。一些世界性优秀企业实践证明，从总体观念综合考虑这些物流成本，往往能给企业带来更加实质性的成本节约。

3.4.1 效益背反关系支配下的物流成本决策

物流成本与物流服务水平之间、各类物流成本之间有着密切的关联，总的来说是呈现效益背反关系，即：一类物流成本的下降，往往会导致物流服务水平下降或其他物流成本上升。因此企业管理层在进行物流成本决策时，绝不能只关注某一类物流成本，必须要在物流成本与物流服务水平之间、各类物流成本之间进行权衡，以物流总成本最低作为选择物流运作最佳方案的依据。

1. 物流成本与物流服务水平的效益背反关系

降低物流成本、提高物流服务水平是企业物流成本决策的两大目标。物流服务水平是影响客户购买或连续购买的关键因素，也是企业用来吸引潜在客户的有效手段。高质量的物流服务水平，可以提高客户满意度、信任度，进而可以减少现有客户与潜在客户的流失。然而，物流服务水平的提高要求有大量的存货、快捷的运输、充分的库容和高效的订单处理，这些都必然会导致企业物流成本的增加。而物流成本的降低，又必然会导致物流服务水平的下降。因此，如何协调物流成本与物流服务水平之间的关系是企业物流成本决策中需要解决的一个重要课题。企业物流成本决策方案选择的依据是：物流成本水平一定的情况下，选择物流服务水平最高的方案；或物流服务水平一定的情况下，选择物流总成本最低的方案。

2. 各类物流成本之间的效益背反关系

由于各类物流成本之间存在着背反关系，决定了企业管理层在进行物流成本决策时，必须要在各类物流成本之间进行权衡，并在以实现既定物流服务水平下，物流总成本最低作为选择最佳物流成本决策的依据。

1) 库存持有成本与批量成本之间的关系

库存持有成本是指与存货数量有关的成本，具体包括以下内容。

(1) 资金成本。持有库存的资金成本是指企业将库存占用资金用于其他投资所能实现的收益，它是对所丧失获利机会的反映，因此属于机会成本。

(2) 库存服务成本，包括缴纳的税金和持有库存而支付的火灾、盗窃保险等。

(3) 存储空间成本。企业获取仓储空间的方式有3种：自有仓库、租赁仓库、使用公共仓库。自有仓库和租赁仓库与企业库存水平没有直接关系，而与仓储规划和仓储作业方式有关，这属于仓储成本范畴；公共仓库的存储费用与库存持有水平直接相关，应计入库存持有空间成本，而且发生的与此相关的装卸搬运费用与企业仓储作业量也有关，应计入仓储成本。

(4) 库存风险成本，包括物品过期成本、破损成本、损耗、库存迁移成本等各项成本。

批量成本是指与采购（生产）活动相关的成本，由批量采购（生产）节约的成本和采购（生产线启动）频次减少而节约的成本两方面构成。

为了鼓励采购，很多供货商都会采取数量折扣。同时，企业采购部门如果预测采购商品市场价格将会上涨也会作出进行大批量采购的决策。企业进行大批量采购不仅可以获得一定的数量折扣,还可以减少采购频次,降低订货成本。订货成本是指企业为实现一次订货而发生的各种活动费用,包括与订货有关的差旅费、通信费等,它随着订货次数的增加而增加。

企业生产产品时,为了使生产能力充分发挥,往往要进行产品的批量生产,这样可以达到规模效应,降低单位产品的制造成本。由于批量生产,将会减少生产线启动的频次,降低生产线启动成本。生产线启动成本是指企业启动一次生产线所带来的成本,包括:由于准备生产线所造成的废料损失;生产线开始启动时的无效运作成本;准备生产线需要时间的机会成本;由于生产线转换期间停工所造成的生产能力损失;物料搬运、安排计划等带来的成本。

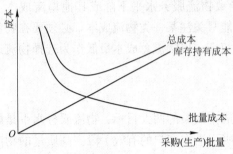

图 3-4 库存持有成本、批量成本及总成本与采购批量之间的关系

库存持有成本和批量成本随着采购(生产线启动)次数或采购(生产)批量的变化而呈反方向变化。起初随着采购(生产)批量的增加,批量成本的下降速度快于库存持有成本的增加速度,即批量成本的边际节约额大于库存持有成本的边际增加额,因而使得总成本不断下降。当采购(生产)批量增加到某一点时,批量成本的边际节约额与库存持有成本的边际增加额相等,这时总成本达到最低。此后,随着采购(生产)批量的不断增加,批量成本的边际节约额小于库存持有成本的边际增加额,使得总成本不断上升。库存持有成本、采购批量成本及它们的总成本之间的关系如图 3-4 所示。因此,企业物流系统最佳方案是物流总成本最低的方案。

2)运输成本与仓储相关成本之间的关系

企业对运输的要求是快速、省时、费用低;对仓储的要求是仓库建设和运营成本低、库存量低、库存周转快,最理想的目标是实现"零库存"。从运输和仓储本身来看,这些要求都是企业最希望达到的目标。但是,从企业物流系统来看,它的仓储系统和运输系统是不可能同时达到各自的上述要求的,即运输成本和仓储相关成本(库存持有成本与仓储成本)二者不可能同时达到最低。仓储和运输是互相影响的。例如,假设某企业生产的某种产品一年的销售量是固定的,那么,如果企业要求该产品运输成本最低,则需采用最合理的运输方式整车批量发运,即无论运用哪一种运输工具,都应满载运输,这样才能达到规模经济。也就是说,只有通过整车发运才能不浪费运力,并能最大限度地提高运输工具的使用效率,减少运输次数,进而使运输成本最低。然而,整车批量运输在降低运输成本的同时,却提高了仓储活动相关成本。如果企业要求仓储活动相关成本最低,则仓库里储存的货物应越少越好,最好是没有仓库或者实现"零库存"。这就必须做到随要随送,必然会导致运输的次数增加,每次发运的批量降低。结果是,要完成全年的发运量,实现即时运送,全年的总运输成本会比整车批量发运时大幅度增加。这就是二者之间的矛盾,企业不可能实现运输成本和仓储相关成本同时达到最低水平。

起初随着每次运量的增加,运输成本下降的速度快于仓储相关成本增加的速度,即运输成本的边际节约额大于仓储相关成本的边际增加额,进而使总成本下降。当每次运量增加到一定规模时,运输成本的边际节约额恰好等于仓储相关成本的边际增加额。此时的运量对运输来讲不是最经济的,对仓储来讲也不是最经济的,但对于总成本却是最经济的,因而对应的运量方案就是相对于企业整个物流系统的最佳方案。

3. 包装成本与其他物流成本的关系

1) 包装与各类物流活动的关系

包装成本与其他物流成本之间的关系取决于包装与其他物流作业活动之间的关系。

(1) 包装与运输的关系。运输的主要功能是使物品实现空间位移，使其具有流动性。物品运输的基本要求是安全、迅速、准确、方便。包装质量的好坏直接关系着运输过程中物品的安全性和运输载体容积充分利用的程度。不同的运输方式对包装有不同的要求。因此，包装的设计必须考虑物品性质、运输方式、运输工具、运输距离等因素，才能提高运输效率，避免较大的损失。

(2) 包装与装卸搬运的关系。装卸搬运是货物运输和仓储过程中必不可少的作业环节，货物的装卸搬运都会受到包装的影响。因此，包装的设计要适应装卸搬运工作的需要，以提高装卸搬运效率，防止物品损坏，避免损失。

(3) 包装与仓储活动的关系。包装与仓储活动有着密切的关系。例如，在潮湿的环境下，需要对物品进行防湿处理、防潮包装；户外堆放，需要采用"茧式封存包装"；一般物品储存，为了适应高层堆码，需考虑采用耐堆码负荷（又称堆压）的耐压包装。各类仓储作业活动都与包装有着密切关系，如包装的标识、形状直接影响着备货速度、准确性和效率。

2) 包装对其他物流作业成本的影响

由上述包装与其他物流活动的相互关系可知，包装成本与其他物流作业成本之间呈效益背反关系。高质量的包装会提升包装成本，但也可以降低其他物流活动的成本。因为高质量的包装不仅可以提高其他物流作业（如运输、仓储）的效率，降低对其他作业的要求；还可以降低这些物流作业中可能产生的损耗（如被盗、毁损等）。同样，降低包装成本，也会带来其他物流成本的提升。因此，在进行物流成本决策时，必须对包装成本与其他物流成本进行权衡，以寻求总成本最低的物流运作方案。

4. 订单处理及信息系统成本与其他物流成本的关系

订单处理及信息系统成本与其他物流成本呈效益背反关系。例如，建立先进的计算机订单系统，会带来订单处理及信息系统成本的攀升，但该系统也大大提高了订单及信息处理效率，节约大量的时间，从而带来其他物流成本的降低。具体来讲，首先，该系统提高了订单的处理效率，使企业的销售预测和生产计划部门以及仓储、运输和库存管理等物流活动的管理者可以及时获得相关信息，提高工作效率，进而降低成本。其次，由于订单处理效率的提高，可以提高订货周期的稳定性，有助于降低库存持有成本。最后，订单处理效率提高，可以有充裕的时间对运输服务做出提前安排，进而缩短运输时间、提高货品送达准确率，有利于降低运输成本。

3.4.2 运用差量分析法进行物流成本决策

运用差量分析法进行物流成本决策的思路是：在物流成本决策时，分别计算不同备选方案下物流总成本的数值，并将总成本最低的方案作为最终的方案。差量分析法还有一种变形，就是当企业想要实施某一方案时，可以计算实施该方案后，有哪些物流成本会下降，下降的数值是多少，有哪些物流成本会上升，上升的数值是多少，如果上升的成本数值低于下降的成本数值，则该方案可取。

1. 根据物流总成本进行仓库租赁决策

【例3-6】 某企业的生产地点设于甲地，其产品的消费者分散于较为广泛的地理区域，企业将产品直接送往各个零售网点。由于零售店没有充足的仓储空间，因此企业必须进行多频次、小批量供货。根据统计，企业平均每年要运输2 010次，每次运输量平均200件，每件产品的平均运输成本为9.8元。现企业希望通过建立中转仓库来降低运输成本。经过考察，企业在乙地找到了一个可以租赁的仓库。该仓库年租金为700元/m^3，如果企业租赁1 000 m^3 仓库，便可以先将产品以8 000件/次的批量从甲地运往乙地，每件产品的运输成本为2.9元。产品进入租赁的中转仓库后，企业再根据零售店的要求将产品配送至各零售网点，每次运送200件，一年平均运送2 010次，每件产品平均运输成本为2元。乙地仓库的仓储作业成本为450 000元/年，装卸作业和库存持有成本为250 000元/年。问该企业是否应该在乙地租赁仓库。

在没有租赁中转仓库，实行工厂至零售网点直接运输时，企业一年的运输成本为：
$$9.8 \times 200 \times 2\ 010 = 3\ 939\ 600(元)$$

当企业在乙地租赁了中转仓库，采取从工厂到中转仓库，再至零售网点的配送方式以后，企业一年的运输成本为：
$$200 \times 2\ 010 \times (2.9 + 2) = 1\ 969\ 800(元)$$

由此可见，通过建立中转仓库实行集运，在保持原有客户服务水平的前提下，运输成本节约了：
$$3\ 939\ 600 - 1\ 969\ 800 = 1\ 969\ 800(元)$$

在乙地租赁中转仓库，使企业的运输成本节约了1 969 800元。可是因为租赁仓储导致了企业的仓储成本、装卸搬运成本和库存持有成本增加。

租赁中转仓库后，企业的仓储成本增加：
$$700 \times 1\ 000 + 450\ 000 = 1\ 150\ 000(元)$$

库存持有成本增加：250 000元

因此，由于租赁仓库共增加物流成本：
$$1\ 150\ 000 + 250\ 000 = 1\ 400\ 000(元)$$

由此可知，在乙地租赁中转仓库后，运输成本的节约足以弥补仓储成本、装卸搬运成本和库存持有成本的增加，导致企业物流总成本节约：
$$1\ 969\ 800 - 1\ 400\ 000 = 569\ 800(元)$$

因此，该企业应当在乙地租赁中转仓库。

2. 根据物流总成本对建设订单处理及信息系统进行决策

利用计算机与网络技术，建设先进的订单处理系统与物流信息系统，可以降低订单处理成本、运输成本、仓储成本、库存持有成本及其他物流成本，对于提高企业物流系统的运作效率，改善企业物流管理水平有着重大意义。但是，与手工系统相比，建设先进的订单处理及信息系统的固定成本相对较高（包括系统的开发成本和启动成本等），并且这一高昂的固定成本投资代价是在系统建设初期一次性投入的。因此，并不是每一个企业都适合投资建设这样的系统，即便适合建设的企业，也要根据自己的实际情况，确定建设的规模和等级。为了确保投资的合理性，企业应在进行信息系统投资建设之前，进行成本决策。

企业对建设订单处理及信息系统进行决策时，可以采用净现值评价的方法，即将系统使用年限内，建设运行该系统所带来的现金流量折现。需要说明的是，现金流入是指由于使用新系统而产生的成本节约，具体来说包括：由于新系统带来的订单处理成本、运输成本、仓储成本和库存持有成本的节约。将成本节约的现值与初始投资进行比较，如成本节约的现值大于初始投资值，则信息系统建设是可行的；否则不应进行信息系统建设。

经验表明，当企业处理的订单数量十分巨大时，建设先进的订单处理系统往往可以起到降低企业物流总成本的作用。但是，当企业需要处理的订单数目较少时，建设先进的订单处理系统反而会增加企业物流总成本。

3.4.3　运用经济订货批量模型进行物流成本决策

经济订货批量（Economic Order Quantity，EOQ）模型是指通过物流成本权衡，以物流总成本最小为依据，进行物流成本决策的经典的数量模型。它来源于运筹学中的存储论，用于进行存储决策。

对于企业而言，为了保证生产（销售）的正常进行，必须要有一定量的库存。由于企业生产（销售）时要从仓库中取出库存并将其消耗掉，因此，随着生产（销售）的不断进行，库存将会不断减少。为了保证生产（销售）能够连续不断地持续下去，企业到一定时刻必须进行订货（生产），对库存进行补充。因此，企业就面临着这样的决策问题：每次订货的数量应当为多少（确定订货批量）？究竟在什么时候进行订货（确定再订货点）？对于企业而言，为了降低库存持有成本，应当将存货数量控制在一个较低的水平，也就是降低再订货点与每次订货的数量，但是这样又会降低客户服务水平，带来客户服务成本的提升，同时小批量订货也会带来采购成本的攀升。因此，企业必须通过经济订货批量（EOQ）模型对各物流成本进行权衡，选取物流总成本最低的方案作为最佳方案。当然，经济订货批量模型也可以用于物流包装和流通加工作业中的最佳批量的确定。

经济订货批量模型大体上可分为两类：一类是确定性模型，即模型中的数据皆为确定的数值；另一类是随机性模型，即模型中含有随机变量，而不是确定的数值。这里仅介绍确定性 EOQ 模型。

1. 简单的确定型 EOQ 模型

简单的确定型 EOQ 模型的基本假设如下：

① 已知确定的需求量，且整个周期内的需求是均衡的；
② 供货周期固定并已知；
③ 集中到货，而不是陆续入库；
④ 不允许缺货，并能满足所有需求；
⑤ 购买价格或运输费率、生产成本等是固定的，与订货（生产）的数量、时间无关；
⑥ 没有在途库存；
⑦ 只有一项产品库存或虽有多种产品库存，但各不相关；
⑧ 资金使用不受限制。

在以上假设的前提下，简单的确定型 EOQ 模型只考虑与仓储活动相关的成本和与订货（生产）相关的成本。由于随着订货（生产）批量的增加，与仓储活动相关的成本也呈增加的趋势,如果只考虑与仓储活动相关的成本,则订货(生产)批量应越小越好;但随订货(生产)批量的增加,与订货(生产)相关的成本会逐渐降低,如果只考虑与订货(生产)相关的成本,则订货(生产)批量应越大越好。因此,企业应综合权衡两种成本,使总成本达到最小的订货(生产)批量即为最佳的订货批量。

根据上述假设,企业年总成本可由下面公式表示:

$$\text{TAC} = \frac{1}{2}QVW + \frac{R}{Q}A \tag{3-18}$$

其中,R 为单位时间(如每年)的需求量(件);Q 为订货(生产)批量(件);A 为每次订货的成本;V 为每件产品的价值(元/件);W 为每件产品每年与仓储相关的成本占产品价值的百分比(%);TAC 为年总成本(元)。

式(3-18)中,由于每一个订货周期开始的库存总量为 Q,需求是已知并均衡的,且库存产品以相同速率减少,那么持有库存的平均值是初始总量(Q)的一半。为了获得使总成本达到最小的 Q,即经济订货批量,对 TAC 函数求一阶导数:

$$\frac{d(\text{TAC})}{dQ} = \frac{VW}{2} - \frac{AR}{Q^2}$$

令:

$$\frac{d(\text{TAC})}{dQ} = 0$$

即可得出:

$$Q^2 = \frac{2RA}{VW}$$

则经济订货批量计算公式为:

$$Q = \sqrt{\frac{2RA}{VW}} \tag{3-19}$$

【例 3-7】 某企业全年需用材料 3 000 吨,每次订货成本为 500 元,每吨材料年储存成本为 15 元,请问该企业经济订货批量为多少?最佳订货次数为多少?

解
$$Q = \sqrt{\frac{2RA}{VW}} = \sqrt{\frac{2 \times 3\,000 \times 500}{15}} = 447.21(\text{吨})$$

$$\text{最佳订货次数} = \frac{3\,000}{447.21} = 6.71(\text{次})$$

再订货点是订货或发出生产指令的时点。在最简单的确定型模型下,如果订货提前时间已知,则可以通过订货提前时间与日需求量的乘积来确定再订货点。假设订货间隔期或提前期为 30 天,已知每天的需求量是 15 个单位,那么再订货点为:

$$15 \times 30 = 450(\text{单位})$$

即当库存下降到 450 个单位时,应发出订单或生产指令。

2. 非瞬时供应 EOQ 模型

在现实中,货物往往不能像简单的确定型 EOQ 模型中假设的那样,所订货物在某一个时刻全部到达入库,多数情况下是在一次订货之后陆陆续续到达入库。同样,当补充来源于企业自产产品时,也会出现这种情况。这时就需要对简单的确定型 EOQ 模型进行调整。

如果企业平均每天耗用 d 件产品,而该产品每天入库 p 件。则在进货期内,库存每天

以 $p-d$ 件的速度增加；在进货结束后，每天以 d 件速度减少。企业每次订购 Q 件，那么每批货物全部入库需要 Q/p 天；在进货期内，耗用掉的产品数为 $d\times(Q/p)$ 件，那么最高库存量为 $Q-d\times(Q/p)$，平均库存量也相应地为 $[Q-d\times(Q/p)]/2$。

因此，对简单的 EOQ 模型进行变形，可得总成本函数为：

$$\text{TAC}=\frac{1}{2}\left(Q-\frac{Q}{P}\times d\right)VW+\frac{R}{Q}\times A \tag{3-20}$$

非瞬时供应条件下，经济订货批量表达式为：

$$Q=\sqrt{\frac{2RA}{VW}\times\frac{p}{p-d}} \tag{3-21}$$

3. 存在批量折扣的确定型 EOQ 模型

在实际工作中，大批量的订货可以获得一定的价格折扣，以及更加低廉的运输费率，同样大批量的生产，也会因规模效应而给企业带来产品生产成本的下降。因此在实际工作中往往需要对简单的确定型 EOQ 模型进行调整，以便将这些因素纳入到最终决策的范围之内。

当存在批量折扣时，可以通过以下方法对简单的确定型 EOQ 模型进行调整：

① 计算不同价格或成本水平下的 EOQ；
② 将未达到某价格或成本水平所要求的最低订货批量的 EOQ 剔除；
③ 计算各未被剔除的 EOQ 的年总成本，注意此时的年总成本含产品的买价或成本；
④ 针对所有的折扣临界批量，依据折扣价格（成本），计算年总成本；
⑤ 将所有总成本进行比较，以总成本最小的订货批量作为最终的方案。

3.4.4 运用本量利分析法进行物流成本决策

本量利分析（CVP，cost-volume-profit），是成本—业务量—利润关系分析的简称，以数学模型和几何图形的方式揭示出固定成本、变动成本、营业量、单价、营业额、利润等变量之间的内在规律，从而为预测和决策规划提供必需的财务信息。

本量利分析的基本表达式为：

$$P_f=px-(a+bx)=(p-b)x-a \tag{3-22}$$

当处于盈亏平衡时，$P_f=0$。

因此，可以求出盈亏平衡时的营业量为 $x_0=\dfrac{a}{p-b}$，营业额为 $Y_0=px_0$。

其中，a 为固定成本；b 为单位变动成本；x 为营业量；P 为单价；P_x 为营业额；P_f 为营业利润。

式（3-22）中，将 $p-b$ 称为单位边际贡献，记作 cm，它是本量利分析中的一个十分重要的概念；单位边际贡献与营业量的乘积，即 $(p-b)x$，称为边际贡献，记作 Tcm。本量利分析中边际贡献率，记作 cmR，是另一个与边际贡献有关的重要概念，计算公式为：

$$\text{cmR}=\frac{p-b}{p}\times 100\% \tag{3-23}$$

在引入边际贡献的概念后，量本利基本公式变形为：

$$P_f=\text{Tcm}-a \tag{3-24}$$

由式（3-24）可以看出，各种服务或产品提供的边际贡献与营业利润的形成有着十分密切的关系：边际贡献首先被用来补偿固定成本，只有当边际贡献大于固定成本时，才有可能获得利润，否则将会出现亏损。

与边际贡献率密切相关的指标是变动成本率。变动成本率，记作 bR，是指单位变动成本占单价的百分比。计算公式为：

$$bR = \frac{b}{p} \times 100\%$$

边际贡献率与变动成本率两指标之间的关系可以用以下公式表示：

$$\begin{aligned} cmR &= 1 - bR \\ bR &= 1 - cmR \end{aligned} \quad (3\text{-}25)$$

由于边际贡献率与变动成本率之和等于1，因此，变动成本率越高，边际贡献率越低，产品或服务的获利能力越小；反之，变动成本率越低，边际贡献率就会越高，产品或服务的获利能力越大。

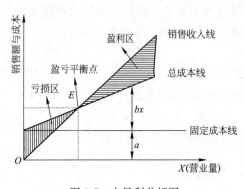

图 3-5 本量利分析图

实践中，为了使本量利分析的思想更加形象直观，常常在平面直角坐标系上使用解析几何模型反映量本利关系。量本利分析图不但能够更加直观地反映固定成本、变动成本、营业量、营业额和盈亏平衡点、亏损区和利润区，而且还可以反映贡献边际、安全边际及其相关范围，甚至可以提供单价、单位变动成本和单位贡献边际的水平，如图 3-5 所示。

如图 3-5 所示，当企业的营业量恰好为盈亏平衡点的营业量时，企业处于盈亏平衡的状态，即既不盈利也不亏损。如果企业在达到盈亏平衡的基础上多出售一个单位的产品或服务，即可获得盈利，进入盈利区，其盈利额等于一个单位的边际贡献。企业的营业量越大，能实现的盈利也就越多。如果企业的营业量低于盈亏平衡点，则企业出现亏损，进入亏损区，其业务量低于盈亏平衡点一个单位，就会亏损一个单位边际贡献，营业量越少，亏损额就越大。在营业量不变的情况下，如果单位边际贡献提高，盈亏平衡点就会降低，盈利区的面积就会扩大，亏损区的面积就会缩小，这时企业产品或服务会比以前更容易获得盈利。

3.4.5 运用价值工程分析法进行物流成本决策

价值工程分析法是以功能分析为中心，使物流的各项作业达到适应的价值，即用最低的成本来实现和创造物流服务应具备的必要功能的一项有组织的决策方法。

价值工程分析方法的核心是在物流活动和物流服务设计时，对物流服务进行功能分析。物流服务功能是指某项物流作业所负担的职能或所起的作用，通过对物流服务进行价值工程分析就是要确定物流服务的必要功能，避免功能过剩（物流服务功能多于或高于客户所要求的必需的功能）和功能不足（功能达不到客户的要求）。

在物流成本决策时，价值工程分析法既可以在局部物流活动或服务设计时运用，也可以在整个物流系统设计时运用。由于物流系统设计是构成企业内部作业链的首要环节，所以对物流功能的实现、物流服务方式的确定，物流作业的流程和物流成本乃至企业整体作业链—

价值链都具有关键性的影响。据估计，物流成本有60%~80%在物流系统设计阶段就已经确定了。物流系统一旦投入运作，降低成本的潜力就不大了。因此，在物流系统设计时，必须认真考虑物流系统设计方案对物流成本乃至物流整体作业链——价值链的影响。运用价值工程分析的原理和方法，合理安排确定企业的物流作业活动，选择物流作业方式。

在物流系统设计时，价值工程分析工作的具体开展包括以下5个阶段。

1. 选择价值工程分析对象

企业没有必要对所有的物流作业活动和方式都进行价值分析，也没有必要对一项物流作业活动的所有方面都展开价值分析，而应有所选择。一般而言，价值工程分析对象选择方法主要有以下5种。

1）因素分析法

因素分析法，又称经验分析法，是一种定性分析方法，依据分析人员的经验作出选择，简便易行。特别是在被研究对象彼此相差比较大以及时间紧迫的情况下比较适用。

2）ABC分析法

ABC分析法，又称重点选择法或不均匀分布定律法，是应用数理统计分析的方法来选择对象。

ABC分析法抓住成本比重大的零部件或工序作为研究对象，有利于集中精力重点突破，取得较大效果，同时简便易行，因此广泛为人们所采用。但在实际工作中，有时由于成本分配得不合理，造成成本比重不大但用户认为功能重要的对象可能被漏选或排序推后，而这种情况应列为价值工程研究对象的重点。ABC分析法的这一缺点可以通过经验分析法、强制确定法等方法来补充修正。

3）强制确定法

强制确定法是以功能重要程度作为选择价值工程对象的一种分析方法。具体做法是先求出分析对象的成本系数和功能系数，然后求出价值系数，以揭示出分析对象的功能与成本之间是否相符。如果不相符，价值低的则被选为价值工程的研究对象。这种方法在功能评价和方案评价中也有应用。

强制确定法从功能和成本两方面综合考虑，比较适用、简便，不仅能明确揭示出价值工程的研究对象所在，而且具有数量概念。但这种方法是人为打分，不能准确地反映出功能差距的大小，只适用于部件间功能差别不太大且比较均匀的对象，而且一次分析的部件数目也不能太多，以不超过10个为宜。

4）百分比分析法

百分比分析法是一种通过分析某种费用或资源对企业的某个技术经济指标的影响程度的大小（百分比），来选择价值工程对象的方法。

5）价值指数法

价值指数法是通过比较各个对象（或零部件）之间的功能水平位次和成本位次，寻找价值较低的对象，并将其作为价值工程研究对象的一种方法。

2. 收集可靠信息

分析对象确定后，应根据研究对象的性质、范围和要求，收集可靠的信息。需收集的信息应包括企业的基本情况，如经营方针、产品品种、质量等；有关的技术和经济资料，如本企业或同类物流活动的内容、方式、流程及成本；客户的有关意见，如客户对物流服务的要求、目前存在的问题等。

3. 对研究对象进行功能分析

功能分析是价值工程分析的核心，包括功能定义、功能整理和功能计量等内容。功能定义通常用一个动词和一个名词来描述，不宜太长，以简洁为好；功能整理是用系统的观点将已经定义了的功能加以系统化，找出各局部功能相互之间的逻辑关系，并用图表形式表达，建立功能系统图；功能计量是以功能系统图为基础，依据各个功能之间的逻辑关系，以对象整体功能的定量指标为出发点，逐级测算、分析，确定出各级功能程度的数量指标，揭示出各级功能领域中有无功能不足或功能过剩，从而为保证必要功能、剔除过剩功能、补足不足功能的后续活动（如功能评价、方案创新等）提供定性与定量相结合的依据。功能计量一般可以分对整体功能的量化和对各级子功能的量化两种类型。

4. 功能评价

功能评价，即评定功能的价值，是指找出实现功能的最低费用作为功能的目标成本（又称功能评价值），以功能目标成本为基准，通过与功能现实成本的比较，求出两者的比值（功能价值）和两者的差异值（改善期望值），然后选择功能价值低、改善期望值大的功能作为价值工程活动的重点对象。

1）计算成本指数

成本指数是指评价对象的现实成本在全部成本中所占的比率。

2）计算功能评价值

对象的功能评价值（目标成本），是指实现用户要求功能的最低成本。功能评价值一般用功能货币价值形式表达。

功能重要性系数评价法是一种根据功能重要性系数确定功能评价值的方法。这种方法是把功能划分为几个功能区（即子系统），并根据各功能区的重要程度和复杂程度，确定各个功能区在总功能中所占的比重，即功能重要性系数。然后将目标成本按功能重要性系数分配给各个功能区作为该功能区的目标成本，即功能评价值。确定功能重要性系数的关键是对功能进行打分，常用的打分方法有强制打分法（0—1评分法或0—4评分法）、多比例评分法、逻辑评分法、环比评分法等。

3）计算功能价值系数

功能价值系数的计算方法可以分为两大类：功能成本法与功能指数法。

（1）功能成本法。功能成本法又称为绝对值法，是指通过一定的测算方法，测定实现应有功能所必需消耗的最低成本，同时计算为实现应有功能所耗费的现实成本，经过分析、对比，求得对象的价值系数和成本降低期望值，确定价值工程的改进对象。

功能价值系数的计算结果有以下3种情况。

第一种情况，功能价值系数等于1。即功能评价值等于功能现实成本，这表明评价对象的功能现实成本与实现功能所必需的最低成本大致相当。此时评价对象的价值为最佳，一般无须改进。

第二种情况，功能价值系数小于1，即功能评价值小于功能现实成本。表明评价对象的现实成本偏高，而功能要求不高，这时一种可能是由于存在着过剩的功能，另一种可能是功能虽无过剩，但实现功能的条件或方法不佳，以致使实现功能的成本大于功能的实际需要。这两种情况都应列入功能改进的范围，并且以剔除过剩功能及降低现实成本为改进方向，使成本与功能比例趋于合理。

第三种情况，功能价值系数大于1，即功能评价值大于功能现实成本。表明评价对象的功能比较重要，但分配的成本较少，此时应进行具体分析，功能与成本的分配可能已较理想，或者有不必要的功能，或者应该提高成本。

（2）功能指数法。功能指数法又称相对值法。在功能指数法中，功能的价值用价值指数来表示，它是通过评定各对象功能的重要程度，用功能指数来表示其功能程度的大小，然后将评价对象的功能指数与相对应的成本指数进行比较，得出该评价对象的价值指数，从而确定改进对象，并求出该对象的成本改进期望值。

功能指数法计算的功能价值系数仍有以下3种情况。

第一种情况，功能价值系数等于1。此时评价对象的功能比重与成本比重大致平衡，合理匹配，可以认为功能的现实成本是比较合理的。

第二种情况，功能价值系数小于1。此时评价对象的功能指数小于其成本指数，表明相对于系统内的其他对象而言，目前所占的成本偏高，应将评价对象列为改进对象，改善方向主要是降低成本。

第三种情况，功能价值系数大于1。此时评价对象的功能指数大于其成本指数，出现这种结果的原因可能有3种。第一，由于现实成本偏低，不能满足评价对象实现其应具有的功能要求，致使对象功能偏低。这种情况应列为改进对象，改善方向是增加成本；第二，对象目前具有的功能已经超过了其应该具有的水平，即存在过剩功能。这种情况也应列为改进对象，改善方向是降低功能水平；第三，对象在技术、经济等方面具有某些特征，在客观上存在着功能很重要而需要消耗的成本却很少的情况，这种情况一般就不应列为改进对象。

5. 确定最优方案

根据上述分析结果，根据客户的需求，提出若干改进方案。并对这些方案进行分析评价，选择功能不变而成本最低或成本不变而功能更高的方案。原则上选择价值系数大于1或小于1的物流作业环节作为改进对象。因为价值系数等于1，表明该物流作业环节的功能与成本平衡，无须改进；价值系数小于1，表明功能重要性小的物流作业环节占用了过多的实际成本；价值系数大于1，表明功能重要性大的物流作业环节占用较少的实际成本。因此，可以将价值系数不等1的分析对象作为降低或提高成本分配的对象。

复习与应用

1. 什么是物流成本预测？简述物流成本预测的作用。
2. 物流成本预测有哪些分类？
3. 简述物流成本预测步骤。
4. 物流成本预测方法有哪些？
5. 什么是物流成本决策？
6. 简述物流成本决策步骤。
7. 物流成本决策的方法有哪些？

【案例分析】

食品安全背景下农业企业物流外包决策的案例研究①

　　近几年来，食品安全问题在国内经常发生，各类食品频频爆出负面新闻，如苏丹红鸭蛋、孔雀绿鱼虾、染色花椒、墨汁石蜡红薯粉等。同时，大型食品企业出现影响较大的产品安全事故，如三鹿集团、双汇集团、恒天然集团等。在多次大型食品安全事故当中，"三聚氰胺事件"和"瘦肉精事件"是其中影响程度较大的两起事故。在这些食品安全事故曝光以后，国内的大型食品企业受到社会各界的高度关注，也引起了各界人士的讨论与质疑。在受到社会各界猜疑的情况下，农业企业急需寻找保障产品质量安全的方法与途径。要避免农产品质量安全事故的再次发生，农业企业需要更加关注自身的产品生产过程，这就需要他们更加紧密地去监控自身的产品物流运输过程，更加严格地控制产品的质量变化。对于大型的农业企业而言，他们产品的物流活动十分繁多和复杂，因此部分企业会选择将自己的物流活动外包给第三方物流服务商，但是也有部分企业会选择自营物流活动。无论农业企业选择何种物流外包方式，他们的目的都是确保自身的产品能够安全、顺利地到达消费市场，为消费者提供安全、可靠的农产品。农业企业会选择何种物流外包方式，选择某种物流外包方式的动因是什么，这些问题对于农业企业保障产品质量安全而言显得尤为重要。因此，在食品安全的背景下，研究农业企业的物流外包决策具有一定的实际意义，同时对于物流外包理论研究领域而言也具有一定的理论价值。

　　一、案例选取

　　（一）研究方法选择

　　案例研究是探索难于从所处情境中分离出来的现象时采用的研究方法。如果研究问题是寻求对一些既有现象的解释，即研究"怎么样"和"为什么"的问题，那么选择案例研究是很贴切的。企业的危机应对过程是一个复杂的情境，需要研究多种因素对于情境的影响，难以通过单一的问卷和实验来开展研究。同时研究企业的危机应对机制，是一个探索"怎么样"和"为什么"的问题。

　　（二）案例选择

　　案例研究当中每个案例都应具有典型代表性。在此选择了大型农产品生产企业双汇集团和伊利集团这家企业作为研究对象。这两家企业都是国内外知名的农业龙头企业，同时都曾经遭遇食品安全事故的影响。在事故发生之后，它们的经营决策会深受食品安全事故的影响，当然它们的物流外包决策也可能发生改变。在此背景下，这两家企业的物流决策具有较大的典型代表性。

　　（三）资料收集

　　主要通过网络来获取与案例相关的外部信息。考虑到资料的公开性与权威性，选取了物流与采购联合会的官方网站、双汇集团官方网站、伊利集团官方网站和中国奶业协会信息网作为主要信息来源。

---

① 资料来源：黄志平，文晓巍. 食品安全背景下农业企业物流外包决策的案例研究. 南方农村，2014（1）：61-65.

二、案例分析
（一）案例一——双汇集团
1. 企业简介

双汇集团是以肉类加工为主的大型食品集团，总部位于河南省漯河市，目前总资产达200亿元，员工6万多人，年肉类总产量300万吨，是中国最大的肉类加工基地，在2011年中国企业500强排序中列166位。双汇集团的发展十分迅速：20世纪80年代中期企业年销售收入不足1000万元，1990年突破1亿元，2003年突破100亿元，2010年突破500亿元，2011年达到503亿元。

双汇集团是跨区域、跨国经营的大型食品集团，在全国15个省市建有20多家现代化的肉类加工基地和配套产业，在31个省市建有200多个销售分公司和现代化的物流配送中心，每天有8 000多吨产品通过完善的供应链配送到全国各地。双汇集团在新加坡、韩国、菲律宾等国建立办事机构，开拓海外市场，每年进出口贸易额突破1亿美元。

双汇集团坚持用大工业的思路发展现代肉类工业，先后投资40多亿元，从发达国家引进先进的技术设备4 000多台套，高起点、上规模、高速度、高效益建设工业基地，形成了以屠宰和肉制品加工业为主，养殖业、饲料业、屠宰业、肉制品加工业、化工包装、彩色印刷、物流配送、商业外贸等主业突出、行业配套的产业群。

2. 双汇集团物流外包决策分析

2011年3月15日，双汇集团遭到了"瘦肉精事件"的影响，其供应链质量管理安全问题受到社会各界人士的关注与质疑。事件爆发之后，双汇集团急需解决的是如何确保产品的质量安全，通过什么方式来管理自身的供应链。

经历了"瘦肉精事件"的重大打击之后，双汇集团逐渐加大了对供应链上游的控制力度，以防同类型的问题再次出现。目前，双汇集团的发展战略是通过全产业链的整合来控制产品的质量安全，从而获取自身的竞争优势，其整合的环节包括饲料加工、养殖、屠宰分割、肉制品加工、化工包装、物流配送和商业连锁，即从生产到销售的整个产品流通过程。

双汇集团的全产业链整合的发展战略得益于其对物流运营方式的高度重视，更为重要的是他们选择了自营物流的供应链管理方式来实现自己的经营战略。双汇集团拥有生产过程中多个阶段的物流环节，每个环节之间都需要物流服务供应商提供相应的物流服务。从物流服务需求方的角度来看，在不同的环节之间，双汇集团都需要为其支付一定的交易成本和生产成本。因为他们生产规模较大，所以由此产生的成本也较大。从物流服务供给方来看，巨大的生产规模和多个环节的物流服务意味着多种创造价值和获取利润的巨大机会。

在此时，双汇集团将成本和利润进行了转化，做到将上下游物流环节有机整合，实现了物流一体化。双汇集团自身拥有一家专业性的物流服务企业——双汇物流投资有限公司，使得他们能够自营物流，无须将物流外包给第三方物流服务供应商。自营物流的供应管理方式使得双汇集团自身既充当了物流需求方的角色，又充当了物流服务供给方的角色。在双汇集团的供应链内部，各个部门和子公司之间形成了一个内部的服务供需市场，相当于在内部实现了物流外包，将各个生产部门产生的物流成本内化成自身物流企业的利润，有效地削减了生产过程中的成本，提高了自有资源的利用效率，同时为各个环节创造了一定的价值和利润。

除了拥有自营的物流服务企业之外，双汇集团还拥有一家ERP软件服务公司——双汇软件公司。双汇集团成立此公司的目的是解决众多经营活动中物流环节的信息共享问题。如果说双汇物流投资有限公司为双汇集团的物流管理活动提供了硬件设施的保障,那么双汇软件公司便为双汇集团提供了软件服务的支持。双汇集团的产业链自身拥有多个物流环节,各个环节的物流活动由自身的物流公司承担,在此过程中,定会产生大量的管理信息。管理信息的及时共享对于各个上下游各个环节而言都十分重要。凭借着自身软件公司开发的 ERP 软件,双汇集团实现了每个环节的管理信息实时共享,有效地确保了供应链的高效运行。

由上可见,削减成本、获取资源和创造价值均为双汇集团采取自营物流的动因,自有物流公司使得双汇集团实现了在内部进行物流外包,形成了客户企业与物流供应企业的紧密的合作伙伴关系。与此同时,其先进的物流信息服务为双汇集团自营物流的物流外包方式提供较强的技术支持。自营物流的物流外包方式使得双汇集团的全产业链整合成为了可能,也令其对自身上下游产业链有了更好的控制能力,进一步确保其产品的质量安全。

(二)案例二——伊利集团

1. 企业简介

内蒙古伊利实业集团股份有限公司(简称伊利集团),是中国唯一一家同时服务于奥运会和世博会的大型民族企业。伊利集团始终以强劲的实力领跑中国乳业,并以极其稳健的增长态势成了持续发展的乳品行业代表。

目前,伊利集团拥有液态奶、冷饮、奶粉、酸奶和原奶五大事业部,所属企业近百个,旗下有纯牛奶、乳饮料、雪糕、冰淇淋、奶粉、奶茶粉、酸奶、奶酪等 1 000 多个产品品种。伊利雪糕、冰淇淋、产销量已连续 19 年居全国第一,伊利超高温灭菌奶产销量连续多年在全国遥遥领先,伊利奶粉、奶茶粉产销量自 2005 年起即跃居全国第一位。

2013 年上半年,伊利股份实现主营业务收入 240.21 亿元,同比增长 13.41%,实现净利润 17.38 亿元,同比增长超过 128%。

作为中国乳业的领导者,伊利在企业社会责任和社会公益方面一直走在中国乳品行业前列。截至 2012 年,伊利集团已累计纳税超过 146 亿元,在其每年出色完成上缴国家利税的同时,伊利持续的公益事业投入,带动农业产业链发展,发挥着行业领导者的作用,为中国商界树立了新的责任标杆,成为推进和谐社会建设的有益补充力量。

2. 伊利集团物流外包决策分析

2008 年 9 月 11 日,由三鹿集团引起的"三聚氰胺事件"爆发,引起了社会的广泛关注,同时也使得同行的其他企业受到牵连,其中伊利集团便是受害者之一。在事件爆发之后,伊利集团的乳制品在抽检中被发现三聚氰胺超标,引发了众多社会人士的怀疑与批评。经历此事后,伊利集团的物流管理活动发生了一定的变化。

近年来,伊利集团不断加大奶源生产基地的建设力度,目的是加强对奶源的控制,确保产品的来源安全、可靠,避免安全事故的出现。这种方式是以伊利集团自身资源为基础的扩张发展战略。伊利集团希望通过自身的资源优势来对上游供应链加以控制,以获取更多的资源,同时更好地保护奶源的安全性。与此同时,伊利集团还为奶农提供资金支持和培训服务,使得奶农的生产活动较为依赖伊利集团。这种合作方式很好地发挥了伊利集团自身拥有的资源优势,同时也加强了对上游供应商的监督和控制。

伊利集团地处国内奶制品产量最大的内蒙古自治区,十分靠近牛奶的生产者,在生产阶段的产品运输具有成本低的优势。但是,伊利集团的主要生产基地距离主要销售市场较远,同时所处环境的交通条件较差，自身难以克服，需要借助第三方的力量来解决长途运输的难题。目前，伊利集团主要采取多种运输方式来实现长距离的货物供应，将产品从生产地运到销售地。他们采用的运输方式包括海洋运输、铁路集装箱、冰保车、机保车、集装箱、公路运输、铁海联运、公海联运及行包发运等。

运输方式多样，运输货量大和运输距离远是伊利集团产品物流的特点。正因如此，伊利集团难以凭借自身的资金来构建相应的物流设施，必须采用外包大部分物流服务的方式来管理自身的产品运输，借用第三方物流供应商的资源优势来降低自身产品的运输成本。与此同时，伊利集团的产品物流服务的需求量十分巨大，巨大的资源优势使得其在供应链当中处于较为核心的位置，这使得他们有较大的空间去选择第三方物流供应商，同时两者保持以双方资源为基础的协调型的关系属性。

虽然伊利集团采用了外包物流服务的方式来运输自己的产品，但是他们对于自身产品的监控力度一点都不比自营物流的农业企业低。伊利集团一直十分重视信息化管理系统的建设。目前，他们已经对全部运输车辆装载 GPS，用于追踪产品的全程运输质量。信息化的设备使得他们对于第三方物流服务供应商有了很好的监控能力。

由上可知，由于靠近国内最大的奶制品生产基地，伊利集团具有多方面的资源优势。伊利集团产品种类多，产量大，伊利集团自身也拥有较多的生产资源和设备，这为其奠定了供应链中的核心地位。但是，伊利集团的重点销售市场并非是地处北方的内蒙古，而是内蒙古以外的其他地区，这就使得他们面临着远离销售市场、物流距离增加的问题。长距离的运输必然使得物流成本增加，此时采取外包物流服务的方式便成了降低物流成本的重要手段。外包物流服务往往意味着服务委托企业的监管程度下降，但是伊利集团利用信息化的设备克服了这一问题，保证了产品在运输过程中的质量安全。

三、结论与讨论

（一）供应链整合有利于企业加强自身的产品质量控制程度

无论是双汇集团还是伊利集团，他们都较为注重生产、加工、销售几个环节的供应链整合。双汇集团不断加大对产业链的建设力度，意在利用自身的物流活动来降低成本和增加利润，降低整条供应链的成本，同时加强对整个产业的影响力度。伊利集团则在近几年不断加大生产基地的投资力度和对奶农的支持力度，目的是加强自身对供应链上游的控制程度，以确保产品的原料输入的安全性。

（二）信息化手段提高物流外包服务的可追溯性

双汇集团自身拥有一家专门为自己提供软件服务的软件公司，相当于自己拥有了一名私人医生，为自己的物流信息化提供专门的"诊断"和"保健"服务。而伊利集团十分注重GPS等现代化信息技术的运用，巧妙地克服了外包物流监控难的问题。这两家公司都将信息化的手段应用于加强供应链的监控功能，使得他们的物流活动能够紧密关注产品的质量安全状况。

（三）企业所在的地理位置会影响其物流外包决策

虽然双汇集团和伊利集团的总部所在位置都位于北方地区，但是他们所在的地理位置有较大差别。双汇集团位于河南省，比较靠近交通发达的北京市，而伊利集团位于内蒙古自治区，地处内陆地区，交通较不发达。两家企业所处的地理位置对当地的交通设施资源有着很大的影响，而这样的区别便使得他们可采用的物流运输方式和需要承担的物流成本有了明显的差别。

（四）企业经营产品的品种数量对其物流外包决策有一定影响

双汇集团主要经营的是肉类加工品，产品的品种相对单一，而伊利集团主要经营液态奶、冷饮、奶粉、酸奶和原奶，产品的品种较多。不同品种的产品有着不同的运输要求，一般需要进行分类运输。品种较少的产品可以采用较少的运输工具便完成物流的过程，而品种较多的产品则需要采用较多不同的运输工具来完成物流的过程。运输工具的种类差别也将会对物流成本产生一定的影响，同时对企业的物流外包决策产生一定的影响。

中英文关键词语

1. 物流成本预测　Logistics cost forecast
2. 物流成本决策　Logistics cost decision
3. 线性相关　Linear dependence

进一步阅读

[1] 李军，杨纬隆. 管理运筹学. 广州：华南理工大学出版社，2005.

[2] 陈云天，杨国荣. 物流案例与实训. 北京：北京理工大学出版社，2007.

[3] 胡心专，张亚明，张文文. BP神经网络在社会物流成本预测中的应用. 企业经济，2010（10）.

[4] 吴清烈，蒋尚华. 预测与决策分析. 南京：东南大学出版社，2004.

[5] 侯晓华. 灰色关联理论在物流成本预测中的应用. 物流技术，2013（9）.

[6] 张国庆. 企业物流成本管理. 合肥：合肥工业大学出版社，2008.

第 4 章 物流成本预算

【本章结构图】

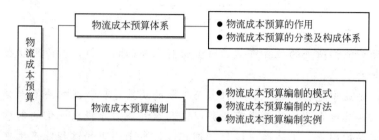

【本章学习目标】

通过本章的学习，你将能够：
- 说明物流成本预算的作用；
- 区分物流成本形态别、范围别、功能别、对象别预算；
- 说明物流成本预算编制模式；
- 学会编制物流成本弹性预算、零基预算、动态预算。

【引导案例】

预算创意的产生①

产生新的创意是预算过程中第一也是最重要的部分，从有价值的创意这一原则中我们可以看出它的重要性。不幸的是，我们无法教会人们如何提出有价值的新创意，如果可以的话，我们自己早成富翁了！尽管我们设法确保新创意的产生，强调它的重要性还是很重要的，这会使我们对自己或别人产生的创意给予足够的重视。

新创意来自何处？它来自一个组织的各级部门。图 4-1 是一个企业内部预算创意产生的典型的流程图。通常，工厂经理负责发现一些能使企业运营更有效或规模更经济的潜在方案，如工厂经理可建议增加 10 000 平方英尺的厂房或更新一台设备。在筛掉一些不占优势或不具吸引力的方案后，工厂经理会把一些较有利的方案连同其他补充文件送到相关的事业部。

事业部管理人员不仅要审查这些建议而且还要加入自己的创意，例如，他们可能会建议增加一条新的生产线或合并两个工厂以提高效率等，而这些创意工厂经理一般是提不出来的。

这种自下而上的流程可使创意在组织中向上传递的过程中被逐级"过滤"。在每一级上，由较低一级经理所提交的建议都经过筛选，其中有一些就被递交到上一级。此外，高一级别

---

① 艾默瑞，芬尼特. 公司财务管理（上）. 北京：中国人民大学出版社，200：303-304.

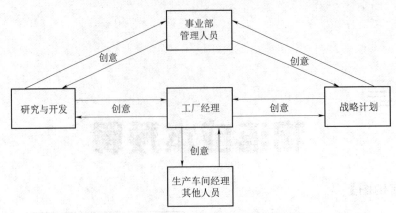

图 4-1 企业预算创意产生的典型流程图

的管理人员,因为他们所处的位置可使其对企业有更全面的了解,所以可以在下级呈交的建议中加入一些新的创意。

与此同时,企业中也会存在一种"自上而下"的决策过程。战略决策者会就企业是否开拓新的业务、收购其他企业、改善现有业务以提高盈利能力等提出他们的创意。战略策划是预算过程中一个关键因素。上述两个过程相辅相成,自上而下的过程能产生更全面、更富于战略性的创意;自下而上的过程则会产生对某一项目更具针对性的创意。

另外,一些企业有研究开发部,它可能是生产部的一个组成部分,也可能是一个独立的部门。该部门经常会对产品提出一些新的创意,然后把它们提交到营销研究部。表 4-1 列出了一项投资建议从开发到批准的一般过程。

表 4-1 投资预算建议方案的开发至审批过程

1. 批准研究资金,这种研究可能会产生产品创新的想法
2. 批准市场调研资金,通过市场调研可能会提出一个产品建议书
3. 批准产品开发资金,通过开发可能会设计出有用的产品
4. 批准购买生产厂房或机器设备及销售新产品的资金

表 4-1 中每一步都会涉及企业某一级或更多级上的预算决策。因此,在每一步上企业都要重新估计净现值。通过这种顺次划拨资金的方式,就有可能自动审查并早日剔除不成功的方案,这样表中每一步也就包括了放弃、延迟、改变或继续某一方案的选择过程。

4.1 物流成本预算体系

物流成本预算是指企业在未来一定时期内,以货币形式或其他数量形式反映的关于企业物流系统成本计划以及相应措施的数量说明。

4.1.1 物流成本预算的作用

编制物流成本预算是企业物流成本管理的一项重要工作,其具体作用主要体现在以下 4 个方面。

1. 明确物流成本目标

企业拥有的物流资源是有限的，如物流人员、物流设备和工具、物流资金等，企业物流部门追求的目标是合理、有效地运用这些有限的物流资源，实现最佳的物流效果。为此，通过决策，企业物流部门确立了自己的成本目标。为了实现目标，保证最佳决策方案在实际工作中顺利实施，需要编制物流成本预算。通过物流成本预算，可以将企业物流系统的整体目标分解为各个物流部门的分目标，从而使企业物流系统的整体目标与物流系统各个部门的分目标有机地结合起来。这不仅使每个物流部门、物流运营者明确了自己未来的努力方向和应达到的成本控制水平，而且为企业物流系统整体目标的实现提供了有力的保障。

2. 协调各个物流部门之间的相互关系

企业物流系统的整体目标，必须层层分解为物流各部门、人员和经营环节上的具体目标才能够得到落实。然而，企业物流系统各个物流部门彼此之间是相对独立的。由于构成物流系统整体的各个物流部门职责不同，有时会出现彼此之间利益冲突的现象。例如，假设企业生产的某种产品年销售量是固定的，如果物流运输部门为了降低该产品运输成本，提出采用整车批量发运，但仓储部门可能因仓储空间有限而不能容纳这些库存，使这个提议不能实现。即便仓储空间足够用，仓储部门也不愿意接受这样的提议，因为在降低运输成本的同时，却导致了仓储活动的相关成本（仓储成本和库存持有成本）的增加。通过编制物流成本预算，就可以有效权衡各物流部门的工作计划，使各个物流部门、运营者的目标有机地结合起来，明确它们之间的数量关系，有助于各个物流部门和运营者通过正式渠道加强内部的沟通并互相协调，紧密配合，从而保障企业物流系统整体目标的实现。

3. 控制各个物流部门的日常物流活动

物流成本预算确定下来后，就进入了实施阶段，物流成本管理工作的重心就转为成本控制。在日常的物流活动中，有关部门和单位以物流成本预算为依据，通过计量、对比，及时提供实际执行结果与预算标准之间的差异数额，分析其原因，及时采取有效措施纠正，保证预算任务和目标顺利实现。

4. 评价考核物流活动业绩

物流活动业绩评价是物流活动过程中的一项重要事项。物流成本预算管理为企业物流系统业绩评价提供了基本的评价标准、评价方法、评价范围和评价期间。经过审批的各种物流成本预算指标，是评价的基本标准；物流成本预算指标同历史指标、行业指标、当期实际指标进行对比分析，是评价的基本方法；企业物流系统整体业绩评价、各个物流部门与环节经营业绩评价和物流系统岗位员工工作业绩评价是3个基本的评价范围。此外，物流成本预算不仅有年度预算，而且还有季度预算和月份预算。因此，可以进行年度业绩评价、季度业绩评价和月份业绩评价。物流成本预算管理与企业物流系统经营业绩评价之间的关系，可用图4-2来反映。

在实际工作中，为了使物流成本预算更好地发挥其作用，除了要编制一个高质量的预算外，还应制定合理的预算管理制度，包括预算的编制程序、预算调整方法、预算执行情况的分析、预算工作的组织管理等。

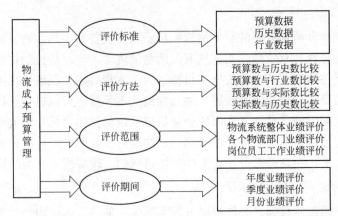

图 4-2　物流成本预算管理与企业物流系统经营业绩评价关系图

4.1.2　物流成本预算的分类与构成体系

企业的物流成本可以依据不同标准进行分类核算，与此相适应，物流成本预算也可以依据不同的标准进行分类编制，具体来讲，主要存在以下 4 种类型。

1. 按照物流成本编制的依据划分

按照物流成本编制的依据，可将物流成本预算划分为形态别预算、功能别预算、范围别预算和对象别预算。

1) 形态别预算

按物流成本形态编制的物流成本预算称之为物流成本形态别预算，它包括物流人员工资、物流设备折旧费、耗用品费以及各种其他费用的预算。物流成本形态别预算有利于评价、分析企业一定时期内物流财务状况，但不便于企业的物流成本管理。

2) 功能别预算

按物流功能成本编制的物流成本预算称之为物流成本功能别预算，包括物流运作成本预算（运输成本预算、仓储成本预算、包装成本预算、装卸搬运成本预算、流通加工成本预算）、物流信息成本预算、物流管理成本预算。这种形式的物流成本预算能够将预算同物流部门及其工作人员有机结合起来，提高物流部门及其工作人员降低物流成本的积极性。只要将预算与实际执行结果进行比较，就能够了解各个物流部门的预算执行情况，便于明确责任，从而有利于降低企业的物流成本水平。

3) 范围别预算

按物流成本构成范围编制的预算称之为物流成本范围别预算。物流成本按构成范围可划分为供应物流成本、企业内物流成本、销售物流成本、回收物流成本和废弃物物流成本，相应编制的预算分别为供应物流成本预算、企业内物流成本预算、销售物流成本预算、回收物流成本预算和废弃物物流成本预算。这种形式的预算可以规划出预算期内各个物流领域中的物流成本支出数目，从而作为各领域物流工作人员降低物流成本的目标。

4) 对象别预算

按物流成本发生对象编制的物流成本预算称之为物流成本对象别预算，该预算通常是按照不同商品、不同地区和不同用户编制的，包括主要商品的物流成本预算、主要销售地区的物流成本预算和主要用户的物流成本预算。编制主要商品的物流成本预算便于企业有效控制这些主要商品的物流成本支出，进行重点管理，从而达到降低物流成本的目的；编制主要销售地区的物流成本预算有利于控制企业在主要销售地区的物流成本支出，便于采取措施完成预算，进而降低物流成本；编制主要用户物流成本预算有利于调整企业与用户之间服务与成本之间的关系，从而有利于降低物流成本水平。总之，通过编制物流成本对象别预算，可以实现重点管理，加强企业物流成本支出的重点控制，从而提高物流管理的有效性。

2. 按物流成本的性态划分

按照物流成本的性态，可将物流成本预算划分为变动成本预算和固定成本预算。

为了提高物流成本预算的准确度，有必要将物流成本分解为变动成本和固定成本，并分别编制预算。在物流成本预算中，变动成本和固定成本预算编制方法是有区别的。

3. 按物流成本的可控性划分

按照物流成本是否可以为现场物流管理者所控制或施加影响，可将物流成本预算划分为可控物流成本预算和不可控物流成本预算。

可控物流成本是指现场物流管理者拥有物流成本决策的权限，必须对成本支出和绩效负责的物流成本。与此相对应，不可控物流成本是指现场物流管理者不拥有物流成本的决策权限，不对成本支出结果负责的物流成本。在预算中，这样区分的目的是将可控的物流活动及其成本从物流系统整体活动和总成本中分解出来，以便落实责任，进而对物流活动及其责任者进行有效的追踪管理。

4. 按物流成本变动产生的原因划分

按照物流成本变动产生的原因，可将物流成本预算划分为金额预算和物流量预算。

通常在物流成本预算时主要是对物流成本金额进行预算，并没有对具体的物流量进行分析，这种单方面的预算分析不利于优化物流管理以及明确物流责任。因为物流成本的发生金额等于物流量与单价预算乘积。如果物流成本的上升是由物流量的增加引起的，则需进一步分析，具体是哪个物流领域的物流量增加，进而明确物流责任。例如，物流量的增加如果是由生产量的增加导致的，责任可能在生产部门；如果是由销售量增加导致的，责任可能在销售部门；如果是由物流管理失效导致的，则责任应由物流管理部门承担。同样，如果物流成本上升是由单价预算上升导致的，则也需进一步分析是什么原因导致的。如果是市场因素导致的，企业任何部门和人员都不需要承担责任；如果是由管理不良导致的，则物流管理部门应承担相应的责任。

以上物流成本预算的各种类型以及彼此之间相互联系、相互补充，构成了一个有机的整体，如图 4-3 所示。在以往的物流成本预算中，主要是对形态别成本进行预算，而现代的物流成本预算中，不仅要对形态别成本进行预算，也要对物流功能别成本、范围别成本、对象别成本进行预算。因为，现代的物流成本管理仅仅从形态别成本管理入手是不完全的，真正对物流管理起能动作用的是功能别成本、范围别成本和对象别成本。在功能别物流成本预算中，还需要进一步细分为变动成本预算和固定成本预算，掌握哪些物流活动与业务量密切相关，而哪些物流成本是企业必须支付的，它与物流业务量又无直接关系。此外，为了服从物流管理的要求，尤其是物流部门管理人员业绩评价的要求，还应该将物流成本变动预算和固定预算进一步区分为可控制物流成本预算和不可控制物流成本预算。同时在可控制成本预算中，再按照金额预算和物流量预算进行分析，从而明确物流责任，优化物流管理。

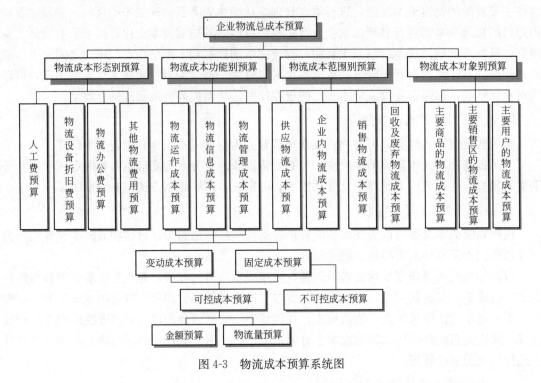

图 4-3　物流成本预算系统图

4.2　物流成本预算的编制

4.2.1　物流成本预算编制模式

　　物流成本预算的编制是物流预算管理的起点，也是物流预算管理的重点。预算编制过程是一项错综复杂的综合性工作，既需要企业最高管理部门的支持，又需要物流系统内各部门的通力合作。在实际工作中往往要专门成立一个预算管理委员会，其成员一般由总经理、财务副总经理和各职能部门的负责人组成。

　　为了保证预算编制科学性、有效性和适用性，需要正确设计和选择预算编制模式与编制流程。预算编制模式与编制流程是企业根据目标制定的预算编制的主线，它们分别从纵横两个不同的方向描述了预算编制的构架。预算编制模式从纵向描述了预算编制的基本程序，而编制流程则从横向设置了预算编制的起点和基本步骤。

　　预算的编制模式根据预算执行者是否参与预算编制，分为强强预算、参与预算和自编预算 3 种类型。

　　强强预算编制模式又称为高度集权模式或"自上而下"模式，是由企业高层管理者根据企业整体目标，进一步制定预算目标，预算管理委员会编制预算，将预算目标分解下达到各级预算单位，再由各预算单位逐级下达执行。该种预算编制模式是由企业高层管理者作为预算的编制者，各级预算单位只是预算的执行者，而不参与预算编制，没有独立的决策权。

参与预算编制模式又分为两种形式。一种是以集权为主，适当分权编制模式，又称"先自上而下，后自下而上"模式，是由企业高层管理者根据企业战略目标确定预算目标，预算管理委员会将目标层层分解到各预算责任单位，各预算责任单位根据分解目标和本单位实际情况编制单位预算并逐级往上汇总，通过预算管理委员会协调、平衡和综合，最后得出总预算。该模式是按"上下结合、分级编制、逐级汇总"的程序进行预算编制的；另一种是以分权为主、适当集权的编制模式，又称"先自下而上，后自上而下"模式，是指各预算执行任务单位自行编制各自的预算，然后报预算管理委员会进行协调、平衡和综合，最后得出总预算的编制模式。

自编预算编制模式又称高度分权的编制模式或"自下而上"模式，是指预算执行单位自行编制各自的预算，然后报预算管理委员会备案，预算来自下属预算执行单位的预测，总部只设定目标和监督目标的执行结果，而不过多地介入过程的控制。这样能发挥预算执行单位的积极性，强化其参与意识，使部门和员工有管理的认同感。

在编制物流成本预算时，一般多采取自编预算或参与预算的方法，以广泛吸收预算执行者参加预算编制。其主要程序是：首先由企业最高管理部门会同预算委员会提出经营目标的总体内容和具体要求，然后由物流部门根据经营目标的总体要求，结合本部门具体工作目标，提出本部门的初步预算，预算管理委员会对其进行分析审查和调整，并在此基础上编制企业的总体预算，报送企业最高领导机构审核批准，最后作为正式预算下发给各个物流部门执行。通过这种方法编制的预算与强制预算相比，往往更加切合工作和经营业务的实际，更容易得到广大预算执行者的理解和支持；增强了执行预算的积极性和自觉性，从而能使预算充分发挥其应有的作用。[①]

4.2.2 物流成本预算编制方法

1. 弹性预算法

弹性预算又称变动预算或滑动预算，是在固定预算的基础上发展起来的。采用固定预算法编制预算时，其中变动费用明细项目是根据预算期某一给定的业务量水平为基础来确定其预算金额，不考虑预算期内经营业务量水平可能发生的变动。如果实际业务量与编制时所依据的业务量产生较大差异时，各费用明细项目的实际数与预算数就失去了可比性。而在实际中，由于市场行情的变化或季节性的原因，各月份的实际业务量水平常常与预算数产生较大差异，致使无法对物流成本预算的执行情况作出准确的评价和考核，从而也就难以对其实施有效的预算控制。为了弥补固定预算法编制预算存在的不足，提高物流成本预算的有效性，就有必要编制物流成本弹性预算。

弹性预算是指企业根据成本、业务量、利润之间的依存关系，以预算期可预见的各种业务量水平为基础编制的预算。具体来说，就是在编制物流成本费用预算时，预先对预算期内业务量可能发生的变化进行估计，编制出一套能适应多种业务量水平的成本费用预算。这样，在企业物流规模和业务量水平发生变化时，物流成本预算金额能够随着业务量水平的变化而作调整，使之仍然能够准确、真实地反映某一特定物流经营规模和业务量水平下所应当

---

① 傅桂林，袁水林. 物流成本管理. 北京：中国物资出版社，2007：121-122.

发生的成本费用。因此，即使预算期内实际业务量与预计的业务量不一致，通过编制弹性预算，也能够提供与实际业务量水平相适应的预算额，从而能够使预算数与实际执行数进行比较，有利于对某些物流经营活动进行有效的控制。

物流成本弹性预算的具体编制方法主要有公式法和列表法两种。

1) 公式法

公式法是指在编制弹性预算时，根据物流成本习性将有关预算中的全部成本区分为固定成本和变动成本两部分，变动成本主要根据业务量控制，固定成本则根据总额控制，用成本公式近似地表示预算数的方法。物流成本预算数的计算公式为：

$$y = a + bx \tag{4-1}$$

其中，y 表示物流成本总额预算数，b 表示物流成本中的单位变动成本，x 表示业务量。

在公式法下，只要确定物流成本中的固定成本 a 和单位变动成本 b 就可以推算出物流成本在相关业务量范围内任何业务量水平的预算金额，并用此预算金额对成本支出进行控制和考核。采用公式法编制预算时不需要反映业务量水平，编制预算的工作量较小。但在进行预算控制和考核时不能直接查出特定业务量下的总成本预算额，需要根据实际业务量临时计算预算数，而且还需按项目分解成本，比较烦琐，工作量较大。

2) 列表法

列表法是在相关的业务量范围内，将业务量划分为若干个不同的水平，然后通过列表的方式，分别计算不同业务量水平下的各项预算成本，并计算总成本预算额，编制成本弹性预算的方法。采用列表法编制预算能直接查出特定业务量下的总成本预算额，便于预算的控制和考核。但预算编制工作量较大，且选择业务量的间距越小，工作量就越大。事实上，即使选择较小的间距，也不能囊括业务量范围内的所有业务量水平。

2. 零基预算法

零基预算是相对定基预算而言的。定基预算又称调整预算法或称增量预算法，是指在编制预算时，以基期各种费用项目的实际水平为基础，结合考虑预算期可能使各种费用项目发生变动的有关因素，如业务量增减变化，有关降低成本措施的实施等，通过调整原有成本费用项目的内容和金额而形成预算的方法。按定基预算法编制成本预算时，以基期同项目的预算指标值为基础，按比例进行增减调整推算预算期的该类预算指标。

由于定基预算过分地依赖于基期，往往不加分析地保留或接受原有成本项目，可能会导致原来不合理的费用开支继续存在下去，并将像滚雪球一样越滚越大，造成预算先天性的浪费，大大地降低了企业的资源运用效率。20 世纪 70 年代，美国得克萨斯仪器公司的人事控制经理彼得·派尔提出了"以零为基础编制预算和计划的方法"，即零基预算（又称零底预算）。该预算方法打破了传统的以历史基期为基础进行预算编制的惯例，而是根据企业现在和未来发展的需要，在相同的基础上，设定各业务优先级，进行预算、资源配置和业务调整。具体来讲，就是在编制成本预算时，对所有的预算收支均以"零"为基底，不考虑其以往情况和现有的费用开支水平，而是从实际需要出发，从根本上考虑每项费用开支的必要性、合理性及支出金额。

零基预算的优点是不受历史资料和现行预算的限制，对一切费用项目的开支都是以零起点来考虑其必要性和重要性，并以此为依据分配企业的预算资源。因此，这种预算方式可以有效地压缩经费开支，提高资金或经济资源的使用效率。但是，零基预算编制的工作量要比增量预算繁重得多，通常企业隔若干年才编制一次零基预算，以后的几年只略做适当的调整，这样既可以简化预算工作量，又有效地节约费用开支。

物流成本零基预算是零基预算在物流管理领域的具体应用，按照物流成本零基预算的思想，企业在编制物流成本预算时，对于任何一种物流成本项目的开支数，不考虑基期的成本开支水平，而是以零为起点，从根本上考虑各项成本项目存在的必要性和开支数额。

物流成本零基预算在编制时，大体上可以分为3个步骤。

首先，根据未来发展需要，制订个别物流业务层面计划表。通常，这些业务计划表是由企业的物流管理人员、操作人员以及各层次的决策人员根据本企业在预算期内的总体经营目标和各个物流部门应当完成的任务，在充分沟通协商的基础上提出的。在业务计划表中列出本物流部门必须安排的物流业务项目，并明确每一物流业务项目需要的具体开支金额。

其次，企业管理人员根据各个物流部门提交的业务计划表，进行成本效益分析，确定物流业务的优先级别。具体来讲，就是确定各物流业务项目存在的必要性，并根据轻重缓急的原则，按重要程度、影响程度分为不同等级，并依级次排列。

最后，根据以上确定的物流业务预算项目先后顺序，将预算期内可动用的资金来源或经济资源，在有关物流业务项目之间进行合理分配，既要保证重点物流业务项目资金，又要使预算期内各项生产经营活动得以均衡协调地发展。

【例4-1】 某公司物流部门根据企业20××年度利润目标、销售目标和成本目标以及物流部门具体承担的物流经营任务的要求，提出计划期（20××年度）物流业务计划表，如表4-2所示。如果企业可供物流部门使用的资金为80万元，要求采用零基预算法编制20××年度物流成本预算。

表4-2 ×××公司物流部门计划期成本预算表（20××年） 万元

费用项目	费用预算	费用项目	费用预算
人员工资及福利费	25	广告宣传费	24
设施、设备折旧费	5	仓库保管费	5
材料采购费	8	物流信息费	13

（1）根据历史资料，对各项费用进行"成本—效益"分析。经过分析，该公司物流部门的人员工资及福利费和设施、设备折旧费属于固定性物流成本，是企业必不可少的开支项目；材料采购费和仓库保管费属于变动性物流成本，与特定的业务量相关，是完成计划规定的物流业务活动必不可少的开支项目。广告宣传费和物流信息费存在的重要程度需进一步分析，根据以往有关的平均费用金额和相应的平均收益资料，计算成本收益比率，如表4-3所示。

表4-3 ×××公司物流部门计划期成本预算表（20××年） 万元

费用项目	平均费用	平均收益	成本收益比率/%
广告宣传费	1	20	2 000
物流信息费	1	10	1 000

（2）确定各项物流业务的优先级别。经分析研究确定，采购费和仓库保管费是需要全额

保证的，列为第一层次；人员工资及福利费和设施、设备折旧费列为第二层次；由表 4-3 可知，广告宣传费的成本收益比率高于物流信息费列为第三层次；物流信息费列为第四层次。

（3）根据物流成本项目开支的轻重缓急程度，分配资金，落实预算。物流部门可使用的资金是 80 万元，则根据物流成本项目的轻重缓急程度进行分配，分配结果如表 4-4 所示。

表 4-4　×××公司物流部门计划期成本预算表（20××年）　　　　万元

费用项目	物流业务优先级	预算费用
材料采购费	第一层次	8
仓库保管费		5
人员工资及福利	第二层次	25
设施、设备折旧费		5
广告宣传费	第三层次	24
物流信息费	第四层次	13

3. 动态预算法

动态预算是相对于静态预算而言的。静态预算又称定期预算，一般以一个会计年度作为固定的预算期，首先反映年度预算，其次再进一步细分为季度预算、月度预算，也就是说静态预算一般按年分季度、分月编制。静态预算由于预算期的选择与会计期间保持一致，具有稳定性，有利于对预算执行情况进行考核和评价。

但静态预算方法在实际应用中存在着诸多不足，主要表现为：第一，由于受固定预算期间的限制，在预算执行一段时期后，管理人员往往只考虑剩余预算期间的经营活动，把视野局限于眼前利益，缺乏长远打算，这样不符合企业持续经营的要求，也不利于企业的长远发展；第二，由于静态预算提前两三个月编制，编制时对预算后期的经营活动无法准确预测，只能对其进行大致的估计和推测，使得预算偏离实际的可能性较大，给预算的执行造成很大困难。

为了弥补静态预算在实际应用中存在的不足，企业可编制动态预算。

动态预算，又称滚动预算、永续预算或连续预算，是指在基期预算的基础上，每执行完一个季度（或月份）的预算立即在期末增列一个新的季度（或月份）的预算，使预算永远保持连续 4 个季度（或 12 个月）的时间跨度。动态预算的预算期是连续不断的，始终保持一定期限，在某期预算执行后，将实际执行情况和预算指标进行对比分析，找出偏差及其原因，并结合执行中发生的新情况对预算进行重新修订，然后续增一期预算，如此逐期向后滚动，使预算连续不断地规划企业未来的生产经营活动。

4.2.3　物流成本预算编制实例

由于企业的物流成本可以依据不同标准进行分类核算，因此，物流成本预算也可以依据不同的标准进行分类编制。

1. 物流成本功能别预算编制

1）运输成本预算编制

企业的运输成本包括营业运输费和自营运输费。营业运输费是指利用营业性运输工具进行运输所支付的费用；自营运输费则是利用自备运输工具进行运输所发生的费用。

企业在进行营业运输时,其运输费是直接以劳务费用的形式支付给承运单位的。营业性的运输费实质上是一种完全的变动费用,运费的计算和预算的编制比较简单,可根据运输工具标准运费率乘以运输吨公里数计算确定。例如,采用火车运输,其运费可按铁路标准运费率乘以运输吨公里数计算确定。

自营运输费用中既有随业务量增减而成比例增减的变动运输费用,如燃料费、维修费、轮胎费等;也有不会随着运输业务量的变化而发生变化的固定运输费用,如运输工具的折旧费、保险费、养路费等。因此,为了有效地实施预算控制,需要将运输费用进一步区分出变动费用和固定费用,在此基础上进行运输费预算编制。为了计算预算期的各项变动运输费,通常先求出上期的变动费用率,在此基础上考虑预算期可能发生的各种变动,适当地进行调整,再用调整后的变动费用率乘以预算期的运输业务量,就可以得出预算期该项变动运输费用的总额。各项变动费用确定下来之后,在上期各项固定运输费用分配数基础上,并考虑预算期可能发生的各种变化因素,确定出预算期的各项固定运输费用。

【例 4-2】 某公司正在编制 20××年的运输成本预算,由运输部门负责。经业务部门预测,20××年度需要完成商品的运输任务为 3 000 000 吨·公里。经计算,上年各项变动运输成本的变动费用率为:燃料费 0.8 元/(吨·公里),维修费 0.5 元/(吨·公里),轮胎费 0.7 元/(吨·公里),其他为 0.3 元/(吨·公里)。经分析,认为预算期的各项变动费用率不变。根据上年的实际情况,并考虑到预算期的各项变化因素,确定预算期需支付的各项固定费用如下:运输设备折旧费 60 000 元,养路费 23 000 元,交通管理费 30 000 元,其他固定费 12 000 元。要求:

(1) 根据上述资料,编制该公司自营运输成本预算报告。

(2) 若 20××年度运输部门的实际完成量为 2 400 000~3 300 000 吨·公里,编制运输成本弹性预算表。

该公司 20××年度自营运输成本预算报告如表 4-5 所示。

表 4-5 ×××公司自营运输成本预算报告(20××年)　　　　　　　　　　元

成本项目	变动费用率/[元/(吨·公里)]	计划运输量/(吨·公里)	费用预算
变动运输费用			
燃料费	0.8	3 000 000	2 400 000
维修费	0.5	3 000 000	1 500 000
轮胎费	0.7	3 000 000	2 100 000
其他	0.3	3 000 000	900 000
小计	2.3		6 900 000
固定运输费用			
折旧费			60 000
养路费			23 000
管理费			30 000
其他			12 000
小计			125 000
合计			7 025 000

该公司 20××年度自营运输成本弹性预算如表 4-6 所示。

表 4-6 ×××公司自营运输成本弹性预算表（20××年）   元

成本项目	变动费用率/ [元/(吨·公里)]	计划运输量/(吨·公里)				
		2 200 000	2 600 000	3 000 000	3 400 000	3 800 000
变动运输费用						
燃料费	0.8	1 760 000	2 080 000	2 400 000	2 720 000	3 040 000
维修费	0.5	1 100 000	1 300 000	1 500 000	1 700 000	1 900 000
轮胎费	0.7	1 540 000	1 820 000	2 100 000	2 380 000	2 660 000
其他	0.3	660 000	780 000	900 000	1 020 000	1 140 000
小计	2.3	5 060 000	5 980 000	6 900 000	7 820 000	8 740 000
固定运输费用						
折旧费		60 000	60 000	60 000	60 000	60 000
养路费		23 000	23 000	23 000	23 000	23 000
管理费		30 000	30 000	30 000	30 000	30 000
其他		12 000	12 000	12 000	12 000	12 000
小计		125 000	125 000	125 000	125 000	125 000
合计		5 185 000	6 105 000	7 025 000	7 945 000	8 865 000

2）仓储成本预算编制

根据所使用仓库的所有权是否归本企业所有，仓储分为自有仓储和营业仓储两种类型。由于使用营业仓储设备存储保管物品，只需向仓储企业支付一定的保管费，因此对于委托仓储的单位来说，保管费就是其所支付的仓储费用，保管费标准往往因存储物品的价值大小、保管条件及仓库网点所处的地理位置不同而有所不同。营业仓储保管费的计算和预算编制比较简单，可根据单位仓储标准收费率乘以仓储量确定。

自有仓储费用预算的编制要比营业仓储费用预算编制复杂得多。首先，需要区分出变动仓储费用和固定仓储费用。通常，属于变动仓储费用的有转库搬运费、检验费、挑选整理费、临时人员工资及福利费、库存物资损耗等。属于固定仓储费用的有仓储设备及土地折旧费、维修费、管理人员工资及福利费、保险费、其他费用（如水、电、煤气费等）。自有仓储费用预算的编制可按月、季、年编制。自有仓储费用的计算，可根据上期统计资料在预算期内的变化进行调整计算，然后编制成预算表。自有仓储费用年度预算表，如表 4-7 所示。

表 4-7 自有仓储费用预算表（20××年）   元

成本项目	一季度	二季度	三季度	四季度	合计
变动仓储成本					
转库搬运费					
检验费					
挑选整理费					
临时人员工资					
临时人员福利费					
库存物资损耗					
小计					
固定仓储成本					
折旧费					

续表

成本项目	一季度	二季度	三季度	四季度	合计
维修费					
管理人员工资					
管理人员福利费					
保险费					
其他					
小计					
合计					

3) 包装成本预算编制

包装成本可分为直接包装成本和间接包装成本。直接包装成本是指与商品包装业务量大小直接有关的各种费用,包括直接材料费、直接人工费和直接经费。直接包装成本随着包装件数的增减而成比例增减,属于变动成本,因此在编制预算时,直接包装成本可按商品的包装件数乘以商品每件直接包装成本计算确定。间接包装成本是指与各种商品包装有关的共同费用,由间接材料费、间接人工费和间接经费组成。间接包装成本属于固定成本,但也有一部分属于半变动成本,如水费、电费、煤气费等。间接包装成本可用企业间接包装成本总额按一定的分摊标准计算出一个分配比率,然后分别乘以各种商品的分配标准数(如包装件数、包装商品的产值、销售收入等)来确定。

【例 4-3】某公司 20××年一季度某种商品包装总数为 6 000 件,直接材料费为 0.20元/件,直接人工费为 0.30 元/件,直接经费为 0.10 元/件,变动间接经费为 0.10 元/件(其中水费 0.01 元,电费 0.05 元,煤气费 0.04 元),分配计入该种商品的固定间接费为540 元/件(其中折旧费 100 元,包装管理人员工资 300 元,包装设备维修费 140 元)。根据上述资料,编制该类商品的包装成本预算,见表 4-8。

表 4-8 某商品包装成本预算表(20××年)   元

成本项目	一月份(1 800件)		二月份(2 000件)		三月份(2 200件)		一季度(6 000件)	
	单件	合计	单件	合计	单件	合计	单件	合计
直接包装成本								
直接材料费	0.20	360	0.20	400	0.20	440	0.20	1 200
直接人工费	0.30	540	0.30	600	0.30	660	0.30	1 800
直接经费	0.10	180	0.10	200	0.10	220	0.10	600
变动间接经费								
水费	0.01	18	0.01	20	0.01	22	0.01	60
电费	0.05	90	0.05	100	0.05	110	0.05	300
煤气费	0.04	72	0.04	80	0.04	88	0.04	240
小计	0.70	1 260	0.70	1 400	0.70	1 540	0.70	4 200
固定间接经费								
折旧费		100		100		100		300
维修费		140		140		140		420
管理人员工资		300		300		300		900
小计		540		540		540		1 620
合计		1 800		1 940		2 080		5 820

2. 物流成本范围别预算编制

物流成本范围别预算包括供应物流成本预算、生产物流成本预算、销售物流成本预算、退货物流成本预算和废弃物物流成本预算。物流成本范围别预算编制除了可按年度编制以外，还可按季、月分别编制，然后再汇总编制年度预算。

【例 4-4】 某公司 20×4 年度发生的供应物流费为 18 000 元，生产物流费为 17 000 元，销售物流费为 20 000 元，退货物流费为 2 000 元，废弃物物流费为 5 000 元。据公司有关部门分析预测，20×5 年公司的原材料采购业务将大幅度增长，为此供应物流费将比上年增加 10%，而生产物流费仍将控制在上年的水平，销售物流费预计可降低 5%，退货物流费可望削减 40%，废弃物物流费预计降低 15%。

根据上述资料，采用分析计算的方法，可编制不同范围的物流成本预算，如表 4-9 所示。

表 4-9 20×5 年某公司物流成本范围别预算表 元

费用项目	上年实际数	预计增长率/%	预算数
供应物流费用	18 000	10	19 800
生产物流费用	17 000	—	17 000
销售物流费用	20 000	−5	19 000
退货物流费用	2 000	−40	1 200
废弃物物流费用	5 000	−15	4 250
合计	62 000		61 250

复习与应用

1. 什么是物流成本预算？
2. 简述物流成本预算的作用。
3. 简述物流成本预算的分类。
4. 什么是物流成本弹性预算？如何编制？
5. 什么是物流成本零基预算？如何编制？
6. 什么是物流成本动态预算？如何编制？

【案例分析】

ACSOFT 帮助民航企业推进预算管理[①]

我国大多数民航企业，从 2001 年开始正式实施了低成本预算管理。此举，有效地推动了公司管理创新，强化了成本的"刚性"约束，有效地控制住了成本费用，并取得了初步成效。在推行低成本预算管理中，航空公司着重抓了以下 7 个方面的工作。

1. 灌输预算控制的观念，养成预算意识

针对长期以来在飞行、机务等生产部门普遍存在的只重生产的安全性，不重生产的效益性，缺乏成本控制意识的现象，航空公司认为关键在于正确认识安全生产与经济效益的关

---

① 资料来源：贺生. ACSOFT 帮助民航企业推进预算管理. www.yesdzu.com.

系。为此，组织生产部门员工与财务部门员工进行座谈，使员工明白安全生产是经济效益的前提，经济效益是安全生产的目的，有了经济效益才能更好地保证安全生产的投入，二者是相互协调、相互促进的关系。财务部门也在全公司范围内广泛宣传，并陆续制定和发布了一系列有关预算管理的规章制度，使各项工作有章可循，有矩可依，破除了"成本、预算是财务部门或公司领导的事，与我无关"的思想，树立全员参与预算的意识，强化预算管理需要整体协调配合的观念，激发广大员工为实现企业的经营目标而参与预算、降耗增效的积极性。

2. 领导高度重视并健全预算管理机构

预算管理，最关键的是领导重视，航空公司高层领导下定决心，提出各级责任单位一把手必须亲自抓预算，把加强预算管理作为提升经营管理水平的手段。2001年，航空公司成立预算管理委员会，由总经理亲自挂帅，将低成本预算管理上升到公司战略高度，把预算的编制和执行与责任单位的业绩考核挂起钩来，作为年终评比、晋升与任免的重要依据。同时，为搞好预算管理机构的建设，航空公司根据责权利一致的原则设计预算管理组织结构，构建以预算管理委员会为主导的四级预算管理体制，包括预算管理委员会、预算综合管理部门（计财部）、预算归口管理部门及预算责任部门，这样就为预算管理工作顺利开展创造了良好环境。

3. 权责利下放，实行预算归口管理

为了提高预算控制的有效性，需要选择适当归口单位，使之既有管理有关项目的责任，又有管好该项目的能力。因此航空公司建立"归口管理"预算制度，即在计财部和责任部门之间设立了一个中间环节部门——归口管理部门，其职权由相关职能部门承担。航空公司根据专业管理职能划分5个归口管理部门，包括总务部、办公室、运行控制中心、人力资源部及信息中心。各预算归口管理部门，负责对该部门进行归口管理职能项目预算的编制、控制及跟踪考核管理。例如，总务部归口管理水电、办公、地运费及资产购置等，运行控制中心归口管理航油消耗及航务费用等，人力资源部归口管理人力资源成本等。由计财部对归口部门实行总量控制，归口部门根据预算定额指标分部门、分项目对各责任部门进行归口控制，各责任部门制定具体的预算使用和实施措施。通过预算归口管理，明确了各归口管理部门在预算编制和控制中的责任，保证了预算控制的有效性。

4. 细化预算编制和审核

航空公司全面预算的编制本着全员参与、确保公司总预算目标实现的原则，按照"上下结合、分级编制、归口管理、逐级汇总"的程序进行。由公司预算委员会确定总体经营目标和预算编制原则，各预算责任单位根据实际需要编制预算计划书。预算编制从基本项目开始，并根据隶属关系逐级审核、汇总，项目预算由部门审核，部门预算由归口部门审核，归口预算由计财部审核，最后将预算计划上报公司预算委员会。预算审核主要是确定哪些是必须做的，哪些是不能做的，哪些是可做可不做的；哪些钱该花，该花多少，而哪些钱不能花。审核的方法主要是验证预算计划的真实性，计财部在与各归口管理部门、各责任部门进行充分沟通的基础上，根据资源和项目的轻重缓急进行排队和取舍。在预算的编制和审核过程中，通过自下而上、自上而下的多个来回，反复进行修订、完善，使预算尽量接近公司的真实情况。公司上下充分交流信息，统一认识，使各级责任人熟悉了生产业务和预算管理，明确了责任和目标。

在预算编制中，航空公司突破了传统的预算到科目的简单模式，把成本预算细化到每架飞机或每条航线下的每一项支出，把费用预算细化到了费用下的每一个项目，并且对每一项支出都进行了部门（部门预算分册）和费用项目（收入费用预算分册）的双重控制。即做到对生产经营链条中每一环节进行财务成本控制，确定一个标准来核定预算指标。预算编制过程中，每一个收支项目的数字指标必须依据充分确实的材料，并总结出规律，进行严密的计算，不能随意编造。预算确定后，层层分解到各部门、处室，各部门再落实到每个人，从而使每个人都能紧紧围绕预算目标各负其责，各司其职，形成千斤重担众人挑，人人肩上有指标的管理局面。

5. 强化预算执行反馈制度

预算反馈控制，包括反馈控制制度和预算反馈报告两部分。为保证预算目标的顺利实现，航空公司在预算执行过程中，要求各级预算单位定期对照预算指标及时总结预算执行情况，计算差异，分析原因，提出改进措施；财务部门要及时向各部门和公司领导报告预算的执行情况，以便公司及时、全面地了解情况，进行协调、监督和指导。航空公司预算委员会每月召开预算执行分析会议，全面、系统分析财务部门提交的月预算执行报告，对存在的问题及出现偏差较大的重大项目，责成有关预算责任部门查找原因，提出改进经营管理的措施和建议。

6. 建立严格的检查考核制度

为了将预算控制的各项刚性指标具体落到实处，航空公司制定了完善的考核制度，形成以效益为中心，以责权利为纽带的考核体系。预算考评指标体系是实行定量指标与定性指标相结合、绝对指标与相对指标相结合的综合指标体系。对生产成本预算管理，采用"吨公里成本费用"水平达成率指标进行考核；对办公费、会议费、业务招待费、差旅费等部门费用项目，以预算执行比例为标准进行考核；对预算编制准确性、及时性以及预算程序遵守情况等则需要进行定性的考核。建立严格的奖惩制度，把预算控制成果与各单位效益及员工收入挂钩，这是保证低成本预算管理顺利实施的基本条件。

7. 推进财务管理信息化进程

实行财务集中管理和预算实时控制，必须有功能强大的计算机网络系统支持。为此，航空公司投入500多万元资金用于财务管理信息系统建设。系统由用友NC财务系统和财务管理综合分析系统两部分组成，实现了公司与各分子公司、各部门之间的网络连接、信息传输、实时查询和过程控制。通过用友NC系统预算管理模块，将公司财务预算编制、预算审批、预算调整、预算控制、预算分析的全过程程序化，从而保证预算的申报、审批、执行、控制都通过网络系统实现。通过财务管理综合分析系统，将生产作业信息及时转化为财务核算信息，实现业务管理和财务系统一体化连接，达到实时查询和实时控制的目的。

航空公司实施低成本预算管理后，公司管理层和员工的市场竞争意识、成本观念、效益观念都有较大增强，预算管理的理念深入人心。在公司管理上，航空公司抓住降低成本不放松，围绕实现公司的预算目标，落实各项管理制度，以此改进和带动各项管理工作上新台阶，规范了公司生产经营活动，将公司各项经济行为都纳入了科学的管理轨道。3年多来，航空公司坚持以低成本预算管理为主线，销售收入连续保持较好的增长趋势，各项单位成本费用水平持续下降，较好地实现了各项生产经营目标，为航空公司未来的发展奠定了坚实的基础。

案例思考题：

结合上述案例，讨论物流企业应如何做好预算管理工作。

中英文关键词语

1. 弹性预算　Flexible budget
2. 零基预算　Zero based budgeting
3. 滚动预算　Rolling budget

进一步阅读

[1] 财政部国际司. 美国预算编制注重成本信息分析. 中国会计报，2014-05-30.

[2] 布里姆森，安托斯. 作业成本预算. 许燕，译. 北京：经济科学出版社，2006.

[3] 傅桂林，袁水林. 我国物流成本预算管理体系构建研究. 商业研究，2010（4）.

[4] 王爱东. 基于作业成本法的企业物流成本预算. 长安大学学报：社会科学版，2008（1）.

第 5 章 物流成本控制

【本章结构图】

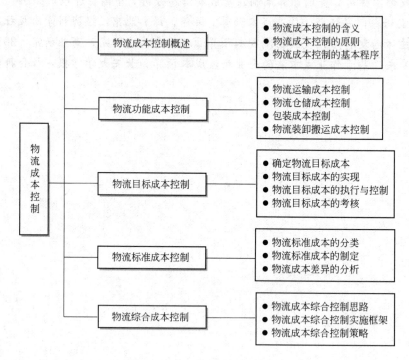

【本章学习目标】

通过本章的学习,你将能够:
- 理解物流成本控制的含义;
- 掌握物流成本控制基本程序;
- 掌握物流功能成本控制方法;
- 掌握目标成本确定及分解方法;
- 掌握标准成本控制方法;
- 了解物流成本综合控制思路、实现框架及策略。

【引导案例】

飞机运送啤酒的启示[①]

布鲁啤酒公司在美国分销布鲁克林拉格（酿造后再贮藏熟成的啤酒）和布郎淡色啤酒。虽然在美国它还没有确立起一种知名品牌，但在日本市场却已为其创建了一个每年 200 万美元的市场销售规模。

布鲁啤酒公司将啤酒空运到日本，并通过广告宣传其进口啤酒具有独一无二的新鲜度。这种做法不仅是一个令人感兴趣的营销战略，而且也是一种独一无二的物流作业，因为高成本使得目前还没有其他哪一家酿酒厂通过航空运输将啤酒出口到日本。布鲁啤酒公司于 1989 年 11 月装运了它的第一箱布鲁啤酒到达日本，并在最初的几个月里使用了各种航空承运人。最后，日本球际航空公司被选为布鲁啤酒公司唯一的航空承运人。球际公司之所以被选中，是因为它向布鲁克林酿酒厂提供了增值服务。球际公司在其 J.F.K. 国际机场的终点站交付啤酒，并在飞往东京的商务航班上安排运输。球际公司通过其日本报关行办理清关手续。这些服务有助于保证产品完全符合新鲜要求。

啤酒之所以能达到新鲜要求，是因为这样的物流作业可以在啤酒酿造后的 1 周内将啤酒从酿酒厂直接运达顾客手中。而海外装运啤酒的平均订货周期为 40 天。啤酒的新鲜度使之能够超过一般价值定价，高于海外装运的啤酒价格的 5 倍。虽然布鲁啤酒在美国是一种平均价位的啤酒，但在日本，它是一种溢价产品，获得了极高的利润。布鲁的高价并没有阻碍啤酒在日本的销售。1988 年，即其进入日本市场的第 1 年，布鲁酿酒公司取得了 50 万美元的销售额。1989 年销售额增加到 100 万美元，而 1990 年则为 130 万美元，其出口总量占布鲁啤酒公司总销售额的 10%。

目前，布鲁啤酒公司已改变其包装，通过装运小桶装啤酒而不是瓶装啤酒来降低运输成本。虽然，小桶重量与瓶装啤酒相等，但减少了玻璃破碎而使啤酒损毁的机会。此外，小桶啤酒对保护性包装的要求也许较低，这将进一步降低装运成本。在不久的将来，布鲁啤酒公司将要把这种啤酒出口到其他国家。

通过航空公司运送啤酒的企业恐怕不多。本案例的布鲁啤酒公司在物流运作中有两点值得我们借鉴：一是通过航空运送啤酒，虽然运输成本高，但由于能够使啤酒具有独一无二的新鲜度，使其成为一种溢价产品，仍赢得市场欢迎；二是通过改进其包装，用小桶装啤酒代替瓶装啤酒，降低了包装和储存成本。通过以上两方面的结合，实际上总的物流成本仍能够得到有效的控制。

5.1 物流成本控制概述

5.1.1 物流成本控制的含义

物流成本控制是指企业在物流成本的形成过程中，根据物流成本特性和类别，对其事先

[①] 资料来源：阙祖平，梁世翔. 物流案例分析. 北京：人民交通出版社，2005：119.

进行规划，事中进行指导、限制和监督，事后进行分析评价，总结经验教训，不断采取改进措施，降低物流成本和提高物流服务水平的一系列活动过程。

物流成本控制是加强企业物流成本管理的一项重要手段，贯穿于企业生产经营活动的全过程。物流成本控制按物流成本发生的时间先后划分为事前成本控制、事中成本控制和事后成本控制3个阶段，也就是成本控制循环中的设计阶段、执行阶段和考核阶段。

物流成本事前控制又称为物流成本的前馈控制和预防控制，是指在物流活动发生前，在对物流活动的成本功能关系分析研究的基础上，明确企业对物流功能和目标成本的要求，从根本上剔除过剩功能，降低成本。同时在对物流成本形成的各种因素分析研究的基础上，根据物流成本特性和类别分别采取不同方法约束成本开支，防止偏差和浪费的发生。

物流成本事中控制又称日常成本控制，是指在物流活动过程中，企业内部各级对物流成本负有经营管理责任的单位，依据事先确定的物流成本标准，对各责任中心日常发生的各项物流成本和费用进行严格的计量、监督，发现偏差，及时查找原因，并针对具体的原因采取措施纠正偏差，从而保证物流成本目标和成本预算任务的完成。

物流成本事后控制又被称为成本的后馈控制，是指在物流成本发生后，对物流成本预算的执行情况进行分析评价，总结经验教训，不断采取改进措施，为以后进行物流成本控制和制定新的物流目标成本提供依据。

5.1.2 物流成本控制的原则

1. 物流成本控制的一般原则

从内容上看，物流成本控制属于企业成本控制的一个重要组成部分。因此，在企业的物流成本控制中，首先应遵循企业成本控制的一般原则，主要有以下4方面。

1) 经济性原则

经济性是指利用有限的可支配的资源获得最大的经济效果，是提高经济效益的核心，经济性原则是物流成本控制的基本原则。

2) 全面性原则

物流系统是由一系列物流环节或物流功能所构成的全方位的系统，因此在进行物流成本控制时，必须遵循全面控制的原则。全面控制原则主要包含全过程、全员和全方位成本控制。

(1) 全过程控制。无论产品设计、工艺准备、采购供应，还是生产制造、产品销售、售后服务，各项工作都会直接或间接地引起物流成本的升降变化。为此，物流成本控制应充分考虑物流成本形成的全过程中各个阶段的不同性质和特点，采取有效的成本控制措施。

(2) 全员控制。物流成本的发生直接受制于企业供、产、销各个部门的工作，为此，物流成本控制不仅要有专职物流成本管理机构和人员的参与，还需要发挥企业各个部门和广大员工在物流成本控制中的作用，充分调动他们控制成本、降低成本的积极性。为了使成本控制真正发挥其效益，需要根据物流活动的特点和物流成本管理的要求，明确成本责任层次和责任单位，责权利相结合，制定合理的物流成本业绩评价体系，定期对物流成本业绩进行评价，据此实行奖惩，这样才能充分调动企业各部门和广大员工进行物流成本控制的积极性和主动性。

(3) 全方位控制。物流成本控制不仅要对物流活动过程中各项费用发生的数额进行控制，而且还要对各项费用发生的时间和用途加以控制，保证物流成本开支的经济性、合理性和合法性。

3) 目标控制原则

目标控制原则是指企业管理当局以目标物流成本为依据，对企业的经济活动进行约束和指导，力求以最小的物流成本，获得最大的经济效果。

4) 重点控制原则

企业在成本控制中，实际发生的各项物流成本差异很多，影响物流成本升降的原因很多，为了提高成本控制的效率，管理人员应集中主要精力对超出常规的关键性的成本异常差异进行重点控制。超出常规的关键性差异是指差异率或差异额较大，差异持续时间较长，对企业的物流活动及其经济效果具有重要影响的项目或因素。对这些项目或因素要进行重点控制，并及时将相关信息反馈给有关责任单位，以便及时采取有效措施控制成本。

2. 物流成本控制的具体原则

由于物流成本本身存在着效益背反现象及物流成本管理自身的特性，因此物流成本控制除了要遵循企业成本控制的一般原则外，还应注意遵循以下 3 个具体原则。

1) 物流成本控制与物流服务质量控制相结合

物流成本控制的目的在于加强物流管理，促进物流合理化。物流是否合理，取决于两个方面：一是物流成本水平；二是客户的物流服务质量水平。企业物流成本管理的目标是在物流成本水平既定的情况下，物流服务质量水平最高；在物流服务质量既定的情况下，物流成本水平最低。一般来说，降低物流成本与提高物流服务质量水平之间存在着一种"效益背反"的矛盾关系。也就是说，要想降低物流成本，物流服务质量水平就有可能会下降。反之，如果要提高物流服务水平，就有可能导致物流成本上升。因此，在进行物流成本控制时，必须要处理好降低物流成本与提高物流服务质量的关系，寻找二者的最佳结合，尽可能提高整体物流效益。

2) 物流成本局部控制与物流成本综合控制结合

物流成本局部控制是指针对企业物流活动中的一个或某些局部环节的物流费用支出所采取的控制策略，进而实现物流成本控制目标。在物流活动中效益背反现象普遍存在。例如，与其他运输方式相比，航空运输的运费很高，从局部物流成本控制角度看，航空运输成本高，不可取；可是从企业整体物流成本控制角度看，航空运输不仅可以提高运输速度，提高物流服务水平，还可以大幅降低仓储成本及相关库存持有成本，提高企业整体的经济效益。这就要求企业在物流成本控制中，除了对某一物流功能或环节进行局部控制外，还应对整个物流系统进行综合控制。因此，在物流成本控制中，要处理好物流成本局部控制与物流成本综合控制之间的关系，尽可能降低企业物流总成本。

3) 经济控制与技术控制相结合

物流成本是一个经济范畴，在实施物流成本管理时，应广泛地利用各种各样的经济手段，提高物流成本管理水平。同时，物流成本管理又是一项技术性很强的管理工作，降低物流成本，必须从改善物流技术水平和提高物流管理水平上下功夫。通过物流作业的机械化和自动化，以及运输管理、库存管理、配送管理等技术的充分利用，来提高物流效率，降低物流成本。

除此之外，还应注意全面控制与重点控制相结合，专业控制与全员控制相结合。

5.1.3 物流成本控制基本程序

物流成本控制贯穿于企业生产经营的全过程。一般来说,物流成本控制的基本程序如下。

1. 制定物流成本控制标准

在物流成本预测与决策基础上,规定出计划期内各项物流成本开支和资源耗费的数量限度,并以此作为检查、衡量、评价实际物流成本水平的依据。物流成本标准应包括物流成本计划中规定的各项指标,但物流成本计划中的一些指标综合性较强,难以满足具体控制的要求。为此,需要运用一定的科学方法规定出一系列具体的标准,通常确定这些标准的科学方法主要有3种:计划指标分解法、预算法和定额法。在采用这些方法确定具体的物流成本控制标准时,要正确处理好物流成本指标与其他技术经济指标(如质量、生产效率等)的关系,从企业的总体目标出发,进行综合平衡,防止片面性,必要时还应进行多种方案的择优选用。

2. 物流成本的日常控制

根据物流成本控制标准,对实际发生的各项物流成本进行审核、监督。不仅要检查各项物流成本指标本身的执行情况,而且要检查和监督影响各项物流成本指标的各种因素,如物流设施、设备、工具及工人技术水平和工作环境等。所以,物流成本日常控制要与企业整体作业控制等结合起来进行。

物流成本的日常控制主要包括:物流相关直接费用的日常控制和物流相关间接费用的日常控制。这些与物流相关联的费用的日常控制,不仅要由专人负责和监督,而且还要使费用发生的执行者实行自我控制,并在责任制中加以规定。只有这样才能充分调动企业全部门全员进行物流成本控制、降低物流成本的积极性和主动性。

3. 及时查找成本差异原因并纠正不利偏差

在物流成本日常控制中,对实际发生的各项物流成本进行审核、监督,查找与成本控制标准差异的原因,明确责任归属,进而有针对性地提出改进措施,并贯彻执行。对于重大物流成本差异项目的纠正,一般采用下列程序。

首先,提出降低物流成本的课题。从各种物流成本超支的原因中,提出降低物流成本的课题。这些课题首先应当是那些成本降低潜力大、各方关心、具有可行性的项目。提出课题的要求,包括课题的目的、内容、理由、根据和预期达到的经济效益等。

其次,讨论和决策。课题选定以后,应发动有关部门和人员进行广泛深入的研究和讨论。对重大课题,应提出多种解决方案,通过比较分析,择优选用。

再次,实施选定的方案。方案确定后,需落实方案实施的方法、步骤及负责执行的部门和人员,并贯彻执行。在方案的执行过程中要及时对其加以监督检查。

最后,评价和激励。方案实施结束后,还需对方案的实施结果进行评价,评价物流成本目标的执行结果,根据物流成本控制的业绩实施奖惩。

5.2　物流功能成本控制

5.2.1　物流运输成本控制

物流运输成本控制的目的，是在不影响运输可靠性、安全性和快捷性的前提下，使总运输成本最低。在实际工作中，影响运输成本的因素很多。因此，运输成本的控制要根据不同的情况采取不同的措施。

1. 选择最佳的运输方式

目前，运输方式主要有水路、公路、铁路、航空和管道运输 5 种方式。由于运输方式的经济性、迅速性、安全性、便利性之间存在着相互制约的关系，因此在多种运输方式并存的情况下，在控制运输成本时必须根据不同货物的特点及对物流运输服务的要求，对各种运输方式进行综合评估，加强运输服务要求与运输价格的权衡，从而选择最佳的运输方式。

1) 铁路运输

铁路运输方式的特点主要有以下 3 个：第一，初始投资大，建设周期较长，占地多，致使铁路运输的固定成本较高；第二，尽管铁路运输的固定成本很高，但变动成本相对较低，使得短途运输的运费较高，中长途运输的运费较低；第三，铁路运输由于装卸次数较多，货损或事故通常也比其他运输方式多，因此铁路运输的货损成本较高。

铁路运输方式主要适用于大宗货物的中长途运输。

2) 公路运输

公路运输的特点主要有以下 3 个：第一，由于运输企业不需要拥有公路，而需要经常以税或其他费用形式缴纳公路的建设和维修费，因此公路运输的固定成本较低，变动成本相对较高；第二，公路运输占地较多，能耗高，环境污染比其他运输方式严重得多，因此公路运输的社会成本较高；第三，公路能提供灵活多样的服务，适应性强。

公路运输方式主要适用于货物短途运输、零担运输及门到门的运输。

3) 水路运输

水路运输通常表现为 4 种形式：沿海运输、近海运输、远洋运输和内河运输。水路运输的特点主要有以下 4 个：第一，运输成本低，能以最低的单位运输成本提供最大的货运量，尤其在运输大宗货物或散装货物时，采用专用的船舶运输，可以取得更好地规模经济效果；第二，航行风险大，安全性略差，因此水路运输的风险成本较高；第三，由于水路运输运载量大，导致货物搬运与装卸成本较高；第四，水路运输的速度较慢，运输的连续性较差，但能源耗用及土地占用较少。

水路运输主要适用于大批量货物运输，特别是集装箱的中长途运输。

4) 航空运输

当其他运输方式不适合运用时，航空运输是用于紧急服务的一种极为保险的方式。它的特点是快速及时，但运输成本高，对空气的污染严重，噪声大。

航空运输方式主要适用于体积小、价值高的贵重货物的中长途运输以及要求快捷运输服务的货物运输。

5）管道运输

管道运输是靠物体在管道内顺着压力方向顺序移动实现的运输方式。其特点主要有以下3个：第一，运输管道设置于地下，占地少，有利于环境保护，社会成本较低；第二，设计的运量是个常量，因此与最高运输量之间协调的难度较大，且在运输量明显不足时，运输成本会显著增加；第三，管道运输仅能提供单向服务。

管道运输主要适用于单向、定点、大量的液体物资运输。目前，全球的管道运输承担着很大比例的液体物资运输，包括原油、成品油、天然气、油田伴生气、煤浆等。

各种运输方式的特点及适用范围概括为表5-1。

表5-1 各种运输方式特点及适用范围对比表

运输方式	技术经济特点	运输对象
铁路	初始投资大，建设周期长，占地多，运输容量大，长途运输成本较低，短途运输成本高，货损成本较高，可靠性好	适合于大宗货物的中长途运输
公路	机动灵活，适应性强，短途运输速度快，能源耗用大，运输成本高，空气污染严重，占地多	适合于短途运输、零担运输和门到门的运输
水路	运输能力大，成本低廉，能源耗用及土地占用较少，但速度慢，运输连续性差	适合于大批量货物运输，特别是集装箱的中长途运输
航空	速度快，成本高，空气和噪声污染严重	适合于体积小、价值高的贵重货物运输和保鲜等要求快捷服务的货物运输
管道	运输能力较大，占地少，运输成本低，单向、定点连续性输送	适合于长期稳定的液体物流运输

在实际工作中，多种运输方式并存，为了提高运输效率，降低运输成本，要根据不同货物的特点及对运输服务的要求，合理选择运输方式和运输路线，合理使用运力。

2. 合理确定自有运输车辆的数量

应根据发货量的多少，确定合理的自有运输车辆数量。当自有运输车辆数量过少、发货量多时，自有运输车辆运力不足，需要从企业外部租车解决；相反，当自有运输车辆数量过多、发货量少时，就会出现车辆闲置，造成浪费。因此，应对自备用车费用、自备用车闲置费用和租车费用等因素进行综合权衡，作出配置自有运输车辆数量的合理决策。

3. 提高运输工具的实载率以降低运输成本

提高运输工具实载率的目的是充分利用运输工具核定的运载能力，减少空载和不满载行驶时间。在单位运费一定时，通过改善装载方式，提高装载水平，可以充分利用运输工具的核定运载能力，降低单位运输成本，进而减少总运输成本。合理有效的装载方式包括以下5种。

1）拼装整车运输

由于整车运输和零担运输的运费差别较大，进行拼装整车运输可以相应减少部分运输费用。拼装整车运输的做法有：零担货物拼整车直达运输；零担货物拼整车接力直达运输；整车分卸、整装零担等。

2) 轻重配载

轻重货物混合配载运输，在以重质货物运输为主的情况下，同时搭载一些轻质货物，如铁路运输矿石、钢材等重物上面可以搭载一些轻质农副产品等，这样在基本不增加运力投入、不减少重质货物运输情况下，解决了轻质货物的运输问题，充分利用了运输工具的核定运载能力，提高了运输工具的使用效率，降低了单位运输成本。

3) 实行货物的解体运输

货物的解体运输指对体大笨重、不易装卸又易损坏的货物，可拆卸后分别包装，使其便于装卸和搬运，可以提高运输装载效率。

4) 提高堆码技术

根据运输工具的特点和货物的包装形状，采取有效堆码技术，提高运输工具的装载量。

5) 利用组合运输，减少空载

在运输工具回程前，通过各种方式安排好回程的货物，尽可能利用回程车辆进行运输，这样可以减少车辆回程空载时间，低运输成本。

4. 采用直达或直拨运输以降低运输成本

直达运输可以通过减少中转换载，提高运输效率，节省装卸费用，降低中转货损。当一次运输批量和客户一次需求量可以达到了整车批量运输时，直达运输优势最为突出。直达运输适用于运输批量大的中长途运输。

直拨运输是指商业、物资批发等企业在组织货物调运过程中，对当地生产或由外地到达的货物不运进批发站仓库，而是将货物直接分拨给基层批发、零售中间环节甚至直接用户，这样可以获得运输时间与运输成本方面的双重经济效益。与直达运输相比，直拨运输适用于运输的里程较近、批量较小的货物运输。

5. 采用集运方式降低运输成本

在货物运输中，运输批量越大运输费率越低。因此，企业可以通过将小批量货物合并成大批量货物进行运输，即采用集运方式运输，降低单位运输成本。集运一般有4个途径。

1) 库存合并

库存合并，即形成库存以服务需求。通过库存合并可以对大量的货物，甚至是整车物品进行运输，并转化为库存。

2) 运输车辆合并

在拣取和送出的货物都达不到整车载重量的情况下，为提高运载效率可以安排同一车辆到多个地点取货或送货。为实现这种形式的规模经济需要对配送路线和时间进行整体规划。

3) 仓库合并

企业进行仓储的根本原因是可以对小批量的货物进行远距离运送，例如用于拆装作业的仓库。

4) 时间合并

企业可以将一定时间内积累的客户订单，一次性大批量地发运，而不是多次小批量送货，并通过优化配送线路，降低单位运输成本，使企业获得运输的规模经济效益。但值得注意的是，时间合并可能会因收到订单后不能及时发货而降低物流服务水平，因此企业应在采用集运方式降低运输成本和对物流服务质量产生不利影响之间进行权衡，作出合理的决策。

5.2.2 物流仓储成本控制

仓储成本是指企业为完成货物的存储业务而发生的全部费用。仓储成本控制的关键是简化出入库手续，提高仓储空间的利用效率，降低仓储成本，缩短存储时间等。通常，企业进行物流成本控制时需着重做好以下 4 个方面的工作。

1. 优化仓库布局，减少库存点，实现库存适度集中

库存适度集中可以获得储存规模优势，降低仓储成本。目前，大多数企业都通过建立大规模的物流配送中心，把过去零星库存集中起来进行管理，并对一定范围内的用户进行直接配送，这是优化仓储布局的一个重要表现。但值得注意的是，在进行仓库布局时，由于仓库的减少与库存的集中，有可能会增加运输成本。因此，企业要在运输成本、仓储成本和配送成本综合权衡的基础上考虑仓库布局问题。一般情况下，库存集中决策依据是企业物流总成本最低。

2. 确定合理的库存量以降低仓储成本

仓储的目的是调整货物供给和需求之间的时间差异，那么企业应该持有多少库存量是合理的？为了保证供给，需要间隔多长时间补充库存？一次进货量为多少才能使总成本最低？这些都是确定库存量存在的问题。为了确定合理的库存量，企业可以根据自身的特点，通过采用经济订货批量（EOQ）控制法来安排货物的采购，以降低仓储成本。

3. 运用 ABC 分类法管理库存以控制存货成本

ABC 分类管理就是将存货物品按品种和占用资金的多少分为特别重要的存货（A 类）、一般重要的存货（B 类）和不重要的存货（C 类）3 个等级，然后针对不同等级分别进行管理与控制。存货 ABC 分类管理的具体步骤如下。

首先，收集存货各品种的种类及占用资金数据。

其次，编制存货 ABC 分类管理分析表，如表 5-2 所示。

表 5-2 存货 ABC 分类管理分析表

存货编号	品名	品种数	品种数量比重	占用资金	占用资金比重

再次，按 ABC 分类标准进行分类，分类标准如表 5-3 所示。

表 5-3 存货 ABC 分类标准表

类别	品种数累计比重	占用资金比重
A	10%~20%	60%~70%
B	20%~30%	20%~30%
C	60%~70%	10%~20%

最后，对 A、B、C 3 类存货进行有区别的管理。对存货进行 ABC 分类之后，根据企业的经营策略对不同级别的存货应采取不同的管理和控制策略。

A 类库存处于特别重要地位，该类库存物资数量虽少但对企业却最为重要，是重点管理和控制的对象，企业必须严格逐项控制。因此，企业必须对这类库存定时进行盘点，了解库存数量、保管质量等信息；加强进货、发货、运送管理，在满足需要的前提下维持尽可能低的经常库存量和安全库存量；加强与供应链上下游企业间合作，降低库存水平，加快库存周转率，最终达到控制库存成本的目的。

C 类库存物资数量最大但对企业的重要性最低，视为不重要的库存。因此，可以采取尽可能简单的管理方式，以节约库存成本，如减少这类库存的管理人员和设施。

B 类库存处于一般重要的地位，对这类库存的管理强度介于 A 类库存和 C 类库存之间，对 B 类库存一般进行正常的例行管理和控制即可。

4. 加强日常仓库内部管理，降低仓储成本

在保证货物质量安全的情况下，更好地堆放和存储物品，节约保管成本；提高仓储空间的利用效率；提高保管人员的工作效率；做好库存盘点工作，了解库存额的增减变化情况，尽可能减少货物损失等。

5.2.3 包装成本控制

企业生产的产品只有销售给消费者才具有使用价值。为了保证产品的使用价值不受影响，方便储藏和运输并能够吸引消费者购买，需要对产品进行必要的包装，但是产品的包装必须要合理，不能过度包装，造成不必要的浪费。为此，需要对包装成本进行控制，而包装成本控制的关键是包装的标准化和包装材料的耗费。在实际工作中，企业进行包装成本控制的主要措施有以下 6 种。第一，优化包装设计，降低包装成本。在包装设计时，应从产品性质、储运要求、外观等方面综合考虑降低包装成本的可能性，运用价值分析法优化包装材料价值功能，剔除过剩功能，节约包装成本。第二，要强化包装物的领用管理，避免浪费。第三，努力实现包装尺寸的标准化，包装作业的机械化，降低包装成本。第五，加强包装物的回收和再利用。第六，有条件时组织散装运输，降低包装成本。

5.2.4 物流装卸搬运成本控制

装卸搬运活动保证了物流各环节作业活动的衔接和正常进行。装卸搬运成本控制的关键在于保护好装卸搬运的物品，提高装卸搬运作业效率，降低损耗率。在实际工作中，企业进行物流装卸搬运成本控制的主要措施有以下 6 种。第一，减少作业次数，防止和消除无效作业。第二，缩短作业距离。第三，增加作业的容易度，减少装卸搬运作业的工作量，降低作业成本。第四，提高货物灵活性，即在装卸搬运作业中上一个作业环节必须为下一个作业环节的物流活动提供方便。第五，合理选择装卸搬运设备，合理规划装卸搬运方式和装卸搬运作业方法。第六，加强装卸搬运作业的安全管理，减少装卸搬运损失。

5.2.5 流通加工成本的控制

流通加工成本控制的关键在于对反映流通加工特征的经济指标进行监控。企业进行流通加工成本控制的措施主要包括：合理确定流通加工的方式，合理确定加工能力和改进流通加工的生产管理。

5.3 物流目标成本控制

物流目标成本控制是指企业根据制定的物流目标成本，对物流系统各环节实际发生的费用进行限制和管理，并将实际耗费与目标成本进行比较，找出差异，采取纠正措施，保证完成预定目标成本的一种成本控制方法。

5.3.1 物流目标成本确定

物流目标成本是成本管理和目标管理相结合的产物，是企业在一定时期内为保证目标利润的实现而制定的成本目标值。确定物流目标成本大致包括以下基本步骤。

1. 物流总目标成本确定

企业高层管理者在市场调查基础上，结合企业发展战略及自身的实际情况，制定出计划期预期实现的物流服务收入及预期实现的物流目标利润，物流总目标成本可以根据预计物流服务收入减去物流目标利润后的差额来确定，即：

$$物流总目标成本 = 预期物流服务收入 - 物流目标利润$$

企业确定计划期预期物流服务收入的方法是：首先，通过市场调研，了解客户需要的物流服务的功能、特色、愿意支付的价格和需求量；其次，对竞争者进行分析，掌握竞争者提供物流服务的功能、价格、品质及服务水平等有关资料，并与本企业相关情况进行对比；最后，企业在进行客户需求分析和竞争者分析之后，可以通过比较确定自己的计划期预期物流服务收入。

企业预计目标利润的确定可以采用以下两种方法。

1) 目标利润率法

目标利润率法是指根据有关的物流目标利润率指标来测算企业的物流目标利润，其公式为：

$$目标利润 = 预期物流服务收入 \times 同类企业平均物流服务利润率$$

或

$$目标利润 = 本企业净资产 \times 同类企业平均净资产利润率$$

或

$$目标利润 = 本企业总资产 \times 同类企业平均资产利润率$$

【例 5-1】 某运输企业的同业平均物流服务利润率为 15%，运输作业市场价格为 1 元/(吨·公里)，该运输企业预计明年预计运输作业量为 600 万吨·公里，则：

$$\begin{aligned}目标利润 &= 预期物流服务收入 \times 同类企业平均物流服务利润率 \\ &= 600 \times 1 \times 15\% \\ &= 90(万元)\end{aligned}$$

$$\begin{aligned}物流总目标成本 &= 预期物流服务收入 - 目标利润 \\ &= 600 \times 1 - 90 \\ &= 510(万元)\end{aligned}$$

$$物流目标单位成本 = \frac{物流目标总成本}{总作业量} = \frac{510}{600} = 0.85[元/(吨 \cdot 公里)]$$

企业采用目标利润法确定预计目标利润的理由是：企业要想在激烈的市场竞争中能够获得生存和发展，其利润率水平必须达到同类企业平均利润率水平。

2）上年利润基数法

上年利润基数法是指在上年物流利润额的基础上，根据利润增长率的评估进行目标利润的计算，其计算公式为：

$$目标利润 = 上年物流利润额 \times 利润增长率$$

企业采用上年利润基数法确定目标利润的理由是：未来是历史的延续，但不是历史的简单重复，预计未来的变化应考虑现有的利润基础，即上年的利润水平。

2. 物流目标成本可行性分析

按上述方法计算出来的物流总目标成本只是一个初步设想，还需要对其可行性进行分析，也就是对初步测算出来的总目标成本是否切实可行作出分析判断。分析时，主要是根据本企业实际物流成本的变化趋势及同类企业的物流成本水平，在充分考虑本企业物流成本节约潜力的基础上，对计划期物流成本总水平进行估计，并与物流总目标成本水平进行比较。如果经过分析，预计的物流总成本目标是可行的，则将其进一步分解，下达到有关部门和单位；如果经过反复分析研究和挖潜，仍不能达到目标成本要求，则应考虑放弃。

3. 物流目标成本的分解与落实

当物流总目标成本通过可行性分析确定下来后，可将其自上而下按照企业的组织结构逐级分解到各职能部门，直到基层，并应落实到有关责任中心，使物流总目标成本变成各责任中心具体的目标成本。目标成本的分解通常不是一次能完成的，需要不断的反复修订，有时甚至需要对原来设立的目标成本进行修改。目标成本分解方法有多种，日常工作中通常可以采用以下 3 种方法。

方法一：将物流目标成本按成本性态进行分解。首先，将物流目标成本划分为固定成本和变动成本两类；其次，将固定成本进一步分解成折旧费、办公费、差旅费等项目；最后，将变动成本进一步分解为直接材料、直接人工、直接制造费用等。

方法二：将物流目标成本分解到各级具体责任中心或责任人。

方法三：将物流目标成本分解为年度目标成本、季度目标成本、月度目标成本等。

5.3.2 物流目标成本的实现

1. 制定实现物流目标成本的具体方法和途径

物流目标成本确定后，为了能够在允许的物流成本范围内为客户提供满意的物流服务，首先需要将企业目前的物流成本，即在现有技术条件下，付出正常努力从事降低成本活动所产生的成本，与目标成本进行比较，确定成本差距。成本差距就是企业物流成本降低的目标，也是其面临的成本压力。为了缩小成本差距，企业需要组织由物流、技术、生产、销售和财务等方面人员构成的设计小组或跨部门团队对成本差距存在的原因进行分析，运用成本分析、价值工程、质量工程等方法重新设计物流活动过程与分销物流服务方式，进而确定最佳的物流过程与分销物流服务方式，以及确定实现物流目标成本的具体方法，以求用最低的物流成本提供客户满意的物流服务。

2. 物流目标成本的执行与控制

物流目标成本经过分解后，落实到各个物流责任中心，形成各个物流责任中心的具体目标成本。各个物流责任中心在实际执行过程中将目标成本的各项指标与实际有关成本指标进行对比，及时发现并采取有效措施纠正偏差，保证完成物流成本目标。

1) 物流成本差异分析

物流成本差异是指在物流活动过程中发生的实际成本偏离预定目标成本所形成的差额。企业在现实的物流活动过程中，实际成本往往由于种种原因与预定的目标成本不一致。如果实际投入成本低于目标成本形成的差异称为有利差异，表示实际投入的成本相对于目标成本有所节约；反之，若实际投入成本高于目标成本形成的差异称为不利差异，表示实际投入的成本相对于目标成本存在着浪费。管理部门通过观察、分析成本差异，可以了解物流各个部门的效率，提高对物流经营活动的调控能力，并利用成本差异对物流各部门的业绩做出考核评价。

2) 采取调整措施

通过对物流成本差异分析，找出差异成因，弄清责任归属，就可以采取积极有效调整措施控制不利差异，降低物流成本，保证物流目标成本的实现。出现物流成本差异后，可采取的调整方法很多，但概括起来主要有修正物流目标成本和调整物流活动两种方法。

(1) 修正物流目标成本。物流目标成本已经确定，就应保持相对稳定。因此，修正物流目标成本并不是经常采取的调整措施。但在物流目标成本执行过程中如发现新问题，出现了原来没有考虑到的新情况，使得确定的目标成本变得不合理，不符合实际情况，这时便要及时地对物流目标成本进行修正，以保证物流目标成本的先进性和合理性。

(2) 调整物流活动。如果物流目标成本仍然是合理的，只是在执行过程中出现了一定的偏差，这就要找出偏差出现的原因，明确责任归属，有针对性地调整当前物流活动。例如，如果是采购人员盲目采购了质次价高的材料，导致物流直接材料出现价格不利差异，则在今后的采购活动中应该货比三家，合理采购；如果是由于闲散人员过多造成工资费用上升，则应适当裁减人员。总之，要通过对物流活动的调整，保证物流目标成本的实现，达到控制支出、降低物流成本的目的。

5.3.3 物流目标成本的考核

物流目标成本完成情况的考核是建立物流目标成本控制体系的重要环节。物流目标成本完成情况的考核分为对物流目标成本计划完成情况进行考核和对超额完成目标成本计划情况进行考核两部分。

1) 对物流目标成本计划完成情况进行考核

由于物流目标成本计划是按各物流部门和各物流活动环节纵横体制制定与分解下达的，因此，目标成本考核同样按这一纵横体系设计，即企业对各职能管理部门实行归口成本指标考核，对物流单位则实行物流成本指标考核。同时，各职能部门又对物流单位实行分解分项归口成本指标考核，形成互相牵制、双重考核体系。

2) 对超额完成目标成本计划情况进行考核

对于超额完成目标成本计划的各个部门、单位及个人，进行物质奖励和精神奖励，充分肯定他们对企业效益和发展所做出的贡献。

企业为保持成本的竞争优势，不仅要达到设定的目标成本，还应通过改进物流活动过程中的一系列细节活动，如持续减少搬运等非增值活动，消除物流直接材料浪费、改进操作程序和提高员工降低成本管理意识等，促使物流成本不断地降低。

5.4 物流标准成本控制

物流标准成本是指通过调查分析和运用技术测定等科学方法制定的，在有效的经营条件下开展物流活动时应该实现的成本。物流标准成本控制是以制定的标准成本为基础，将实际发生的成本与标准成本进行对比，揭示成本差异的成因及责任归属，并及时采取措施，将各项物流成本支出控制在标准成本范围内的一种成本控制方法。

5.4.1 物流标准成本分类

1. 理想标准成本和正常标准成本

理想标准成本又称理论标准成本或最高标准成本，是以现有生产经营条件处于最优状态为基础确定的成本水平。采用这一标准成本，意味着技术上无失误、材料人工无浪费、机器设备无闲置等最优生产条件经营下的理想成本。也就是说，采用这一标准成本不允许有任何的失误、浪费和损失存在。由于理想标准成本没有考虑到客观实际情况，提出的要求过高，不易实现，故工作中很少采用。理想标准成本的主要用途是为企业提供一个完美的工作目标，揭示成本下降的潜力。

正常标准成本是根据企业的正常生产能力，以有效的生产经营条件为基础而制定的标准成本，是正常情况下企业经过努力可以达到的成本标准。由于这一标准考虑了生产经营过程中不可避免的损失、故障和偏差等因素，因而正常标准成本具有客观性、现实性、激励性和稳定性等特点，可以作为业绩评价的尺度，在现实工作中被广泛采用。本书中如没有特别说明，所提及的标准成本就是指正常标准成本。

2. 基本标准成本和现行标准成本

基本标准成本是企业依据过去几年实际营运资料所设定的标准成本。这一标准成本一经制定，长期保持不变，它可以使各个时期的实际成本以同一标准进行比较，以反映成本的变化情况。但由于基本标准成本反映的是过去生产技术及经营管理条件下的成本水平，不符合当前的实际情况，因而在实际工作中较少采用。基本标准成本的用途是可以作为制定现行标准的参考。

现行标准成本是指根据其适用期间应该发生的价格、效率和生产经营能力利用程度等预计的标准成本。当这些影响因素发生变化时，需要按照改变了的情况加以修订。现行标准成本可以成为评价实际成本的依据，也可以用来对存货和销货成本计价。

5.4.2 物流标准成本制定

物流成本控制在物流活动中主要以料、工、费三大块为基础，因此制定物流标准成本主要包括物流直接材料、物流直接人工和物流间接费用标准成本。

1. 物流直接材料标准成本的制定

物流直接材料标准成本由直接材料用量标准和价格标准组成。

用量标准是指在现有技术条件下生产单位产品所需的材料数量，包括必不可少的消耗，以及各种难以避免的损失。用量标准一般由产品的设计部门、工艺技术部门和生产部门共同研究确定。

价格标准是预计下一年度实际需要支付的进料单位成本，包括发票价格、运费、检验和正常损耗等成本，是取得材料的完全成本。价格标准一般由采购部门、质量管理部门和财会部门共同确定。

物流直接材料标准成本计算公式为：

$$直接材料标准成本＝直接材料用量标准×直接材料价格标准$$

【例 5-2】 假设某项物流作业需耗用甲、乙两种直接材料，则其直接材料标准成本计算如表 5-4 所示。

表 5-4 物流直接材料标准成本

标 准	材料甲	材料乙
用量标准 　材料用量 　允许损耗量 　单位标准用量	 3.0 千克 0.3 千克 3.3 千克	 2.0 千克 0.1 千克 2.1 千克
价格标准 　发票单价 　装卸检验费 　每千克标准价格	 5.0 元 0.3 元 5.3 元	 1.0 元 0.07 元 1.07 元
成本标准 　材料甲成本 　材料乙成本	 3.3×5.3＝17.49 元 	 2.1×1.07＝2.247 元
单位产品标准成本	17.49＋2.247＝19.737 元	

2. 物流直接人工标准成本制定

物流直接人工标准成本由直接人工工时标准和工资率标准构成。

直接人工工时标准是指在现有技术条件下，生产单位产品或提供某项物流作业服务所需时间，包括直接加工操作或提供服务必不可少的时间、必要的间歇和停工时间等。

工资率标准是指每一标准工时应分配的工资，一般按现行的工资制度所定的工资水平计算确定。在制定物流直接人工标准成本时，如果是计件工资，则标准工资率就是单位作业量工资；如果是计时工资，标准工资率就是单位工时工资，等于标准工资总额除以标准总工时。

物流直接人工标准成本计算公式为：

$$物流直接人工标准成本＝工资率标准×直接人工工时标准$$

【例 5-3】 完成例 5-2 物流作业需耗费的直接人工标准成本计算如表 5-5 所示。

表 5-5　物流直接人工标准成本

项　目	标　准	项　目	标　准
月标准总工时	2 280 小时	单位工时标准	4 小时
月标准工资总额	20 520 元	直接人工标准成本	36 元
工资率标准	9 元/小时		

3. 物流间接费用标准成本制定

物流间接费用标准成本可分为变动物流间接费用标准成本和固定物流间接费用标准成本两部分。

1) 变动物流间接费用标准成本制定

变动物流间接费用标准成本由变动物流作业数量标准和变动物流作业价格标准构成。

变动物流作业数量标准，通常采用单位物流作业直接人工工时标准，它在物流直接人工标准成本制定时已经确定。也有企业采用机器工时或其他用量标准。需要注意的是，作为变动物流作业数量标准的计量单位，应尽可能与变动物流间接费用保持较好的线性关系。

变动物流作业价格标准是指单位工时变动物流间接费用的标准分配率，由变动物流间接费用预算除以物流作业直接人工标准总工时求得。

变动物流间接费用标准成本的计算公式为：

$$\text{变动物流间接费用标准成本} = \text{单位物流作业直接人工标准工时} \times \text{单位工时变动物流间接费用标准分配率}$$

2) 固定物流间接费用标准成本的制定

固定物流间接费用标准成本由固定物流作业数量标准和固定物流间接费用价格标准构成。

固定物流作业数量标准的确定与变动物流作业数量标准的确定相同。

固定物流间接费用价格标准是指单位工时固定物流间接费用的标准分配率，由固定间接费用预算除以物流作业直接人工标准总工时求得。

固定物流间接费用标准成本的计算公式为：

$$\text{固定物流间接费用标准成本} = \text{单位物流作业直接人工标准工时} \times \text{单位工时固定物流间接费用标准分配率}$$

将以上确定的物流直接材料、物流直接人工和物流间接费用的标准成本按物流作业加以汇总，就可以确定有关物流作业的完整的标准成本。通常，企业采用编制"标准成本卡"来反映单位物流作业标准成本的具体构成。

5.4.3　物流标准成本差异分析

由于物流标准成本由物流直接材料、物流直接人工和物流间接费用 3 部分组成，因而物流成本差异也相应划分为物流直接材料成本差异、物流直接人工成本差异和物流间接费用成本差异。在物流活动中，导致物流成本差异出现的因素很多，但从计算角度看，成本差异可分解为两个因素：价格差异和用量差异。

物流成本差异计算公式为：

$$物流成本差异 = 实际成本 - 标准成本$$

$$= 实际用量 \times \left(实际价格 - 标准价格\right) + \left(实际用量 - 标准用量\right) \times 标准价格$$

$$= 价格差异 + 用量差异$$

1. 物流直接材料成本差异分析

物流直接材料成本差异由物流直接材料价格差异和物流直接材料用量差异两部分构成。其计算公式为：

$$物流直接材料成本差异 = 物流直接材料价格差异 + 物流直接材料用量差异$$

其中，

$$物流直接材料价格差异 = 材料实际用量 \times \left(单位实际价格 - 单位标准价格\right)$$

$$物流直接材料用量差异 = 单位标准价格 \times \left(材料实际用量 - 材料标准用量\right)$$

需要指出的是，如果物流直接材料价格不利差异是在采购过程中形成的，应由采购部门负责作出解释，而不应由耗用材料的操作部门负责。因为在正常情况下，采购部门可选择价格合理、运输方便、采购费用较低、质量较好的材料。但材料的实际价格客观上又受许多因素的影响，如市场供求的变化、价格的变动、采购数量、紧急订货和运费涨价等。由以上这些因素引起的价格差异就不应归属于采购部门，而需对差异形成的原因和责任作进一步的分析，合理确定责任归属。例如，应生产上的要求，对某项材料进行小批量的紧急订货，由于订货和运输形成的不利差异，则不能由采购部门承担责任。

物流直接材料用量差异是在材料耗用过程中形成的。在正常情况下，生产操作部门是可以控制耗用材料数量的。因此，物流直接材料用量差异应由耗用材料的操作部门对造成材料用量差异的原因作出解释。但有时材料的耗用量增加并不一定是操作部门的责任，如企业采购部门购入质量较差或不符合规格的材料。另外，材料储存中的变质、损坏等问题，也会造成材料耗用量的增加，故应具体问题具体分析，合理确定责任归属。

2. 物流直接人工成本差异分析

物流直接人工成本差异由物流直接人工工资率差异（价格差异）和物流直接人工效率差异（用量差异）构成，其计算公式为：

$$物流直接人工成本差异 = 物流直接人工工资率差异 + 物流直接人工效率差异$$

其中，

$$物流直接人工工资率差异 = 实际工时 \times \left(实际工资率 - 标准工资率\right)$$

$$物流直接人工效率差异 = 标准工资率 \times \left(实际工时 - 标准工时\right)$$

物流直接人工工资率差异形成的原因，包括工人升级或降级使用、奖励制度未产生实效、工资率调整、加班或使用临时工、出勤率变化等,原因复杂而且难以控制。一般说来,应归属于人事劳动部门管理,差异的具体原因会涉及各物流作业部门。

物流直接人工效率差异形成的原因,包括工作环境不良、工人经验不足、劳动情绪不佳、新工人上岗太多、机器或工具选用不当、设备故障较多、作业计划安排不当、作业量太低无法发挥批量节约优势等。它主要是物流作业部门的责任,但这也不是绝对的,如材料质量不好等也会影响作业效率。

3. 物流间接费用成本差异分析

物流间接费用成本差异可以分为变动物流间接费用成本差异分析和固定物流间接费用成本差异分析。

1) 变动物流间接费用成本差异分析

变动物流间接费用成本差异也可以分解为"价格差异"和"用量差异"两部分。价格差异是指变动物流间接费用的实际工时分配率脱离了标准,按实际工时计算的差额,反映耗费水平的高低,故又称为变动物流间接费用耗费差异;用量差异是指实际工时脱离了标准工时,按标准的工时费用率计算确定的差额,反映工作效率变化引起的费用节约或超支,故又称为变动间接费用效率差异。

变动物流间接费用成本差异的计算公式为:

$$\text{变动物流间接费用成本差异} = \text{变动物流间接费用耗费差异} + \text{变动物流间接费用效率差异}$$

其中,

$$\text{变动物流间接费用耗费差异} = \text{实际工时} \times \left(\text{实际费用分配率} - \text{标准费用分配率}\right)$$

$$\text{变动物流间接费用效率差异} = \text{标准费用分配率} \times \left(\text{实际工时} - \text{标准工时}\right)$$

变动物流间接费用耗费差异,是实际支出与按实际工时和标准费率计算的预算数之间的差额。由于后者是在承认实际工时是必要的前提下计算出来的弹性预算数,因此该项差异反映耗费水平,即每小时业务量支出的变动费用脱离了标准。耗费差异是部门经理的责任,他们有责任将变动费用控制在弹性预算限额之内。

变动物流间接费用效率差异,是由于实际工时脱离了标准,多用工时导致的费用增加,因此其形成原因与人工效率差异相同。

2) 固定物流间接费用成本差异分析

固定物流间接费用成本差异分析与各项变动成本差异分析不同,其分析方法有"二因素分析法"和"三因素分析法"两种。

(1) 二因素分析法。是指将固定物流间接费用成本差异分为耗费差异和能量差异。

物流间接费用的耗费差异是指物流间接费用的实际金额与物流间接费用预算金额之间的差额。在考核时不考虑业务量的变动,以原来的预算数作为标准,实际数超过预算数即视为耗费过多。其计算公式为:

固定物流间接费用耗费差异=固定物流间接费用实际数-固定物流间接费用预算数

物流间接费用能量差异是指固定物流间接费用预算与固定物流间接费用标准成本的差

额，或者说是实际业务量的标准工时与作业能量的差额用标准分配率计算的金额。它反映未能充分使用现有作业能量而造成的损失。其计算公式为：

$$\begin{aligned}\text{固定物流间接费用} \atop \text{能量差异} &= {\text{固定物流间接费用} \atop \text{预算数}} - {\text{固定物流间接费用} \atop \text{标准成本}} \\ &= {\text{固定物流间接} \atop \text{费用标准分配率}} \times \text{作业能量} - {\text{固定物流间接费用} \atop \text{标准分配率}} \times {\text{实际作业量} \atop \text{标准工时}} \\ &= \left({\text{作业} \atop \text{能量}} - {\text{实际作业量} \atop \text{标准工时}}\right) \times {\text{固定物流间接费用} \atop \text{标准分配率}}\end{aligned}$$

（2）三因素分析法。是指将固定物流间接费用成本差异分为固定物流间接费用耗费差异、固定物流间接费用效率差异和固定物流间接费用闲置能量差异3部分。固定物流间接费用耗费差异的计算与二因素分析法相同。不同的是要将二因素分析法中的"能量差异"进一步分为两部分：一部分是实际工时未达到标准能量而形成的闲置能量差异；另一部分是实际工时脱离标准工时而形成的效率差异。其计算公式为：

$$\begin{aligned}\text{固定物流间接费用} \atop \text{闲置能量差异} &= {\text{固定物流间接费用} \atop \text{预算数}} - {\text{实际} \atop \text{工时}} \times {\text{固定物流间接费用} \atop \text{标准分配率}} \\ &= \left({\text{作业} \atop \text{能量}} - {\text{实际} \atop \text{工时}}\right) \times {\text{固定物流间接费用} \atop \text{标准分配率}}\end{aligned}$$

$$\begin{aligned}\text{固定物流间接费用} \atop \text{效率差异} &= {\text{实际} \atop \text{工时}} \times {\text{固定物流间接费用} \atop \text{标准分配率}} - {\text{实际作业量} \atop \text{标准工时}} \times {\text{固定物流间接费用} \atop \text{标准分配率}} \\ &= \left({\text{实际} \atop \text{工时}} - {\text{实际作业量} \atop \text{标准工时}}\right) \times {\text{固定物流间接费用} \atop \text{标准分配率}}\end{aligned}$$

固定物流间接费用效率差异产生原因与物流直接人工效率差异产生原因大致相同；导致闲置能量差异原因往往是开工不足、车辆开动率和仓容利用率低，责任往往在管理部门；耗费差异产生的原因比较复杂，如成本制定不切实际，实际物流服务量小于计划量等，对这类差异要进行深入细致分析，方能弄清责任归属。

【例5-4】 假设某企业某项物流作业活动的目标成本和实际成本资料如表5-6、表5-7所示。

表5-6 某企业物流目标成本资料

成本项目	目标单价或标准分配率	目标用量	目标成本/元
物流直接材料	1（元/千克）	150（千克）	150
物流直接人工	5（元/工时）	10（工时）	50
变动物流间接费用	2（元/工时）	10（工时）	20
物流变动成本合计			220
固定物流间接费用	1（元/工时）	10（工时）	10
单位物流目标成本			230

表 5-7 某企业物流实际成本资料

成本项目	实际单价或标准分配率	实际用量	实际成本/元
物流直接材料	1.1（元/千克）	148（千克）	162.8
物流直接人工	5.2（元/工时）	9.5（工时）	49.4
变动物流间接费用	1.8（元/工时）	9.5（工时）	17.1
物流变动成本合计			229.3
固定物流间接费用	1.2（元/工时）	9.5（工时）	11.4
单位物流实际成本			240.7

该项物流作业活动预计全月的计划物流作业量目标总工时为 5 000 工时，计划提供物流服务 500 次，实际提供物流服务 520 次，购入直接材料 80 000 千克。

有关物流成本差异分析计算如下。

① 物流直接材料成本差异计算

$$物流直接材料用量差异 = (148 \times 520 - 150 \times 520) \times 1 = -1\,040(元)$$

以采购量为基础计算物流直接材料价格差异为：

$$物流直接材料价格差异 = (1.1 - 1) \times 80\,000 = 8\,000(元)$$

以实际耗用量为基础计算物流直接材料价格差异为：

$$物流直接材料价格差异 = (1.1 - 1) \times 148 \times 520 = 7\,696(元)$$

$$物流直接材料成本差异 = 7\,696 - 1\,040 = 6\,656(元)$$

本例中，物流直接材料采购量大于实际耗用量，如果物流直接材料价格差异以采购量为基础计算，则无法为管理部门提供物流直接材料成本差异信息，但却能及时提供材料采购信息，在责任会计制度下，有利于明确责任归属。

② 物流直接人工成本差异计算

$$物流直接人工工资率差异 = (5.2 - 5) \times 9.5 \times 520 = 988(元)$$

$$物流直接人工效率差异 = (9.5 - 10) \times 520 \times 5 = -1\,300(元)$$

$$物流直接人工成本差异 = 988 - 1\,300 = -312(元)$$

③ 变动物流间接费用成本差异计算

$$变动物流间接费用耗费差异 = (1.8 - 2) \times 9.5 \times 520 = -988(元)$$

$$变动物流间接费用效率差异 = (9.5 - 10) \times 520 \times 2 = -520(元)$$

$$变动物流间接费用成本差异 = -988 - 520 = -1\,508(元)$$

④ 固定物流间接费用成本差异计算

$$固定物流间接费用耗费差异 = 1.2 \times 9.5 \times 520 - 1 \times 10 \times 500 = 928(元)$$

$$固定物流间接费用效率差异 = (9.5 \times 520 - 10 \times 520) \times 1 = -260(元)$$

$$固定物流间接费用闲置能力差异 = (10 \times 500 - 9.5 \times 520) \times 1 = 60(元)$$

$$固定物流间接费用成本差异 = 928 - 260 + 60 = 728(元)$$

将上述物流成本差异进行汇总，计算得出：

$$物流成本差异 = 6\,656 - 312 - 1\,508 + 728 = 5\,564(元)$$

5.5 物流综合成本控制

在物流活动中效益背反现象普遍存在。例如，减少仓库的数量可以降低保管费用，但仓库数量的减少必然会导致运输、配送距离变长，次数增加，进而增加了运输费用。如果运输费用的增加超过了保管费的降低，从企业整体来看，物流总成本不但没有降低反而有所增加。因此，在进行物流成本控制时不能在企业的各个部门内部孤立地对物流活动的各个环节进行局部控制，应从企业全局出发，从系统整体角度来进行物流成本的综合控制，强调整个物流过程综合成本的降低和综合效益的提升。

5.5.1 物流综合成本控制思路

物流成本控制的运作一般是从系统的角度，依照企业的特点对物流成本进行分类来确定企业内部不同成本的控制目标和基本控制策略。表 5-8 就销售过程、生产过程、采购过程和售后服务过程给出了物流成本的主要控制目标及其基本控制策略。[1]

表 5-8 物流成本主要控制目标与基本策略

过程	主要控制目标	基本控制策略
销售过程中的物流成本控制	1. 运输成本 2. 仓储保管成本 3. 订货处理成本 4. 退货成本 5. 计算机信息处理费用 6. 人工的直接、间接费用	√ 选择运输设备、库存的最佳规模和最佳空间布置，以便最大限度地降低运输成本 √ 合理确定仓储，选择物流手段使其功能配套互补 √ 减少交货点，并且与用户协商简化交易约束条件 √ 鼓励用户尽可能大批量进货 √ 合理扩大运输和仓储规模 √ 以劳动生产率为中心制定人事政策，签订定额承包合同
生产过程中的物流成本控制	7. 人工费用（工作日、人数、工时）和投产准备费用 8. 原料、半成品和包装物品的丢失 9. 车间内和跨车间转运费 10. 搬运、仓储费和生产设备维修费 11. 燃料动力费 12. 备件备品成本	√ 生产手段自动化，经常进行生产投资，提高劳动生产率 √ 以人工费用最低为标准确定厂址 √ 确定生产的规模和批量 √ 依靠工艺开发、技术革新，最大限度地提高各道工序的效果 √ 建立健全及时反映生产经营状态的会计分析活动和物流成本控制体系
采购供应过程中的物流成本控制	13. 订货处理成本 14. 原材料等的验收——质检成本 15. 搬运成本 16. 运输成本 17. 仓储成本 18. 人工成本	√ 以减少运输和搬运为目的，进行大批量订货供应 √ 采购地点距离工厂尽可能近 √ 采购供应原材料、零部件标准化，方便技术处理 √ 为减少人工，采用供应自动化管理 √ 给供应任务的承担者尽可能多的任务 √ 强化对采购供应活动的基础工作（记录）控制

---

[1] 宋华. 物流成本与供应链绩效管理. 北京：人民邮电出版社，2007：104-105.

续表

过　程	主要控制目标	基本控制策略
售后服务过程中的物流成本控制	19. 维修人员费用 20. 维修的网点和实施费 21. 备品备件、工具的库存费 22. 技术文件编印费 23. 使用操作者培训费 24. 维修工程师培训费 25. 售后服务信息系统运作费	√ 调整售后服务网点的数量和布局 √ 调整售后服务工作的范围和水平 √ 在产品设计定型时，引进售后服务预测成本的概念 √ 集中多项商品，同时提供服务，以便形成售后服务经济规模 √ 建立自动诊断，排除故障的电话、电传等客户服务系统 √ 发展维修中的组件快速替换，把维修工作集中为批量后处理

表 5-8 中物流成本控制的 4 个过程，覆盖了企业物流的全过程。需要强调的是，并不是所有的企业都具备销售、生产、采购和售后服务这 4 个过程。例如，商业企业就不具备生产过程。企业在进行物流成本控制时，应选择使整个物流过程总成本最小的各种物流成本控制策略组合；以物流总成本最低为控制目标来协调各子系统，将物流总成本分解到各子系统作为子目标，通过子系统的优化、集成，最终获得使物流总成本最低的物流系统最优状态。

但企业在追求物流各过程即各个子系统成本最小化时，因为受到各种因素的制约，一般不可能使各子系统同时达到最优。所以，为了达到或接近整个物流过程总成本最小，必须在各个环节中进行系统协调和整合，以此来加强各个环节的物流成本控制的功能。

5.5.2　物流综合成本控制实施框架

物流综合成本控制是指根据与物流成本密切相关的供应计划、生产计划、销售计划，从整个企业角度综合控制物流成本。物流综合成本控制的目的在于局部物流成本控制目标集成综合，从而促使企业整体物流成本趋于最小化。

物流综合成本控制的实施框架由 3 部分组成：物流成本横向控制、物流成本纵向控制和计算机网络管理系统，如图 5-1 所示。

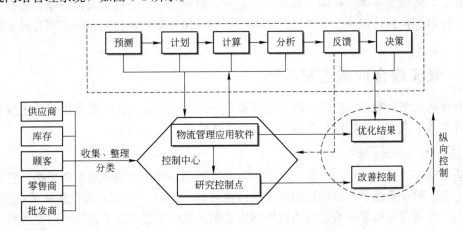

图 5-1　物流成本综合控制实施框架图

物流成本横向控制主要是指物流成本预测、计划、计算、分析、信息反馈、控制和决策等步骤。

物流成本纵向控制是物流过程中的优化管理，涵盖了采购、运输配送、装卸搬运、库存控制、订单处理、客户服务、返还品管理、废弃物处理等企业物流活动全过程。实现物流过程中的优化管理，必须要借助于适当的控制方法和管理手段，使其与横向控制交织进行。常用的控制方法有以下5种。

（1）利用作业成本法，掌握物流作业过程的运作绩效和成本。

（2）运用线性规划、非线性规划，制订最优运输计划，实现物品运输优化。

（3）运用存贮论，确定经济合理的库存量，实现物资储存优化。应用较广泛的方法是经济订购批量模型，即EOQ模型。

（4）运用系统分析技术，选择货物的最佳配比及配送线路，实现物资配送优化。

（5）运用计算机模拟技术，对整个物流系统进行研究，实现物流系统的优化。典型的模型是克莱顿·希尔模型，该模型提出了物流系统的3项目标：最高的服务水平、最小的物流费用、最快的信息反馈，在模拟过程中采用逐次逼近的方法来求解下列决策变量：流通中心的数目、对客户的服务水平、流通中心收发货时间的长短、库存分布、系统整体的优化。

计算机网络管理系统是联结着供应商、生产商、批发商、零售商和客户的大系统，将计算机网络系统引入物流成本控制中，可以大大提高控制效率。例如，采购人员可以根据计算机信息管理系统提供的功能，收集并汇总各部门订货的商品名称、订货数量，根据供应商的可供商品货源、供货价格、交货期限、供货商的信誉等资料，向指定的供货商下达采购指令。供货商根据网络中心传来的相关信息，及时安排出货，并将出货信息传递给相应的批发商、零售商及其他对象。交易双方交换的信息不仅仅是订单和交货通知，还包括订单更改、订单回复、变价通知、提单、对账通知、发票、退换货等许多信息。通过计算机通信网络联结的方式将各种信息传递到总公司、分公司、批发商、商品供货商或制造商，可以做到快速反应。它能处理从新商品资料的说明直到会计结算所有商品交易过程中的作业，可以涵盖整个物流过程。

物流综合成本控制实施框架的3个组成部分是一个有机联系的整体，以计算机网络管理系统为核心，将物流成本的横向、纵向联结起来，形成一个不断优化的物流系统的循环，通过循环、计算、评价，最终形成物流总成本最低的最佳方案，从而实现物流综合成本控制最大效应。

5.5.3　物流综合成本控制策略

企业在物流综合成本控制时，除了采用数量分析法、系统化原理等常用技术手段对物流过程中各个环节及整个过程优化管理外，还应考虑以下3个方面。

1. 成立企业战略联盟

企业战略联盟是20世纪90年代以来国际上流行的一种新兴的战略管理思想。它是指两个或两个以上的企业为了一定的目的或实现战略目标，通过一定方式自发组成的优势互补、风险共担、要素双向或多向流动的松散型网络组织。战略联盟改变了传统的以竞争对手消失为目标的对抗性竞争，联盟中竞争与合作并行不悖。为合作而竞争，靠合作来竞争以寻求企业竞争优势。它可以在保持双方核心竞争力相对独立的基础上，实现优势互补、资源共享，最终实现双赢。

企业是一个由设计、生产、销售、运送和管理等一系列互不相同但又相互关联的增值活动构成的"价值系统"。在这个价值系统中具体包括了供应商价值链、生产单位价值链、销售渠道价值链和客户价值链。企业物流的成本控制与效益增加在很大程度上依赖于上游企业——供应商、下游企业——销售商的协作,如果企业能够与其上下游企业建立长久的、稳定的、利益共享的战略联盟,就相当于企业自身实现了"向前、向后一体化",从而可以大大降低企业的物流成本,增强企业的竞争能力。这种从企业物流角度出发而建立起来的战略联盟,作为企业间的网络化系统,其最大着眼点是在于物流活动中积极地利用外部规模经济。它一方面扩大了企业对资源的使用界限,另一方面提高了本企业资源的使用效率,减少沉没成本,节约企业可获得在资源方面的新投入,从而进一步提高了企业物流速度,降低了物流活动中的风险。

2. 实现物流系统信息化

物流系统信息化应该包括两个方面:物流技术信息化和物流管理信息化。物流信息化的核心是管理信息化,即把先进的管理思想通过技术手段得以实现。企业要实现物流系统信息化必须考虑以下两个方面。

1) 充分利用公共物流信息平台

公共物流信息平台以其跨行业、跨地域、多学科交叉、技术密集、多方参与、系统扩展性强、开放性好的特点对现代物流的发展构成了有力支撑。企业可以直接使用公共物流信息平台,利用其庞大的资料库以及开放性的商务功能实现企业自身的信息交流、发布、业务交易、决策支持等的信息化管理,可以说使用公共物流信息平台是企业信息化的捷径。

2) 借助现代化信息技术

这些技术包括通信技术、数据交换技术及其他物流技术。例如,非对称数字用户环线(AOSL)、数字数据服务(DDN)、异步传输模式(ATM)、无线通信(NAP)、光纤光布式数据接口(FDDI)、电子数据交换(EDI)、有线电话/传真(CALL CENTER)、智能技术、识别技术、条码技术、空间定位技术、地理信息技术、自动化控制技术等。企业因地制宜、合理地利用信息技术及其他交叉学科技术,有助于提升企业的物流信息综合管理水平。

3. 物流活动向外委托

物流活动向外部委托,即将物流业务的一部分委托给企业外部的分销公司、仓库或第三方货运人,由它们来完成本企业物流管理或产品分销职能的全部或部分,其中包括运输业务、仓库保管业务、材料采购、订货信息处理业务、库存管理、信息系统等几乎所有的物流领域。

企业物流活动外部委托的一种形式是将物流业务外包给第三方物流公司。这样企业可以不再保有仓库、车辆等物流设施;对物流信息系统的投资也可转嫁给第三方物流企业来承担;还可以减少对物流活动的管理,节省管理费用等。总之,企业通过将物流活动外包给第三方物流公司可以简化交易、降低物流成本、提高服务水平。企业将物流活动外包不仅可以降低物流成本,还可以使企业本身将更多的注意力集中到核心业务上,提高企业整体运作效率。

向外委托的另一种方式就是企业建立自己的对外营业的物流分公司或子公司,将物流活动的一部分或全部委托给企业物流分公司或子公司,这种方法避免了商业秘密外泄的风险。同时,通过物流分公司或子公司的独立经营实现物流成本的下降。向企业自身的物流分公司或子公司委托业务，能够保证物流服务水平始终处于企业的监管之下，维持企业的物流服务质量，保证公司整体经营战略的统一性。

复习与应用

1. 什么是物流成本控制？物流成本控制应遵循的原则有哪些？
2. 简述物流成本控制的基本程序。
3. 什么是物流目标成本？如何确定物流目标成本？
4. 如何制定企业的物流标准成本？物流成本差异如何计算和分析？

【案例分析】

神龙公司物流成本控制案例分析[①]

电子商务时代，商品交易所必不可少的信息流、产权流、资金流等都能通过网络快速、廉价地实现转移，唯有物流不仅速度慢而且代价高。这不仅说明物流是阻碍商品交易的瓶颈，也说明企业之间物流合作的空间巨大，尤其是跨越企业边界的更大范围的物流流程之间的合作，供应链物流成本则是这种跨企业物流流程的成本。影响供应链物流成本的因素，除了构成该流程的各项功能成本之外，最主要的就是企业之间的交易成本。按照制度经济学的原理，基于不同产权基础的各企业在物流合作过程中，不可避免地存在相关信息的收集成本、合作利益分割的谈判成本、合作风险的预防成本等交易成本。这些成本是影响企业之间进行物流合作的关键因素：如果交易成本太高，不能抵消物流合作所带来的成本节约，则供应链物流无法实现优化；反之，供应链物流能够得到优化，供应链物流总成本得以降低。因此，供应链物流成本控制，一方面能在更大的范围内优化物流流程，取得更好的成本控制效果；另一方面，需要协调好各方的利益，保护他们参与物流合作的积极性。

（一）神龙公司的基本背景和物流运行总体方案

汽车总装企业的物流是最复杂、最典型的企业物流。神龙公司是由中国东风汽车公司与法国标致雪铁龙集团各出资50%，于1992年5月成立的轿车生产经营企业。它分别在武汉、襄樊两地建有武汉一厂、武汉二厂、襄樊工厂三家工厂，外购零部件来自全国各地和法国标致雪铁龙集团，神龙公司国产零部件供应商中，华东地区供应商占43.4%，华中地区的供应商占39.1%，华北、华南、西南、东北地区的供应商分别占6.8%、5.1%、2.6%、2.5%。现具备年产45万辆整车、60万台发动机的生产能力。目前，神龙公司主要生产经营东风雪铁龙C5、凯旋、世嘉和东风标致408、307、207等多种车型，在全国240余座城市拥有东风雪铁龙、东风标致两个品牌490家4S店和474家二级网点、直营店。2010年，神龙公司生产销售37.3万辆整车，实现销售收入370亿元。

神龙公司物流运行的总体方案如图5-2所示。

图5-2显示，神龙公司处于汽车产业供应链的核心。一方面，它是供应链物流的组织者、领导者，通过对上下游企业的工厂和仓库选址、物流标准制定、物流信息系统建设、物流模式优化等方面的积极影响，领导供应链物流系统的建设和管理；另一方面，它也是供应

---

① 资料来源：陈正林.企业物流成本生成机理及其控制途径：神龙公司物流成本控制案例研究.会计研究，2011(2)：66-71.

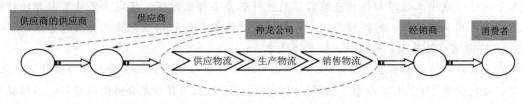

图 5-2 神龙公司所处的供应链物流系统

链物流的参与者,其自身物流活动也非常频繁。与一般生产性企业的物流管理相比,神龙公司在物流成本控制方面面临着更大的挑战:(1)供应物流面对的是国内外数百家供应商万余种零部件,不仅运输和库存的成本高,而且物流管理工作的难度很大,缺货风险成本与库存成本这对矛盾很难平衡;(2)生产物流要同时保证生产线上数千种零部件的及时(Just In Time)供应,线边空间异常紧张,上线物流的组织工作也很困难;(3)销售物流需要在二至五天之内满足全国各地客户对整车和维修备件的需求,尤其是整车的价值高、体积大、不能挤压和碰撞,其物流成本也很难控制。

(二)神龙公司物流成本的控制途径

像我国大部分企业一样,神龙公司在初建阶段的物流基础并不好,存在供应商分布广、工厂布局散、物流流程与制造工艺不协调等问题。经过十几年的不断探索和改进,神龙公司逐步实现了对物流成本的有效控制,其成本控制的基本经验如下。

1. 夯实物流作业基础,努力降低各项物流功能成本

为了减少在物流方面的投资,充分享受专业物流企业的优质服务,提高物流活动的规模经济性,神龙公司与捷富凯——大田物流有限公司、金鹰国际货运代理有限公司、中国远洋物流公司、武汉邮政物流公司等物流公司建立了战略合作关系,有序并可靠地外包了大部分的物流业务,使运输、库存、装卸搬运等功能成本得到了较大幅度的降低。

对必须自营的物流业务,神龙公司构建了现代化的物流基础设施和管理系统,提高了自营物流的效率。神龙公司通过拉动式供货、供应商管理库存(VMI)供货、看板供货、多批次小批量供货、直送供货和同步供货等先进物流模式压缩中间库存,努力实现零库存,降低库存成本;通过与供应商共同投资和循环使用包装容器,减少转包作业成本和包装容器的摊销成本,降低包装成本;建立基于互联网的连接企业内部各职能部门和外部所有供应商、经销商、第三方物流服务提供商(3PL)的物流信息系统,为加速货物流转和成本控制创造有利条件;整合内部物流组织,明确采购部、生产部、销售部、武汉一厂、武汉二厂和襄樊工厂下属各物流机构的职责,建立了覆盖全部业务的物流管理组织和统一的物流管理模式,为物流成本控制提供了组织保障和制度保障,提高了物流管理的效益。

2. 优化物流流程,降低物流流程成本

近年来,神龙公司一直致力于物流流程的优化,先后实施了采购物流的"KD件批组转按件进货项目"、生产物流的"APOLO(工位优化和交替式物流)计划"、销售物流的地区库存调整等改造项目,有效地降低了各项流程成本。以APOLO计划为例:由于需要在一条生产线上同时组装数十种型号的汽车,生产线边无法容纳多种型号零部件的同时堆放,导致装配效率下降,影响了企业的整体经济效益。增加新的生产线或者降低生产节拍,虽然能解决线边空间紧张的问题,但显然都不是好的解决方案。神龙公司从生产现场物流流程的改

进入手,通过减小工位零部件的包装容器尺寸并配合多频次配送,既减少了待装零部件对线边空间的占用及缩短工人的操作时间,也保证生产线零部件的供应,降低企业的总成本。

3. 协调供应链关系,降低供应链物流成本

在关注内部物流成本控制的同时,神龙公司还通过整合供应链物流资源来降低物流成本。神龙公司先后动员了座椅、车灯、玻璃、结构件等多家供应商在神龙公司附近建厂,不仅提高了供应链的弹性和抗风险能力,而且降低了供应链整体的运输成本和库存成本。为了解决各个供应商独自向神龙公司配送零部件过程中运输批量性与库存量上升的矛盾,神龙公司积极推进在供应商比较集中的地区采用集配方式进行配送。如图5-3所示,由于集配商能同时为多家供应商提供"集、配、送"功能,在降低供应链库存成本的同时还能保证运输的规模经济性,并且简化了神龙公司和供应商的物流管理工作,降低了供应链整体的物流成本。

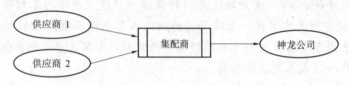

图 5-3　集配模式下的物流供应链

(三) 神龙公司物流成本控制中存在的问题

尽管神龙公司在物流成本控制方面取得了不错的成绩,但还存在许多不足。神龙公司物流成本控制存在的主要问题在于:一是物流成本核算不完善。该公司虽然构建了物流成本核算模型,但该模型只能核算各项物流功能成本中的经济成本部分,未包含机会成本、风险成本、时间成本等成本要素,也不能核算物流流程成本和供应链物流成本,使物流成本信息对物流管理的支撑作用大为降低。二是基于物流流程的成本控制工作尚待加强。受传统部门分割思想的影响,该公司物流成本控制的主要着力点还是功能成本控制,较少从流程成本总额的角度对物流流程进行优化,从而影响了企业物流成本控制的整体效果。三是供应链成本控制的基础薄弱,工作力度尚需加大。由于起步阶段在物流选址方面缺乏战略考虑,该公司在武汉和襄樊两地设厂,且其大部分供应商距其总装线较远,增加了供应链的运输成本和库存成本;对上下游企业的物流协调不到位,未能建立起与供应商、分销商分享物流改革成果的分配机制,影响了供应链成员参与物流合作的积极性;销售物流中运输车的回程空载率仍然较高,未能建立起与其他汽车厂商分享物流资源的横向合作机制,这些都降低了供应链物流成本控制的效果。

案例思考题:

当今企业之间的竞争越来越激烈,物流成本控制成为企业获取竞争优势的重要领域,建立行之有效的物流成本控制系统对神龙公司降低物流成本具有哪些现实意义?

中英文关键词语

1. 成本控制　Cost control
2. 目标成本　Target cost
3. 标准成本　Standard cost
4. 物流成本差异　Logistics cost variances

进一步阅读

[1] 包红霞. 物流成本管理. 北京：科学出版社，2007.

[2] 宋华. 物流成本与供应链绩效管理. 北京：人民邮电出版社，2007.

[3] 美国管理行政学院. 成本控制最佳实务. 莫正林，译. 北京：经济科学出版社，2006.

[4] 柳阳. 百胜集团冷链物流成本控制问题研究[D]. 长春：吉林大学，2013.

[5] 罗彪，王琼. 基于ABC与标准成本的全过程物流成本控制系统. 情报杂志，2010(5).

第 6 章 运输成本管理

【本章结构图】

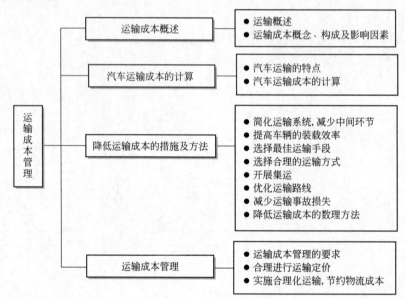

【本章学习目标】

通过本章的学习,你将能够:
- 解释运输成本的概念;
- 描述运输成本的影响因素;
- 以汽车运输为例,说明运输成本的计算方法;
- 了解降低运输成本的方法及措施;
- 了解运输成本管理的要求;
- 理解如何实施合理化运输,节约物流成本。

6.1 运输成本概述

运输成本是物流成本的重要组成部分,但运输成本绝不等同于物流成本。运输是物流的主要功能要素之一。物流是"物"的物理性运动,这种运动不但改变了物的时间状态,也改变了物的空间状态;而运输是改变空间状态的主要手段。运输因承担大跨度空间转移的任务，所以活动的时间长、距离长、消耗也大，节约潜力也大。通常，运输成本在物流总成本中所占的比重非常大，一般在50%左右。所以，运输成本的节约是物流成本节约的关键所在。通过体制改革和运输合理化等手段可大大缩短运输里程，节约运输成本。运输成本控制的目的是使运输总成本最低，但又不影响运输的可靠性、安全性和快捷性。本章介绍物流运输成本的基本概念、构成及影响因素以及运输成本的控制方法等内容。

6.1.1 运输概述

1. 运输的概念、功能与要求

1) 运输的概念

运输是物流系统中的核心功能，是物品借助于运力在空间上所发生的位置移动。具体地讲，运输是使用运输工具对物品进行运送，以实现物流的空间效用。

2) 运输的功能

运输在物流系统中提供两大功能，即物品转移和物品存储。

(1) 物品转移。物品转移是运输的主要功能，也就是物品在供应链中的移动。运输利用的是时间资源、财务资源和环境资源，只有当运输确实提高了物品价值时，这种物品转移才是有效的。运输过程利用的时间资源是各种供应链管理方法，如准时制和快速响应等方法所要考虑的一个重要的因素；运输过程要使用的财务资源是指营运车队所必需的开支，或者商业运输、公共运输所必需的开支；运输直接和间接地使用各种环境资源，如直接地使用能源，运输间接地造成拥挤、空气污染等。运输的评分目的就是以最少的时间、财务和环境从原产地转移到需要的地点。同时，物品的损失成本也必须最低。

(2) 物品存储。将运输车辆作为相当昂贵的储存设施，对物品进行临时储存只是一个附属的运输功能。然而，如果转移中的物品需要短时间存储，又将重新转移，这种储存就是必要的。因为将物品卸下来再装上去的成本可能会超过储存在运输工具上的成本。在准时生产、敏捷制造等供应链管理方法中，可以利用运输的临时储存物品功能。例如，为了节约生产时间，可将运输的原材料等直接转移到生产车间而不用进入仓库，当然这需要高效的运输系统或物流系统做后盾。

3) 运输的要求

运输作为一种创造价值的服务，应符合一些基本的要求，其中最重要的是速度和一致性。

(1) 运输速度。运输速度是指完成特定的运输所需的时间。运输速度和成本的关系，主要表现在以下两个方面：首先，能够提供更快速服务的运输商实际要收取的运费更高；其次，运输服务的速度越慢，其费用就越低。因此，选择最期望的运输方式时，至关重要的问题就是如何平衡运输服务的速度和成本。

(2) 运输的一致性。运输的一致性是指在若干次装运中履行某一特定的运次所需的时间与原定时间或与前几次运输所需时间的一致性。它是运输可靠性的反映，是高质量运输的最重要的特征。如果运输缺乏一致性，就需要安全储备存货，以防预料不到的服务故障。运输一致性还会影响买卖双方承担的存货义务和有关风险。

2. 运输方式

基本的运输方式包括公路运输、铁路运输、水路运输、管道运输和航空运输。各种运输方式的相对重要性可以按照系统公里数、交通流量、收入以及交通成分性质等来衡量。

1) 公路运输

公路运输是一种主要使用汽车或其他车辆（如人、畜力车等）在公路上进行货客运输的方式。公路运输主要承担近距离、小批量的货运，承担水运、铁路运输难以到达地区的长途、大批量货运，以及铁路、水运优势难以发挥的短途运输。由于公路运输具有灵活性，近年来在有铁路、水运的地区，长途大批量运输也开始用公路运输。

公路运输的主要优点是灵活性强，公路建设期短，易于因地制宜，对收货站设施要求不高，可采取"门到门"运输形式，即从发货者门口直到收货者门口，而不需转运或反复装卸搬运。公路运输也可作为其他运输方式的衔接手段。公路运输的经济半径，一般在 200 千米以内。

2) 铁路运输

铁路运输是一种使用铁路列车运送客货的运输方式。铁路运输主要承担长距离、大批量的货运，在没有水运条件地区，几乎所有大批量货物都是依靠铁路运输。铁路运输是在干线运输中起主力运输作用的运输方式。

铁路运输的优点是速度快，运输不易受自然条件限制，载运量大，运输成本较低；其主要缺点是灵活性差，只能在固定线路上实现运输，需要与其他运输手段配合和衔接。铁路运输经济里程一般在 200 千米以上。

3) 水路运输

水路运输是最古老的运输方式。水路运输通常又被区分为沿海运输、近海运输、远洋运输和内河运输。水路运输的主要优点是能够运送数量极大的货物，它使用两种类型的船舶：一种是海船，主要用于远洋运输和大江大河中运输，限于进出深水港口；另一种是驳船，主要在河道上和江河中营运，具有相当大的灵活性。

水路运输的主要缺点是其营运范围和运行速度受到限制，除非其起始地和目的地的运输都接近水道，否则需要铁路和公路补充运输。当需要较低的期望运费率而运输速度是次要考虑的因素时，这种运输方式就能在较低的变动成本条件下承运大批量的货物。

4) 航空运输

航空运输是最新的但也是利用程度最低的运输方式。其主要优点在于托运货物的运输速度。通过航空运输大洋两岸间的货物仅需几个小时，而用其他运输方式承运则需要几天时间。对航空运输具有抑制作用的就是高成本，当然，这种高成本能够换来高速度。

航空运输一般没有特定的商品，它与其他运输方式最大的区别就在于，大多数航空运输是在紧急的情况下，而不是在日常的基础上处理的。当证明高成本是合算的情况时，厂商们通常会利用定期或不定期的航空运输来运送货物。高价值或极易腐烂的产品最有可能成为空运的产品；而当一种产品的营销期极为有限时，如圣诞节产品、高级时装或鲜鱼之类的产品，则航空运输也许是物流作业唯一最实际的运输方法；像零部件或消费类的日常物流产品也可能成为航空货运的候选对象。

5) 管道运输

管道运输是运输体系中的一个重要组成部分。除石油外，通过管道运输的其他产品主要是天然气。此外，管道还被利用来运输化学制品、粉末化的水泥类干散材料和通过液压悬浮的面粉，以及在城市内用作市政当局的下水道和供水道。

与其他运输方式相比，管道运输具有独特的性质，它是以每周 7 天，每天 24 小时为基础运行的，仅受到完全更换运输商品和管道维修保养的限制。与其他运输方式不同，它不存在必须回程运输的"集装箱"或"运输工具"；其高额的固定费用产生于通行权、建设控制站的要求及泵道能力等。既然管道运输是非劳动密集型，那么管道一旦建设完毕，其营运变动成本必然很低。管道运输最明显的缺点是不灵活，在运输商品的范围方面受到限制，仅适用于运送气体、液体或浆状产品。

目前，我国各种运输方式的技术速度分别是：铁路 800～160 千米/时，海运 10～25 海里/时，河运 8～20 千米/时，公路 80～120 千米/时，航空 900～1 000 千米/时。公路通常载重量是 5～10 吨，铁路一般载重量是 3 000 吨，水路运输的载重能力最大，从几千吨到几十万吨的船舶都有。一般认为，距离在 300 千米内主要选择公路运输，300～500 千米主要选择铁路运输，500 千米以上则尽可能选择水路运输。

3. 运输在物流管理中的作用

1）运输是物流系统中最为重要的构成要素

运输是通过运输手段使物品在物流节点之间流动。没有哪个企业可以在经营中不涉及原材料或产品的移动。现代生产和消费是靠运输业的发展来支撑的，高效、廉价的运输系统能促使市场竞争加剧，带来更多的规模经济效益及产品价格的下降。一旦运输发生问题，物流渠道中产品堆积，逐渐变质或过期，许多企业就会发生财务困难，运输的重要性就更加突出。

物流中的运输包括长途运输和短途运输（配送）。长途运输也称为"干线运输"，主要是指商品从工厂的仓库到全国主要物流中心的大规模运输，可以利用大型货车、铁路（集装箱）或水路运输，既可以自己运输，也可以委托给专业运输业者。从物流中心到零售店的运输称为配送。随着电子商务的发展，配送业务迅速发展起来，配送费用占产品价格的比例将愈来愈大，有些产品的配送费用高达产品价格的 50%以上，能否降低配送费用是制约电子商务发展的一个重要影响因素。

2）运输是成本消耗最大的物流活动

运输成本在物流总成本中所占比例非常大。在国际上，一般把物流成本分为运输成本、保管成本和管理成本三部分。据中国物流采购联合会、中国物流信息中心统计，2003 年 1—9 月份，我国社会物流总成本为 16 693 亿元，其中运输成本为 8 228 亿元，占物流总成本的 49.3%，如图 6-1 所示。由此可以看出，降低运输成本对降低社会物流总成本有着非常重要的意义。

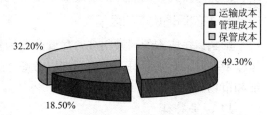

图 6-1　2003 年 1—9 月份全社会物流总成本

除产品采购成本外，运输成本在企业总成本构成中所占比例越来越大，是成本消耗最大的物流活动，约占物流总成本的 1/3～2/3。运输成本与产品的种类、装运的规模、运输距离直接相关。许多具有溢价服务特征的物流系统所依赖的高速度、小批量的运输是典型的高成本运输。要减少运输成本，就要实现整合运输。一般来说，运输规模越大，运输距离越长，则单位运输成本越低，这就需要把小批量的运输聚集成集中的、具有较大批量的整合运输。由于运输具有十分重要的意义和可见成本，几乎所有企业都派经理人员负责运输。

6.1.2 运输成本的概念、构成及影响因素

1. 运输成本的概念

运输服务是一种创造价值的活动，运输成本是承运人为完成特定货物位移而消耗的物化劳动与活劳动的总和，其货币表现就是各种费用的支出，包括车队、燃料、设备维护、劳动力、保险、装卸等。根据分析个体的不同，可以用多种不同的方法来考察运输的支出。运输成本可以按客户、生产线、渠道类型、运输商、方向（进货与发货）等分类。根据发运量、运输的重量、距离及出发地和目的地不同，成本相应地变化很大。

2. 运输成本的构成

在现代物流企业中，运输在其经营业务中占有主导地位，因此物流运输费用在整个物流业务中占有较大比例。一般综合分析计算，运输费用在社会物流费用中占50%左右。由于运输是物流中最重要的功能要素之一，物流合理化在很大程度上依赖于运输合理化。而运输合理与否直接影响着运输费用的高低，进而影响物流成本的高低。一般来讲，运输总成本包括货运、车队、燃料、设备维护、劳动力、保险、装卸、逾期/滞留费用、税收、跨国费用等。不同的运输方式所包含的运输成本有不同的构成类别和范围，一般可以分为3类，即营运成本、管理费用和财务费用。现以水路货运为例，运输成本包括以下3个方面。

1) 营运成本

营运成本是指与船舶营运生产直接有关的各项支出。包括实际消耗的各种燃料、物料、油料、用具和索具；船舶固定资产折旧费、修理费、租赁费、保险费、港口费、货物费、代理费、船工工资福利费及事故净损失等。

2) 管理费用

管理费用是指运输企业行政管理部门为管理和组织营运生产活动的各项费用。包括公司经费、工会经费、劳动保险费、财产、土地使用税、技术转让费、技术开发费等。

3) 财务费用

财务费用是指运输企业为筹集资金而发生的各项费用。包括企业营运期间发生的利息支出、汇兑净损失、调剂外汇手续费、金融机构手续费，以及筹资发生的其他财务费用等。

3. 影响运输成本的因素

影响运输成本的因素很多，尽管这些因素并不是运费表上的组成部分，但在承运人制定运输费率时，必须对每一个因素加以考虑。这些因素主要有3个方面，即产品特征、运输特征和市场因素。

1) 产品特征

（1）产品密度。产品密度把重量和空间两方面因素结合起来考虑。产品密度这一因素之所以重要，是因为运输成本通常表示为每单位重量所花费的数额。例如，每吨金额数等。在重量和空间方面，单独的一辆运输卡车更多的是受空间限制，而不是受重量限制。即使该产品的重量很轻，车辆一旦装满，就不可能再增加装运数量。既然运输车辆实际消耗的劳动成本和燃料成本主要不受重量的影响，那么货物的疏密度越高，相对地可以把固定运输成本分摊到增加的重量上去，使这些产品所承担的每单位重量的运输成本相对较低。图6-2就是用于说明每单位重量的运输成本随产品密度的增加而下降的关系。

一般来说，物流管理人员会设法增加产品密度，以便更好地利用车辆的容积，使车辆能装载更多数量的货物。增加货物包装密度，可以将更多单位的产品装载进具有固定体积的车辆中去。在某种程度上，由于车辆已经满载，即使再增加产品的密度，也无法再增加利益。例如，从容积的角度来看，像啤酒或汽水之类的液体货物在装入公路拖车容量的一半时，重量就会达到满载程度。显然，这类货物在还没有充分利用容量时，就有可能受到重量的限制。尽管如此，努力增加货物的密度通常会使运输成本降低。

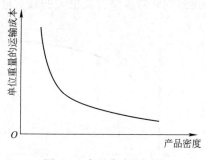

图 6-2　产品密度和运输成本之间的关系

（2）产品的可靠性。对容易损坏或者容易被偷盗、单位价值高的许多货物（如计算机、珠宝及家用娱乐产品等）而言，可靠性是非常重要的一个指标。货物运输时，需要承运人提供的可靠性越大，货物的运输成本就越高。其他因货物种类不同，其重要性也不同的因素包括产品是否是危险品，是否需要牢固、严格的包装等，对化学行业和塑料行业的产品而言，这些因素尤其重要。承运人必须通过向保险公司投保来预防可能发生的索赔，否则就有可能要承担任何可能损坏的赔偿责任。托运人可能通过改善保护性包装，或通过减少货物灭失损坏的可能性，降低其风险，最终降低运输成本。

（3）产品的装载性能。装载性能这一因素是指产品的具体尺寸及其对运输工具（如铁路车辆、拖车或集装箱）空间利用程度的影响。例如，谷物、矿石和散装石油具有良好的装载性能，因为这些货物可以完全填满运输工具（如火车车厢、货车车厢、管道等），其他货物，如车辆、机械和牲畜，都不具有良好的装载性能。货物的装载性能由其大小、形状和弹性等物理特性所决定。具有古怪的尺寸和形状，以及超重或超长等特征的产品，通常不能很好地进行装载。因此，浪费运输工具的空间，尽管装载能力的性质与产品密度相关，但很可能存在这样的情况，即具有相同密度的产品，其装载差异很大。一般来说，具有标准矩形的产品要比形状古怪的产品更容易装载。

2）运输特征

（1）输送距离。输送距离是影响运输成本的主要因素，因为它直接对劳动、燃料和维修保养等变动成本发生作用，图 6-3 显示了距离和成本的一般关系，并说明了以下两个要点。

第一，成本曲线不是从原点开始的，因为它与距离无直接相关，但与货物的提取和交付活动所产生的固定费用有关。

第二，成本曲线增长速度随距离增长而减少，这种特征被称为递减原则，即输送距离越长，城市间的输送距离所占的比例趋于更高，而不是使市内的公里数更大。

于是，承运人可能利用更高的速度，使城市间每公里单位费用相对较低，并且利用较长的距离使用相同的燃料和劳动费用；而市内输送通常会频繁地停车，因此要增加额外的装卸成本。

（2）载货量。载货量之所以会影响运输成本，是因为与其他许多物流活动一样，大多数运输活动中存在着规模经济。这种关系如图 6-4 所示，它说明了每单位重量的运输成本随装载重量的增加而减少。之所以会产生这种现象，是因为提取和交付活动的固定费用及行政管理费用可以随载货量的增加而被分摊。但是，这种关系受到运输工具（如卡车）最大尺寸的限制，一旦该车辆满载，对下一辆车会重复这种关系。这种关系对管理部门产生的启示是，小批量的载货应整合成更大的载货量，以期利用规模经济。

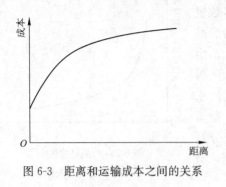

图 6-3　距离和运输成本之间的关系

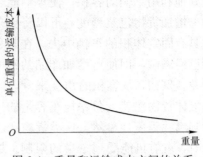

图 6-4　重量和运输成本之间的关系

（3）装卸搬运。卡车、铁路车辆或船舶等的运输可能需要特别的装卸搬运设备，运输成本通常较高，产品大小或形状一致的货物（如纸箱、罐头、筒等）或可以用专门搬运设备（如装箱或装在托盘上等）处理的产品，搬运费用较低，因此运输成本较低。

3) 市场因素

（1）竞争性。不同运输模式间的单价、同一运输模式的线路竞争及同种运输方式之间的竞争会影响运输费用的波动。铁路、水路、航空及海运之间长期以来都存在不同程度的竞争，有时为了赢得市场份额，会提供一些不同的价格策略或优惠策略。例如，相同起讫地的货物运输可采用两种不同的运输方式进行，运输速度较慢的那种运输方式只能实行较低的运价。

（2）流通的平衡性。运输通道流量和通道流量均衡等运输供需市场因素也会影响到运输成本。这里的"运输通道"是指起运地与目的地之间的移动，显然运输车辆和驾驶员都必须返回到起运地，于是对他们来说，最好能实现回程运输，否则只能空车返回。当发生空车返回时，有关劳力、燃料和维修保养等费用仍然必须按照原先的"全程"运输支付，于是理想的情况就是"平衡"运输，即运输通道两端的流量相等。但由于制造地点与消费地点的需求不平衡，通道两端流量相等的情况很少见。例如，有许多货物是在美国东海岸加工制造的，然后装运到美国西部的消费市场，这样就会产生运往西部的流量要大于流向东部的流量。这种不平衡会使东行运输的费率大大降低。此外，这种平衡也会受到季节性影响，类似于在销售旺季里运输水果和蔬菜的情况，这种需求的方向性和季节性会导致运输费率随方向和季节的变化而变化。

6.2　汽车运输成本的计算

现以公路运输中的汽车运输为例说明运输成本的计算。其他运输方式运输成本的计算可以参考公路运输成本的计算进行，在此不重复介绍。

6.2.1　汽车运输的特点

汽车运输是目前我国最重要和最普遍的短途运输方式。汽车运输虽然有成本高、载运量小、耗能大、劳动生产率低等不利方面，但它对不同的自然条件适应性强，投资少，机动灵活，货物送达速度快，货物无须周转就可直达指定地点，便于开展"门到门"服务。

6.2.2 汽车运输成本的计算

1. 汽车运输成本计算的基本程序

在物流运输过程中，企业一般采用汽车运输。汽车公司运输成本的计算过程一般分为4个步骤，即确定计算对象，确定计算单位，选择计算内容与方法，计算运输总成本和单位运输成本。

1) 汽车成本的计算对象

汽车运输成本计算对象可根据管理和成本核算方式的需要选择。当汽车运输成本采用独立核算方式时，如果公司车型多，可以将其按不同燃料和不同类型分类，作为成本计算对象；如果车型少，可以直接一并计算。当采用非独立核算时，除按上述方法选择外，还可以按物流成本的计算对象，作为运输成本的计算对象。

2) 汽车成本的计算单位

汽车运输成本计算单位是实际运送的货物吨数与运距的乘积，常用"吨·公里"表示。为计量方便，运输成本计算单位也可以使用"千吨·公里"。

大型车组的工作量计算单位可以为"千吨位·小时"，集装箱车辆的工作量计算单位为"千标准箱·公里"。集装箱以20英尺为一个标准箱，小于20英尺的，每箱按一标准箱计算；大于20英尺小于40英尺的集装箱，每箱按1.5标准箱计算。其他特种车辆，如冷藏车、油罐车等的运输业务，其运输工作量仍以"千吨·公里"为计量单位。

3) 计算内容与方法

汽车运输成本包括的内容广泛，各成本项目的计算方法如下所述。

(1) 职工薪酬。职工薪酬是指按规定支付给运营车辆司机的基本工资、工资性津贴、奖金以及按职工薪酬会计准则规定的各项福利费支出。职工薪酬根据工资分配表中有关运输的部分计入运输成本。

(2) 燃料费。燃料是指运营车辆所耗用的汽油、柴油等，燃料费根据行车路单或其他有关燃料消耗报告所列的实际消耗量，计入成本。需要注意的是，应使燃料实际消耗量与当月车辆行驶的总公里数和所完成的运输周转量相符合。

(3) 轮胎费用。轮胎费用是指运营车辆耗用的外胎、内胎、垫带的费用支出及轮胎翻新费和零星修补费等。轮胎费用按实际领用数和发生数计入成本。如外胎一次领用较多，可在1年内分月摊入运输成本。

(4) 修理费。修理费是指运营车辆进行维修和小修所发生的工料费、修复旧件费用和车辆大修费用。修理费按维修时领用的各种材料费、配件费，直接计入运输成本。对车辆大修费用，应分月摊销计入运输成本。

(5) 车辆折旧费。车辆折旧费是指运营车辆按规定方法计提的折旧费。车辆折旧费按车辆使用年限或车辆行驶里程计算，可查财务会计中相应车辆的折旧费直接引用。

(6) 养路费、税金及运输管理费。养路费、税金及运输管理费是指按规定向管理部门交纳的相应费用。养路费按实际交纳数计入运输成本。

(7) 车辆保险费。车辆保险费是指向保险公司交纳的运营车辆的保险费用。

(8) 事故费。事故费是指运营车辆在运行时,因行车肇事所发生的修理费、求援费、赔偿费等。事故费在扣除保险公司的赔偿和其他人的赔偿后,计入运输成本。

(9) 其他运营成本。如随车工具、篷布绳索费、车辆牌照费和检查费等,其他运营费根据实际领用数和发生数计入运输成本。

(10) 辅助营运费用。辅助营运费用主要是指为本企业车辆、装卸机械进行保养修理而设置的保养场或保修车间在提供劳务和生产产品时所发生的各项费用。

4) 运输总成本和单位运输成本计算

将计算期内各运输成本计算对象的运输成本汇总即得运输总成本。如果需要,将各计算对象运输成本除以相应的计算单位的数量,就得到相应的单位运输成本。

如果公司存在对外支付的运输费用,直接加到公司内部运输成本上,即可得到公司总运输成本。

2. 汽车运输成本的计算方法

按运输成本计算对象和成本项目归集的运输费用,其计算方法如下。

1) 职工薪酬

对于有固定车辆的司机及其随车人员的薪酬,应由有关车型的运输成本负担,将其实际发生数直接计入运输成本的薪酬项目。

没有固定车辆的后备司机的薪酬应按营运车吨位或营运车日,分配计入有关车辆的分类运输成本。其计算公式如下:

$$每营运车吨日工资(福利费)分配额 = \frac{应分配的后备司机工资(福利费)总额}{总营运车吨日}$$

$$某车型应分摊的司机工资(福利费) = \frac{该车型实际}{总营运车吨日} \times \frac{每营运车吨日}{工资(福利费)分配额}$$

2) 燃料费

燃料消耗要按实际耗用量计入成本费用,而燃料实际耗用量的确定方法取决于企业对车存燃料的两种不同管理方式:满油箱制和盘存制。

(1) 满油箱制车存燃料管理。在这种管理方式下,营运车辆在投入运输生产活动时,按油箱容积加满燃料油作为车存燃料。车存燃料只是保管地点的转移,它仍属于库存燃料的一部分,不能作为已经消耗燃料以后每次加油时,均加满油箱,补充其车存燃料的原来数量。车辆当月的加油数就是当月的耗用量。在车辆调出、停用、大修、改装时,必须办理退料手续。

(2) 盘存制车存燃料管理。在这种管理方式下,营运车辆在投入运输生产活动前,也需加满油箱,作为车存燃料。日常根据耗用量进行加油,月终时对车存燃料进行盘点,按下列公式确定实际耗用数:

$$本月耗用数 = 月初车存数 + 本月领用数 - 月末车存数$$

经营长途运输的企业,外地加油量较大,但油款结算较迟。为了及时计算燃料耗用量,可先按车队统计的燃料消耗计入成本费用,等外地加油结算凭证到达后,与车队统计数量进行核对,再按其差额调整燃料消耗成本。

3) 轮胎费用

汽车轮胎包括外胎、内胎和垫带三部分。由于内胎和垫带价值较低,可视同一般消耗材料，在领用时一次直接计入成本。对于汽车外胎，由于价值较高，更换频繁，所以，除管理部门的车用轮胎在领用时一般按实际领用数计入成本费用外，营运车辆的轮胎在领用时，可采用以下方法计入运输成本。

① 一次摊销法。一次摊销法是指在营运轮胎领用时，一次性将轮胎的价值计入运输成本。

② 分期摊销法。分期摊销法就是在一次领用营运轮胎数量较大时，将其价值按月分期计入运输成本，其摊销期限一般不超过一年。

③ 按行驶公里数预提的方法。这种核算方法是在新车开始运行后，便逐月按轮胎已行驶的公里数（胎公里）预提轮胎费用计入运输成本，待轮胎更换时，再用领用轮胎的价值冲减预提轮胎费用。

4）修理费

汽车运输企业车辆的各级保养和修理作业分别由车队保修班和企业所属保养场（保修部门）进行。由车队保修班进行的各级保修和小修理的费用包括车队保修工人的工资及职工福利费、行车耗用的机油和保修车辆耗用的燃料、油料和备品配件等，一般可以根据各项凭证汇总，全部直接计入各成本计算对象的成本。对于保修班发生的共同性费用，可按营运车日比例分配计入各车队运输成本。由保养场（保修部门）进行保养所发生的费用属于辅助生产费用，在发生时先计入辅助营运费用，月末按受益对象进行分配后，计入有关成本费用。

汽车运输企业的车辆既可由外部专门修理单位进行大修，也可由企业内部专设的保养场（保修部门）进行大修。车辆大修理工程的特点主要表现为修理时间长、间隔时间长、费用高、修理范围大。为均衡各期的成本费用，大修理费用应当采用待摊或预提的办法核算。

① 大修理费用采用待摊方法。在这种方法下，当发生车辆大修理费时，将其计入待摊费用，再按受益期分期摊入运输成本。

② 大修理费用采用预提方法。在这种方法下，当车辆进行大修理之前，按月预提大修理费用，计入当期成本费用，当实际发生大修理费时再冲减预提费用。同时，实际大修费用与预提每次大修理费用的差额，应调增或调减本项目。

5）车辆折旧费

营运车辆折旧费是指车辆因使用磨损而逐渐转移到成本费用中去的价值。企业一般应当按月提取折旧，当月增加的营运车辆，当月不提折旧，从下月起计提折旧；当月减少的营运车辆，当月照提折旧，从下月起不提折旧。营运车辆提足折旧后，不管能否继续使用，均不再提取折旧；提前报废的营运车辆，也不再补提折旧。所谓提足折旧，是指已经提足该营运车辆应提的折旧总额。应提的折旧总额为：

$$营运车辆折旧总额＝车辆原值－预计残值＋预计清理费用$$

会计上计算折旧的方法很多，有直线法、工作量法等。由于营运车辆折旧方法的选用直接影响到企业成本费用的计算，也影响到企业的收入和纳税，从而影响到国家的财政收入，因此对车辆折旧方法的选用应当科学合理。折旧方法一经确定，不得随意变更。

营运车辆的折旧按实际行驶里程计算，特种车、大型车按年限法计算列入本项目。

(1) 按行驶车公里计提折旧的计算

$$某车型营运车千公里折旧额(分配率)=\frac{该车型折旧总额}{该车型行驶里程定额/1\,000}$$

(2) 按使用年限法计提折旧的计算

$$某车型营运车月折旧额 = \frac{该营运车折旧总额}{该车预计使用年限 \times 12}$$

月终,根据固定资产折旧计算表,将提取的营运车辆折旧额计入运输成本的车辆折旧项目内。

6) 养路费及运输管理费

养路费及运输管理费按运输收入的一定比例计算缴纳的企业,应按不同车型分别计算应交纳的养路费和运输管理费,计入各分类成本;按车辆吨位于月初或季初预先缴纳养路费或运输管理费的企业,应根据实际交纳数分摊计入各分类运输成本的本项目内。

7) 车辆保险费

车辆保险费是按实际支付的投保费用和投保期,并按月份分车型分摊计入各分类成本的项目内。

8) 事故费

营运车辆在营运过程中因碰撞、翻车、碾压、落水、失火、机械故障等原因而造成的人员死亡、牲畜死伤、车辆损失、物资毁损等行车事故所发生的修理费、救援费和赔偿费,以及支付给外单位人员的医药费、丧葬费、抚恤费、生活补助费等事故损失,在扣除向保险公司收回的赔偿收入,以及事故对方或过失人的赔偿金额后,计入有关分类成本的项目内。在事故发生时,可预估事故损失。在预估事故费用时,通过预提费用账户进行核算。期末采用当年结案事故的实际损失与预提数的差额,调整本年度有关业务成本。因车站责任发生货损、货差等事故损失,因不可抗拒的原因而造成的非常损失等,均不在本项目内核算,应分别计入"营运间接费用"项目。

9) 其他营运费用

随车工具、篷布绳索、防滑链及司机的劳动保护用品等应根据"低值易耗品发出汇总表"和"材料发出汇总表",将按各分类成本对象归集的费用数额,计入分类运输成本的项目内。一次领用数额较大时,可以通过"待摊费用"分期摊销。企业发生的其他各项支出,可以根据凭证计入各分类成本项目。

10) 辅助营运费用

辅助营运费用的归集和分配是通过"辅助营运费用"账户进行的。一般应按车间及产品或劳务的种类设置明细账,并按照成本项目或费用项目设置专栏进行明细核算。辅助生产过程中发生的直接材料、直接人工费用,分别根据"材料费用分配表"、"工资及福利费分配表"和有关凭证,计入"辅助营运费用";辅助生产发生的间接费用,应先计入"营运间接费用",然后再分配转入"辅助营运费用"。如果辅助生产发生车间规模较小,发生的间接费用较少,又不对外销售产品或提供劳务,为了简化核算工作,间接费用可以不通过"营运间接费用"核算,而直接计入"辅助营运费用"。在这种情况下,"辅助营运费用"明细账应按照成本项目与费用项目相结合的原则设置专栏。

辅助生产部门主要是为营运生产部门服务的,月末应将归集在"辅助营运费用"明细账上的全部费用转给受益单位。如果受益单位只有一个,应将全部辅助营运费用转给这个受益单位;如果受益单位是两个或两个以上,则要根据一定的标准进行分配。

营运间接费用是指物流运输公司所属的基层营运单位(车队、车站、车场)为组织和管理营运生产过程所发生的不能直接计入成本核算对象的各种间接费用。

营运间接费用是通过"营运间接费用"账户进行归集和分配的。企业若实行公司和站、队两级核算制,则"营运间接费用"账户应按基层营运单位设置明细账,并按费用项目进行核算;若实行公司集中核算制,则可以不按基层营运单位设置明细账,而直接按费用项目进行明细核算。

月末,应将归集起来的营运间接费用分配转给各成本核算对象。实行公司和站、队两级核算制的企业,车站、车队等单位发生的营运间接费用(通称车站经费、车队经费)是分别设置明细账归集的。在分配时,车队经费可以分别直接计入车队运输成本;车站经费全部由运输业务负担,一般应按照车队营运车日比例分配计入车队运输成本。实行公司集中核算制的企业,各站、队发生的营运间接费用是合并设账归集的,归集起来的全部营运间接费用应按营运车日比例分配计入各车队运输成本。

3. 汽车运输总成本和单位运输成本的核算

汽车运输企业的运输成本是通过运输支出、辅助营运费用、营运间接费用等会计账务处理进行归集和分配的,从而计算出运输总成本和单位运输成本。

这些成本再按费用项目,可以设置多栏式明细账。运输支出账户按货车车型、大型车组、集装箱车、特种车等成本计算对象设立运输成本明细账;"营运间接费用"账户按车队管理费、车站经费等设立费用明细账。企业营运车辆所发生的直接费用,根据原始费用分配表计入运输成本明细账的有关项目,月终再根据"运输支出"记录,计算各成本计算对象的总成本和单位成本。

1) 总成本的计算

汽车运输总成本是成本计算期内各运输成本计算对象的成本总额之和。计算公式为:

$$汽车运输总成本 = \sum 各成本计算对象成本$$

2) 单位成本的计算

汽车运输单位成本是指成本计算期内,按成本计算对象完成单位运输周转量(千吨·公里)的成本额。其计算公式如下:

$$\frac{某运输成本}{计算对象的单位成本} = \frac{该成本对象当月运输成本总额}{该成本计算对象的当月运输周转量}$$

对于不按千吨·公里计算其生产成本的大型平板车、集装箱专用车等,应按照各自计算生产成本的"千吨位·小时"、"千标准箱·公里"计算其运输单位成本。

6.3 降低运输成本的措施及方法

降低运输成本可以通过简化运输系统、提高车辆的装载效率、选择最佳运输手段、选择合理的运输方式、开展集运以及优化运输路线等方式来进行。

6.3.1 简化运输系统,减少中间环节

1. 进行合理的运输网络的优化

一般来说,不可能改变现有的公路网、铁路网及海运线等,但可以在现有运输资源上进

行合理的运输网络优化以降低运输成本。

2. 减少不必要的运输环节

围绕着运输业务活动,还要进行装卸、搬运、包装等工作,多一道环节,需要多花很多劳动,浪费许多成本。所以,在调运物资时,对有条件直运的,尽可能组织直达、直拨运输,使物资不进入中转仓库,越过一切不必要的环节,由产地直运销地或用户,减少二次运输。

3. 直达运输

直达运输,就是在组织货物运输过程中,越过存储中转环节或铁路、交通中转环节,把货物从产地或起运地直接运到销地或用户处。对生产资料来说,由于某些物资大且笨重,一般采取由生产厂矿直接供应消费单位(生产消费),实行直达运输,如煤炭、钢材、建材等。在商业部门,则根据不同的商品,采取不同的运输方式。有些商品规格简单,可以由生产工厂直接运到三级批发商、大型商店或用户,越过二级批发商环节,如纸张、肥皂等;也有些商品规格、花色比较复杂,可由生产工厂供应到批发商,再由批发商配送到零售商店或用户。至于外贸部门,对出口商品多采取直达运输,实行由产地直达口岸的办法。

4. "四就"直拨运输

"四就"直拨运输,是指各商业、物资批发企业,在组织货物调运过程中,对当地生产或由外地调运的货物,不运进批发仓库,而是采取直拨的办法,把货物直接分拨给市内基层批发、零售商店或用户,减少一道中间环节。其具体做法有就厂直拨、就车站(码头)直拨、就库直拨、就车(船)过载等,可以收到双重的经济效益。

6.3.2 提高车辆的装载效率

提高装载效率,是组织合理运输提高运输效率和降低运输成本的重要内容。一方面,这是最大限度地利用车辆载重吨位;另一方面,是充分使用车辆装载容积。其主要做法有以下3种。

1. 组织轻重配装

组织轻重配装就是指把实重货物和轻泡货物装在一起,既可充分利用车辆装载容积,又能达到装载重量,以提高运输工具的使用效率,降低运输成本。

2. 实行解体运输

对一些大且笨重、不易装卸又容易碰撞致损的货物,如自行车、缝纫机和科学仪器、机械等可将其拆卸装车,分别包装,以缩小所占空间,并易于装卸和搬运,以提高运输装载效率,降低单位成本。

3. 高效的堆码方法

根据车船的货位情况和不同货物的包装形式,采取各种有效的堆码方法,如多层装载、骑缝装载、紧密装载等,以提高运输效率。当然,推进物品包装的标准化,逐步实行单元化、托盘化,是提高车船装载技术的一个重要条件。

6.3.3 选择最佳运输手段

1. 拼装整车运输

拼装整车运输也称"零担拼整车中转分运"。它主要适用于商业、供销等部门的杂货运输,即物流企业在组织铁路货运当中,由同一发货人将不同品种的货物发往同一到站、统一收货人的零担托运货物,由物流企业自己组配在一个车皮内,以整车运输的方式托运到目的地;或把同一方向不同到站的零担货物,集中组配在一个车皮内运到一个适当车站,然后再中转分运。这是因为,在铁路货运当中有两种托运方式,一是整车运输,二是零担运输,两者之间的运价相差很大。采取整车的办法,可能减少一部分运输费用,并节约社会劳动力。

拼装整车运输主要有 4 种做法:零担货物拼整车直达运输;零担货物拼整车接力直达或中转分运;整车分卸(二、三站分卸);整装零担。

2. 实施托盘化运输

托盘化运输是指利用托盘作为单元货载运输的一种方法,其关键在于全程托盘化,即一贯托盘化运输。所谓一贯托盘化,就是把保管—发货—运输—进货—保管形成一条龙工序,以托盘为基本用具不改变货物状态,始终一贯地用机械搬运装卸来处理货物。一贯托盘化的效果为:交易单位标准化,输送用具有效地返回,减少装卸场地,用机械装卸解放重体力劳动,减少装卸中的货物损伤,缩短运输时间等。

在物流中,货物的物理性移动是避免不了的。因此,近代物流系统力求把各个物流功能(保管、发货、输送、进货等)以机械化方式联系起来。实施这种一贯托盘化之后,可以把前述各项功能联结起来,托盘可以相互连续使用。由此可见,如果托盘不实现通用化,就不可能实现一贯托盘化。

3. 实施集装箱运输

安全、快捷、低价本身就是集装箱运输相对于传统运输方式的主要特点。采用集装箱方式运输的每吨货物装卸费用的下降是生产力发展的必然趋势,也是集装箱运输市场能得以迅速扩展的根本性理由。集装箱运输也是单元化运输的一种形式,集装箱主要适用于大宗货物的长途运输。

6.3.4 选择合理的运输方式

1. 选择合适的运输工具

在交通运输事业日益发展,各种运输工具并存的情况下,必须注意选择运输工具和运输路线。要根据不同货物的特点,分别利用铁路、水运或汽车运输,选择最佳的运输路线。应该走水运的不要走铁路,应该用火车的不要用汽车;同时,积极改进车辆的装载技术和装载方法,提高装载量,运输更多的货物,提高运输生产效率。

2. 实行联合运输

联合运输又称综合一贯制运输,是指充分利用铁路、汽车、船舶和飞机等各自的特点并把它们中的两种或两种以上有机组合起来加以有效利用的运输。综合一贯制运输是把卡车的机动灵活和铁路、海运的成本低廉(即便利和经济)及飞机的快速的特点组合起来,完成门到门的运输。通过优势互补，实现运输的效率化、低廉化，缩短运输时间的一贯运输方式。如卡车—铁路—卡车、卡车—船舶—卡车、卡车—飞机—卡车、卡车—船舶—铁路—船舶—卡车、卡车—船舶—卡车—飞机—卡车等。

交通运输部门的制度规定，凡交通部门直属运输企业，对综合一贯制运输的运费一律核减 15%；地方经营船舶运输时，运费一律核减 15%。此外，我国内贸部规定，凡是交通运输部门能办联运的一律不办中转业务。

在联合运输中发货单位在发货时，只要在起始地一次办好运输手续，收货方在指定到达站即可提取运达的商品。它具有一次起标、手续简便、全程负责的好处。

3. 开展国际多式联运

国际多式联运是一种高效的运输组织方式，它集中了各种运输方式的特点，扬长避短，融会一体，组成连贯运输，达到简化货运环节，加速货运周转，减少货损、货差，降低运输成本，实现合理运输的目的，比传统单一运输方式具有无可比拟的优越性。

在多式联运方式下，不论全程运输距离多远，不论需要使用多少种不同运输工具，也不论中途需要经多少次装卸转换，一切运输事宜均由多式联运经营人统一负责办理。对货主来说，只办理一次托运手续，签订一个合同，支付一笔全程单一运费，取得一份联运单据，就可以履行全部责任，这样可以节约大量的手续费用及中转费用等。

多式联运是直达、连贯的运输，各个运输环节配合密切，衔接紧凑，中转迅速而及时，中途停留时间短。此外，多式联运以集装箱为主体，货物封闭在集装箱内，虽经长途运输，不需拆箱和搬动，这样既减少了货损、货差，还可以防止污染和被盗，能够较好地保证货物安全、迅速、准确、及时地运到目的地。

货物在启运地被装上第一程运输工具后，货主就可以凭承运人签发的联运提单到银行结汇，这样可以加快资金周转，节省利息支出。使用集装箱运输，还可以节省货物包装费用和保险费用。此外，多式联运全程使用一份联运单据，简化了制单手续，可省大量时间、人力和物力，尤其由于多式联运经营人以包干方式收取全程单一运价，使货主能事先核算运输成本，为贸易的开展提供了有利条件。

6.3.5 开展集运

1. 自发集运

集运最基本的形式是将一个市场区域中到达不同客户的小批量运输结合起来，即自发集运。这种程序在进行运输时只是修正而不是间断自然的货物流动。当然，在整个市场上被装运到客户的数量是集运的基础。

发生在运入或运出市场领域中集运的难点是每日要有足够的数量，为了抵消数量的不足，通常使用 3 种集运安排。

第一，集运的货物可以被送到一个中间的散件货点以节约运输费用，在那里各批装运被分开，再运到它们各自的目的地。

第二，公司可选择货物的集运，在某几个特定日期，按计划将货物分别送至目的市场。

第三，公司可利用第三方物流公司服务来取得小规模运量的集聚而达到共同运输的目的。

2. 共同输送或共同配送

参加共同输送计划通常意味着一个货运代理、公共仓储或运输公司为在相同市场中的多个货主安排集运。提供共同输送的公司通常具备大批量送货目的地的长期送货约定。在这种安排下，集运公司通常为满足客户的需要而完成增加附加值的服务。诸如分类、排序、进口货物的单据处理等。

共同配送是指由几个配送中心联合起来，共同制订计划，共同对某一地区的用户进行配送，共同使用配送车辆。这是实行物流合理化的一种很有效、很有发展前途的模式，目前在世界发达国家中已被广泛使用。此模式主要是能解决长途运输车辆跑空车和运费上升的问题，特别是当两个或两个以上的产地和销地相距较远且又有交叉运输时，其优点尤为突出。采用共同配送，既能减少企业的物流设施投资，使物流设施布局合理化，也能充分合理地利用物流资源，同时还可促进实现质量管理的制度化。

6.3.6 优化运输路线

不合理运输如重复运输、迂回运输的存在，造成了运力浪费，增加了不必要的运输成本。而优化运输路线可减少不合理运输，降低运输成本。优化运输路线的方法主要有以下4种。

1. 线性规划法

线性规划法是在运价已知、路程已知的条件下，对 m 个商品生产地和 n 个商品销售地的商品运输建立数学模型，利用单纯形法求解，以使满足条件的总运费最小。

2. 图表分析作业法

图表分析作业法主要分为图表分析法和图上作业法两种，两种方法都是先在图上标注出货物运出地、运入地、调运量及两地距离。然后根据就近供应原则，在图上制订商品调运方案，并不断选优、调整，使运输总路程最短，最后将结果填入商品调运平衡表。

3. 表上作业法

表上作业法是已知各地单位运价和各产销地供需量，在表上求解使总运费最低的调运方案。初始调运方案可根据最小费用（运价）法编制，然后进行选优、调整，直到找到总运费最低的方案。

4. 节约里程法

节约里程法是根据巡回送货总路程小于为每个客户单独送货总路程的原理进行的。首先，计算各目的地相互间的最短距离。其次，计算各目的地的节约里程，并按节约里程大小安排，进而组合成配送路线。最后，进行调整得出最优调运方案。

运输路线的制定受道路状况、停留时间等许多因素的影响，最终确定的调运方案还需要征求司机和现场工作人员的意见才可实施。

6.3.7 减少运输事故损失

在运输途中，有可能发生货物丢失、货物变质，甚至出现事故，这些都造成了运输成本不必要的增加，因此对运输事故的关注十分必要。

1. 日常防范

在运输管理中,必须做好事故防范工作。例如,使用合格的司机,避免司机疲劳驾驶,定期检查、修理运输工具等。

2. 购买保险

运输事故风险是客观存在的,它导致经济损失甚至是人身的伤亡。购买保险是风险转移的最佳途径。可以购买的运输保险有水上货物运输保险、陆上货物运输保险、航空货物运输保险和特种货物运输保险。一旦发生事故,可以得到保险公司的赔偿。

3. 积极理赔

1) 向保险公司理赔

当保险的财物发生损失或者人身伤亡时,可以要求保险公司赔款或者支付保险金。向保险公司理赔的具体过程包括:

① 事故发生后应立即以最快的方式,通知保险公司或其代理人;

② 向保险公司提供运输货物的发票、提单、装箱单、修理单据等;

③ 等待保险公司对事故进行审核、赔偿。

在此期间应经常与保险公司保持联系。

2) 承运人理赔

向承运人理赔的具体过程如下。

① 向承运人要求货运事故赔偿的,一般应在收到货运记录次日起 180 天内提出索赔书。

② 提交货物运单、货物损失清单、价格证明文件,保价运输物品还需附有声明价格的物品清单,要求退还运费时还应附有运杂费收据。

③ 对货物发生损坏、丢失进行事故检查或鉴定,判明发生原因和损坏程度。

④ 铁路理赔一般在对方收到书面赔偿要求的次日起 30 日内(跨及两个铁路局以上运输货物的为 60 日)得到答复;公路和水路理赔一般在对方收到书面赔偿要求的次日起 60 日内得到答复。

减少运输事故损失重在预防,所以应做好日常预防工作。如果事故发生了,也要积极理赔,以减少损失。

6.3.8 降低运输成本的数理方法

关于运输线路的选择是常见的运输决策。在现在的公路网、铁路网、水运航道和航空路线中找到运输的最佳路线,尽可能地缩短运输时间和运输距离,从而使运输成本降低的同时改善客户服务。

解决这类运输线路规划问题最简单、最直接的方法就是最短路径法。方法具体描述为:已知一个由链和节点组成的运输网络,其中节点代表运输起点、中途停靠点及终点,链代表节点之间的成本或距离或时间或两两加权平均。现举例加以说明。

【例 6-1】 如图 6-5 所示,A 是一煤矿所在地,J 是煤炭需求地,B、C、D、E、F、G、H、I 是由 A 到 J 的可经过的城镇。每两节点之间的距离已经标出,试找出从 A 到 J 之间的最短路线。

这就是一个最短路线问题,求解这种问题的思路及步骤如下所述。

（1）找出第 n 个距起点最近的节点。对 $n=1，2，\cdots$ 重复此过程，直到所找出的最近节点是终点。

（2）第 n 次迭代的输入值。在前面的迭代过程中找出 $n-1$ 个距起点最近的节点，及其距起点最短的路径和距离。这些节点和起点统称为已解的节点，其余称为未解的节点。

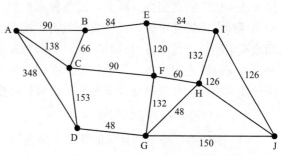

图 6-5　高速公路网络示意图（单位：千米）

（3）第 n 个最近节点的候选点。每个已解的节点直接和一个或多个未解的节点相连接，就可以得出候选节点——连接距离最短的未解节点。如果有多个距离相等的最短连接，则有多个候选点。

（4）计算出第 n 个最近的节点。将每个已解节点与其候选点之间的距离累加到该已解节点与起点之间最短路径的距离之上，所得出的总距离最短的候选点就是第 n 个最近的节点。

第（1）步中 A 点直接相连的节点为 B、C、D，A 到 B、C、D 的距离分别为 90、138、348 千米，很快得出 A 到 B 点的路径最短，B 点已解。

第（2）步中，列出了与 A 点直接相连的未解点 C、D，距离分别为 138、348 千米；与 B 点直接相连的未解点 C、E，距离分别为 156、174 千米。可以得出最短距离为 138 千米，C 点成为已解点。注意从 A 点通过已解的节点到某一节点所需的时间应该等于到达这个已解节点的最短距离加上已解节点与未解节点之间的距离。重复上述过程直到到达终点 J，最短路径的距离是 384 千米，得到的最佳路径为 A→B→E→I→J。从整个解题过程来看，其实已找到了 A 点到各个点的最短路径。

6.4　运输成本管理

6.4.1　运输成本管理的要求

运输成本是表明企业经营管理工作质量的一项重要的综合性指标，在很大程度上反映企业生产经营活动的经济成果。运输成本管理的要求，是要通过对成本的预测、计划、控制、核算、分析和考核，挖掘企业内部降低成本的一切潜力，寻找降低成本的途径和方法，以降低生产费用和一切非生产性开支，增加利润，为我国国民经济建设积累资金。为此，对成本管理的基本要求如下。

1. 加强运输成本管理的基础工作

企业各职能部门应在经理、总会计师、总工程师的领导下，认真做好成本管理的基础工作。

首先，要建立健全客、货招揽业务记录，运输生产记录，车辆维修作业记录，车辆、设备利用记录，财产物资变动记录，管理信息记录等原始记录。其次，企业应对各种原材料、燃料、轮胎、工具和各级维修作业等，根据市场行情，制定计划价格，定期调整价格差异，保证成本核算的真实性。再次，对各种原材料、燃料、工具、工时、物资储备、资金占用、费用等制定出标准定额，并根据企业生产技术水平和管理水平的提高及生产环境的改善，定期或不定期地进行修订。再其次，对一切物资进出都要经过计量、验收，计量仪表要配备齐全，并定期校正和维修，保证计量的准确性和可靠性。最后，企业的物资财产要定期盘存，保证账实相符，并及时处理多余积压物资，减少物资损耗。

2. 严格控制成本开支范围

（1）要严格区分不同性质的费用支出范围。企业的费用支出种类多，且费用来源和用途不同，为了加强成本管理，必须严格按规定的成本开支范围和标准进行开支。在企业会计核算中，要严格区分营业费用与基建费用的开支范围，营业开支与营业外支出的界限，保证成本的真实性与可比性，防止乱挤、乱摊成本等违反财经纪律的行为。

（2）加强成本监督，保证成本核算真实。成本计划、成本控制和成本分析，有赖于成本核算资料。若成本核算不真实，则不能发挥成本管理的作用，同时企业财务成果将会失真。造成成本核算不真实的主要原因有：企业原始记录有的不够健全，计量不够准确；有些财务人员业务不熟悉，各项费用开支范围和标准不清，造成成本归集与分配和账户处理不当；有些企业负责人明知故犯，假账真算，搞"经理成本"。要保证企业成本核算真实，除加强成本管理、成本核算的学习和教育外，还必须加强成本监督，认真审查成本计划和各项费用开支标准，经常进行成本检查，对违反成本法规的，要及时制止；对明知故犯的，除处以罚款外，还要给予行政处分；对于违反成本法规，情节严重且构成犯罪的，由司法机关依法追究责任。只有这样，方能保证成本核算真实。

（3）实行全面成本管理。它是指企业全员参与企业生产经营全过程的成本管理。企业成本高低，关系到企业经济效益，也关系到企业每个职工的利益。因此，每个职工都要参与成本管理，做到干什么，管什么，成本责任到人。汽车运输企业要从供应、维修、装卸、运行、结算全过程进行成本管理。生产经营全过程的每个环节都对总成本有直接影响。如配件型号选择不当或价高质次；维修成本过高或维修质量不好。既影响车辆的使用成本，又影响车辆使用效率和运输质量。另外，在运输生产过程中，运行燃料消耗、运输质量、驾驶员劳动生产率等，都直接影响到运输成本。而运费结算方式不同，直接影响结算费用和资金回收时间，也会使运输成本发生变化。

3. 落实成本管理责任制

要建立和健全成本管理责任制，使各职能部门、各单位在成本管理中做到分工明确、职责清楚、赏罚分明。

1) 企业经理对成本、费用管理应负的职责

① 贯彻执行国家方针、法令、法规，遵守财经纪律制度。

② 组织各职能部门和基层单位建立成本、费用管理责任制，实行归口、分级管理。

③ 组织各部门、各单位努力增产节约，完成各自负责的成本、费用计划。

2) 总会计师对成本、费用管理的职责

① 宣传国家有关成本、费用管理的方针、法令、法规，严格执行财经制度。

② 协助经理组织领导本企业的成本、费用管理工作，组织执行成本、费用计划，正确核算成本、费用，并对企业核算成果的真实性负责。

③ 组织审查成本、费用计划和重要的财务开支,定期检查各部门、各单位完成成本、费用计划情况,及时组织有关部门研究解决有关问题。

④ 协调各部门、各单位与财务会计部门在成本、费用管理方面的关系,督促本单位有关部门降低消耗,节约费用,提高经济效益。

⑤ 参与企业重大经济活动的研究调查,有效地控制成本、费用。

3) 企业各职能部门的成本、费用管理职责

① 财务会计部门。负责制定本企业的成本、费用管理制度;配合其他职能部门制定各项消耗定额、储备定额和计划价格;分解下达有关成本、费用指标;进行综合平衡,编制成本、费用计划;指导和组织成本、费用核算、分析、预测、控制等综合工作;提出降低成本、费用的措施。

② 劳动工资部门。负责制定、控制、考核工时消耗定额和人员定额;编制工资和劳动生产率计划;加强工资的日常管理,做好工时记录,正确计算各种工资和奖金,改善劳动组织、平衡、调剂劳动力,严格劳动纪律;严格执行劳保用品的发放标准和范围;按期提供工资费用核算及分析资料。

③ 计划统计部门。负责对基本建设、固定资产的更新改造项目进行可行性研究,保证投资后收到显著的效益;加强统计工作,广泛搜集统计资料,按时、准确、完整地编制各种统计报表,为进行成本、费用预测、编制成本、费用计划,采取降低成本、费用措施提供各种资料。

④ 调度部门。负责编制下达营运设备作业计划,并组织实施;合理安排使用营运设备、劳力,提高营运设备利用率,降低成本、费用;减少货损货差损失,及时提供有关核算、分析资料。

⑤ 商务和货运部门。负责组织货源,控制业务活动费和揽货所需的其他费用。控制保险费用,调查处理重大客货运输质量事故,处理货损货差事故、海损事故的赔偿、理算业务,提供保险合同、保险费率以及事故统计分析资料。

⑥ 通信导航部门。负责编制通信导航设备更新计划和维修计划,制定有关定额,控制通信导航器材和费用支出并进行考核,提供有关统计分析资料。

⑦ 物资管理部门。制定主要物资消耗定额,控制物资供应数量、供应价格和供应费用并进行考核,推动旧废材料的清理和利用,提供物资供应计划和物资管理的统计分析资料。

⑧ 行政管理部门。编制行政管理费用预算,降低费用支出,加强对管理用固定资产和低值易耗品的实物管理;及时提供有关核算、分析资料。

⑨ 审计部门。负责审计、监督计划、定额的制定和执行情况。

⑩ 机电部门、工艺部门、修建部门、安全部门。分别负责制定、修改、控制、考核各自职责范围内的各项消耗定额、费用定额、储备定额、编制用款计划,努力提高设备完好率、利用率,推广使用新工艺、新工具、新技术,加强对工器具的实物管理,积极采用新工艺,及时提供有关的统计、核算、分析资料。

6.4.2 合理进行运输定价

1. 运价与运价结构

运价是运输价值的货币表现,即受雇承运人对所提供服务收取的费用。运输劳务不同于

有形的物质产品,但是它也有价值,其价值用货币表现出来,就是运价,具有如下特点。

第一,运价只有销售价格一种形式。这是因为运输劳务不具有实物形态,只是所运输的对象发生空间位置的变化,并不改变运输对象的形态、数量、质量等。运输生产的过程同时也是消费的过程。运输服务的这些特征决定了运价只有销售价格这种形式。

第二,运价与货物的重量和运送的距离有关。运输产品的计价单位是重量与距离的复合单位,如吨·公里(吨·海里)。

运价结构是指运价内部各组成部分的构成及其相互的比例关系。

1) 与运距相关的运价

运价作为运距的函数,可能完全不随运距变化,也可能直接随运距波动,而大多数的运价结构介于两个极端之间。

(1) 单一运价。最简单的莫过于单一运价结构,即对不同的起讫点距离只适用一种运输运价,如图6-6(a)所示。例如,邮政快件的邮费。邮政中使用单一运价结构是合理的,因为邮政服务总成本的绝大部分是处理费用,而处理费用与运量有关,与运距无关。另外,卡车运输中线路费用占总成本的50%以上,如果在卡车运输中也使用单一运价,就会造成严重的运价歧视问题。

(2) 比例运价。如果线路成本所占的比例很大,如卡车运输,就要用比例运价来协调简单的运价结构和服务成本之间的矛盾,见图6-6(b)所示。只要知道两个运价,就可以绘出一条直线,得到该商品的其他运价。虽然这种简单的运价结构有许多明显的优势,但这种运价却只对短途运输的托运人有利,对长途运输的托运人不利。在短途运输中,端点费用无法得到弥补。而整车运输由于装卸成本极低,所以可以采用这种运价。

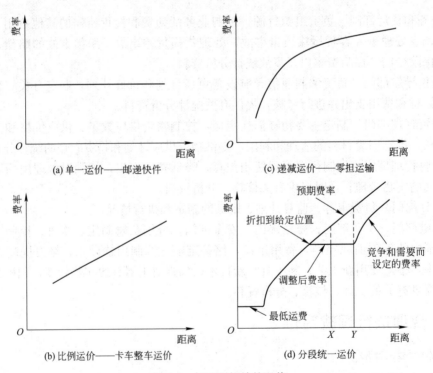

图6-6 与运距相关的运价

(3) 递减运价。常用的运价建立在递减原则的基础上。由于端点费用经常被包含在线路费用中，所以根据成本变化得出的运价结构如图 6-6（c）所示，随运距增加而增加，但增加的速度呈递减趋势。出现该形状的主要原因是随着运距的增加，端点成本和其他固定开支会分摊在更多的里程上。运价增加量递减的程度取决于承运人的固定成本水平和线路营运中规模经济的大小。因此，只要考虑运价结构中的经济性，那么就有理由认为铁路运输、水运和管道运输比卡车运输和航空运输中的运价递减幅度要大。

(4) 分段统一运价。承运人希望向竞争对手的运价看齐，希望简化运价，简化管理，因此建立了分段统一运价。所谓分段统一运价，就是适用于一个广阔范围内的起讫点之间的单一运价。分段统一运价在那些长途运输的产品和生产商或市场集中在特定区域的产品中最为常见。邮政包裹和联合包裹服务公司对自起点开始到辐射状的广阔区域所报的运输价格就是其中一种形式的分段统一运价。

分段统一运价是一种歧视性运价，但对承运人和托运人来讲，运价简洁带来的好处超过了歧视带来的不利影响。同时，分段统一运价也向运输服务的用户提供了更多的选择。有时，竞争压力会迫使某段运输的运价低于根据一般运价结构和成本特点所预计的正常运价值。如图 6-6（d）中的点 Y，如果降低点 Y 的运价就会导致位于 Y 前面的点（如点 X）似乎受到了不公正的对待。为避免这种不公正，承运人就允许点 X 的运价，以及位于 Y 前面高于 Y 点运价的所有点的运价都等于 Y 点的运价。这一过程被称为分段统一过程。

2) 按货物分类的运价

以货物不同种类划分，运价可分为普通货物运价、危险货物运价、冷藏货物运价、集装箱货物运价等。其中，在普通货物运价中，一般又按其不同的运输条件和货物本身价值高低等因素划分为若干等级。例如，我国沿海、长江等航区将货物划分为 10 个等级；铁路《货物运价分类表》中将货物分为 23 类 146 项，共规定 17 个运价号等。

在美国，自 20 世纪 50 年代中期以来，许多铁路、公路、水运承运人纷纷采用了《统一货运分级表》(Uniform Freight Classification) 作为唯一的分级标准。汽车运输公司也使用了《全国公路货运分级表》(National Motor Freight Classification) 之类的分级标准。水运承运人或者使用重量—体积的计算方法，或者根据铁路运输和卡车运输承运人对产品的分级确定运价。货运代理人也使用铁路—卡车运输的分级表。管道运输出于其产品的单一性而不需要对产品分级。空运货物的产品分级使用并不广泛，还没有全国性的产品分级体系。

在设定产品运价时要考虑许多因素，各种因素的基础就是货物的密度、积载能力、装卸的难易程度和运输责任的大小。这些因素包括：货物的单位价值；运输途中如果货物灭失、损坏、耗费或被盗，承运人的赔偿责任；货物对其接触的其他货物造成损害的可能性；危险品运输带来的风险；牵涉责任或风险问题的货物容器或包装的种类；装卸费用和装卸困难程度；类似货物的运价；各种货物之间运价的公平；替代货物之间的竞争情况；全国的货物运输量。

(1) 等级运价。与货运分级表相呼应的就是税则或运价表。一旦知道产品的货运等级，就可以确定线路运价。等级运价是起运地到目的地的运距及其他因素的函数。运价的基础——运距可以通过标准运距表或其他托运人和承运人都接受的里程规章获得。这些规章经常使用邮政编码来指示起运地和目的地。因此，就可以将许多分散的地址集中成几个参照点以便于管理，同时也有较高的准确度。

（2）协议运价。尽管等级运价结构为许多种商品提供了确定运价的一般方法，但还是有许多承运人对托运人报出特殊运价。这些运价反映了某批次运输或某托运人的一些情况，如运输的批量、运输方向和客户的价值。这些运价可能并不是建立在系统分析的基础上。协议运价意味着要比一般的等级运价更加优惠。这些运价非常特殊，可能是一次性的，反映了某次运输的具体情况。另一种常见做法是以等级运价为基础，随后给予特定托运人一定的折扣。

在运输管制解除之前，大宗商品运价都是特殊运价，属于运价表中代表一般等级运价结构所不能覆盖的个别运输。这些运价比等级运价要低，也优先使用。解除管制以来，大宗商品运价似乎渐渐消失，而由协议运价担负起同样的角色。但多数小件货物运输承运人为简化报价，使用一般的等级运价。

（3）综合运价。如果承运人不考虑构成运输批量的不同货物等级，报出单一运价，该运价就被称为"综合运价"或"所有种类货物的运价"。货运代理人经常使用这类运价，因为他们多数情况下处理的是混装货物。该运价随提供运输服务的成本变化，而不是随服务的价值变化。

3）按运输批量划分运价

运价和实际的运输收费随实际交付的货量（即运量）而有所差异。运价是按单位重量价格进行报价的，根据运价表中起码运费和运输批量的关系而有所不同。任何一种最低运量都会出现在运价表中。运价表中可能有多个最低运量，也可能对所有运量只有单一运价，即所有运量统一的运价。

铁路、公路系统承运人和运输经纪人据以收取运费的数量限制更低，或者他们收取一个统一的起码运费，这样实际收费不可能降到起码运费之下。经常可以看到，以等级为基础的运输报价和起码运费。因为等级运价针对零担运输、整车运输且有一个统一的最低车载量，所以在起码运费之外还有零担运价和整车运价。某些运价表突出重量分界点，而不是等级运价。

除以上种类的运价外，企业还使用其他运价来鼓励大批量运输，其中之一就是超量（In Excess Rate）运价。超量运价比整车运价要低，仅适用于超过整车最低运量的部分。该运价鼓励托运人加大运输批量，使承运人能够更充分地利用其运输设备。

承运人还通过多车运价，甚至是专列运价来进一步鼓励托运人，促使其运输的批量超过整车的最低运量。运输批量越大，承运人可享受到的规模经济效益就越多，甚至可以利用上述优惠运价将某些收益转移给托运人。

这些优惠运价也是企业与其他承运人竞争的利器。例如，铁路部门利用单一产品列车（单元列车）运送煤炭，适用于专列运价，因而有效地抵制了管道运输的竞争。

某些承运人还制定了时间—运量运价。如果托运人在某特定时段运送货物，且货量超过最低运量就可以享受更低的运价。煤炭运输中通常会有这种鼓励措施。

4）其他运价

在此将一些不适用于前述分类方法的运价简单地归为"其他运价"。下面讨论几种常见的特殊运价。

（1）体积运价。等级运价体系平衡考虑了许多不同产品的特征。如果货物很轻，体积很大，等级运价就不能充分弥补承运人为运输货物所支出的成本，因而需要使用体积运价。体积运价根据货物所占用的空间，而不是根据货物的重量报价。

(2) 迟延运价。有时为了换取更低的运价，托运人愿意接受可能比正常服务时间更长的运输迟延。此时，承运人往往向托运人承诺货物不会晚于某指定日期运送。借助这种方法承运人可以利用这些货物填满运载工具的富余空间。迟延运价在空运和水运中用得最多。

(3) 保值运价。公共承运人在保有货物运输过程中，对货物的价值承担责任。如果货物灭失或损坏，托运人最多可以索赔货物的全部价值。正常情况下，运价的制定就基于这种无限责任。与此不同的是，法律也允许公共承运人基于有限责任制定运价，称为保值运价。利用保值运价，承运人的责任就限制在一定金额之内。例如，家用商品运输公司通常将灭失和损坏的索赔限制在一定的金额内。当货物的实际价值很难估算时，保值运价尤其有用。

2. 海运运价

国际海上运输与国内货物运输有很大差异，运价也与国内运输的等级体系不太一致。在国际贸易中，交易双方在洽商交易订立合同时，必然要考虑下面几个问题：

① 卖方在什么地方，以什么方式交费；
② 货物发生损坏或丢失的风险何时由卖方转移给买方承担；
③ 由谁负责办理货物的运输、保险及通关过境手续；
④ 由谁承担办理上述事项时所需的各种费用；
⑤ 买卖双方需要交接哪些有关的单据。

在具体交易中，以上问题都是必须明确的，贸易术语正是为了解决这些问题而在实践中产生和发展起来的。国际贸易术语是指在国际贸易中用来表示商品的价格构成及在商品的交接过程中有关风险责任和费用划分问题，以文字或缩写字母组成的专门用语，也叫价格术语。

在我国对外贸易中，经常使用的主要贸易术语为 FOB、CFR 和 CIF 几种。

1) FOB

FOB 是 Free on Board 的缩写，意为装运港船上交货。它是指卖方负责办理出口清关手续，将货物在指定的装运港越过船舷后，就算完成了交货任务。这意味着买方必须从该点起承担货物灭失或损坏的一切风险。该术语仅适用于海运或内河运输。

2) CFR

CFR 是 Cost and Freight 的缩写，意为成本加运费。它是指卖方在装运港将货物越过船舷，并支付将货物运至指定目的港所需的运费后，才算完成交货义务；买方则承担交货后货物灭失或损坏的风险，以及由于各种事件造成的任何额外费用。该术语仅适用于海运或内河运输，在船舷无实际意义时，则应用 CPT 术语。

3) CIF

CIF 是 Cost Insurance Freight 的缩写，意为成本加保险费和运费。它是指卖方在指定装运港将货物装上船，支付货物自装运港至指定目的港的运费和保险费，但风险自货物在装运港越过船舷时即由卖方转移给买方。该术语仅适用于海运或内河运输，在船舷无实际意义时，则应使用 CIP 术语。

3. 特殊服务费

承运人经常会提供特殊服务，收取额外费用。当然，某些费用可能包括在运送费用中，但也可能与运送费用共同构成总运输服务费用。这样的特殊服务有很多,可以划分为特殊的线路服务和端点服务。

1) 特殊的线路服务

(1) 改道和再委托。改道是指在运输途中改变货物运送的目的地;再委托通常是指在到达原定目的地后改变运输收货人。在实际应用中,这些术语之间区别不大。

托运人经常通过两种方法行驶改道、再委托权利。

第一,对于易腐货物(如水果、蔬菜),托运人可以先向大致的市场区域(通过铁路或公路)运输整车货物,在具体目的地确定后托运人再变更卸货地,运往特定市场。利用这种方法,托运人可以在整车运费下获得灵活性,满足动态的市场要求(需求和价格)。

第二,承运人的设备可被用作仓库。经过迂回的运送路线,托运人可以在正常所需之外大量增加在途时间。如果需求出现,就可以直接将货物运往市场。因为这种做法如果被滥用可能大大增加承运人的成本,所以铁路承运人尤其对此不欢迎。

(2) 中途经停服务。铁路承运人和少部分汽车承运人还提供一种特殊服务,即允许货物在运到最终目的地之前先被储存起来。从运价来看,承运人将这种运输视同货物直接从起运地运到目的地,其运输费用包括从起运地到目的地的直达运价,加上因中途停留而增加的少量费用。如果没有这种特权,托运人就要支付从起运地到中途经停地的直达运价,加上中途经停地到最终目的地的直达运价,两者的运价之和一般要高于中途经停服务的价格。该项服务明显减少了加工企业选址上的不利条件,承运人则通过允许托运人使用两段运输服务以便提高竞争地位。谷物运输中常常使用这种服务,即先运到某地加工后,再运输。

与之相关的服务就是中途装卸服务,这是指中途再装运或卸下部分货物。有时托运人会要求承运人在起运地和目的地之间的中间点停留(该中间点不一定在起止点两点连线上)来完成装运。该项服务的优势在于可以将货物看成是全部从起点出发,托运人因此支付的运费就是全部运送费用加中途停留服务费,两项费用之和通常低于分别计算的两个运价的总和。

部分卸货的中途装卸服务与装货的情形相类似。有时,如果搬运人将运往不同目的地的几批货物合并成一整批,以能够利用大批量运输的运价优势,却只需支付很少的中途装卸服务费。

收取中途装卸服务费的依据是运到最终目的地合并后的货物重量。每增加一个停留点还要收取额外费用,这些费用可能基于装卸的货量,也可能不是。如果使用中途装卸服务,承运人会要求一次性收取费用。通常最多允许有3个卸货点,但某些驮背运输运价允许最多达5个点。一般地,如果运输总量的大部分都出现在距起点最远的点时,利用中途装卸服务支付的运费肯定比单独定价的运费更有优势。

(3) 运输保护。运输途中,许多产品由于其特有的物理特性不仅需要通常的照料,还需要特殊保护。易腐商品可能需要冷藏、加冰、通风或保暖,易碎品可能需要额外的缓冲装置或缓冲衬垫(铁路车厢中的十字支架,可防止货物中途移动和受损)。承运人就要提供某些特殊服务设备,如防损车厢、冷藏车和暖气设备,还要提供保护服务的必要人员。物料虽然对这些货物的特殊服务体现在货物分级上,但承运人还是常常在运费外增加附加费来反映成本的上涨。

(4) 联运。并不是每个承运人都对所有地区提供服务。如果承运人的服务范围有限,就会发生某承运人取货,然后交给另外一个承运人运到终点的情况。此时,第一承运人向第二承运人支付运费,但单据由第一承运人签发给托运人。总的运输费用将包括两个承运人的利润,因此会比由一个承运人将货物由起运地运往目的地更高些。

2) 端点服务

对在运输网络内端点周围提供的服务,承运人会在运费外增收附加费。其中,主要的端点服务就是取货和送货、换轨、滞期和滞留。

(1) 取货和送货。许多承运人将取货和送货服务作为常规服务内容,并将该服务费用包括在线路运费中。但是,该做法并不普遍。某些承运人不提供取货和送货服务(如在一些水运服务中)。如果货主要求取货和送货,就必须额外计费。如果取货和送货服务是"免费"的,运价表通常会将该项服务限制在承运人端点的周边地区,即包括企业限定的城市或限制在承运人端点周围一定里程内。

(2) 转轨。铁路运输的"线路服务"包括端点或车站之间的运输服务。货车车厢从自有的旁轨和轨道交汇处向货车端点/车站移动,或向相反的方向移动,这就是转轨。转轨作业与取货和送货相似,只是涉及的是铁路车厢。运送货物的铁路部门不一定有直接与托运人或收货人相连的轨道,这样承运人就要和其他铁路公司签订互惠的转轨协议以服务这些地区。许多铁路公司自己消化转轨费用,托运人除运送费用外无须支付任何其他费用,条件是线路运输服务创造了一定水平的收益。如果运输费用不足以使承运人消化掉转轨费,或者没有互惠协议来服务旁轨或轨道交汇点,那么托运人或收货人(收取货物的一方)就要求按每车统一价格支付转轨费。

(3) 滞期费。滞期费和滞留金是两个意思相当的名词,指由于托运人或收货人的原因,实际使用运输设备的时间超过允许的免费时间,因此承运人对他们收取的罚金。在铁路运输中,标准的免费装卸时间是 48 小时。如果设备滞留是由于托运人或收货人可以控制的原因造成的,铁路部门就会按天收费。星期日和节假日一般计入免费时间的一部分,但滞留期一旦开始也要计算收费。卡车运输设备滞留也有类似规定,只是免费时间更短。无论卡车运输,还是铁路运输,使设备长期滞留的货主都将支付递增的费率。

计算滞期费的办法有两种。一种方法是直接法,即运输设备的每一部分在计算滞期费时都单独处理,每部分设备根据其滞期的时间长短支付滞期费。另一种方法是平均法,它是由承运人和托运人签署协议按月平均计算托运人的滞期情况,并据此收费。如果使用该方法,在使用期结束后的 24 小时内续租车厢就可以得到贷方折扣。免费期后车厢每多停留一天,就相应记入借方费用。如果在月末,借贷相抵仍是借方费用,就按递增比率收取滞期费。如果余额为正,就不必支付任何滞期费。

6.4.3 实施合理化运输,节约物流成本

1. 实施合理化运输的意义

运输合理化是从物流系统的总体目标出发,运用系统理论和系统工程原理和方法,选择合理的运输线路和运输工具,以最短的路径、最少的环节、最快的速度和最低的成本,组织好物品的运输活动。物流运输合理化的意义主要表现在以下 4 个方面。

1) 有利于促进国民经济持续、快速、协调地发展

实施运输合理化,有利于加速社会再生产的进程,促进国民经济持续、快速、协调地发展。按社会主义市场经济的基本要求,通过实施合理化运输,可以实现物资从供给地到需求

地迅速转移、加速资金周转、促进社会再生产过程的顺畅进行，保证国民经济健康的发展。

2) 有利于降低物流成本

运输成本是物流成本的主要组成部分，一般占到物流总成本的 1/3～2/3。因此，降低物流运输成本是提高物流系统效益、实现物流行业发展的主要途径。物流运输合理化通过运输工具、运输线路的选择，缩短运输里程，提高运输效率，从而达到节约运输成本，提高物流效率的目的。

3) 有利于加快物流速度

运输时间的长短决定着物流速度的快慢。所以，物资运输时间是决定物流速度的重要因素。合理地组织物资运输，可使被运输物资在途时间尽可能少，缩短前置期，减少货物库存量，降低库存成本，节约资金占用，提高社会资金的使用效率，从而促进经济的发展。

4) 有利于节约能源

我国正处于经济高速增长的阶段，运输能力和能源是我国经济保持稳定增长的瓶颈。运输合理化可以克服许多不合理的运输现象，节约运力的同时还能减少能源的消耗，提高能源的利用率。这对缓解我国目前交通运输和能源紧张的状况具有重大意义。

2. 不合理的运输形式

不合理运输是指各种运输工具之间，或是在同一运输工具内部各条线路上或航道上，发生可以互相替代的对流运输、重复运输、过远运输、迂回运输和违反各种运输工具合理分工原则的运输。这样的运输造成不必要的货物周转和装卸工作，浪费了运输能力，增加了运输成本。

常见的不合理运输的形式有以下 8 种。

1) 对流运输

对流运输也称相向运输、交错运输，指同一种货物或彼此之间可以替代而又不影响管理、技术及效益的货物，在同一线路上或平行线路上做相对方向的运送，而与对方运程的全部或一部分发生重叠交错的运输。已制定了合理流向图的产品，一般必须按合理的方向运输；但如与合理流向图指定的方向相反，也属于对流运输。在判断对流运输时应注意，有的对流运输是不明显的隐蔽对流。例如，不同时间的相向运输，从发生运输的时间看，并无对流运输发生，从而可能作出错误的判断。对流运输是不合理运输中最突出、最普通的一种。

2) 迂回运输

迂回运输是舍近取远的一种运输，是可以选取近距离进行运输，但实际上却选取了路程较长的路线进行运输的一种不合理运输形式。迂回运输有一定的复杂性，不能简单地分析。只有在计划不周、地理不熟、组织不当时发生的迂回运输，才属于不合理运输。由于在最短路程上存在交通阻塞、道路情况不好或有对噪声、排气等特殊要求限制而不得不发生迂回时，不属于迂回运输。

3) 重复运输

重复运输一般包括两种形式：一种形式是本来可以直接将货物运到目的地，但在未到达目的地时，或在目的地以外的地方将货物卸下，再重复装运送达目的地的运输形式；另一种形式是同品种货物在同一地点一边运进，又一边运出。重复运输的最大的不合理之处是增加了不必要的中间环节，从而延缓了流通速度，造成了物流时间增长，增加了运输费用、出入库手续和货物损坏的几率。

4）过远运输

过远运输也称长距离运输。过远运输指调运货物舍近取远，近处有货物不利用，而从更远的地方调用，从而运输里程增加，导致浪费。过远运输占运力时间长，运输工具周转缓慢，阻碍了社会再生产的顺利进行。货物在途时间长，使存货成本增加，占用了更多的资金。由于运输路程远，时间长，又会使货物损坏的几率变大，货损增加，成本也相应增加。过远运输在运输总量中占相当大的比例，一般多见于木材和建筑材料的运输上。

5）返程或启程空驶

空车无货载行驶，可以说是不合理运输的最严重的形式。在实际运输的组织中，有时候必须调运空车，从管理上不能将其看成不合理运输。但是，因调运不当，货源计划不周，不采用运输社会化而形式空驶，则是不合理运输的表现。造成空驶的不合理运输主要有以下几种原因：能利用社会化的物流运输体系而不利用，却依靠自己自备设备送货提货，这往往出现单程重车、单程空驶的不合理运输；由于工作失误或计划不周，造成货源不实，车辆空去空回，形成双程空驶；由于车辆过分专用，只能单程实车、单程空载。

6）倒流运输

倒流运输是指货物从销售地或中转地向产地或起运地回流运输的一种现象。其不合理程度更甚于对流运输，原因在于往返两地的运输都是不必要的，形成了双程的浪费。倒流运输也可以看成隐蔽的对流运输形式。

7）无效运输

顾名思义，无效运输即不必要的运输。由于货物本身的品质，浪费了大量的运输能力。无效运输可通过先行流通加工得到解决。

8）运输工具选择不当

由于没有综合考虑各种运输工具的优劣，不能正确地利用运输工具造成的不合理现象，常表现在以下 4 种形式。

（1）弃水走陆。在同时可以利用水运和陆运时，不利用成本较低的水运或水陆联运，而选择成本较高的铁路运输或汽车运输，使水运优势不能发挥。

（2）铁路、大型船舶的过近运输。这是指违反运输经济性原则，在不是火车、大型船舶经济运输里程的范围内利用这些运输工具进行运输的不合理做法。火车及大型船舶起运及到达目的地的准备、装卸时间长，机动性和灵活性不足，在过近距离中，不仅发挥不了其速度优势，反而由于装卸时间过长，会延长运输时间。另外，和小型运输设备相比，火车及大型船舶的装卸难度大、费用高。

（3）运输工具承载能力选择不当。不根据承运货物数量及重量选择承载能力，盲目选择运输工具，造成超载、货物没满载等现象。"大马拉小车"的现象尤其突出，由于载货量小，单位成本必然增加。

（4）托运方式选择不当。托运人可以选择最好的运输工具时却没有去选择，造成运力浪费和费用增加的不合理运输现象。例如，应选择整车运输而未选，却采用零担托运；应直达却选择了中转运输；应中转却选择直达运输等，这些都属于托运方式不当。

上述各种不合理运输形式都是在特定情况下表现出来的，在进行判断时必须注意其不合理的前提条件，否则就容易出现判断错误。例如，同一种产品，商标不同，价格不同，所发生的对流,不能看成不合理。因为其中存在着市场机制引导的竞争,优胜劣汰,如果强调因为表面的对流而不容许运输,就会导致阻碍竞争、违反社会主义市场经济的基本原则。

以上对不合理运输的描述,主要就形式本身而言,是从微观观察得出的结论。实践中,必须将其放在物流系统中做综合判断,在不做系统分析和综合判断时,可能出现"效益背反"现象。单从一种情况看,避免了不合理的情况,做到了合理运输,但它的合理却是来自于其他部分的不合理。只有从系统的角度进行综合判断,才能有效地避免"效益背反"现象,从而优化整个系统。

3. 运输合理化的影响因素

运输是物流活动中最重要的组成部分,物流成本的节约很大程度上依赖于运输合理化。运输合理化的影响因素很多,起决定性作用的主要有 5 个方面,称为合理运输"五要素"。

1) 运输距离

在运输时,运输时间、运输损坏、运费、车辆或船舶周转等运输经济指标,都与运输距离有一定关系,运输距离长短是运输是否合理的一个最基本因素。缩短运输距离从宏观、微观来看都会带来好处。

2) 运输环节

运输环节每增加一次,不但会增加起运的运费和总运费,还必定会增加运输的附属活动,如装卸、包装等。所以,减少运输环节,尤其是同类运输工具的环节,对合理运输有促进作用。

3) 运输工具

各种运输工具都有其使用的优势领域,对运输工具进行优化选择,按运输工具特点进行运输作业,最大程度地发挥所用运输工具的作用,是运输合理化的重要环节。

4) 运输时间

运输是物流过程中需要花费时间较多的环节,尤其是远程运输。在全部物流时间中,运输时间占绝大部分,所以运输时间的缩短对整个流通时间的缩短有决定性作用。此外,运输时间的缩短,有利于运输工具的加速周转,充分发挥运输能力;有利于货主资金周转;有利于提高运输线路的通过能力,对运输合理化起到积极的作用。

5) 运输费用

运输费用在物流总成本中占有最大的比重,运费的高低在很大程度上决定了整个物流系统的竞争能力。实际上,运输费用的降低,无论是对货主来讲,还是对物流企业来讲,都是运输合理化的一个重要目标。运费的高低,也是各种合理化运输措施实施是否有成效的最终判断标准。

4. 实施运输合理化的措施

1) 合理装载,提高实载率

合理装载是充分利用运输工具的载重量和容积,合理安排装载的货物及载运方法以提高运输工具实载率的一种有效措施。通过合理装载和提高实载率,可以充分利用车船的额定能力,减少运力浪费。

实载率是一定时期内车船实际完成的货物周转量(以吨·公里计)占车船载重吨位与行驶里程的乘积的百分比。在计算车船行驶里程的时候,不但计算载货行驶里程,也计算空驶里程。常用的合理装载的方式有拼装整车运输、组织轻重装配、实行解体运输和多样堆码方法等。

2) 实现运输工具的合理分工

实现运输工具的合理分工主要表现为根据运距的长短进行铁路和公路的分流。目前对杂货及煤炭等较普遍地使用铁路运输。一般认为，公路的经济里程为200～500公里，随着高速公路的发展，高速公路网的形成，新型火车与特殊货车的出现，公路运输的经济里程有时可达1 000公里以上。在公路运输的经济里程范围内，应尽可能地利用公路运输，这样有两个好处：一是对于比较紧张的铁路运输，用公路分流后，可以有一定程度的缓解，从而提高这一地区运输通过能力；二是充分利用公路门到门运输的能力和速度快且灵活机动的优势，实现铁路运输难以达到的服务水平。当然，实现运输工具的合理分工不仅仅表现在铁路运输和公路运输的选择上，还涉及其他运输工具，在选定运输工具的时候，需要进行认真的权衡分析。

3) 分区产销合理运输

分区产销合理运输是对某种货物组织物流运输时，使其一定的生产区固定于一定的消费区。根据产销情况和交通运输条件，在产销平衡的基础上，按近产近销的原则，使货物走最少的里程。这种形式适用于品种单一、规格简单或生产集中和消费集中、调运量大的货物，如煤炭、木材、水泥、粮食等。实行这种运输，对于加强产、供、运、销的计划性，消除过远、迂回、对流等不合理运输，充分利用地方资源，促进生产合理布局，降低物流费用等都有十分重要的作用。

实现分区产销合理运输，首先，要调查物资产销情况、供应区域、运输路线及合理的运输方式，为制订合理调运方案提供信息。其次，划定物资调运区域，将某种物资的生产区和销售区固定。如工业产品以生产地为中心，以靠近生产地的区域为销售区域；粮食以城市为消费中心，同附近的农村产粮区建立固定的产销关系，从而形成一个合理的调运规划。再次，绘制合理的运输流向图，即根据已制定的调运区域范围，按运程最短和产销平衡的原则，制定合理的运输流向图。最后，依据上述信息制订合理运输的调运方案。

4) 实行直达运输和直拨运输

直达运输是指通过减少中转换载，从而提高运输速度，节省装卸费用，降低中转损耗。直达运输的优势在一次运输批量和用户一次需求量达到整车时表现得最为突出。此外，在生产资料、生活资料的运输中，通过直达运输，建立稳定的产销关系和运输系统，也有利于提高运输计划水平，大大提高运输效率。值得注意的是，如同其他合理化措施一样，直达运输的合理性也是在一定条件下才成立，不能绝对地认为直达运输一定优于中转运输，这需要根据客户的要求，从整个物流体系来考察。如从客户需求来看，当批量大到一定程度时，直达才是合理的；在小批量时用直达运输，成本将会高于中转运输，如图6-7所示。

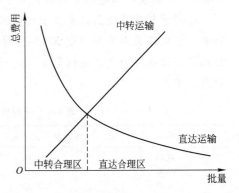

图6-7 直达运输和中转运输的选择示意图

直拨运输是指企业在组织货物调运时，对当地生产或由外地送达的商品不运进批发站仓库,而直接将商品发送给基层批发、零售商甚至直接发给最终用户,以减少运输中转环节。这种运输方式在运输时间和运输成本方面都能取得经济效益。其与直达运输的不同之处是直拨运输里程较近、批量较小,而直达运输主要指中、长里程运输和大批量运输。

5) 通过流通加工,使运输合理化

有不少产品,由于其本身外形及特性问题,很难实行运输合理化,如果进行适当加工,就能有效解决合理运输的问题。如将造纸木材在产地预先加工成干纸浆,然后压缩体积运输,就能解决造纸木材运输不能满载的问题;轻泡产品预先捆绑包装成规定尺寸,装车就容易提高装载质量等。

6) 发展社会化运输体系

运输社会化是指发展运输的社会化大生产的优势,打破一家一户自成运输体系的状况。在社会化运输体系中,各种联运是社会化较高的形式。联运方式通过充分利用面向社会的各种运输体系,通过协议进行一票到底运输,有效打破了一家一户的小生产,受到广泛的欢迎。

复习与应用

1. 运输在物流管理中的作用是什么?
2. 简述运输成本的概念。
3. 影响运输成本的基本因素有哪些?
4. 简述降低运输成本的方法及措施。
5. 简述运价的结构。

【案例分析】

卡利奥公司运输方式的选择

卡利奥箱包公司是生产系列箱包产品的公司。公司的分拨计划是将生产的成品先存放在工厂,然后由第三方物流承运人运往公司自有的基层仓库。目前,公司使用铁路运输将东海岸工厂的成品运往西海岸的仓库。铁路运输的平均时间为 $T=21$ 天,每个存储点平均库存 100 000 件箱包,箱包的平均价值 $C=30$ 美元,库存成本 $I=30\%C$/年。

公司希望选择使总成本最小的物流运输方式。据估计,运输时间从目前的21天每减少一天,平均库存水平可以减少1%。每年西海岸仓库卖出 $D=700\ 000$ 件箱包。公司可以选择以下运输服务方式,运输费率及运送时间如表6-1所示,其中,采购成本和运输时间的变化忽略不计。

表6-1 卡利奥公司运输费率及运送时间情况表

运输方式	运输费率 R/(美元/件)	门到门运送时间 T/天	每年运输批次/次
铁路	0.10	21	10
驮背	0.15	14	20
公路	0.20	5	20
航空	1.40	2	40

选择不同的运输方式将影响货物的在途时间。在途库存的持有成本为 $ICDT/365$。在各

种运输方式下，因为每年的运输批次不一样，分拨渠道两端的平均库存量 Q 也不一样：铁路运输为 100 000 件，驮背运输和公路运输都为 50 000 件，航空运输为 25 000 件。每件商品的库存成本为 IC，但商品价值在分拨渠道的不同地点是不同的，在工厂商品价值是产品的出厂价格；而在仓库，商品价值是产品的出厂价格加上运输费率，即 $C+R$。

案例思考题：

1. 列表计算卡利奥箱包公司各种运输方式的运输成本、在途库存成本、分拨系统两端的库存成本和运输方式总成本。
2. 为卡利奥公司选择最合理的运输方式。

中英文关键词语

1. 运输成本　Transport cost
2. 集运　Consolidation
3. 合理化运输　Rationalized transport
4. FOB　Free on Board
5. CFR　Cost and Freight
6. CIF　Cost Insurance Freight

进一步阅读

[1] 黄玖立，徐旻鸿．境内运输成本与中国的地区出口模式．世界经济，2012（10）．
[2] 梁琦，丁树，王如玉．总部集聚与工厂选址．经济学，2012（3）．
[3] 毕玉辉．物流企业运输成本优化研究．物流技术，2013（3）．

第 7 章 仓储成本管理

【本章结构图】

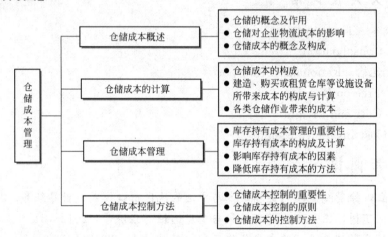

【本章学习目标】

通过本章的学习,你将能够:
- 了解库存、储备、仓储、仓库的区别;
- 解释仓储成本的含义;
- 理解仓储成本的构成;
- 掌握仓储成本的计算;
- 了解影响库存持有成本的因素;
- 说明仓储成本控制的重要性;
- 解释仓储成本的控制方法。

7.1 仓储成本概述

7.1.1 仓储的概念及作用

1. 仓储的概念

仓储是保护、管理、储藏物品的行为或活动。它是包含库存和储备在内的一种广泛的经济现象,不论社会形态如何,仓储都会存在。仓储活动是物流的主要功能要素之一。仓储的概念和运输的概念相对应，仓储是以改变"物"的时间状态为目的的活动，它通过克服供需之间的时间差异而使产品获得更好的效用。在物流系统中，运输和仓储是并列的两大主要功能要素，称为物流的两大支柱。

仓储是物流体系中最重要的构成部分之一。仓储的物流功能包括对进入物流系统的货物进行保管、保养、维护、分发等一系列的活动。其作用主要表现在两个方面：一是完好地保证货物的使用价值和价值；二是为将货物配送给用户，在物流中心进行必要的加工活动。随着经济活动的发展，物流由少品种、大批量进入到多品种、小批量或多批次、小批量时代，仓储功能从重视保管效率逐渐变为重视发货和配送作业的效率上来。

为了更好地理解仓储的概念，需要对库存、储备、仓储、仓库等几个概念进行解释和比较。

库存的概念有广义与狭义之分，狭义的库存是指处于储存状态的物品；广义的库存还包括处于制造加工状态和运输状态的物品，其实质就是社会物资在企业生产经营过程中形成的停滞。从某种意义上讲，库存是一种资源的闲置，它的存在会增加企业的开支，造成一定程度的浪费。但是企业之所以会维持一定的库存，是因为库存具有缓冲、调节和平衡的作用，它通过克服产品生产和消费在时间上的差异而创造时间效应；通过整合需求和供给，维持各项活动顺利进行。因此，库存在生产和流通过程中发挥着不可替代的作用。企业要采取各种技术手段，做好预测和管理工作，既要防止缺货，避免库存不足，又要防止库存过量，避免发生大量不必要的费用。

储备是有目的地、能动地、主动地储存物品，是储存起来以备急需的。储备按照储备的年限可以分为当年储备、长期储备、战备储备3种储备方式。

库存、储备与仓储之间的包含关系是：仓储包含库存和储备；库存包含储备。

仓库是进行仓储活动的主要场所，在企业物流系统中具有极其重要的地位。仓库根据使用目的的不同，分为不同的类型，不同类型的仓库功能也不相同。仓库主要包括3种类型：一是存储中心型仓库，其是以存储为主要功能；二是配送中心或流通中心型仓库，是以发货、配送和流通加工为其主要的功能；三是物流中心型仓库，具有存储、发货、配送和流通加工的功能。具体来说，仓库的作用主要体现在以下3个方面。

（1）调节供应和需求，为销售服务。生产和销售之间或多或少地存在时间上或空间上的差异，如果仓库的地理位置能够合理地靠近客户，从而使产品能够适时地送到客户手中，那么仓库就可以帮助企业提高客户的满意度，扩大销售量。

（2）进行产品整合。目前客户的需求正呈现出多样化的趋势，一个客户可能需要很多种产品。客户的这种要求使得原有的单纯的保管型仓库已不能适应生产和市场的需要，增加配送和流通加工功能的流通型仓库才是现代仓库的发展方向。流通型仓库能够对产品进行加工、分拣、包装、配套等，然后再将产品运送到客户手中。

（3）降低成本，提高效率。物流系统中存在效益背反的现象。在众多背反现象中，运输与仓储之间的背反现象最为明显。而仓库作为产品的集散地与仓储活动的发生地，其存在可以降低运输作业的成本，提高运输作业的效率。企业一般是将产品从工厂大量运至仓库，然后按客户的要求加工处理后，再小批量地运到市场或客户手中；或者从多个供应商处分别购进产品并运至仓库，经过必要的加工处理后，整批运至下一道工序（或客户）。这时，与直接运输相比，作为产品集散中间环节的仓库的存在，可以大大降低运输成本，调节运力差异,提高运输效率。

2. 仓储的作用

在物流系统中,运输和仓储是并列的两大主要功能要素,两者被称为物流的两个支柱。在物流中,仓储承担了改变"物"的时间状态的重任,而运输承担了改变"物"的空间状态和产生位移的重任。

1) 仓储可以创造"时间效用"

仓储提高了"物"的使用价值,实现了被仓储物的增值。因为仓储使"物"在效用最高的时刻发挥作用。充分发挥了"物"的潜力,达成了时间配置上的最优。

2) 仓储是社会物质生产必不可少的条件

生产过程和再生产过程的不断进行,要求一定的商品(生产资料)不断处在市场上,也就是形成储备。同时,商品停滞要看成是商品出售的必要条件。因此,作为社会再生产各环节之间的停滞,仓储对于社会再生产的顺利进行是十分必要的。在工业化社会,这个"必要条件"是绝对不可缺少的。在信息化社会,这种情况虽然有所改变,但仓储的作用也没有完全消失。总之,仓储作为社会物质生产的必要条件,必定会长期存在。

生产的复杂性决定了在生产领域中会出现不均衡、不同步的现象。因此,为了使生产和消费能够相互协调,必须对生产的产品进行一定时间的仓储保管。此外,出于合理使用资源、防止由于产品过剩而造成浪费的要求,以及出于应对突发事件和自然灾害的要求,社会也必须要对生产的产品进行定时定量的仓储。

仓储的这些作用,在工业化时期称为"蓄水池"。在现代物流领域,它起到对整个物流过程的调节作用,称为"调节阀"。

7.1.2 仓储对企业物流成本的影响

仓储对企业物流成本的影响具有两重性。

1. 仓储对企业物流成本具有正面影响

仓储活动虽然会给企业带来这样或那样的问题,但是适当的仓储是必需和必要的。合理规划与实施仓储活动可以降低企业成本。具体主要体现在以下几个方面。

首先,适当的仓储活动,使企业能在有利时机进行销售,或在有利时机实施购进,从而增加销售利润或减少购进成本。

其次,适当的仓储活动,可以避免由于缺货的紧急采购而引起的成本提高。

最后,适当的仓储活动,可以节省销售旺季的生产加班费用,有利于降低成本。

2. 仓储对企业物流成本具有负面影响

在物流系统中,仓储活动是十分重要的,但作为一种停滞,不当的仓储活动会带来物流成本的增加,也常常会冲减物流系统效益,恶化物流系统运行,从而冲减企业利润。这主要是因为实施仓储活动要有成本的支出;同时,产品的使用价值可能会在"存"的过程中不断降低。

1) 机会损失

仓储活动中库存占用资金必须支付的利息,以及如果将用于购买(生产)库存的资金用于其他项目可能会带来的效益,都是企业由于仓储活动而必须承担的机会成本。一般情况下，库存占用资金所带来的利息损失和机会损失都是很大的。

2）陈旧损失与跌价损失

产品在库存期间可能发生各种化学、生物、物理、机械等方面的损失，从而使产品贬值甚至失去全部使用价值。库存时间与发生陈旧损失的可能性成正比关系，库存时间越长，存货不断发生陈旧变质，产生的损失也就越大。此外，对于技术含量较高且技术发展迅速的产品而言（如个人电脑），产品技术过时也会引起跌价的损失，这是企业仓储扩大不得不面临的另一个重大问题。如果这些产品的存储时间过长，错过了有利的销售期，企业就只能以较低的价格出售产品，从而带来损失。

3）增加固定资产投资与其他成本的支出

实施仓储活动会引起仓库建设等固定资产投资的增加，从而增加企业成本；而进货、验收、存储、发货、搬运等仓储作业的支出会导致企业收益的降低。此外，随着社会保障体系和安全体系日益完善，我国近年来已开始对库存产品通过投保来分担风险，投保缴纳保险费带来的支出在有些企业已达到了相当大的比例，而且这个成本支出的比例还会不断上升。最后，仓库管理成本的出现也使企业成本进一步提高。

4）仓储活动有可能占用企业过多的流动资金，从而影响企业正常运转

在企业中存货往往是最主要的流动资产。在企业全部运营活动中，仓储对流动资金的占用一般为40%～70%，有时甚至高达占用其全部流动资金。当企业的存货积压时，势必会影响企业的现金流动，使企业无法正常运转，甚至倒闭。

总之，在现实中，仓储是不可或缺的。但是仓储有利及有害的两重性给物流管理提出了一个重大的课题，即如何在物流系统中充分发挥仓储有利的一面而遏制其有害的一面。

7.1.3 仓储成本的概念及构成

1. 仓储成本的概念

仓储成本是指物流仓储活动中所消耗的物化劳动和活劳动的货币表现。它是伴随着仓储活动而发生的各种费用，主要包括建造、购买和租赁仓库等设备设施所带来的成本以及各类仓储作业带来的成本，如流通加工成本、装卸搬运成本等。

2. 仓储成本的构成

仓储成本主要由仓储持有成本、订货或生产准备成本、缺货成本和在途库存持有成本构成。

1）仓储持有成本

仓储持有成本是指为保持适当的库存而发生的成本，它包括固定成本和变动成本两部分。固定成本与一定限度内的仓储数量没有直接关系，其成本支出不随仓储数量的变化而发生变化，如仓储设备折旧、仓储设备的维护费用、仓库职工工资等；变动成本则与仓储数量的多少相关，其成本支出一般与仓储数量呈正相关，如库存占用资金的利息费用、仓储物品的毁损和变质损失、保险费用、搬运装卸费用、挑选整理费用等。

（1）资金占用成本。资金占用成本也称为利息费用或机会成本，是仓储成本中的隐性成本。资金占用成本过多，则反映企业失去相应的盈利能力，如果将资金投入其他方面，企业会要求取得投资回报。因此，资金占用成本就是丧失的再投资的收益。一般情况下，资金占

用成本可以按照资金占用额与同期行业基准收益率的乘积计算。企业若无法取得行业基准收益率的数值，也可以使用一年期银行贷款利率或企业内部收益率计算。

(2) 仓储维护成本。仓储维护成本主要包括与仓库有关的租赁、取暖、照明、设备折旧、保险费用和税金费用等。仓储维护成本根据企业采取的仓储方式的不同而有不同的变化，如果企业是利用自有仓库进行仓储，则其大部分仓储维护成本是固定的；如果企业是利用公共仓库进行仓储，则有关仓储维护的成本将直接随库存数量的变化而变化。另外，根据产品的价值和类型，产品丢失和损坏的风险越高，就需要较高的保险费用。同时，许多国家将库存列入应税财产，高水平库存导致高税费。保险费用和税金将随着产品不同而有很大变化。

(3) 仓储运作成本。仓储运作成本是指与商品的出入库有关的物流作业成本，即通常所说的搬运装卸成本。商品出入库的次数越多，这部分的成本就越高。

(4) 仓储风险成本。仓储风险成本是指由于企业无法控制的原因造成的库存商品的贬值、损坏、丢失、变质等损失。这部分成本往往与库存商品的数量呈正相关。

随着库存水平的提高，仓储持有成本将随之增加。也就是说，仓储持有成本与库存水平之间将成呈相关变化。但是，在年需求量一定的情况下，库存水平的提高，意味着订货次数的减少。因此，仓储持有成本与订货次数之间呈负相关变化。

2) 订货或生产准备成本

(1) 订货成本。订货成本是指企业为了实现一次订货而进行的各种活动的费用，包括处理订货的差旅费、办公费等支出。它包括固定成本和变动成本两部分，其中订货成本中与订货次数无关的成本，称为订货的固定成本，如常设机构的基本开支；而订货成本中与订货次数有关的成本称为订货的变动成本，如差旅费、通信费等。

(2) 生产准备成本。生产准备成本是指当库存的某些产品不由外部供应，而是由企业自己生产时，企业为生产一批货物而进行准备的成本。其中，更换模具、添置某些专用设备等属于固定成本；与生产产品数量有关的费用，如材料费、加工费、人工费等属于变动成本。

在年需求量一定的情况下，订货成本与订货次数呈正相关，而与订货批量呈负相关关系。

3) 缺货成本

缺货成本是指由于库存供应中断而造成的损失，包括原材料供应中断造成的停工损失、产成品库存缺货造成的延迟发货和丧失销售机会的损失及商誉的损失等。如果生产企业以紧急采购替代材料来解决库存材料的中断之急，那么缺货成本还表现为紧急额外购入而造成的采购成本的增加。

(1) 保险库存的持有成本。为了避免缺货，许多企业都会考虑保持一定数量的保险库存，但保险库存的增加相应地会增加库存成本。因此，确定保险库存的关键在于如何确定保险库存的数量。保险库存过多意味着多余的库存，保险库存每追加一个单位就会造成效益的递减，且追加的增量越多，其所提供的防止缺货的预防效能越低，但可以降低缺货发生的概率。

(2) 缺货成本。缺货成本是由于外部或内部供应中断所产生的。当企业的客户得不到全部订货时，则会产生外部缺货；而当企业内部某个部门得不到全部订货时，则会产生内部缺货。

如果发生外部缺货，将会导致延期交货、失销和失去客户等情况的发生。

延期交货所发生的特殊订单处理费用往往要比普通处理费用高得多。主要是由于延期交货经常是小规模装运，运输费率相对较高。另外，可能需要利用速度快、收费高的运输方式运送延期交货商品。

当一个供应商不能满足客户的需求时，客户就会从其他供应商那里订货，在这种情况下，就会造成由于缺货带来的失销损失。对于企业来说，失销的直接损失就是这种商品的利润损失。除此之外，还会产生相应的间接损失，如当初负责这批销售业务的销售人员的精力损失，尚未明了的失销总量损失以及由于缺货所带来的对未来销售的负面影响等。

由于缺货导致的第三种情况就是失去客户。企业一旦失去了客户，也就意味着失去了未来的一系列收入。这种缺货造成的损失很难估量，而且其不利影响将是长期的。

如果发生内部缺货，则可能导致生产停工损失或交货期延误。如果由于某项物品短缺而引起整个生产线停工，缺货成本将非常高，尤其对于准时化生产的企业来说更是如此。因此，为了对保险库存量作出最佳的决策，生产制造企业应对由于原材料短缺造成停产的成本进行科学分析，以使损失降到最低。

4）在途库存持有成本

当企业以目的地交货价格销售商品时，则意味着企业要负责将商品运到目的地。客户收到商品后，商品的所有权才转移给购货方。所以，从这个意义上讲，商品在运输途中仍属于销售方的库存。一般来说，在途库存持有成本主要包括在途库存的资金占用成本和保险费用。

7.2 仓储成本的计算

7.2.1 仓储成本的构成

为了实现仓储的功能就需要耗费相应的成本，仓储成本由建造、购买或租赁仓库等设施设备所带来的成本和出入库操作、流通加工、分拣、装卸搬运等各类仓储作业所带来的成本两部分构成。前者是获得仓储设施的成本，后者是各类仓储作业成本，它们都与库存水平无关，只与仓储作业和仓库规划有关。

7.2.2 建造、购买或租赁仓库等设施设备所带来成本的构成与计算

企业可以通过自有仓库、租赁仓库、公共仓库3种方式来获得仓库等设施设备。获得仓库服务的方式不同，其成本构成也不一样。

1. 自有仓库

企业可以通过自建来获得仓库等设施设备。企业利用自有仓库进行仓储活动具有以下优点。

1）可以更大程度地控制仓储

由于企业对自有仓库拥有所有权，所以企业作为货主能够对仓储实施更直接的管理控制。在产品移交给客户之前，企业对产成品负有直接责任并可直接控制。这种控制使企业易

于将仓储的功能与企业的整个营销系统进行协调。

2）自有仓库的管理更具灵活性

这里的"灵活性"并不是指能迅速增加或减少仓储空间，而是指由于企业是仓库的所有者，所以可以按照企业管理的要求和产品的特点对仓库进行设计与布局。高度专业化的产品往往需要专业的存储和搬运技术，而公共仓库难以满足这种要求，因此这样的企业必须拥有自有仓库或直接将货物送至客户。

3）长期仓储时，自有仓库的成本低于公共仓库

如果自有仓库得到长期的充分利用，自有仓库的成本将低于公共仓库的成本。这是由于长期使用自有仓库保管大量货物会降低单位货物的仓储成本，在某种程度上说这也是一种规模经济。如果企业自有仓库的利用率较低，说明自有仓库产生的规模经济不足以补偿自有仓库的成本，则应转向公共仓库。当然，降低自有仓库成本的前提是有效的管理与控制，否则将影响整个物流系统的运行。

4）可以为企业树立良好形象

当企业将产品储存在自有仓库中时，会给客户一种企业长期持续经营的良好形象，客户会认为企业经营十分稳定、可靠，是产品的持续供应者，这将有助于传递企业良好的形象。但并不是任何企业都适合拥有自己的仓库，因为自有仓库也存在以下缺点。

第一，自有仓库固定的容量和成本使得企业的一部分资金被长期占用。不管企业对仓储空间的需求如何，自有仓库的容量是固定的，不能随着需求的增加或减少而扩大或缩小。当企业对仓储空间的需求减少时，仍须承担自有仓库中未利用部分的成本；而当企业对仓储空间有额外需求时，自有仓库却无法满足。另外，自有仓库还存在位置和结构的局限性。如果企业只能使用自有仓库，则会由于数量限制而失去战略性优化选址的灵活性；市场的大小、市场的位置和客户的偏好经常变化，如果企业在仓库结构和服务上不能适应这种变化，企业将失去许多商业机会。

第二，由于自有仓库的建设投资和运营成本高，所以许多企业因资金问题而难以修建自有仓库。自有仓库是一项长期、有风险的投资，并且因其专业性强而难以出售。而企业将资金投资于其他项目可能会得到更高的投资回报。因此，投资建造自有仓库的决策一般都应非常慎重。

企业自有仓库属于企业的固定资产。固定资产是企业经营所需而且能够长期使用的固定设施，它可以多次参加企业的生产经营过程而不改变其实物形态，其服务潜力会随着它在生产经营中的使用而逐渐降低以至于消逝，它的价值也会随着固定资产的使用而逐步、分次地转移到成本中去，并最终从企业的收入中得到补偿。

在成本管理中，固定资产的成本是通过折旧来进行计算的。所谓折旧，是指因固定资产使用磨损而逐渐转移的价值。作为企业的固定资产，仓库等设施设备由于使用及自然力的作用或科学技术的进步等原因会逐渐丧失其原有的价值，这被称为仓库等设施设备的价值损耗。仓库等设施设备的价值损耗是计提折旧的根本原因。仓库等设施设备的价值损耗包括有形损耗和无形损耗两种形式。

仓库建筑物受风吹、雨打、日晒等的侵蚀而逐渐陈旧，设施设备因使用逐渐磨损及外部事故破坏等原因而造成的损耗均属于有形损耗，该类损耗是仓库等设施设备由于使用和自然力的影响而引起的服务潜能的降低。有形损耗中包括与使用强度有关的使用损耗及与使用强

度无关的闲置损耗。闲置损耗主要受自然力的影响，只与闲置时间有关，而与使用强度无关。影响有形损耗的因素有很多，具体包括：

① 仓库等设施设备本身的质量与可靠性；
② 仓库等设施设备的使用条件；
③ 仓库等设施设备的自然条件；
④ 仓库等设施设备的养护条件。

无形损耗是指仓库等设施设备本身的服务潜能未受影响，但由于科学技术的进步而引起仓库等设施设备价值的降低，无形损耗主要有以下两种形式。

(1) 由于社会劳动生产率提高，再建造同一仓库时所花费的社会必要劳动时间减少，而造成原有仓库的贬值，这一差额就构成无形损耗。

(2) 由于科学技术的进步，新一代高新技术仓库的出现，使原有落后的仓库必须淘汰，提前报废所造成的损失。

当企业通过自有仓库的形式获得仓储空间时，企业的仓库等设施设备均属于企业的固定资产，因此必须对其计提折旧，同时企业自有仓库在各期的仓储成本应当通过计提折旧的形式来计算。

影响仓库等设施设备折旧的因素主要有以下几种。

(1) 计提折旧的基数。所谓计提折旧的基数，是指取得仓库等设施设备的原始成本。仓库等设施设备的原始成本计价可以用仓库等设施设备的原始账面价值，也可使用仓库等设施设备的完全重置成本来计算。

(2) 仓库等设施设备的使用年限。因为折旧是把一次性的固定资产投资成本分摊到其使用的年限内，所以仓库等设施设备的使用年限对折旧有很大的影响。仓库等设施设备使用年限的长短直接影响各期应提的折旧额。年限越长，其折旧比例就越低。仓库等设施设备使用年限也由企业的会计政策所决定，企业应当合理确定仓库等设施设备的使用年限，既要考虑有形损耗，也要考虑无形损耗，有时对仓库等设施设备的维修保养也会影响到固定资产的使用寿命。

(3) 仓库等设施设备的净残值。仓库等设施设备的净残值是指预计的仓库等设施设备报废时可以回收的残余价值扣除预计清理成本后的数额。如果企业直到仓库等设施设备不再具有服务能力时才予以报废，则固定资产的残值会很小。有些企业的仓库等设施设备在还有使用寿命时就予以更新，此时的残值就要根据被处置的仓库等设施设备在处置时的市价来决定。

仓库等设施设备预计残值，一般由企业的会计政策所决定，在确定预计净残值时还要注意扣除清理成本。在个别情况下可能出现负残值，如有些仓库等设施设备的清理成本会远远大于其残值，便会导致负残值。

(4) 折旧的方法。仓库等设施设备采用的折旧方法不同，当期计提的折旧费用数额也会有差异，必须合理地确定折旧方法。企业应当根据仓库等设施设备的性质和消耗的方式，合理确定仓库等设施设备的预计使用年限和预计净残值，并根据环境变化、科技发展水平及其他因素，选择合理的折旧方法。有关固定资产预计使用年限和预计净残值、折旧方法等，一经确定不得随意变更。

仓库等设施设备的折旧应该遵循按月提取折旧的原则，当月增加的仓库等设施设备，当月不提折旧，从下月起计提折旧；当月减少的仓库等设施设备，当月仍计提折旧，从下月起不计提折旧。仓库等设施设备提足折旧后，不管能否继续使用，均不再提取折旧；提前报废的仓库等设施设备，也不再补提折旧。

常用的计提折旧的方法主要有年限平均法、工作量法、双倍余额递减法和年数总和法。企业可以依据自己的实际情况进行合理地选择使用。

① 年限平均法，是将固定资产的可折旧金额在固定资产的使用年限内平均分摊的一种方法。其计算公式如下：

$$固定资产年折旧额 = \frac{固定资产原值 - 预计净产值}{固定资产预计使用年限}$$

$$年折旧率 = \frac{固定资产年折旧额}{固定资产原值} \times 100\%$$

或者：

$$年折旧率 = \frac{1 - 预计净产值率}{固定资产预计使用年限} \times 100\%$$

年限平均法只考虑使用时间，未考虑使用强度。因而在一个期间内，不管仓库等设施设备使用的强度如何，其计提的折旧数额都是相等的。由于年限平均法有上述不足，建议仓库等设施设备的折旧按工作量法来计提。

② 工作量法，是根据固定资产的实际工作量计提折旧的一种方法。其计算公式如下：

$$单位工作量折旧额 = \frac{固定资产原值 - 预计净残值}{预计总工作量}$$

$$某项固定资产月折旧额 = 单位工作量折旧额 \times 当月实际完成的工作量$$

③ 双倍余额递减法，是在不考虑固定资产预计净残值的情况下，根据每年年初固定资产净值，以及按直线法计算的折旧率的双倍，计算折旧额的一种方法。其计算公式如下：

$$年折旧率 = \frac{2}{固定资产预计使用年限}$$

$$年折旧额 = 固定资产年初净值 \times 年折旧率$$

在双倍余额递减法下，余额是指其计提的基数在逐渐减少，而折旧率始终保持不变。在第一年，折旧是按照仓库等设施设备的全部成本来计提的；为了将仓库等设施设备的账面价值转为残值，通常在最后两年将折旧方法改为直线法。

④ 年数总和法，是以固定资产原值减去预计净残值后的净额为基数，乘以一个逐年递减的分数计算每年的折旧额，分数的分子为固定资产尚可使用年数，分母为使用年数的逐年数字合计。其计算公式如下：

$$年折旧率 = \frac{尚可使用年限}{预计使用年限的逐年数字合计}$$

或者：

$$年折旧率 = \frac{预计使用年限 - 已使用年限}{预计使用年限 \times (预计使用年限 + 1)/2}$$

$$年折旧额 = (固定资产原值 - 预计净残值) \times 年折旧率$$

年限平均法和工作量法属于典型的直线折旧方法，双倍余额递减法和年数总和法属于典型的加速折旧方法。

需要指出的是，使用年限平均法，每年的折旧额都是相等的；使用工作量法，每年的折旧额没有什么特定的模式，因为折旧额取决于对资产的使用，使用得越多，折旧额越大；而加速折旧法在资产使用的第一年最多，最后一年最少。企业决定用什么样的折旧方法和其财务管理模式有关。另外，企业的自有仓库一旦建置完成，所花费的成本就不会因为企业没有库存而消失。

2. 租赁仓库

当企业不自建仓库时，可以采用租赁仓库的方式来满足企业对于仓储空间的需求，租赁仓库的特点是只提供存储货品的服务，很少或根本不提供其他物流服务。

通过租赁仓库进行仓储的优点在于：从财务角度看，租赁仓库可以使企业避免仓库的资本投资和财务风险；租赁仓库不要求企业对其设施和设备作任何投资，企业只需支付相对较少的租金即可得到仓储空间。

使用租赁仓库进行仓储的缺点是：在一定租赁期内，租赁的仓储面积是一定的，不会随企业库存量的变化而发生变化，容易造成浪费。

租赁仓库的租金通常是根据企业在一定租期内租用的仓储空间的大小来收取的。租赁仓库的租金合约一般期限都很长，而企业租用的空间大小是基于该期限内的最大储存需求而决定的。当企业的库存没有达到最大值时，租金不会因为仓储空间没有被充分利用或存在闲置空间而减少，因此租赁仓库的租金不会随着库存水平变化而波动，它与库存水平无关，不属于库存持有相关成本。租赁仓库的租金费用属于仓储成本，它会随市场供求情况发生变化，受市场上可供租赁的仓储空间的供给量与需求量的制约。此外，如果企业停止租赁，则租赁仓库所带来的所有费用都会消失。

3. 公共仓库

与租赁仓库不同，公共仓库可以为企业提供各种各样的物流服务。通过公共仓库的方式取得仓储空间，实际上是在企业和公共仓库之间建立了一种合作伙伴关系。公共仓库与租赁仓库的另一区别在于：公共仓库的合同属于短期合同，企业可以根据情况对合同进行及时的变更。公共仓库合同的灵活性使企业能够适应多变的市场环境。

1) 使用公共仓库的优点

利用公共仓库进行仓储具有以下优点。

（1）从财务角度看，企业不需要自建仓库的资本投资。任何一项资本投资都要在详细的可行性研究基础上才能实施，但利用公共仓库，企业可以避免仓库的资本投资和财务风险。公共仓库不要求企业对其设施和设备作任何投资，企业只需支付相对较少的租金即可得到仓储服务。

（2）可以满足企业在库存高峰时大量额外的仓储需求。如果企业的经营具有季节性，那么公共仓库将满足企业在销售旺季所需要的仓储空间；而自有仓库则会受到仓库容量的限制，并且在销售淡季仓库可能出现闲置。大多数企业由于产品的季节性，促销活动或其他原因而导致库存水平变化，利用公共仓库则没有仓库容量的限制，从而能够满足企业在不同时期对仓储空间的需求，尤其是库存高峰时大量额外的库存需求。同时，公共仓库的成本将直接随着存储货物数量的变化而变动，便于管理者掌握成本。

（3）使用公共仓库可以避免管理上的困难。仓库管理人员和操作工人的培训与管理是任何一类仓库所面临的一个重要问题。尤其是对于产品需要特殊搬运或具有季节性的企业来说，很难维持一个有经验的仓库员工队伍，而使用公共仓库则可以避免这一困难。

（4）公共仓库的规模经济可以降低企业的仓储、运输成本。公共仓库会产生自有仓库难以达到的规模经济。由于公共仓库为众多企业保管大量库存，因此与自有仓库相比，公共仓库提高了仓库利用率，降低了存货的单位仓储成本。另外，规模经济还使公共仓库能够采用更加有效的物料搬运设备，从而提供更好的服务。最后，公共仓库的规模经济还有利于拼箱作业和大批量运输，这大大地降低了企业的运输成本。

（5）使用公共仓库时，企业的经营活动更加富有弹性。如果自己拥有或长期租赁仓库，那么当需要改变仓库的位置时，原来的仓库就变成了企业的负担。由于公共仓库的合同是短期的，当市场、运输方式、产品销售或企业财务状况等发生变化时，企业能灵活地改变仓库的位置。另外，企业不必因仓库业务量的变化而增减员工。企业还可以根据仓库对整个分销系统的贡献及成本和服务质量等因素，临时签订或终止租赁合同。

（6）使用公共仓库，便于企业掌握物流成本。当企业使用公共仓库时，由于每月可以得到仓储费用单据，所以可清楚地掌握相关成本，有助于企业预测和控制不同库存水平的成本。而企业拥有自有仓库时，要想准确地确定其自有仓库的可变成本和固定成本的变化情况比较困难。

2）使用公共仓库的缺点

使用公共仓库进行仓储也有一定的缺点，主要包括以下两个方面。

（1）增加了企业的包装成本。公共仓库中存储了各种不同种类的商品，而各种不同性质的商品有可能相互影响，因此企业使用公共仓库时，必须对商品进行保护性包装，从而增加了包装成本。

（2）增加了企业控制库存的难度。企业与仓库经营者都有履行合同的义务，但盗窃等对商品的损坏给货主造成的损失将远大于得到的赔偿。因此，在控制库存方面，使用公共仓库将比使用自有仓库承担更大的风险。另外，企业还有可能由此泄露有关的商业机密。

3）公共仓库的收费

公共仓库的收费是由公共仓库的提供方和公共仓库的承担方（企业）通过谈判来确定的。收费的高低一般可根据以下因素确定：

① 所需仓储空间的大小与期限；

② 存储产品的种类数；

③ 产品存储时有无特殊要求或限制；

④ 搬运等仓储作业的强度；

⑤ 订单的平均规模；

⑥ 所需文字记录工作的工作量等。

公共仓库的收费由3个部分组成，即存储费、搬运费和附加成本。存储费、搬运费和附加成本各自具有不同的特征，而且它们的费率通常也各不相同。

存储费与企业在公共仓库中的存货数量和仓储时间关系密切，一般按月·吨为单位来计算收取，有时也会按商品实际占用的仓储空间（如平方或立方）计算收取存储费。

搬运费反映了企业在公共仓库中仓储作业的数量，通常按每担为单位计算收取。由于货物的搬运次数是衡量搬运成本的重要尺度，因此，有时也会按次收费，对每次入库/出库收取搬运费。

另外,文字记录等工作的手续费用属于公共仓库收费中的附加成本,一般直接向客户收取,如提单制作的成本就以每份提单为单位计算收取。

由此可见,公共仓库的收费通常是根据装卸搬运等仓储作业量及存储的库存数量来计算的。通常仓储作业的费用在公共仓库收费中占相当大的比重,它属于仓储成本的派生成本,即由于仓储作业而产生的成本。另外,公共仓库收费中的存储费是依据企业在公共仓库中的存货数量来计算的,与企业在公共仓库中的库存水平有着直接的关系。因此,存储费属于库存持有成本中的相关成本。

对于企业来说,公共仓库是一个所发生的成本均可变的仓储系统。企业停止使用公共仓库后,所有的费用均会消失。

7.2.3 各类仓储作业带来的成本

1. 仓储作业

现代仓库是随着流通系统中产品品种多样化、产品配送小批量、多频度、小单位化及JIT等新型生产、流通体制的进化而逐渐演变而来的,现代仓库内的作业主要包括出以下7个部分。

1) 出入库作业

(1) 入库作业。入库作业主要包括对入库货品进行登记,制作相应的单据并进行部门间的信息传递;为入库货品贴附方便存储管理的条形码等。

(2) 出库作业。出库作业主要包括根据产品订单或出库通知,对出库货品进行登记,制作相应单据并进行部门间的信息传递等。

2) 验货作业

在现代仓库里,货品出入库活动的同时,检验服务作业也在进行。

(1) 入库时的验货作业。入库验货作业是根据入库清单,对即将进入仓库的货品进行数量、货品种类与规格的核对,同时还要进行货品质量方面的检验等。

(2) 出库时的验货作业。出库验货作业是根据出库清单或者客户的订货清单,对即将出库的货品进行数量、货品种类与规格的核对,同时还要进行货品质量方面的检验等。

3) 场所管理作业

现代仓库内的场所管理主要有两种形式。一种管理方式是固定型管理,即利用信息系统事先将货架进行分类、编号,并贴附货架代码,各货架内存放的货品事先加以确定;另一种管理方式是自由型管理,即所有货品按顺序摆放在空的货架中,不事先确定各类货品专用的货架。在固定型管理模式下,各货架内装载的货物在很长时间内是一致的,有利于从事货物备货作业,建立管理信息系统,利用计算机可以方便地了解存货,以便及时调节。与此相反,在自由型管理模式下,由于各货架内装载的货物不断变化,在货物变更时,信息的记录容易出现差错。一般来讲,固定型管理适用于非季节性货品,因为它周转比较慢,不用频繁进行搬运作业;而自由型管理由于周转较快,出入库频繁,更适用于季节性货品或流行性变化剧烈的货品。

4) 日常养护与管理作业

对在库的货品要进行日常养护,以保证货品的完好状态,减少货品的损耗,同时还要预防货品被盗或发生火灾等。

5) 备货作业

备货作业是指在接受订货指令、发出货票的同时，备货员按照发货清单在仓库内寻找、提取所需货品的作业。备货作业的进行方式有4种：全面分拣、批处理分拣、分区分拣和分拨分拣。

(1) 全面分拣。全面分拣是指由一个备货员全面负责一个订单，并负责订单从开始到结束的整个履行过程。

(2) 批处理分拣。批处理分拣是指由备货员负责一组订单，备货员接收到这批订单后，先建立批处理清单（批处理清单包括整个订单组里每种存储单元的货品总数），然后负责按照批处理订单分拣货品并将货品送到站台，将它们在各个订单之间进行分配。

(3) 分区分拣。分区分拣是指将各个备货员分派到仓库的指定区域，每个备货员负责一个分区。在分区订单处理计划中，备货员挑选出订单中存放在其所负责区域的货品。并将其传给下一个备货员，再由该备货员挑选出下一个区域内的货品，这样依次传递下去，直到订单所有货物分拣完毕。在分区分拣方式下，一个订单往往由很多人来共同完成。

(4) 分拨分拣。分拨分拣，即按照一个指定特征划分分拣作业，如可以按照同一产品或同一承运人的订单作为分拣作业的依据。例如，可以将UPS所有的订单划分为由第一组进行分拣；所有由邮局运送的订单划分为由第二组进行分拣；其他组别的分拣作业的划分可以根据其他承运商的划分作为依据。

6) 装卸搬运作业

装卸搬运作业是指在同一地域范围内进行的，以改变货品的支撑状态和空间位置为主要目的的活动。装卸（Loading and Unloading）是指货品在指定地点以人力或机械装入运输等设施设备或者从运输等设施设备卸下的作业，一般用来改变货品支撑状态；搬运（Handing Carrying）是指在同一场所内将货品进行水平位移为主的作业，改变货品空间位置。

装卸搬运是货品在仓库中不同运动（包括相对静止）阶段之间相互转换的桥梁，它贯穿于整个仓储活动的始终。在现代仓库中，各个作业环节或同一环节的不同活动之间，都必须由装卸搬运作业进行衔接。因此，装卸搬运作业并不只存在于仓储活动中，它在物流活动中普遍存在并发挥着重要作用，装卸搬运作业把货品运动的各个阶段连接成连续的"流"，使"物流"的概念名副其实。

物流活动中的装卸搬运作业具有以下作用。

(1) "伴生"性与"保障"功能。装卸搬运作业总是与物流的其他环节密不可分，它与其他物流环节相伴相生；同时，装卸搬运作业保障了物流活动中其他环节活动的顺利进行，具有保障性质。

(2) "起讫"性的特点与"咽喉"作用。装卸搬运作业往往是其他物流活动的起始点和终结点，具有"起讫"性的特点。装卸搬运的这种"起讫"性的特点也说明装卸搬运作业制约着物流领域其他环节的业务活动，装卸搬运作业环节处理不好，整个物流系统将处于瘫痪状态。

7) 流通加工作业

流通加工作业是指在货品从生产领域向消费领域流动过程中，为了促进销售、维护产品质量和提高物流效率，对货品进行的简单加工。包括对货品进行包装、分割、计量、组装、贴附价签和贴附标签等简单作业。流通加工是物流系统的重要环节，是通过改变或完善流通对象的形态来实现"桥梁和纽带"作用。流通加工的主要作用在于优化物流系统，提高整个物流系统的服务水平。具体包括：

① 增强物流系统的服务水平；
② 提高效率，降低损失；
③ 流通加工为配送创造了条件；
④ 对于物流企业而言，流通加工可以提升其获取利润的能力。

2. 各类仓储作业成本的构成

1) 出入库操作、验货、备货、日常货品养护与管理及场所管理作业成本的构成

出入库操作、验货、备货、日常货品养护与管理及场所管理作业成本中的人工成本包括从事该项作业的员工工资、加班费、奖金、福利、劳保等，该项成本从相关会计科目中抽取出来即可。但当某个员工从事多项作业时，应当根据员工从事各项作业的时间，将其费用进行分配。

如果出入库操作、验货、备货、日常货品养护与管理及场所管理作业中有能源、低值易耗品的耗费，则应当将这些费用计入相关的作业成本。

如果该类作业中使用了机器设备或工具，应当以计提折旧的形式，将机器设备、工具的成本计入相关作业成本。此外，该机器设备、工具的维修费也应计入相关作业应承担的成本中。若机器设备、工具不确定是属于自有还是通过租赁获得时，应以租金代替折旧；当由租赁方负责设备与工具的维修时，租金中包含了维修费，因此就不必再计算维修费用了；当租赁方不负责设备与工具的维修时，租金中未包含维修费，此时，除租金外还应计算维修费用。

2) 装卸搬运成本的构成

(1) 人工成本。人工成本是指按规定支付给装卸工人、装卸机械司机、装卸管理人员等的工资、加班费、各种工资性津贴、职工福利费、劳动保护费等。该项成本应从相关会计科目中抽取出来即可。需要注意的是，当某个员工从事多项作业时，应当根据员工从事各项作业的时间，将其人工费用进行分配。

(2) 燃料和动力费。燃料和动力费是指装卸机械在运行和操作过程中所耗用的燃料、动力等所产生的成本。

(3) 低值易耗品。低值易耗品是指装卸机械领用的外胎、内胎、垫带及装卸机械在运行的过程中耗用的机油、润滑油等的成本。

(4) 折旧费。折旧费是指装卸机械、工具等按规定计提的折旧费。

(5) 修理费。修理费是指为装卸机械和装卸工具进行维护和小修所发生的成本。

(6) 租赁费。租赁费是指企业租赁装卸机械或装卸设备进行装卸作业时，按合同规定支付的租金。当由租赁方负责机械设备的维修时，租金中包含维修费，因此就不必再重复计算维修费用；当租赁方不负责机械设备的维修时，租金中未包含维修费用，此时，除租金外还应计算维修费用。

(7) 外付装卸费。外付装卸费是指支付给外单位支援装卸搬运作业所发生的成本。

(8) 运输管理费。运输管理费是指按规定向运输管理部门缴纳的运输管理费。

(9) 事故损失。事故损失是指在装卸搬运作业过程中，因该项工作造成的应由本期装卸

搬运成本负担的货损、机械损坏、外单位人员伤亡等事故所发生的损失,包括货品破损差失和损坏装卸机械设备所支付的修理成本等。

(10) 应由装卸搬运作业承担的管理费等间接成本。

3) 流通加工成本的构成

在物流系统中,进行流通加工所发生的物化劳动和活劳动的货币表现即为流通加工成本,具体包括以下内容。

(1) 人工成本。在流通加工过程中从事加工活动的管理人员、工人等人员的工资、奖金、各项福利等成本的总和,即为流通加工人工成本。

(2) 材料成本。流通加工过程中,需要消耗一些材料,同时这些材料最终成为产品的一部分,如标签等,这些材料的成本,便是流通加工材料成本。

(3) 燃料与动力成本。在流通加工中耗用的燃料与动力成本,也是流通加工成本的构成要素。

(4) 低值易耗品。在流通加工过程中耗费的低值易耗品的成本,如润滑油等。

(5) 折旧费。流通加工设备因流通加工形式、服务对象的不同而不同。现代化仓库常见的流通加工设备包括剪板加工需要的剪板机、印贴标签的喷印机、拆箱需要的拆箱机等。购置这些设备所支出的成本,通过折旧的形式计入流通加工成本。

(6) 维修费。流通加工设备的维修费用,也应计入流通加工成本。

(7) 设备租赁费。如果流通加工设备是通过租赁获得的,则应将租赁费用计入流通加工设备成本。当租赁设备维修由出租方负责时,租赁费中包含了维修的费用,因此就不必再计算维修费用了;当租赁方不负责设备的维修时,租金中未包含维修费用,此时,除租金外还应计算维修费用。

(8) 因为流通加工产生的废品损失。

(9) 流通加工作业外包成本。

(10) 流通加工作业的事故损失。

此外,还包括流通加工作业应分担的管理费等间接成本。

7.3 仓储成本管理

前已述及,与仓储活动有关的物流成本包括仓储成本和库存持有成本。在前一节中已对仓储成本的计算和管理进行了详细阐述,本节重点介绍库存持有成本的管理。

7.3.1 库存持有成本管理的重要性

库存持有成本是指为保有和管理库存而需承担的费用开支。库存持有成本管理的目的是在满足顾客服务要求的前提下,通过对企业库存水平进行控制,力求降低库存水平,减少库存成本,提高物流系统效率,以强化企业的竞争力。

当库存占企业资产的比例过大、库存过多时,因持有库存而必须支付的相关成本,会降低企业的净利润。同时,总资产也会随库存量的增加而增加,但库存量的增加会降低资产周转率,还有可能造成其他更好投资机会的流失,从而影响企业的盈利能力。因此,企业必须加强对库存持有成本的管理。

7.3.2 库存持有成本的构成及计算

库存持有成本主要包括那些随库存数量变动而变动的相关成本。具体来说，包括以下4个方面。

1. 资金成本

持有库存占用了可以用于其他投资项目的资金，包括内部产生的资金和从企业外部获取的资金，如来自银行和保险企业的贷款，或来自于企业发行普通股筹集的资金。因此，企业因库存占用资金而丧失的再投资收益，就是库存投资的资金成本，这种成本并不是一种实实在在的支出，它只是对于可能丧失的获利机会的反映，因此属于机会成本。库存资金成本的计算公式为：

$$库存资金成本＝库存占用资金×相关收益率$$

1) 库存占用资金的确定

为了计算库存资金成本，企业首先应明确库存占用的资金额。要计算库存占用的资金必须解决3个方面的问题，即单个库存产品的实际成本、库存流动假设和库存的盘存方法。

(1) 单个库存产品实际成本的计算方法。对于商品流通企业来说（包括批发企业与零售企业），库存产品的实际成本是指库存产品当前的重置成本，其中包括企业为取得该库存而支付的所有运费。如果产品的生命周期处于衰退期，正在逐步被淘汰，那么就可以用当前的市场价格来计算库存产品实际成本。

对于制造企业而言，可以采用直接成本法和吸收成本法来计算其库存产品的实际成本。

直接成本法运用的基础是将成本按照形态划分为固定成本和变动成本。从企业计划与控制的目的来看，将成本划分为固定成本和变动成本能够产生更多的信息，对企业决策的指导意义也更大。在直接成本法中，企业应当从库存产品的价值中扣除固定的制造管理费用，这样计算得出的库存产品实际成本更接近于它们的重置付现成本。

吸收成本法，又称为全部成本法或全部吸收成本法。其与直接成本法最大的区别在于，吸收成本法将固定的制造管理费用计算进库存价值之中。大多数制造企业目前都在使用这种方法来计算库存产品的实际成本。吸收成本法又可以分为两类。一是实际吸收成本法，用该种方法计算库存产品的实际成本时，库存产品的成本包括实际的直接材料和直接人工成本，加上预先确定的变动和固定的制造管理费用。二是标准吸收成本法，用该种方法计算库存产品的实际成本时，库存产品的成本包括预先确定的直接材料和直接人工成本，加上预先确定的变动和固定的制造管理费用。

(2) 库存流动假设。进入仓库的货品的批次不同，其成本也会存在差异。会计人员所选择的假定货品出库流动次序将决定库存流动成本量和仓库中现有存货的价值。目前存在着多种货品出库流动假设，广泛采用的主要有4种方法，按使用频率的大小排列依次是：先进先出法、后进先出法、平均成本法和个别计价法。

先进先出法运用得最为广泛，它主张"先进者先出"。先进先出法假设各种出库的货品都是最早进入仓库的货品，供给的货品都按记载在存货分类账中的最早的成本计价，任何时候在库的货品都是最后购入的。按照先进先出法，已销售或已消耗的货品都是储存时间最长的货品；仓库中仍储存的货品都是最后购入或产出的货品。先进先出法方法简单，并与许多企业的经营状况相符。

后进先出法主张"后进者先出",其假设最后入库的产品最先出库,也就是仓库中在库货品的成本是最早获得的货品的成本,发出货品均按最近获得的货品的成本计价。在某一时期内销售或消耗的存货都是最近获得或产出的;储存中的存货都是最早获得或产出的。后进先出法的目的是使本期收入与本期成本相适应,但此法可能导致资产负债表中的存货价值不真实,而使流动比率和其他流动资产的关系失真。在价格上涨时期,它使收入减少,而在价格下跌时期使收入增加。由于在价格上涨的时期可为企业减少所得税支出,所以它往往是有利的。

平均成本法并不注重产品出库的先后,而是注重确定每项货品在某一时期内的平均成本,并以此作为出库货品的成本。企业既能获得真实的期末存货值,又能获得真实的销售产品成本。平均成本法具体包括加权平均法和移动平均法两种。加权平均法除考虑单位成本外,还考虑货品数量。用计算期间可用货品的总数去除可用来销售或使用的货品成本即为加权平均法;移动平均法就是计算每次采购或追加库存后的平均单位成本,适合于用计算机管理的库存作业。按照平均成本法,在一定时期内获得的所有同类货品的成本都要加以平均,以得出期末存货价值。在成本增加或减少时,平均成本法势必会使成本增加或减少的部分逐渐缩小。当存在上涨或下跌的趋向时,平均成本法较其他方法反映得更为平缓。平均成本法虽然使用简便,但也存在一定的缺点:所得出的单位成本可能不等于任何一个货品的真实成本,并且不能像期望的那样清晰地显示出价格的变化。

在所有库存流动假设中,个别计价法是最能真实地提供期末存货价值和销售产品成本的方法。采用这种方法,成本流动和实物流动是等同的,它既适合于永续盘存系统也适用于定期盘存系统。个别计价法的运用范围通常局限于加工批量小的大型、贵重的货品或用户定做的产品。当货品或作业的数量较大时,该方法执行起来便非常困难和昂贵。同时,由于选用不同的库存假设而造成的成本差异不明显,显然为了提高成本计量精确性而采用个别计价法,是不经济、不适用的。

在库存流动假设方面没有可以推荐的标准做法。最佳的方法取决于出库的类型、预计的经济状况、行业的实际、税法及其他规章等因素。通常,企业可以根据自己的具体情况,本着实用、可靠和简便易行的原则、采用不同的库存流动假设。

(3) 库存的盘存方法。库存盘存用以确定减少与结存库存数量,它包括永续盘存制和定期盘存制两种。

永续盘存制又称账面盘存制,是指对库存项目设置经常性的库存记录,也就是分品分规格设置存货明细账,对库存的增减变动进行连续记录,并随时结算出存货的结存数量。这样通过会计账簿资料,就可以完整地反映存货的收入、发出和结存情况。因此,在没有发生缺损丢失和记账错误的情况下,存货账户的余额应与实际库存相符。在采用永续盘存制时,也要对存货进行定期或不定期盘点,使账实相符。如发现账实不一致时,应在查明原因的基础上调整账面记录,使之符合实际。这样,实际工作中的永续盘存制,实际上是与定期盘存制的结合体。采用永续盘存制的优点是:核算手续严密,平时可以通过账簿记录来完整掌握各种存货收发及结存的动态情况,有利于加强控制和管理。缺点是存货核算的工作量比较大。

定期盘存制又称实地盘存制,是指会计期末通过实地盘点,以确定期末存货的结存数量及期末存货成本,并采用倒挤的方法确定本期销售或耗用的存货成本。因此,这种方法又称为"以存计销"或"以存计耗"。定期盘存制的优点是平时可以不登记存货明细账,核算工作比较简单。缺点是期末加大了工作量;核算手续不够严密,无法通过账簿记录来随时反映各种存货的收入、发出和结存情况,很难做好存货的计划、管理和控制作业。

2) 相关收益率的确定

相关收益率的确定是一个比较困难的问题,企业必须在对未来进行预测的基础上确定该收益率,该比率为估算与预测得出的数值。当企业资金有限时,库存的资金成本计算公式中的相关收益率就是该部分资金用作其他用途时的最小收益率;当企业资金充裕时,资金成本计算公式中的相关收益率应取决于企业将来自库存降低的资金投资到什么地方。如果企业将节约的资金存入银行账户或用来偿还贷款,那么银行的存款利率或企业为贷款付出的利率就是计算库存资金成本时的相关收益率。

2. 库存服务成本

库存服务成本包括缴纳的税金和因持有库存而支付的火灾及盗窃保险。

国外通常会对企业持有的库存征收税金。库存税金等于库存产品的价值与税率的乘积,因此它直接随库存水平而变化。

保险费率通常并不与库存水平保持严格的比例。这主要是由于购买保险的主要目的是在一定时期内保护一定价值的库存产品,所以当库存发生小幅度变化时,保险的金额并不立即随之变动。但是,当库存水平未来会发生较大变化时,保险政策就会根据预期的库存水平变化作出调整。因此,从总体上看,保险费率和库存水平之间有十分密切的关系。保险费的水平还会受到其他一些因素的影响,如储存建筑所使用的材料、建成年代、保安摄像机及安装的消防设备等。

3. 储存空间成本

通常,企业可以通过3种方式获取仓储空间,即企业自有仓库、租赁仓库和使用公共仓库。其中,企业自有仓库与租赁仓库的费用与企业的库存水平没有直接关系,而与仓库规划和仓储作业方式有关,所以应当属于仓储成本,而不是库存持有成本;公共仓库的收费通常是按转进和转出仓库的产品数量(如搬运费)及储存的库存数量来计算存储费。因此,公共仓库收费中的存储费与库存水平的直接关系,应当作为库存持有成本中的储存空间成本,而搬运费与企业的仓储作业量有关,而与库存水平没有直接关系,应当计入仓储成本。

4. 库存风险成本

库存风险成本包括过期成本、破损成本、损耗、库存迁移成本(即移仓成本)等各项费用,具体内容如下所述。

1) 过期成本

企业的仓库中有时会出现由于过时或其他原因,而必须亏本处理或以低于正常售价的价格出售库存产品的情况,这时过期成本便出现了。过期成本是由于企业库存控制不当,库存货品过多引起的,它与库存水平有直接关系。

2) 破损成本

库存持有成本中的破损成本是指随库存数量变动而发生破损的部分。需要指出的是,在仓储过程中由于装卸搬运或其他仓储作业导致的产品破损,与库存持有水平无关,因此应该计入仓储成本,而不是库存持有成本。

3）损耗

损耗是指由于库存被盗而造成的成本支出。与库存水平相比，由于库存被盗而产生的损耗成本可能与企业的保安措施有着更为密切的关系，但是库存水平越高，存货被盗的数量也就有可能越多，因此产生的成本也就越高。库存风险成本中的损耗随行业不同而不同。

4）移仓成本

产品在一地销售不畅，并不意味着它在所有的地区都销售不好，当企业在销售不畅的地区保留过多的库存时，为了避免库存过期，往往需要将库存从该地的仓库转运到畅销地的仓库，以便销售该产品，这时移仓成本便产生了。

移仓成本之所以被计入库存持有成本，主要是因为移仓成本是由企业对库存水平控制不当、拥有的库存过多所引起的。例如，在城市销得很好的产品不一定在农村也销得好，通过将产品发运到销售旺盛的地方，企业就可以避免过期损失，但相应地要增加额外的运输成本。需要注意的是，移仓成本通常会被核算计入企业的运输成本，在实施物流成本管理时必须将其分离出来计入移仓成本。

7.3.3 影响库存持有成本的因素

1. 库存周转率

库存周转率对企业的库存持有成本影响显著，通常随着库存周转速度的加快，企业库存持有成本会不断下降，但其下降的速度会逐渐减弱；当库存周转速度接近一定水平时，库存周转率的大幅度提高，只能带来库存持有成本的少量下降。库存周转率与库存持有成本之间的关系，如图 7-1 所示。

2. 库存持有水平

库存持有成本与库存持有水平息息相关，可以说，库存持有水平是影响库存持有成本最主要的因素，库存持有成本与库存持有水平之间呈正相关关系。

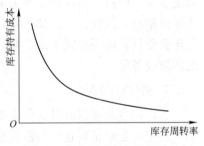

图 7-1　库存周转率与库存持有成本之间的关系

7.3.4 降低库存持有成本的方法

1. 适当提高库存周转率能够降低库存持有成本

根据前面讲述的企业库存周转率与库存持有成本之间的关系，可以看出，在一定范围内，库存周转率的上升可以有效地带来库存持有成本的下降。因此，适当提高库存周转率有助于降低库存持有成本。但是，提高库存周转率往往要提高运输成本、批量成本、仓库备货成本及订单处理和信息成本。因此，在最终决策时应当进行各类物流成本之间的权衡，核算库存持有成本的下降能否超过这些相关成本的上升，如果答案是肯定的，则提高周转率是有利的；否则，就应当保持原有周转率不变。

2. 控制库存持有水平是控制库存持有成本的最有效方法

1）库存管理分类方法

库存管理分类方法是从对库存进行有效的管理和控制入手，对存货进行分类。常用的存货分类方法有 ABC 分类法和 CVA 分类法。

(1) ABC 分类法。在现代企业里，无论是库存空间还是资金都是有限的。要使这些有限的空间和资金取得最大的效益，加强货物的结构管理是非常重要的。对于大量的库存品种，库存管理部门依照每种物品的重要性进行必要的分类，这可以从资金占用方面更好地控制库存。ABC 分类管理法是库存管理中较为常用的方法。

ABC 分类法又称重点管理法或 ABC 分析法，是一种从名目繁多、错综复杂的客观事物或经济现象中，通过分析，找出主次，分类排队，然后区别不同情况分别加以管理的方法。该方法的基础是帕累托曲线所揭示的"关键的少数和次要的多数"规律。ABC 分类法的使用可以按照以下步骤进行。

第一步，资料收集与记录。

库存管理部门在库存控制卡片上将库存货物按品种记录其供应金额等信息，如表 7-1 所示。

表 7-1 库存控制卡

库存品名		调查时间	
年供应金额		调查结果	
调查者		其他	

第二步，排列。

把卡片按照供应金额由大到小的顺序排列，计算出累计供应金额及相对于年总供应金额的百分比等信息，具体算法及内容如表 7-2 所示。

表 7-2 ABC 分类计算表

品 种	年供应金额/万元	累计供应金额/万元	累计供应金额百分比/%	品种累计数百分比/%
BJ-1 型	110	110.0	36.7	10
BJ-2 型	100	210.0	70.0	20
BJ-3 型	50	260.0	86.7	30
BJ-4 型	20	280.0	93.3	40
BJ-5 型	10	290.0	96.7	50
BJ-6 型	4	294.0	98.0	60
BJ-7 型	3	297.0	99.0	70
BJ-8 型	2	299.0	99.7	80
BJ-9 型	0.7	299.7	99.9	90
BJ-10 型	0.3	300.0	100	100

第三步，分类。

把表 7-2 的累积百分比和品种累计百分比绘制成曲线图，再划分成高、中、低 3 类供应金额，如图 7-2 所示。

由图 7-2 可知，品种累计百分比不超过 20% 的货物，累计供应金额占全部累计供应金额的 70%，如 BJ-1 和 BJ-2 两个型号的货物，这类货物称为 A 类；品种累计百分比占 60%，累计供应金额占全部累计供应金额不足 10% 的 BJ-5～BJ-10 型号的库存货物，称为 C 类；介于 A 类和 C 类之间的 BJ-3 和 BJ-4 两种库存货物，称为 B 类。

第四步，管理。

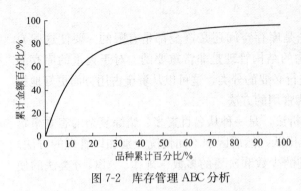

图 7-2 库存管理 ABC 分析

对各种库存货物进行分类后,库存管理部门就可以针对每种货物的不同类别施以相应的库存管理,以此来促进物流的合理化,降低物流成本。

A 类货物库存品种不多,占用资金量大,若想在资金利用方面取得更好的经济效益,库存管理部门必须对其实行精确的定期库存控制。对 A 类库存品,需要有详细的进出库记录,经常检查库存情况,精心做好货物存储工作,随时提供准确的库存信息,进行严格控制,在满足企业内部需要和客户需要的前提下维持尽可能低的经常量和安全库存量。在库存配置上,应把 A 类货物储存在靠近客户的配送中心,客户一发生订货就能马上送到客户手中,以便提供及时优质的服务。

对于 B 类库存货物的控制,库存管理部门可以用定期库存控制,也可通过定量库存控制,库存的数量可以按照各种具体情况来决定。

C 类库存品种多,但占用资金较少,用比较简单的订货点法进行控制即可。在库存配置上,可以经常性地放置在工厂仓库中加以存储。

(2) CVA 管理法。前述 ABC 分类法的不足之处在于,C 类货品有时往往得不到应有的重视。因此,导致整个装配线的停工。鉴于此,有些企业在库存管理中引入了关键因素分析法(Critical Value Analysis,CVA)。CVA 的基本思想是把存货按照关键性分类,即最高优先级,这是经营的关键性货品,不允许缺货;较高优先级,这是指经营活动中的基础性货品,但允许偶尔缺货;中等优先级,多属于比较重要的货品,允许合理范围内的缺货;较低优先级,经营中需用这些货品,但可替代性高,允许缺货。

CVA 管理法与 ABC 分类法相比,有着更强的目的性。但在使用中要注意防止出现偏差,即人们往往倾向于制定高的优先级,结果优先级的货品种类很多,从而导致较低优先级的货品得不到应有的重视。CVA 管理法和 ABC 分析法结合使用,可以达到分清主次,抓住关键环节的目的。所以,在对成千上万种货品进行优先级分类时,还要借用 ABC 分类法进行归类。

2) 定量库存成本控制法

定量库存成本控制法,又称订购点法或订货点法,是一种以固定订购点和订购批量为基础的库存控制方法。它采用永续盘存制,对处于收发动态的货品随时进行盘点,当库存量降低到再订购点时就提出订购,且每次订购数量相同,定量库存成本控制法中的订购时间由货品需要量的变化来决定。

定量库存成本控制法的关键是正确地确定再订购点。再订购点是提出订购时的库存量标准,由备运时间需要量和保险储备量两部分构成,其计算公式为:

$$再订购点 = 备运时间需要量 + 保险储备量$$

3) 定期库存成本控制法

定期库存成本控制法是一种以固定检查和订购周期为基础的库存成本控制方法。它对库存货品进行定期盘点,按固定的时间检查库存量并随时提出订购,补充货品数量。该方法的

订购时间是预先固定的,而每次订购批量则根据订购量与盘点的实际库存量之差来确定。订购批量的计算公式为:

订购批量=(订购周期需要量+备运时间需要量+保险储备量)-(现有库存量+已定未到量)
　　　　=(订购周期天数+平均备运天数)×平均日需要量+保险储备量-(现有库存量+已定未到量)

4) 定期定量混合控制法

定期定量混合控制法,也称最高最低库存量控制法。它是以规定的最高库存量标准和最低库存量标准为基础的一种库存量控制法,简称 S 控制法。S 是最高库存量,指订购时要求补充到的最高点;s 是最低库存量,指订购点。这种方法是定期库存成本控制法和定量库存成本控制法相结合的产物,是一种不严格的订购点法。该法由 3 个参数组成,即检查周期、订购点和最高库存量。实行定期检查,当实际盘点库存量等于或低于订购点时就及时提出订购,而订购量则视实际盘点情况而定。如果经查实际盘点库存量高于订购点,就无须发出订购单,这是定期定量混合控制法区别于定期库存成本控制法的最主要方面。

5) 及时物流战略

(1) 及时制 (Just-In-Time,JIT) 的原理与目标。JIT,即及时、适时、实时和即时的管理。JIT 管理于 20 世纪 50 年代首创于日本丰田汽车企业,人们通常把它称为"丰田生产管理系统"。全面理解和系统应用 JIT 管理,能使企业获得更大的经济效益。

企业的各类物料流的管理设计原则是在适当的时间,把适当数量的适当物料运送到适当的场所,实现服务优质、库存合理、成本低廉和运行可靠等工作目标。

企业的物料供应、生产和销售应形成连续的同步运动过程,根据市场实际需求,有效组织生产,即把所需的原材料运送至加工场所并立即加工成零件,所需零件立即被装配成组件,而后即被装配成制成品,随即销售,整个企业的物料供应、生产和销售,既无延迟也无积压。显然,一旦形成了这样连续同步的运动过程,企业就能够实现多方面受益。其一,消除积压浪费,加速资金周转,有效降低成本;其二,供应、生产和销售信息快速传递和反馈,能及时发现生产过程中的质量问题并迅速查找原因;其三,缩短了生产周期,提高了交货能力和可靠性,大大增强了对市场需求波动的应变能力。由于以上 3 个方面,实施 JIT 管理无疑使企业获得十分有利的竞争地位。

JIT 管理旨在消除浪费,优化程序,提高效率。在传统的制造工业中,采用 JIT 管理法可实现供应、加工、装配、包装、运输、交货等环节的整体效应。然而,目前我国很多企业生产活动或时间的 95% 对最终产品增加的都是费用,而不是价值,这包括过量的库存,以及由此产生的原料及加工件的搬运、计量、检测、记录、查找和返工等工作。在 JIT 管理体系中,正是试图通过逐渐降低库存水平,以发现和解决不同深度和不同层次的问题,从而不断提高企业的市场竞争能力。因此,对于发展中国家的许多成本居高不下、浪费严重、效率低下的企业来说,非常适于推广 JIT 管理。

(2) 实施 JIT 管理的主要技术方法。JIT 管理技术方法主要包括以下 6 个方面。

第一,减少生产批量。通常在制造工业中,为获得规模经济效益而采用大批量生产的方式。但是大批量生产也将带来产品积压,仓储空间增加,库存持有成本居高不下,品种结构调整困难和信息反馈速率迟缓等问题,这严重削弱了企业的市场应变能力。一旦生产批量开始减少,企业中的实物流和信息流则会变得更为清晰和有条理,同时也对质量控制、生产组织、物流管理提出了更高的要求。

第二，减少设备调整时间。由于减少了生产批量，必然要增加设备调整次数和总时间。在 JIT 管理下，设备调整时间也成为提高效率、挖掘潜力的一个源泉。日本企业常采用动态研究和时间研究方法，力图使内部时间外部化，从而有效降低设备停转实际所需要的调整时间。

第三，厂内合理化布局。按功能进行厂内布局的传统做法，造成加工线路长，生产周期长，各功能车间任务和工作目标各异，部分分隔也阻碍了相关生产问题的协调解决。若按产品分类进行厂内合理化布局，特别采用 U 形加工线路布局，则能有效缩短加工路线，加快信息反馈，统一工作目标，提高对市场的应变能力。

第四，按销售均衡生产负荷。许多日本企业采用通用零部件设计和通用初装流水线的方式，有效均衡生产。即使最终产品市场需求波动大，仍能保持零部件的稳定生产，因而能保持较高的设备利用率。

第五，看板制。看板制是一种需求拉动型生产管理方式，与供应推进型生产管理方式不同。在传统工业中，生产按加工顺序，批量生产，逐级推进，从而形成供应推进型。这种形式由于生产节拍难以协调，各机器和各车间有大量库存，因而存在生产瓶颈和排队。而需求拉动型根据实际需求，从最终产品逆生产顺序逐级发出生产指令，绝无积压和拖延。这种需求拉动型的生产管理，有效形成紧密联系的生产链和快节奏生产时间计划，减少了在制品的库存和相应的搬运、计量、记录、查找等工作量。

第六，形成 JIT 供应链。从上游供应商到下游分销商，物流渠道上的各类企业要相互协调、长期合作、互利互惠、保证质量、运转可靠、实现系统总体最优化。

另外，JIT 管理技术方法还包括企业全员参与管理及全面质量管理等。

（3）JIT 管理与传统库存管理方法的比较。JIT 管理与传统库存管理方法的改进主要体现在以下 5 个方面。

一是 JIT 管理试图消灭由买方和卖方持有的多余库存。有些人认为，JIT 管理只是迫使卖方保持原来由买方保持的库存，然而成功应用 JIT 管理可以使双方都大大减少库存。

二是 JIT 管理系统以短暂生产流程（Short Production Runs）为特征，并且要求生产及制造活动能够频繁地从一种产品转向另一种产品。然而，传统的管理是从长期生产流程中得到高收益，对频繁转产的成本控制与极小化是 JIT 管理成功的关键。

三是等待线及排队的极小化。比如原材料及零配件在需要时被直接运到需求的地点。

四是 JIT 管理优先考虑订货提前期短且稳定的供应商，以适时地满足库存需求。所以，许多供应商趋向于将他们的设备集中于实施 JIT 管理的制造企业的附近。

五是 JIT 管理需要买卖双方建立牢固的相互承诺，并寻求采用"双赢决策"。成功的 JIT 管理要求整个分配渠道（或供应渠道）的库存最小化，如果仅仅是将库存从一个渠道转移到另一个渠道，并不是企业要追求的最终目标。

（4）及时物流。一个企业的生产和销售需要可靠的物流系统作为保障。同时，及时生产必须由及时物流来支持。因此，及时物流得到了迅速发展和广泛应用。及时物流与一般物流有很大的不同。及时物流不再是传统的规模经济学范畴，而是立足于时间的经济学，核心是要恰好在需要的时候到达。及时采用可以加快货物的流动速度，降低库存水平，使补货时间更精确，达到降低成本，提高服务水平的目的。

日本的许多企业致力于实施"柔性制造体系"（Flexible Manufacturing System，FMS），即各大企业改变大批量生产同一型号或有限的几种型号产品的做法，根据市场的需求，在同一生产线上生产出小批量、品种多的系列产品，所以能在极短的时间内，有的生产线甚至在一两分钟内，生产出不同型号的新产品，以实现在极短的时间内满足客户的所有需要。因此，实施此种方法能够最大限度地占领市场。在丰田的生产线下，可以1分钟更换一种车型，而且生产线上的作业不间断。如此高效、灵活的生产体系，离开了高效的及时物流的支持，是根本无法实现的。

(5) 上游厂商对企业的及时供应。传统的生产过程是根据计算或经验外购物料入库的，然后在生产需要的时候再从仓库中领取物料。仓库是企业内部的一个必要设施。而在及时物流中，取消了仓库的概念，例如丰田企业只设"置场"临时堆料，原材料和零配件只在此堆放几小时，短的只有几分钟就被领用。在看板制下，许多零件是等到下一制造工序的前几个小时才上线生产。为使物流跟上生产的步伐而不造成缺货或生产延误，丰田企业采用了全新"拉出方式"，即在需要时由后一道工序的人员去前一道工序领取加工品"领取方式"，此种方式存在于整个生产范围，包括企业外部的零部件及原材料的供给。这种方式使主动权掌握在企业手中，使得能在需要时得到物流的及时服务。由于JIT系统无仓库而只有置场，后一道工序领取时间恰好是前一道工序加工完毕时，即需求和供给的种类、数量完全一样，同时半成品在工序之间也无积压。因此，JIT要求前后工序步调一致。及时生产要发挥作用，零配件厂商的及时物流也是必需的。为此，丰田企业的零配件厂商大多数位于同一个工业园中，这样不仅降低了运输成本，使运送途中的操作降低到最低程度，而且还降低了所需的库存量。零配件厂商和企业的关系是一种长期的、稳定的合作关系，是一种半组织化的契约关系。一个零配件厂商的绝大部分产出都供给一个或两个主导厂，而主导厂一般会在供应商那里拥有一定的股份和指挥权。由于在长期交易关系中居于支配地位，大企业可以要求协作企业采用"最佳时态"供货制，通过适时适量供应零部件来降低库存，提高有效开工率。这与均衡生产的意义有所不同，它侧重于各工序间恰到好处地平滑衔接。此外，供应厂商多少会建立一定的缓冲库存以备不测，以免失掉长期的合同。从整个系统来看，库存仍然不能完全避免，但数量却大大降低。

(6) 企业对下游经销商及客户的及时制服务。丰田和许多日本企业将JIT生产体制和销售相结合，将日本国内的经销商和丰田总企业进行计算机联网，销售人员可以将客户订货的内容及时通知生产线，从而形成一个大规模资源系统，即"经销商网络系统"。过去的经销商都是将几天到一个月的订单一次性地向总企业订货，因此客户从订货到交货，至少需用一个月。而采用此系统，订货处理手续大为简化，订单当天就可以传入总企业的计算机，交货时间可以减少10天以上，经销商的库存也减少了70%～80%，大幅度降低了成本。由于建立了"灵活销售体系"，将产品分成小批量，以更快的速度销售出去。因此，进一步降低了产品在流通领域的费用。

6) 物料需求计划（Material Requirement Planning，MRP）

(1) MRP 的产生。早在20世纪50年代末，国外的企业就已经开始应用计算机辅助生产管理。早期的计算机辅助生产管理，主要侧重物料库存计划管理，且多采用订货点法。显然，由于没有按照各种物料真正需要的时间来确定订货与生产日期，往往造成库存积压，难以适应物料需求随时间变化的情况。对于一个制造企业，一种产品往往是由多种部件组装而成,每种部件又是由多种零部件和材料制造而成。这样产品和零部件及材料用品之间就构成相互依赖的联动需求关系。因此,必须把企业产品中的各种物料分为独立物料和相关物料,将这种需求关系纳入计算机系统并按时间段确定不同时期的物料需求,从而解决库存物料订货与生产组织问题。围绕所要生产的产品,如何在正确的时间、正确的地点、按照规定的数量得到真正需求的物料? 解决这一问题就是物料需求计划(MRP)产生的动力。20世纪60年代中期,美国IBM企业率先提出了物料需求计划,即MRP的生产管理模式,并在20世纪70年代得到不断完善。

(2) MRP基本原理。MRP按照基于产品结构的物料需求组织生产,根据产品完工日期和产品结构安排生产计划,即根据产品结构的层次及从属关系,以产品零件为计划对象,以完工日期为计划基准倒排计划,按各种零件与部件的生产周期反推出它们的生产与投入的时间和数量,按提前期长短区别各个物料下达订单的优先级,从而保证在生产需要时所有物料都能配套齐备,不到需要的时刻不要过早积压,达到减少库存量和减少占用资金的目的。

按照MRP的基本原理,企业从原材料采购到产品销售,从自制零件的加工到外协零件的供应,从工具和工艺的准备到设备的维修,从人员的安排到资金的筹措与运用等,都要围绕MRP进行,从而形成一整套新的生产管理方法体系。

(3) MRP与传统的库存管理的比较。MRP与传统的库存管理相比较,具有如下4个方面的特点。

第一,传统的库存管理用单项确定的办法来解决生产中的物料联动需求,难免相互脱节。同时,由于采取人工处理,也使工作量加大;而MRP系统用规划联动需求,使各项物料相互依存,相互衔接,需求计划更加客观可靠,这大大减少了计划的工作量。

第二,实施MRP要求企业制订详细、可靠的主生产计划,提供可靠的存货记录,促使企业分析生产能力并加强对各项工作的检查,以把计划工作做得更细。MRP系统提供的物料需求计划又是企业编制现金需求计划的依据。

第三,当企业的主生产计划发生变化时,MRP系统将根据主生产计划的最新数据进行调整,及时提供物料联动需求和存货计划。企业可以据此安排相关工作,采取必要措施。

第四,在MRP环境下,可以做到在降低成本、减少库存资金占用的同时,保证物料按计划流动,保证生产过程中的物料需求及生产的正常运行,从而使产品满足用户和市场的需求。

7) 制造资源计划(Manufacturing Resources Planning,MRPⅡ)

(1) MRPⅡ的产生。制造资源计划是由美国著名生产管理专家奥利夫怀特(Oliver Wight)在1977年提出来的,是对制造企业全部资源进行系统综合计划的一种方法。由于它与MRP有着同样的字母缩写,同时又是在MRP的基础上发展起来的,为了所有区别,在MRP后加上罗马数字Ⅱ。

(2) MRPⅡ的基本原理。MRPⅡ的基本思想是把MRP同所有其他与生产经营活动直接相关的工作和资源,以及财务计划连成一个整体,实现企业管理的系统化。从系统来看,MRPⅡ是一个闭环系统。一方面,它不单纯考虑MRP,还将与之有关的能力需求计划、车间生产作业计划和采购计划等方面考虑进去,使整个问题形成"闭环";另一方面,从控制论的观点来看,计划制订与实施之后,需要不断根据企业的内外环境变化提供的信息反馈,适时做出调整,从而使整个系统处于动态的优化之中。所以,它实质上是一个面向企业内部信息集成及计算机化的信息系统,即将企业的经营计划、销售计划、生产计划、主生产计划、物料需求计划、生产能力计划、现金流动计划,以及物料需求和生产能力需求计划的实施执行等通过计算机有机地结合起来,形成一个由企业各功能子系统有机结合的一体化信息系统,使各子系统在统一的数据环境下运行。这样通过计算机模拟功能,系统输出按实物量表述的业务活动计划和以货币表述的财务报表集成,从而实现物流与现金流的统一。

(3) MRP Ⅱ 的特点。MRP Ⅱ 最大的特点就是它运用管理会计的概念,用货币形式说明执行企业"物料计划"带来的效益,实现物料信息同资金信息的集成,即把传统的账务处理同发生账务的事务结合起来,不仅说明账务的资金现状,而且追溯资金的来龙去脉。例如,将体现债务债权关系的应付账、应收账同采购业务和销售业务集成起来,同供应商或客户的业绩或信誉集成起来,同销售和生产计划集成起来等,按照物料位置、数量或价值变化,定义"事务处理(Transaction)",使与生产相关的财务信息直接由生产活动生成。在定义事务处理相关的会计科目之间,按设定的借贷关系,自动转账登录,保证了"资金流(财务账)"同"物流(实物账)"的同步,改变了资金信息滞后于物料信息的状况,便于实时作出决策。

8)企业资源计划(Enterprise Resources Planning,ERP)

(1) ERP 的产生。ERP 是由美国加特纳企业(Gartner Group Inc.)在 20 世纪 90 年代初首先提出的,其核心管理思想是供应链管理,即在 MRP Ⅱ 的基础上通过前馈的物流与反馈的信息流和资金流,把客户需求和企业内部的生产活动及供应商的制造资源整合在一起,体现一种完全按用户需求制造的供应链管理思想。它强调通过企业间的合作,对市场需求快速反应,高度柔韧的战略管理及降低风险成本,来实现高收益目标。

(2) ERP 的特征。ERP 的特征概括起来主要体现在以下 3 个方面。

第一,ERP 是一个面向供应链管理(Supply Chain Management)的管理信息集成。ERP 除了传统 MRP Ⅱ 系统的制造、供销、财务功能外,还增加了支持物料流通体系的运输管理和仓库管理,支持在线分析处理(Online Analytical Processing,OLAP)和售后服务及质量反馈,支持生产保障体系的质量管理、实验室管理、设备维修和备品备件管理,支持多种生产类型或混合型制造企业离散型生产、流水作业生产和流程型生产,支持远程通信、Web/Intranet/Extranet、电子商务和电子数据交换,支持工作流(业务流程)动态模型变化与信息处理程序命令的集成等功能。

第二,ERP 采用了网络通信技术。ERP 系统除了已经普遍采用的诸如图形用户界面技术、SQL 结构化查询语言、关系数据库管理系统、面向对象技术、第四代语言计算机辅助软件工程和分布式数据处理系统等技术之外,还要实现更为开放的不同平台的互相操作,采用适用于网络技术的编程软件,加强用户自定义的灵活性和可配置性功能,以适应不同行业用户的需要。

第三,ERP 系统同企业业务流程重组(Business Process Reengineering,BPR)是密切相关的。企业业务流程重组是为适应由于信息技术的发展所带来的业务量增加,信息量敏捷通畅,企业必须进行信息的实时处理和及时决策而进行的一项包括业务流程、信息流程和组织机构的变革。这一变革,已不限于企业内部,而是把供需链上的供需双方合作伙伴包罗进来,系统考虑整个供需链的业务流程和组织机构的重组。ERP 系统应用程序使用的技术和操作必须能够随着企业业务流程的变化而相应地调整。只有这样,才能把传统 MRP Ⅱ 系统对环境变化的"应变性"上升为 ERP 系统对环境变化的"能动性"。

7.4 仓储成本控制方法

7.4.1 仓储成本控制的重要性

1. 仓储成本控制直接服务于企业的最终目标

增加利润是企业的目标之一，也是社会经济发展的原动力。无论在什么情况下，降低成本都可以增加利润。在收入不变的情况下，降低成本可使利润增加；在收入增加的情况下，降低成本可使利润更快增长；在收入下降的情况下，降低成本可抑制利润的下降。

2. 仓储成本控制是增强企业竞争能力的有力保障

企业在市场竞争中降低各种运作成本，提高产品质量，创新产品设计和增加产销量是保持竞争能力的有效手段。降低仓储成本可以提高企业价格竞争能力和安全边际率，使企业在经济萎缩时继续生存下去，在经济增长时得到较高的利润。

3. 仓储成本控制是企业持续发展的基础

只有把仓储成本控制在同类企业的先进水平上，企业才有迅速发展的基础。仓储成本降低了，可以削减售价以扩大销售，销售扩大后经营基础稳定了，才有力量去提高产品质量，创新产品设计，寻求新的发展。另外，仓储成本一旦失控，就会造成大量的资金沉淀，严重影响企业的正常生产经营活动。

7.4.2 仓储成本控制的原则

1. 政策性原则

应注重质量和成本的关系，不能因片面追求降低储存成本，而忽视储存货物的保管要求和保管质量。同时，应注重国家利益、企业利益和消费者利益的关系。降低仓储成本从根本上说对国家、企业、消费者都是有利的，但是如果在仓储成本控制过程中，采用不适当的手段损害国家和消费者的利益，则会对企业产生长期的负面影响。另外，仓储成本涉及企业管理的方方面面。因此，控制仓储成本要进行全员、全过程和全方位控制。

2. 经济性原则

经济性原则主要强调推行仓储成本控制而发生的成本费用支出，不应超过因缺少控制而丧失的收益。同销售、生产、财务活动一样，任何仓储管理工作都要讲求经济效益。为了建立某项严格的仓储成本控制制度，需要发生一定的人力或物力支出，但这种支出要控制在一定范围之内，不应超过建立这项控制所能节约的成本。经济性原则在很大程度上使企业只在仓储活动的重要领域和环节上对关键的因素加以控制，而不是对所有成本项目都进行同样周密的控制。经济性原则要求仓储成本控制要能起到降低成本、纠正偏差的作用，并具有实用、方便、易于操作的特点。另外，经济性原则还要求管理活动遵循重要性原则，将注意力集中于重要事项，对一些无关大局的成本项目可以忽略。

7.4.3 仓储成本的控制方法

1. 选择合适的仓储类型

企业可以通过建造自有仓库、租赁仓库或采用合同制仓库来获得仓储空间。企业应该根据自身条件，在对成本和客户服务要求进行对比分析的基础上选择合理的仓储类型。企业决定采用哪一种类型的仓库进行仓储时，需要考虑以下因素。

1）周转总量

由于自有仓库的固定成本相对较高，而且与使用程度无关，因此必须有大量存货来分摊这些成本，才能使自有仓库的平均单位成本低于公共仓库的平均单位成本。通常，存货周转量越高，使用自有仓库越经济；相反，当周转量相对较小时，便应选择公共仓库。

公共仓库的费用包含了与库存水平有关的属于库存持有成本的存储费，还包括了与仓储作业量有关的属于仓库成本的仓储作业费用，公共仓库的费用与总周转量呈线性关系。自有仓库的固定资产投资均属于仓库成本，且为固定成本；自有仓库的仓储作业成本为可变成本，且与周转量呈线性关系。由于公共仓库的经营具有营利性质，因此自有仓库的仓储作业成本的增长速度通常会低于公共仓库费用的增长速度。当总周转量达到一定规模，两条成本线相交时说明：当周转量等于该交点的周转量时，采用自有仓库与公共仓库的成本相等；当周转量低于该点时，公共仓库的成本低于自有仓库，采用公共仓库是较好的选择；当周转量高于该点时，由于可以把固定成本分摊到大量存货中，因此使用自有仓库更为经济，如图7-3所示。

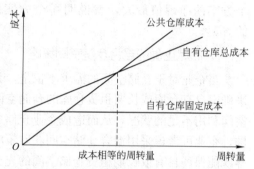

图7-3　自有仓库与公共仓库的成本比较

2）需求的稳定性

自有仓库最适合需求稳定的企业。一般来说，仓储需求的时间和空间较稳定的企业都自建仓库。因为在需求稳定的情况下，自有仓库的利用率比较高，从而比较合理。如果需求的时间和空间都不稳定，可以通过自有仓库满足稳定需求的需要，通过租赁仓库和公共仓库满足变化需求的需要。

3）市场密度

市场密度较大或供应商比较集中时，有利于修建自有仓库。因为零担运输费率比较高，经自有仓库拼箱后，采用整车装运，运输费率便会大大降低；相反，市场密度较低，则在不同的地方使用公共仓库要比一个自有仓库服务一个很大市场区域更为经济。

4）灵活性的要求

自有仓库由企业完全控制，因此具有更大的作业灵活性。而租赁仓库、公共仓库往往对所有客户都采用同一仓储政策和作业程序，灵活性差。所以，当仓库作业灵活性要求高时，特别是需要专门设备和人员时，应选择自有仓储服务。同时，自有仓库还可作为销售、运输和采购部门的服务基地，提供增值服务。

此外，还可以通过财务成本分析，从定量的角度对仓库空间的获取方式进行选择。投资决策的分析方法主要有3种，即净现值法、现值指数法和内含报酬率法。这3种方法都适用于进行企业仓储空间取得方式的决策,其中净现值法是较为常用的方法,也就是通过比较各方案的净现值来进行决策。

所谓净现值,就是指特定方案中未来现金流入的现值与未来现金流出的现值之间的差额。根据这种方法,首先要计算各方案的净现值,由于获取仓储空间属于企业的一项成本支出,因此所有方案的净现值均会小于 0。净现值法具有广泛的适用性,在理论上也比较完善。应用净现值法的主要问题是如何确定贴现率,一种方法是根据资金成本来确定;另一种方法是根据企业要求的最低资金利润率来确定。前一种方法由于计算资金成本比较困难,限制了其应用范围;后一种方法可以根据资金的机会成本,即一般情况下可以获得的报酬率来确定,因此比较容易获得。计算一个方案的净现值的基本公式为:

$$\text{NPV} = \sum_{k=1}^{n} \frac{I_k}{(1+i)^k} - \sum_{k=i}^{n} \frac{O_k}{(1+i)^k}$$

式中,NPV 为 0 期的净现值;I_k 为 k 期现金流入量;O_k 为 k 期现金流出量;n 为决策涉及的年限;i 为贴现率。

一般情况下,由于此类决策的净现值为负,其值越大说明其绝对值越小。因此,哪个方案的净现值最大,就说明哪个方案所需支出的成本最低,该方案也就是令人满意的方案。

2. 制定正确的混合仓储空间策略

当企业对于仓储空间的需求不稳定,具有季节性波动,如果企业根据高峰时期的需求量来确定自有仓库或长期租赁仓库的仓储空间规模,那么在库存水平较低的时期就会出现仓储空间利用不足的状况,从而造成企业仓储成本的攀升,增加企业物流成本。为了解决这一问题,企业可考虑采用混合仓储空间获取策略,即将多种仓储空间获取方式相结合的策略。这样既能保证自有或长期租赁仓储空间的充分利用,又能利用自有仓储的成本效益,有效地适应需求的变化,控制仓储成本,如图 7-4 所示。

在选择最优的混合仓储空间获取策略时,必须以成本为依据,具体实施步骤为:首先,预测全年不同时期对仓储空间的需求量;其次,要在满足全年仓储空间需求的前提下,计算各种混合仓储空间组合的相关年储存总成本;再次,根据计算出的数据以横坐标表示仓储空间的需求量,纵坐标表示不同规模仓储组合的总成本,绘制出不同规模组合下的成本曲线;最后,根据成本曲线的最低点所对应的组合方式确定最优的组合决策,如图 7-5 所示。

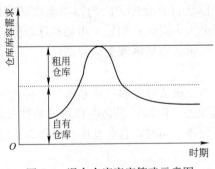

图 7-4 混合仓库库容策略示意图

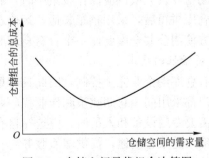

图 7-5 仓储空间最优组合决策图

由于自有仓储空间与长期租赁仓储空间的仓储成本既包含固定成本，也包含可变成本，短期租赁仓储空间的成本都属于可变成本。因此，当自有仓储空间或长期租赁仓储空间的规模在一定范围时，随着自有仓储空间或长期租赁仓储空间规模的扩大，组合的总成本会不断下降。当自有仓储空间或长期租赁仓储空间的规模超过该范围后，其所带来的固定成本会急剧攀升，这时随着自有仓储空间或长期租赁仓储空间规模的扩大，组合的总成本会不断上升。因此，成本曲线上会出现一个顶点，该点所代表的组合的成本是所有组合中最低的，该点对应的组合方式，就是企业应当采取的最优的混合组合方式。

3. 合理选择不同吞吐量下仓储类型与作业模式

任何拥有库存的企业都必须支付仓储成本。当企业通过租赁仓库或公共仓库的形式实施仓储活动时，仓储成本是由外部提供仓储服务的物流企业按费率向企业收取的费用；当企业通过自有仓库实施仓储活动时，仓储成本是由企业自有仓库产生的内部成本。由于不同仓储系统表现出不同水平的固定成本和可变成本，因此，不同吞吐量下，采用不同的仓储类型与作业模式会带来不同的仓储成本，如图 7-6 所示。为了降低企业的仓储成本，必须根据企业吞吐量规模，恰当地选择仓储类型与作业模式。

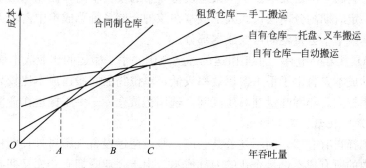

图 7-6 采用不同仓储类型与作业模式时的仓储成本示意图

下面对图 7-6 中涉及的仓储类型与作业模式解释如下。

1) 合同制仓库

OA 为合同制仓库（即公共仓库）的经济范围。合同制仓库的收费中既有库存持有成本又有仓储成本，它与吞吐量呈线性关系。同时，当企业库存为 0 时，企业就可以终止合同，从而使相关成本为 0。因此，在图 7-6 中合同制仓库是一条通过原点的直线。年吞吐量在 OA 区间，则选用合同制仓库成本更低。

公共仓库的费率是由仓库提供商和仓库需求承租方谈判决定的。费率的高低取决于以下一些因素：

① 搬运、储存货物的数量；
② 需要一定仓储空间的期限；
③ 商品组合中商品的种类数；
④ 商品仓储时有无特殊要求或限制；
⑤ 出库订单的平均规模；
⑥ 所需文书工作的工作量等。

这些成本因素一般可分为 3 个基本类别：存储费、搬运费和附加费用。各类费用都表现出自己的特征,且通常按不同费率分别计收。特别是存储费率经常按每月每担为单位来计收,按月计收反映了存储的时间跨度;而搬运费率通常按每担为单位计收;附加费用往往直接向客户收取,如提单制作的成本就以每份提单为单位计收。

公共仓库提供商可能还会采用其他一些方法收取仓储费用,主要有以下3种方法:

① 按次收费,对每次入库/出库收取搬运费用;
② 按商品实际占用的仓储空间计收费用,经常按平方或立方计算;
③ 按仓库租赁协议及仓库人员提供搬运服务的合同计收费用。

除第3种情况外,客户都是按月支付费用,除非另有其他合约约定。对于客户来说,公共仓库是一个所有成本都可变的仓储系统。如果企业业务量大且稳定,那么使用公共仓库可能比自有仓库的费用更高。此时,客户仍然选择公共仓库可能是因其比较灵活,服务水平不断改进的原因。

2) 租赁仓库—手工搬运

另一种类型的仓储系统是将租赁仓库与手工物料搬运设备结合在一起。与公共仓库相比,租赁仓库是一种长期的租赁协议,成本计算期内发生的仓储空间租赁费用不会随吞吐量的改变而改变,它属于固定成本。手工搬运设备需要的投资不高,而如果由企业自身拥有设备,就需要在一定时期内分期偿付。人工成本在该种仓储系统总成本中占较大比重,构成整个仓储系统成本线中十分重要的可变成本部分。

图7-6中AB为租赁仓库—手工搬运的经济范围。手工搬运的作业成本属于和吞吐量呈线性关系的变动成本,且由于手工搬运效率较低,单位物品的搬运成本比较高。所以,手工搬运直线的斜率较大。年吞吐量在AB区间,选用租赁仓库—手工搬运作业模式比较经济。

3) 自有仓库—托盘、叉车搬运

企业常常选择自有仓库,而不是公共仓库。假设搬运设备既不对外长期租赁也不短期出租,则该系统内的所有成本都是企业的内部成本。由于企业既拥有仓库又拥有搬运设备,因此,在企业的总成本线中出现大量的固定成本。在自有仓库的运作中,由于物料搬运设备机械化程度很高,经营自有仓库的直接成本很低,所以意味着可变成本很低。但与前述几种仓储系统相比,只有当货运量很大时,即年吞吐量在BC区间,该仓储系统才是经济的。

自有仓库或租赁仓库的产出模式对评估仓储系统的成本起着重要作用。仓库使用中的季节性变化会引起仓库利用率过高或过低。在利用率较低的时期,由于有闲置的仓储空间、富余的劳动力,所以导致可变成本很高;相反,有限的仓储空间饱和也会导致可变成本很高,因为物料搬运效率很低,存储货物的破损增多。

4) 自有仓库—自动搬运

就物流成本而言,全自动化搬运设备的存储系统是所提到的其他几种方案的一种特例。该系统在仓库和自动搬运设备(如计算机控制的传递带和吊车)上都需要很高的固定投资,但系统几乎不需要劳动力、光、热等类似条件,所以可变成本很低。如果仓库的吞吐量很大,使用全自动搬运设备的自有仓库可能使单位产出的成本最低。C以上部分为自有仓库—自动搬运的经济范围。

由图7-6可知,随着企业货物吞吐量的不断提升,"合同制仓库"、"租赁仓库—手工搬运"、"自有仓库—托盘、叉车搬运"、"自有仓库—自动搬运"会依次成为企业最佳的选择。

4. 降低各项仓储作业成本的方法

1) 降低装卸搬运成本的方法

装卸搬运的主要目的是将需要的货物运送到需要的场所，并做到迅速、有序、安全，在运送过程中避免停滞、拥塞、等候、倒流等现象。为了降低装卸搬运成本可以采用如下方法。

(1) 提高货物装卸搬运的灵活性与可运性。

提高货物装卸搬运的灵活性与可运性，是合理装卸搬运和降低装卸搬运成本的重要手段之一。

装卸搬运的灵活性就是要求装卸搬运作业必须为下一环节的物流活动提供方便，即所谓的"活化"。不断提高活化的程度是装卸搬运灵活性的重要标志。

装卸搬运的可运性是指装卸搬运的难易程度。影响装卸搬运难易程度的因素主要包括：

① 物品的外形尺寸；

② 物品的密度或笨重程度；

③ 物品形状；

④ 损伤物品、设备或人员的可能性；

⑤ 物品所处的状态；

⑥ 物品的价值和使用价值等。

装卸搬运物料的可运性可用物品马格数值的大小来量度。所谓"1个马格"，是指可以方便地拿在一只手中，相当密实、形状紧凑并可以码垛，不易损伤，以及相当清洁、坚固、稳定的物品。不断降低马格数值，就意味着物品不断提高了可运性。因此，采取措施降低马格数，是提高装卸搬运可运性的重要标志，也是降低装卸搬运成本的重要手段。

(2) 利用重力作用，减少能量消耗。

在装卸搬运时应尽可能消除货物重力的不利影响；同时，尽可能利用重力进行装卸搬运，以减轻劳动力和其他能量的消耗。消除重力影响的简单例子，是在进行人力装卸时"持物不步行"，即货物的质量由台车、传递带等负担，人的力量只用于使载货车辆水平移动。利用重力装卸的实例很多，如将槽或无动力的小型传送带倾斜安装在载货汽车或站台上进行货物装卸，使货物依靠本身质量完成装卸搬运作业。

(3) 合理选择装卸搬运机械。

装卸搬运机械化是提高装卸效率、降低装卸搬运成本的重要环节。装卸搬运机械化程度共分为3个级别：第一级是用简单的装卸器具；第二级是使用专用的高效率机具；第三级是依靠计算机控制实行自动化、无人化操作。以哪一个级别为目标实现装卸机械化，要从是否经济性，能否加快物流速度，减轻劳动强度和保证人与物的安全等方面来考虑。

另外，装卸搬运机械的选择必须根据装卸搬运的物品的性质来决定。对以箱、袋或集合包装的物品可以采用叉车、吊车、载货汽车装卸，散装粉粒体物品可使用传送带装卸，散装液体物可以直接向装运设备或储存设备装取。

(4) 合理选择装卸搬运方式。

在装卸搬运过程中，必须根据货物的种类、性质、质量来确定装卸搬运方式。在装卸时对货物的处理大体有3种方式：一是"分块处理"，即按普通包装对货物逐个进行装卸；二是"散装处理"，即对粉粒状货物不加小包装而进行的原样装卸；三是"单元组合处理"，即

货物以托盘、集装箱为单位进行组合后的装卸。实现单元组合,可以充分利用机械进行操作,其优点是:

① 操作单位大,作业效率高;

② 能提高物流"活性";

③ 操作单位大小一致,易于实现标准化;

④ 装卸不触及货物,对物品有保护作用。

单元组合这种装卸搬运方式并不是对所有货物都适用。

(5) 改进装卸搬运作业方法。

装卸搬运是物流过程中重要的一环,合理分解装卸搬运活动,对于改进装卸搬运各项作业,提高装卸搬运效率,降低装卸搬运成本有着重要的意义。例如,采用直线搬运,减少货物搬运次数,使货物搬运距离最短;避免装卸搬运流程的"对流"、"迂回"现象;防止人力和装卸搬运设备的停滞现象,合理选用装卸机具、设备等。在改进作业方法上,尽量采用现代化管理方法和手段,如排队论的应用、网络技术的应用、人机系统等,实现装卸搬运的连贯、顺畅、均衡。

(6) 在高峰期间或试用期间可暂时租用装卸搬运设备,以减少设备投资。

(7) 尽量提高一次装卸搬运作业的处理量,充分利用装卸搬运设备的处理能力。

2) 降低验货与出入库作业成本的方法

在仓库中,产品检验一般都比较复杂,其费工程度仅次于备货作业。如果能省去产品检验这一道工序,供货商和客户双方都将从中获益。在产品检验中,最理想的是一次就能准确地完成整个出库商品的检验。要做到这一点,可利用扫描仪来读取产品条形码。这种方法与工作人员根据经验来检验商品相比,具有准确程度高、误差小、速度快的优点。

此外,条形码与计算机管理信息系统还可以大大提高出入库作业的准确率与效率,通过扫描产品包装上的条形码,计算机可以读取产品信息,并记入相应的入库与出库记录。

3) 降低备货作业成本的方法

备货作业是仓储作业中最复杂且最烦琐的作业,降低其成本的原则是降低作业烦琐程度,理顺作业的程序,以提高效率。为了降低备货成本,可以采用以下方法。

(1) 合理选择备货作业方式。

① 备货作业的方式分为全面分拣、批处理分拣、分区分拣、分拨分拣4种。如果产品的种类比较多,应当采取全面分拣方式;产品种类比较少时,采取批处理分拣方式;仓库面积比较大,存放不同产品的区域相隔较远时,应当采用分区分拣方式;当不同的订单由不同的承运商承担运输,并对分拣好的产品有不同的要求时,应采用分拨分拣方式,可以节约成本。

② 将仓库分成储藏区和备货区,减少备货人员的移动,以降低备货成本。为了提高备货的作业效率,首先应该整理好备货作业的工作环境。在备货作业中,妨碍作业效率提高的主要因素是仓储空间。仓储的空间越大,备货时移动的距离就越长。因此,应尽可能减少仓储空间,将有利于提高备货的作业效率。

为了减少仓储空间,有效的办法就是将仓库分成"储藏区"和"备货区"。产品从备货区出库,其减少的部分再从储藏区补充进来,这样虽然增加了一道补充程序,但作业效率大大提高了。

储藏区和备货区的分配有两种方法：一种是将仓储空间分成储藏区和备货区两部分；另一种是将货架垂直分成储藏区和备货区两部分，货架的最下面一格作为备货区，其他的部分作为储藏区。另外，将备货区分成"散货备货区"和"整箱货物备货区"，也有利于减少备货时间，降低备货成本。

（2）加强场地管理，可以提高备货作业效率。

有了明确的场地管理规划后，备货人员可以十分轻松地找到要分拣的货物，节省寻找的时间，提高效率，从而降低备货成本。

第一，备货人员必须熟悉产品存放的位置。该位置通常用 6 位数来表示，即区号、道路号、货架号、列号、址号、段号。在用计算机管理的仓库中，为了管理上的方便，其管理信息系统通常将储存产品的名称（或者是条形码号）与产品存放场地的号码并列在一起，形成相互对应，使备货人员可以轻松地查出订单中产品的存放位置。

第二，恰当地选择场地管理方法。如前面所述，场地管理有两种形态：自由场地管理法与固定场地管理法。在固定场地管理方式下，各货架内装载的货品长期是一样的，这有利于从事货品备货作业，建立信息管理系统也较为方便。因为只要将货架编号及货品代码输入计算机，就能准确地掌握货品出入库动态，从而省去了不断进行更新的烦琐业务。同时，在库存发出以后，利用信息系统能很方便地掌握账目及实际的剩余库量，以便及时补充调剂。相反，自由场地管理方式由于各货架内装载的货品是不断变化的，在货品变更登录时出差错的可能性较高。

固定型管理方式尽管具有准确性和便利性等优点，但也有它的局限性。两种管理形式都各有一定的适用范围，通常在储藏区采用自由型管理法，在备货区采用固定型管理法，这样可以降低备货成本。

第三，对于同一条过道上左右两边货架上的产品加上左右编号，将出库频率比较高的产品集中堆放在一条过道上或者是仓库门附近，这样安排产品的存储位置，也有利于降低备货成本。

4）降低流通加工成本的手段

（1）确定合理的流通加工方式。

物流部门的流通加工是以满足用户的需要而设定的。流通加工的方式很多，加工方式又与流通加工成本存在着一定的联系。流通企业应根据服务对象，选择适当的加工方法和加工深度，因为不同的加工方法和加工深度的成本支出是不同的。所以，在确定加工方式时，必须进行经济核算和可行性研究，合理确定加工成本支出。

（2）确定合理的加工能力。

流通加工成本与加工的批量、加工数量存在着正比关系，即加工批量越大、加工数量越多，流通加工成本也相应增加。但是，加工批量是否均衡，加工数量是否稳定，会给加工带来很大影响。当被加工的批量和数量大于加工能力时，表现为加工能力不足；反之，则表现为加工能力过剩。前者会因加工能力不足而失去获得加工利润的机会；后者会因加工能力过剩而造成加工设备、加工人员的闲置，即成本损失。因此，应根据物流需要和加工者的实际能力确定加工批量和数量。

（3）加强流通加工的生产管理。

流通加工的生产管理与流通加工成本联系十分紧密。一般地，生产管理的水平越高，其成本水平越低。流通加工生产管理的内容很多，如劳动力、设备、动力、物资等方面的管理，无一不与流通加工成本密切相关。例如，套裁型流通加工，其最有特殊性的管理是出材率的管理。当加工的出材率高、物资利用率高时，流通加工成本相对下降，从而经济效益好，由此涉及的消耗定额管理、套裁规划设计计算等都非常重要。

（4）制定相应的经济指标。

流通加工的对象是已经成为商品的产品，因而它不同于生产过程中的加工。流通加工是对生产加工的一种辅助和补充。为了更好地反映流通加工的经济效益，应制定能反映流通加工特征的经济指标，如用反映流通加工后单位产品的增值程度的增值率，反映流通加工在材料利用方面的材料出材率、利用率等指标来进行考核。

复习与应用

1. 仓储成本的构成如何？
2. 租赁仓库与公共仓库如何收费？
3. 各类由仓储作业带来的成本的构成如何？
4. 如何降低各类由仓储作业带来的成本？
5. 什么是库存持有成本？库存持有成本的构成如何？
6. 如何计算资金成本？
7. 如何降低库存持有成本？

【案例分析】

某光电科技有限公司的仓储管理[①]

从现代物流系统观点来看，仓储是物流的一个重要环节，是物流系统的调运中心，希望在仓储这里对物流进行有效、科学地管理与控制，使物流系统更顺畅、更合理地运行。通过对一个企业物流公司仓储活动中的"空间"和"货位"进行分析，如何在仓储活动中通过"空间"和"货位"的管理达到提高仓储效率、降低仓储成本的目的。

一、案例背景

某光电科技有限公司位于广东惠州金源工业区，成立于1998年，是一家专业照明器与电气装置产品制造商，它是行业的龙头企业。凭借优异的产品品质、卓越的服务精神，获得了客户的广泛认可与赞誉。为了适应新形势下的战略发展需要，公司对现有的客户关系网络进行了整合，在全国各地成立了35个运营中心，完善了公司供应链系统、物流仓储与配送系统及客户服务系统。

该公司总部共有成品仓库3个，分别是成品一组仓库、成品二组仓库和成品三组仓库。它们是按产品的型号不同而将产品分放在不同的仓库：成品一组仓库位于一楼，目的是方便进出货，所以它那里存放的货物相对种类比较多，如筒灯、灯盘等，并且所有的外销品也存放在一组；成品二组仓库储存的主要是路轨灯、金卤灯、T4灯、T5灯及光源，公司的几大光源都存放在成品二组仓库；成品三组仓库主要存放特定的格栅灯、吸顶灯、导轨灯及别的

---

① 罗俊. 物流公司仓储管理案例分析. 现代商贸工业，2009（11）：39-40.

公司的一些产品。

二、仓库储存空间分析

仓库仓储系统的主要构成要素包括储存空间、货品、人员及设备等要素。储存是仓库的核心功能和关键环节，储存区域规划合理与否直接影响到仓库的作业效率和储存能力。因此，储存空间的有效利用成为仓库管理好坏的重要影响因素之一。该公司的产品销量很好，仓库的出入库频率大，货品流量也就很大。该公司的仓库空间布局是利用货架存放货物，立体的空间利用率不高，所以其仓库机械化程度也不是很高，仓库内只有叉车，包括手动叉车和电动叉车。仓库的作业方法，一般都用叉车，很少用人力。对于货物的收发，用的是物资收发卡，每一次的收发货都会在物资收发卡上做登记，方便平时查货等后续工作。从目前的工作结果看来，效率较高，作业较方便。所以，整体上看该公司仓库的作业方法还比较合理。而仓库平时经常会因为储存空间不够用而将货物存放在作业空间的位置上。特别是在产品的销售旺季，仓库产品存放特别拥挤，工作起来让人有压抑的感觉。所以，仓库的作业环境不够合理。该公司仓库的储存成本具有统计的数据，从这一方面来看还算合理，因为它的设备费用较低，固定保管费用也不高，而储存成本就是由该类费用构成。所以，储存成本也就不是很高。储存空间即仓库中以保管商品为功能的空间。

储存空间＝物理空间＋潜在利用空间＋作业空间＋无用空间

物理空间是指货品实际上占有的空间。该公司仓库中，物理空间占了整个仓库的75%以上，潜在利用空间占10%左右，作业空间占10%左右。因为该公司的仓库机械化并不高，所以作业空间小并没有什么影响，它的安全间隙还基本符合要求，无用空间占5%左右。从整体上看，该仓库的空间利用率很高，还有一点拥挤的现象。分析认为：应该相对地减少一些物理空间的使用，增加一些作业空间中安全间隙等空间的使用。另外，从平面空间和垂直空间看，水平空间有了很好的利用，但垂直空间的利用率不高。因此，可考虑采用高层货架或高层自动立体货架，以更好地利用垂直空间。

三、货位管理的分析

货位管理就是指货品进入仓库之后，对货品如何处理、如何放置、放置在何处等进行合理有效的规划和管理。而货品如何处置、如何放置，主要由所采取的储存策略决定；货品的具体存放位置，则要结合相关的货位分配原则来决定。该公司的仓库货位管理的储存方式采用的是定位储存原则。定位储存是指每一类或每一个储存货品都有固定货位，货品不能互用货位。所以，在规划货位时，每一项货品的货位容量不得小于其可能的最大在库量。但在实际的操作中，定位储存一般会按照具体情况而做适当的调整。在该仓库的货位管理中，经该公司有关工作人员研究，把理论与实际相结合，实行了定位、定点、定量管理的原则。因此，它的货位容量不是全部按照最大在库量进行定位，因为该公司的产品是属于季节性差异较大的产品，如果按照最大在库量设定就会使仓库的空间利用率下降，从而出现浪费资源的情况。

由于该公司仓库的所有库位都用定位储存原则，按照该公司的仓库现状来看，全部使用定位储存原则不尽合理，应该按照产品不同特点与存储要求，将产品进行分类，对重要产品、数量少品种多的产品，使用定位储存。而由于公司的产品特性几乎都一样，它们的特性不会相互排斥，可以把它们随机放在一起。

另外，该公司在仓储管理的货位分配上的原则如下。(1) 先进先出，即先入库的货品先出库的原则。该原则一般适用于寿命周期短的货品。(2)面对通道,即指将货品的标志、名称面对通道摆放,以便让作业员容易辨识,使货品的存、取能够容易且有效率地进行,这也是使仓库内能流畅作业的基本原则。(3)重量特性,即按照货品重量的不同来决定货品在保管场所的高低位置。一般而言,重物应该保管于地面上或货架的下层位置,轻的货品则保管于货架的上层位置。如果是以人工进行搬运作业的时候,人的腰部以下的高度用于保管重物或大型货品,而腰部以上的高度则用来保管轻的货物或小型货品。这个原则对于采用货架的安全性及人工搬运的作业有一定意义。根据这个原则,该公司的仓库备货就采用了摘果式。这种方式对该公司仓储要求是非常合理的,而且对于工作人员来说也很方便。

在具体的货位管理过程中,可以看出:使用现代管理方法和原则,对于大多数较为传统的仓储业务管理来说还是较合理的。当然,在管理的过程中也会有问题,比如在实际操作中,有些操作人员的不注意、不仔细、不小心使得一些原则执行不够好。在公司产品的销售旺季,仓库的货位管理出现混乱局面,有些产品还会存放在作业通道和安全通道上,不利于作业,存在安全隐患。因为这些问题往往是在销售旺季特别突出,针对这些问题,建议将一些货物存放在露天货场,但在存放时要做好保护措施。

四、建议应用 ABC 分类管理法

要想对库存进行有效的管理和控制,首先就要对存货进行分类,才能对货物进行更好的管理和控制。因此,在原仓储设施条件不变的情况,采用对货品进行 ABC 分类管理。这样可有效地利用原仓库的空间和货位,即通过对货品的分析,找出主次,分类排队,根据巴雷特曲线所揭示的"关键的少数和次要的多数"的规律在管理中加以应用。可按照产品价值、销售量、缺货成本或订购提前期等指标来将产品进行分类。其中 A 类产品属于价值最高的库存产品,一般它的库存占总库存的 15%,而它的价值却是占总数的 70%~80%;B 类产品属于价值中等的库存,这些品种占全部库存的 30%,价值占总价值的 15%~25%;而 C 类产品是价值最底的库存产品,它的价值只占总价值的 5%,但它的库存却占了总库存的 55%。仓库就可以通过货品分类并针对每一类不同的产品制定不同的管理策略,从而实施不同的控制措施。

在管理过程中,对 A 类产品要求仓管员每天都对产品进行检查和盘点,操作时应仔细,体现出此类产品其他产品的不同之处,进行重点管理;对 B 类产品,采用次重点管理,可 2~3 天进行检查和盘点。与此同时,并不忽视对 C 类产品的管理,每周都对 C 类产品进行一次检查和盘点。

案例思考题:
1. 根据该公司仓储管理的具体情况,分析其降低仓储成本的关键之处。
2. 根据仓储管理的原则,试分析该公司仓储管理中应用 ABC 分类法应注意的问题。

中英文关键词语

1. 仓储成本　Storage cost
2. 库存持有成本　Inventory holding cost
3. 净现值法　Net present value method
4. ABC 分析法　The ABC analysis method
5. JIT　Just-in-time

6. MRP　Material requirement planning system
7. MRPⅡ　Manufacturing resources planning
8. ERP　Enterprise resource planning

进一步阅读

［1］真虹. 物流企业仓库管理与实务. 北京：中国物资出版社，2003.
［2］何景伟. 仓储管理与库存控制. 北京：知识产权出版社，2006.
［3］姜超峰. 我国仓储业的现状、问题及发展趋势. 中国流通经济，2010（3）.
［4］如何减轻企业成本负担 推进仓储物流健康发展？现代物流报，2014-08-05.

第 8 章 采购成本管理

【本章结构图】

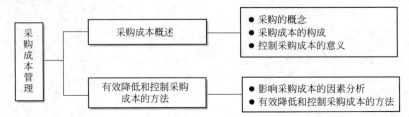

【本章学习目标】

通过本章的学习，你将能够：
- 了解采购的概念；
- 解释整体采购成本的含义；
- 掌握影响采购成本的因素；
- 描述采购部门的职责；
- 掌握有效降低和控制采购成本的方法。

8.1 采购成本概述

8.1.1 采购的概念

采购的定义可以分为狭义和广义两种。狭义的采购是买东西，就是企业根据需要提出采购计划、审核计划、选好供应商、经过商务谈判确定价格和交货条件，最终签订合同并按要求收货付款的过程，是一种以货币换取物品的方式，是最普通的采购途径。

广义的采购是指除了以购买的方式占有物品之外，还可以通过其他途径取得物品的使用权，来达到满足需求的目的。广义的采购除了购买之外，还可以通过租赁、借贷和交换等途径来完成。

综上所述，采购的特点包括以下 3 个方面。

（1）采购是从资源市场获取资源的过程。采购能够提供生产或生活所需要的、但自己缺乏的资源，包括生活资料和生产资料、物质资料和非物质资料。采购的基本功能就是使人们从资源市场获取他们所需要的各种资源。

（2）采购是商流和物流的统一。采购将资源从供应者手中转移到用户手中，在这个过程中,一是要实现所有权从供应者到用户的转移;二是要实现资源的物质实体从供应者到用户的转移。前者是商流过程,后者是物流过程。采购是这两个方面的完整结合,缺一不可,只有这两个过程都实现了,采购过程才算完成。

(3)采购是一种经济活动。经济活动要遵循经济规律,追求经济效益。在采购过程中,一方面通过采购获取资源,保证企业正常生产的顺利进行,这是采购的效益;另一方面,在采购过程中会发生各种各样的费用,这是采购成本。要追求采购效益的最大化,就要不断降低采购成本,以最低的成本去获取最大的效益。

8.1.2 采购成本的构成

采购成本就像是一座冰山,我们所能看见的,仅仅是冰山所呈现出来的一角。露出的冰山一角,是采购的商品价格,即采购的取得成本。我们把这部分成本定义为采购成本的"第一度空间"。通俗地说,就是围绕着搜寻、拥有和取得产品与服务,我们必须付出的成本。举一个例子,你在文具店买了一支笔,单价是10元钱,也就是说你给文具店老板10块钱他才能让你拿走笔。但你付出的成本并不只是10元钱。那仅仅是单价,而不是全部成本。如果你是开车去的,使用汽车不是成本吗?如果你走路去买的,时间不是成本吗?如果你报销,填报销单及审批不是成本吗?如果你要送到实验部门去,没有物流成本吗?这些采购管理费用和物流成本,相当于我们拥有它的所有权所要付出的成本,是采购所有权成本,我们把这部分成本定义为采购成本的"第二度空间"。

采购取得成本与采购所有权成本,是我们比较敏感的。但往往我们对库存、安装、配件、维修、保养和使用成本等所有权后成本容易忽略。这相当于我们拥有它的所有权之后要付出的成本,是采购所有权后成本,我们把这部分成本定义为采购成本的"第三度空间"。

如图8-1所示,采购成本的构成实际上包括取得成本、所有权成本、所有权后成本。所有权成本与所有权后成本也可以合称为整体采购成本。

图8-1 采购成本的构成

1. 取得成本

取得成本即商品价格,是采购成本的重要组成部分,但不是全部。它是供应商对自己产品提出的销售价格。商品的价格由3个因素决定。

(1)产品成本。产品成本是影响商品价格的内在因素,受生产要素成本,如原材料、劳动力价格、产品技术要求、产品质量要求、生产技术水平等的影响。

(2) 市场因素。市场因素是影响商品价格的外在因素，包括经济、社会政治及技术发展水平，具体有宏观经济条件、供应市场的竞争情况、技术发展水平及法规制约等。

(3) 消费者认同价值。决定供应商市场定价除了产品本身外，还包括客户对商品的适用性、可靠性、耐用性、售后服务、运货等方面相对价值的认同程度。认同程度的高低决定了采购者对采购商品价格的估计水平。认同价值作用的另一个方面是价格的改变对采购量的影响程度。经济学中的"需求价格弹性"衡量了需求量对价格变动的反应程度，可以用公式表示如下：

$$E=\frac{\Delta Q/Q}{\Delta P/P}$$

式中：Q 表示变动前销售量；P 表示变动前价格；ΔQ 表示需求变动量；ΔP 表示价格变动量。

2. 整体采购成本

整体采购成本又称为战略采购成本，是除取得成本之外考虑到原材料或零部件在本企业产品的全部寿命周期过程中所发生的成本，它是所有权成本、所有权后成本的总体概括。

整体采购成本包括采购物品在市场调研、自制或采购决策、产品开发中供应商的参与、供应商交货、库存、生产、出货测试、售后服务等整体供应链中各环节所产生的费用。作为采购人员，其最终目的是降低整体采购成本。

按功能划分，整体采购成本发生在以下的过程中：开发、采购、企划、质量和售后服务。

(1) 开发过程中因供应商介入或选择可能发生的成本。这类成本具体包括原材料或零部件影响产品的规格与技术水平而增加的成本；对供应商技术水平的审核产生的费用；原材料或零部件的认可过程产生的费用；原材料或零部件的开发周期影响本公司产品的开发周期而带来的损失或费用；原材料或零部件及其工装（如模具）等不合格影响本公司产品开发而开来的损失或费用等。

(2) 采购过程中可能发生的成本。这类成本具体包括原材料或零部件采购费用或单价；市场调研与供应商考察、审核费用；下单、跟单等行政费用；文件处理费用；付款条件所导致的汇率、利息等费用；原材料运输、保险费用等。

(3) 企划（包括生产）过程中可能因采购而发生的成本。这类成本具体包括收货、发货（至生产使用点）费用；安全库存仓储费、库存利息；不合格来料滞仓、退货、包装、运输带来的费用；交货不及时对仓管等工作的影响造成的损失；生产过程中的原材料或零部件库存费用；企业与生产过程中的原材料或零部件的行政费用等。

(4) 质量过程中可能发生的采购成本。这类成本具体包括供应商质量体系审核及质量水平确认产生的费用；检验成本；因原材料或零部件不合格使得本公司产品不合格而导致的损失；不合格品本身的返工或退货成本；处理不合格来料的行政费用等。

(5) 售后服务过程中因原材料或零部件而发生的成本。这类成本具体包括零部件失效产生的维修成本；零部件服务维修不及时造成的损失；因零部件问题严重而影响本公司的产品销售造成的损失；因零部件问题导致本公司的产品理赔等产生的费用。

在实际采购过程中，整体采购成本分析通常要依据采购物品的分类模块选择主要的零部件进行，而不必运用到全部的物料采购。

8.1.3 控制采购成本的意义

1. 通过控制采购成本提高利润

在制造业中,企业的采购资金通常占最终产品销售额的40%~60%。因此,在获得物流方面所做的点滴成本节约对利润所产生的效果,要大于企业其他成本(如销售领域内成本)相同数量的节约给利润带来的影响。因此,对采购成本的控制成为企业提高利润的重要途径。

例如,某公司总销售额为1亿元人民币,利润为500万元。其中,采购成本占销售额的60%,工资和管理费用分别占销售额的10%和25%。为了使利润从目前的500万元提高到1 000万元,即利润增加1倍,每个项目都做出相应的变动,具体如表8-1所示。

表8-1 利润增加1倍要求相关项目的变动幅度情况表　　　百万元

	现状	销售额 +17%	价格 +5%	工资 −50%	管理费用 −20%	采购成本 −8%
销售额	100	117	105	100	100	100
采购成本	60	70	60	60	60	55
工资	10	12	10	5	10	10
管理费用	25	25	25	25	20	25
利润	5	10	10	10	10	10

从表8-1可以看出,除了价格和采购成本外,其余各项都必须经大幅度变动才能使利润增加1倍。而市场的激烈竞争会使价格的上涨很难实现,甚至会出现由于价格上涨导致销售量下降而带来利润的减少。但是在采购成本方面,虽然无法控制购入原材料成本的主要部分,但是往往可以通过内部管理手段来大幅度降低整体采购成本,提高利润。例如,加强与供应商的协作控制成本,实行统一的采购管理,选择合理的采购模式等。这些方面的成本下降百分比不需要很多就可以实现绝对成本的大幅度下降、利润的大幅度提高,这实际上也体现了杠杆作用的原理。

2. 通过控制采购成本,加快资金周转速度,提高资产回报率

资产回报率效应同样也能说明采购的重要性。除了提高利润外,采购价格的降低还会降低企业资产的基数,同样会使资产回报率增长的幅度大于成本下降的幅度。

假设某公司的年销售额为1 000万元,总支出为950万元。企业拥有500万元的资产,其中200万元为库存,购入材料的成本占销售额的50%,如果采购价格下降5%,那么资产回报率的变化可通过图8-2表示[①]。

由于杠杆机制的作用,价格的小幅度下降就会使利润率增长50%。采购价格下降使库存资金占用减少到原来的95%,库存的资金占用成本减少,也由此而减少了公司总资产的基数,使资产周转速度从原来的2.00提高到2.04。一方面是毛利率的增加;另一方面是资本周转时间缩短,最终使资产回报率从原来的10%增长到15.3%,提高了53%。

---

① 资料来源:林德斯,费隆.采购与供应链管理.11版.北京:机械工业出版社,2001.

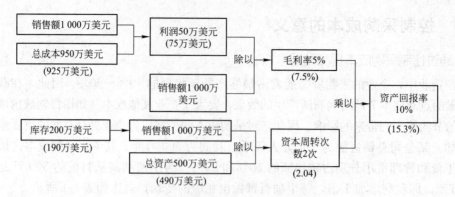

图 8-2　采购价格下降 5％的资产回报率

注：① 采购金额占销售总额的 50％；
　　② 括号中为假设采购价格下降 5％时的数字；
　　③ 库存占总资产的 40％。

8.2　有效降低和控制采购成本的方法

8.2.1　影响采购成本的因素分析

1. 采购价格

在商品的采购过程中采购价格是采购成本中最显性的部分。在很多情况下，它是采购成本构成中最大的组成部分。因此，采购价格是采购成本中非常重要的因素，而采购价格又受很多因素的影响，主要包括供应商成本、产品规格与品质、交货条件、采购品的供需关系和生产季节与采购时机等。

（1）供应商成本。这是影响采购价格最根本、最直接的因素。供应商进行生产的目的是获得一定利润，否则生产无法持续。因此，采购价格一般在供应商成本之上，两者之差即为供应商的利润，供应商的成本是采购价格的底线。一些采购人员认为，采购价格的高低全凭双方谈判产生，可以随心所欲地定价，其实这种想法是完全错误的。尽管经过谈判后供应商大幅度降价的情况时常出现，但这只是供应商报价中水分太多的缘故。

（2）产品规格与品质。采购企业对采购品的规格要求越复杂，采购价格就越高。一个好的产品规格，不仅能使这个产品易于销售，便于生产，而且还易于提供售后服务，便于购买到经济的原材料或部件，反过来又能使其具有足够的吸引力，能够促使供应商进行生产和供应。所有这一切要求介入的各方在产品规格上做一定程度的妥协与让步。价格的高低与采购品的品质也有很大的关系。如果采购品的品质一般或质量低下，供应商会主动降低价格，以求赶快脱手。

（3）交货条件。交货条件也是影响采购价格的非常重要的因素。交货条件主要包括运输方式、交货期的缓急等。如果货物由采购方来承运，则供应商就会降低价格；反之，就会提高价格。有时为了争取提前获得所需货物，采购方会适当提高价格。

（4）采购品的供需关系。当企业所采购的物品为紧俏商品时，供应商就处于主动地位，就可以趁机抬高价格；当企业所采购的商品供过于求时，采购企业则处于主动地位，可以获得最优的价格。

(5) 生产季节与采购时机。当企业处于生产旺季时，对原材料需求紧急。因此，不得不承受更高的价格。避免这种情况的最好办法是提前做好生产计划，并根据生产计划制订出相应的采购计划，为生产旺季的到来提前做好准备。

2. 订货数量

一次的订购数量会影响到价格、运输成本和库存持有成本。购买方希望通过谈判得到优惠的价格，希望只有在需求出现时才实际进货，以此避免存货的积聚。对此，如果购买方预计今后的价格会升高，就会采取提前采购的措施，以避免涨价的损失。对于一些可以再出售的物品，低价时大量囤积，高价时出售能取得价差的利润。企业的采购和库存成本包括取得成本、储存成本和缺货成本。

1) 取得成本

取得成本是指为取得某种存货而支出的成本，通常用 TC_a 来表示。它又分为订货成本和购置成本。

订货成本是指取得订单的成本，如办公费、差旅费、邮资、电报电话费等支出。订货成本中有一部分与订货次数无关，如常设采购机构的基本开支等，称为订货的固定成本，用 F_1 表示；另一部分与订货次数有关，如差旅费、邮资等，称为订货的变动成本。每次订货的变动成本用 K 表示，订货次数等于存货年需要量 D 与每次进货批量 Q 之商。订货成本的计算公式为：

$$订货成本 = \frac{D}{Q} \times K + F_1$$

购置成本是指存货本身的价值，经常用数量与单价的乘积来确定。年需要量用 D 表示，单价用 U 表示，于是购置成本为 $D \times U$。

订货成本与购置成本之和就等于存货的取得成本，其计算公式为：

取得成本＝订货成本＋购置成本＝订货固定成本＋订货变动成本＋购置成本

即

$$TC_a = F_1 + \frac{D}{Q} \times K + D \times U$$

2) 储存成本

储存成本是指为保持存货而发生的成本，包括存货占用资金应计的利息（若企业用现有现金购买存货，便失去了现金存放银行或投资于证券应取得的利息，这就是"放弃利息"；若企业借款购买存货，便要支付利息费用，这就是"付出利息"）、仓库费用、保险费用、存货的破损和变质损失等，通常用 TC_c 来表示。

储存成本也分为固定成本和变动成本两部分。固定成本与存货数量的多少无关，如仓库折旧、仓库职工的固定月工资等，常用 F_2 表示。变动成本与存货的数量有关，如存货资金的应计利息、存货的破损和变质损失、存货的保险费用等，其单位成本用 K_c 表示。用公式表达的储存成本为：

储存成本＝储存固定成本＋储存变动成本

即

$$TC_c = F_2 + \frac{Q}{2} \times K_c$$

3) 缺货成本

缺货成本是指由于存货供应中断而造成的损失，包括材料供应中断造成的停工损失、产成品库存缺货造成的拖欠发货损失以及需要主观估计的商誉损失。如果生产企业以紧急采购代用材料来解决库存材料中段之急，那么缺货成本表现为紧急额外购入成本（紧急额外购入的开支会大于正常采购的开支）。缺货成本用 TC_s 表示。

如果以 TC 表示储备存货的总成本，其计算公式为：

$$储备存货的总成本＝取得成本＋储存成本＋缺货成本$$

即

$$TC=TC_a+TC_c+TC_s=F_1+\frac{D}{Q}\times K+D\times U+F_2+\frac{Q}{2}\times K_c+TC_s$$

如果存货量大，可以防止因缺货造成的损失，减少缺货成本，但相应要增加储存成本；反之，如果存货量小，可以减少储存成本，但相应会增加订货成本和缺货成本。所以要使成本达到最小，即要确定经济采购批量。

经济订货量基本模型需要设立的假设条件是：

① 企业能够及时补充存货，即需要订货时便可立即取得存货；

② 能集中到货，而不是陆续入库；

③ 不允许缺货，即无缺货成本，TC_s 为零，这是因为良好的存货管理本来就不应该出现缺货成本；

④ 需求量稳定，并且能预测，即 D 为已知常量；

⑤ 存货单价不变，不考虑现金折扣，即 U 为已知常量；

⑥ 企业现金充足，不会因为现金短缺而影响进货；

⑦ 所需存货市场供应充足，不会因买不到需要的存货而影响其他。

设立上述假设后，存货总成本的公式可以简化为：

$$TC=F_1+\frac{D}{Q}\times K+D\times U+F_2+\frac{Q}{2}\times K_c$$

当 F_1、K、D、U、F_2、K_c 为常数量时，TC 的大小取决于 Q。为了求出 TC 的极小值，对其进行求导演算，可得出下列公式：

$$Q^*=\sqrt{\frac{2KD}{K_c}}$$

这一公式称为经济订货量基本模型，求出的每次经货批量，可使 TC 达到最小值。这个基本模型可以演变为其他形式。

每年最佳订货次数计算公式：

$$N^*=\frac{D}{Q^*}=\frac{D}{\sqrt{\frac{2KD}{K_c}}}=\sqrt{\frac{DK_c}{2K}}$$

与批量有关的存货总成本计算公式为：

$$TC(Q^*)=\frac{KD}{\sqrt{\frac{2KD}{K_c}}}+\frac{\sqrt{\frac{2KD}{K_c}}}{2}\times K_c=\sqrt{2KDK_c}$$

最佳订货周期计算公式为：

$$t^* = \frac{360}{N^*} = \frac{360}{\sqrt{\dfrac{DK_c}{2K}}}$$

经济订货量占用资金计算公式为：

$$I^* = \frac{Q^*}{2} \times U = \frac{\sqrt{\dfrac{2KD}{K_c}}}{2} \times U = \sqrt{\dfrac{KD}{2K_c}} \times U$$

【例 8-1】 某企业每年需耗用外购零件 3 600 件，该零件单位存储成本为 2 元，一次订货成本 25 元，单位进价成本为 100 元。则：

$$Q^* = \sqrt{\frac{2 \times 3\,600 \times 25}{2}} = 300 (件)$$

$$N^* = \frac{D}{Q^*} = \frac{3\,600}{300} = 12 (次)$$

$$TC(Q^*) = \sqrt{2KDK_c} = \sqrt{2 \times 3\,600 \times 25 \times 2} = 600 (元)$$

$$t^* = \frac{360}{N^*} = \frac{360}{12} = 30 (天)$$

$$I^* = \frac{Q^*}{2} \times U = \frac{300}{2} \times 100 = 15\,000 (元)$$

经济订货量的基本模型是在前述各假设条件下建立的，但现实生活中能够满足这些假设条件的情况十分罕见。为使模型更接近于实际情况，具有较高的可用性，需逐一放宽假设，同时改进模型。

(1) 订货提前期。

一般情况下，企业的存货不能做到随用随补充，因此不能等存货用光再去订货，而需要在没有用完前提前订货。在提前订货的情况下，企业再次发出订货单时的库存量称为再订货点，用 R 来表示，其数量等于交货时间 (L) 和每日平均需用量 (d) 的乘积，即：

$$R = L \times d$$

【例 8-2】 沿用例 8-1，假定企业订货日至到货期的时间为 5 天，每日平均存货需要量为 10 件，那么

$$R = L \times d = 5 \times 10 = 50 (件)$$

即企业在尚存存货 50 件时就应当再次订货，当下批存货到达时（发出再次订货单 5 天后），原有库存恰好用完。此时，有关存货的每次订货批量、订货次数、订货间隔时间等并无变化，与瞬时补充时相同。订货提前期的情形如图 8-3 所示。

从图 8-3 中可以看出，订货提前期对经济订货量并无影响，可仍按原来瞬时补充情况下的经济订货量作为订货批量，只不过在达到再订货点时即发出订货单罢了。

(2) 存货陆续供应和使用。

在建立基本模型时，假设存货一次性全部入库，故存货增加时存量变化表现为一条垂直的直线。事实上，各批存货可能陆续入库，使存量陆续增加。尤其是产成品入库和在产品的转移，几乎总是陆续供应和陆续耗用的。在这种情况下，需要对基本模型作一些修改。

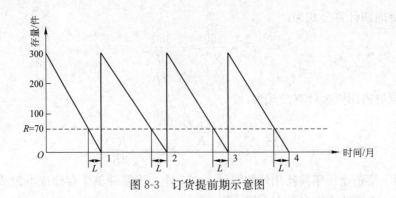

图 8-3　订货提前期示意图

设每批订货量为 Q，由于每日送货量为 P，故该批货全部送达所需日数为 Q/P，称之为送货期。因零件每日耗用量为 d，故送货期内的全部耗用量为 $(Q/P) \times d$。由于零件边送边用，所以每批货送完时的最高库存量为 $E = Q - (Q/P) \times d$，平均库存量则为 $\overline{E} = [Q - (Q/P) \times d]/2$。与存货批量有关的总成本为：

$$TC = \frac{D}{Q} \times K + \frac{1}{2} \times \left(Q - \frac{Q}{P} \times d\right) \times K_c = \frac{D}{Q} \times K + \frac{Q}{2} \times \left(1 - \frac{d}{P}\right) \times K_c$$

在储存变动成本与订货变动成本相等时，TC 有最小值，故存货陆续供应和使用的经济订货量公式为：

$$\frac{D}{Q} \times K = \frac{Q}{2} \times \left(1 - \frac{d}{P}\right) \times K_c$$

$$Q^* = \sqrt{\frac{2KD}{K_c}\left(\frac{P}{P-d}\right)}$$

将这一公式代入上述 TC 计算公式，可得出存货陆续供应和使用的经济订货量总成本公式：

$$TC(Q^*) = \sqrt{2KDK_c\left(1 - \frac{d}{P}\right)}$$

【例 8-3】　某材料年需用量（D）6 000 件，每日送货量（P）为 40 件，每日耗用量（d）为 10 件，单价（U）20 元。一次订货成本（生产准备成本）（K）为 30 元，单位储存变动成本（K_c）为 2 元。存货数量的变动情况如图 8-4 所示。

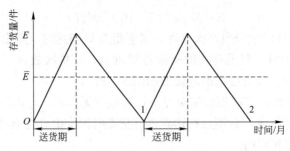

图 8-4　存货陆续供应和使用数量变动图

将上述数据代入计算公式，则：

$$Q^* = \sqrt{\frac{2\times30\times6\,000}{2}\times\frac{40}{40-10}} = 490(件)$$

$$TC(Q^*) = \sqrt{2\times30\times6\,000\times2\times\left(1-\frac{10}{40}\right)} = 734.85(元)$$

陆续供应和使用的经济订货量模型，还可以用于自制和外购的选择决策。自制零件属于边送边用的情况，单位成本可能较低，但每批零件投产的生产准备成本比一次外购订货的订货成本可能高出许多。外购零件的单位成本可能较高，但订货成本可能比较低。要在自制零件和外购零件之间作出选择，需要全面衡量它们各自的总成本才能得出正确的结论。这时就可借用陆续供应和瞬时补充的模型来选择方案，进行决策。此时，相关总成本（TC）为：

$$TC = DU + TC(Q^*)$$

【例 8-4】 某生产企业使用的 A 零件既可以外购，也可以自制。如果外购，单价为 4 元，一次订货成本为 10 元；如果自制，单位成本 3 元，每次生产准备成本 600 元，每日产量 50 件。零件的全年需求量为 3 600 件，储存变动成本为零件价值的 20%，每日平均需求量为 10 件。下面分别计算零件外购和自制的总成本，以选择较优的方案。

解 外购零件，可按照经济订货量基本模型确定经济订货量为：

$$Q^* = \sqrt{\frac{2KD}{K_c}} = \sqrt{\frac{2\times10\times3\,600}{4\times0.2}} = 300(件)$$

$$TC(Q^*) = \sqrt{2KDK_c} = \sqrt{2\times10\times3\,600\times4\times0.2} = 240(元)$$

$$TC = DU + TC(Q^*) = 3\,600\times4 + 240 = 14\,640(元)$$

自制零件，可按照陆续供应和使用的经济订货量模型确定经济订货量为：

$$Q^* = \sqrt{\frac{2KD}{K_c}\times\left(\frac{P}{P-d}\right)} = \sqrt{\frac{2\times600\times3\,600}{3\times0.2}\times\left(\frac{50}{50-10}\right)} = 3\,000(件)$$

$$TC(Q^*) = \sqrt{2KDK_c\times\left(1-\frac{d}{P}\right)} = \sqrt{2\times600\times3\,600\times3\times0.2\times\left(1-\frac{10}{50}\right)} = 1\,440(元)$$

$$TC = DU + TC(Q^*) = 3\,600\times3 + 1\,440 = 12\,240(元)$$

由于自制的总成本低于外购的总成本 2 400 元（14 640 − 12 240），故自制零件 A 为宜。

(3) 保险储备。

前述讨论是在假定存货的供需稳定且确知的情况下进行的，即每日需求量不变，交货时间也固定不变。但实际上，每日需求可能变化，交货时间也可能变化。按照某一订货批量（如经济订货量）和再订货点发出订单后，如果需求增大或者送货时间延迟，就会发生缺货或供货中断。为防止由此造成的损失，就需要多储存一些存货以备应急之用，称为保险储备（安全存量）。这些存货在正常情况下不动用，只有当存货过量使用或送货延迟时才动用。有保险储备下的再订货点的计算公式为：

再订货点＝交货时间×平均日需求＋保险储备

即

$$R = L\times d + B$$

式中，R 为再订货点；L 为交货时间；d 为平均日需求；B 为保险储备。

建立保险储备固然可以使企业避免缺货或供应中断造成的损失，但存货平均储备量加大却会使储备成本升高。研究保险储备的目的，就是要找出合理的保险储备量，使缺货或供应中断损失和储备成本之和实现最小化。方法是可先计算出各不同保险储备量的总成本，然后再对总成本进行比较，选出其中总成本最低的方案作为最令人满意的方案。

假设与保险储备相关的总成本为 TC(S，B)，缺货成本为 C_S，保险储备成本为 C_B，则：

$$TC(S, B) = C_S + C_B$$

设单位缺货成本为 K_u，一次订货缺货量 S，年订货次数为 N，保险储备量为 B，单位存货成本为 K_c，则：

$$C_S = K_u \times S \times N$$
$$C_B = B \times K_c$$
$$TC(S, B) = K_u \times S \times N + B \times K_c$$

现实中，缺货量 S 具有不确定性，其概率可根据历史经验估计得出；保险储备量 B 可选择而定。

【例 8-5】沿用例 9-3 的数据资料，假定 A 材料单位缺货成本（K_u）为 5 元，每日耗用量（d）为 10 件，年需用量（D）6 000 件，单位储存变动成本（K_c）为 2 元，已经计算出的经济订货批量（Q）为 490 件，交货期（L）内的需要量及其概率分布如表 8-2 所示。

表 8-2 交货期内的需求量及概率分布表

交货期/天	13	14	15	16	17
需要量/件	13×10=130	14×10=140	15×10=150	16×10=160	17×10=170
概率/%	10	15	50	15	10

则：

交货间隔期内平均需求量 = 130×10% + 140×15% + 150×50% + 160×15% + 170×10%
= 150（件）

① 不设置保险储备量时。即令 $B=0$，且以交货间隔期内平均需求量 150 件为再订货点。此种情况下，当需求量为 150 件或以下时，不会发生缺货，其概率为 75%（10% + 15% + 50%）；当需求量为 160 件时，缺货 10 件（160−150），其概率为 15%；当需求量为 170 件时，缺货 20 件（170−150），其概率为 10%。因此，$B=0$ 时缺货的期望值 S_0、总成本 TC(S，B) 可计算如下：

缺货的期望值 $S_0 = (160-150) \times 15\% + (170-150) \times 10\% = 3.5$（件）

$$TC(S, B) = K_u \times S_0 \times N + B \times K_c = 5 \times 3.5 \times \frac{6\,000}{490} + 0 \times 2 = 214.29（元）$$

② 保险储备量为 10 件时。即令 $B=10$ 件，以 160 件为再订货点。此种情况下，当需求量为 160 件或以下时，不会发生缺货，其概率为 90%（10% + 15% + 50% + 15%）；当需求量为 170 件时，缺货 10 件（170−160），其概率为 10%。因此，$B=10$ 件时缺货的期望值 S_{10}、总成本 TC(S，B) 可计算如下：

缺货的期望值 $S_{10} = (170-160) \times 10\% = 1$（件）

$$TC(S, B) = K_u \times S_{10} \times N + B \times K_c = 5 \times 1 \times \frac{6\,000}{490} + 10 \times 2 = 81.22（元）$$

③ 保险储备量为 20 件时。即令 $B=20$ 件，再订货点为 170 件，此种情况下满足了最大需求，不会发生缺货。因此，缺货的期望值 S_{20}、总成本 TC(S，B) 为：

$$\text{缺货的期望值 } S_{20}=0$$
$$TC(S,B)=K_u \times S_{20} \times N + B \times K_c = 0 + 20 \times 2 = 40(元)$$

比较上述不同保险储备量下的总成本，当 $B=20$ 件时，总成本为 40 元，是各方案总成本中最低的，故应确定保险储备量为 20 件，相应的再订货点为 170 件。

以上举例解决了由于延迟交货引起的缺货问题。至于由于每日需求量的变化引起的缺货问题，也可通过建立保险储备量的方法来解决。确定其保险储备量时，可直接将确定的交货期与变化的每日需求量相乘，计算出不同的每日需求量下的交货期内的需求量，其余计算过程与前述方法相同。

3. 价格折扣

供应商提供的价格会影响到企业的购买行为，进而影响到企业的采购成本。例如，当供应商推出价格折扣将其中一部分收益传递给买方时，企业受到鼓动而进行大批量的购买。折扣是工业企业产品销售常用的一种促销方式。了解折扣有助于采购商在谈判过程中降低采购价格。

价格折扣按提供折扣的原因分为以下 5 类。

(1) 付款折扣。现金付款通常比月结付款的采购价格要低；以坚挺货币付款比用其他货币付款具有价格优势。

(2) 数量折扣。数量小的订单其单位产品成本较高，因为小数量订单所需的订单处理、生产准备等时间与大数量订单并无根本区别。此外，有些行业生产本身具有最小批量要求，如印刷、电子元件的生产等。以印刷为例，每当印刷品的数量增加 1 倍，其单位产品的印刷成本可降低多达 50%。

(3) 地理折扣。跨国生产的供应商在销售时实行不同地区采用不同价格的地区差价，对于地理位置有利的客户予以折扣优惠。此外，如果供应商的生产地或销售点接近顾客时，往往也可以因交货运输费用低等原因获得较优惠的价格。

(4) 季节折扣。许多消费品包括工业消费品，都具有季节性，相应的原材料和零部件的供应价格也随着季节的变化而上下波动。在消费淡季时将订单下给供应商往往能拿到较低的价格。

(5) 推广折扣。许多供应商为了推销产品，刺激消费，扩广市场份额或推广新产品，减少市场进入障碍，往往采取各种推广手段以实现在一定的时期内降价促销。策略地利用推广折扣也是降低采购成本的一种手法。

按折扣适用情况不同，数量折扣分为普遍数量价格折扣和特殊数量价格折扣两种。

普遍数量价格折扣是指随着购买数量的增加，供应商会降低适用于所有订购产品的报价。这在消费采购中很普遍。特殊数量价格折扣是指降低的报价只适用于数量折扣范围内的产品。

如果企业的采购量很大，已经超过了价格折扣的分界点，就无须考虑不同价格对成本的影响。但是如果企业的购买量还不是很大，就要考虑是以较高的价格购买较少的数量，还是以较低的价格购买较多的数量，同时考虑库存持有成本增加的因素。

4. 采购模式

不同的采购模式也会对采购成本产生影响。采购模式有集中采购、分散采购、联合采购、电子采购和招标采购等。

1）集中采购与分散采购

集中采购是指企业在核心管理层建立专门的采购机构，统一组织企业所需要物品的采购进货业务。跨国公司的全球采购部门的建设是集中采购的典型应用。它以组建内部采购部门的方式，统一管理其分布于世界各地分支机构的采购业务，减少采购渠道，通过批量采购获得价格优惠。

分散采购是由企业下属各单位，如子公司、分厂、车间或分店，实施的满足自身生产经营需要的采购。分散采购是集中采购的完善和补充。

2）联合采购

联合采购是指多个企业之间的采购联盟行为，它与集中采购不同。集中采购是指企业或集团内部集中化采购管理。可以认为，联合采购是集中采购在外延上的进一步扩展。随着市场竞争的日益激烈，企业在采购过程中实施联合已经成为企业间降低成本、提高交易的重要途径之一。

3）电子采购

所谓电子采购，就是指用计算机系统代替传统的文书系统，通过网络支持完成采购工作的一种业务处理方式，也称为网上采购。它的基本特点是在网上寻找供应商、寻找商品、洽谈贸易和订货，甚至在网上支付货款。电子采购具有费用低、效率高、速度快、业务操作简单、对外联系范围宽广等特点。因而成为当前最具有发展潜力的企业管理工具之一。

4）招标采购

招标采购是指通过在一定范围内公开购买信息，说明拟采购物品或项目的交易条件，邀请供应商在规定的期限内提出报价，经过比较分析后，按既定标准选择条件最优惠的投标人并与其签订采购合同的一种购买方式。

招标采购是在众多的供应商中选择最佳供应商的有效方法。它体现了公平、公开和公正的原则。通过招标程序，招标企业可以最大程度地吸引和扩大投标方之间的竞争，从而使招标方有可能以更低的价格采购到所需要的物资和服务，更充分地获得市场利益。招标采购方式通常用于比较重大的建设工程项目、政府采购或采购批量比较大等场合。

5. 与供应商的协作关系

当今的产业结构包含着相当程度的专业化，而且随着产业技术发展速度的不断加快，产品寿命也相应地缩短。随着产品寿命不断缩短，在第一时间得到正确的产品信息就变得越来越重要。在及时得到供应市场的有关信息上，采购人员发挥着至关重要的作用。随着专业化程度的不断加深，更多的公司会利用供方市场的信息，通过创新开发出新产品来。尽管卖方在让潜在用户了解新的发展方向上发挥着重要的作用，但买方也在寻求创新，买方甚至会推动这种开发，不仅在传统市场中如此，在非传统市场中更是如此。

8.2.2 有效降低和控制采购成本的方法

采购部门的职责包括采购政策、采购标准的制定及监督实施，采购系统的管理等，而控制并降低采购成本是采购部门的一项基本职责。在20世纪80年代，西方公司已开始对采购成本控制及供货商管理给予关注。通过采购成本控制，降低了零部件价格，简化了供应链，并改善了市场反应速度，从而生产了大量的成本节余。因此，控制采购成本应着眼于供应商和供应市场,建立科学的采购管理系统,分析采购成本变化的情况和变化趋势,选择合适的采购模式和采购策略。

1. 建立科学的采购管理系统

为控制企业的采购成本,企业应针对采购管理现状及未来发展,参照国内外先进采购管理模式,建立先进的物流采购系统,以理顺现有采购过程中各个要素的关系,在保证物流、资金流和信息流畅通的前提下,有效控制采购过程;使物资采购系统更有效率和效益,从而更好地控制采购成本。

企业可以建立如图 8-5 所示的采购管理系统来控制采购成本。

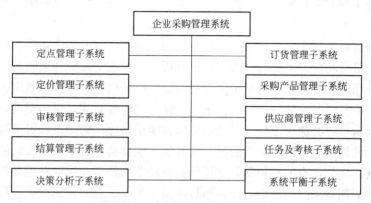

图 8-5 采购管理系统成本控制

企业既可以通过采购管理系统来控制部门内的工作,又可以通过各种相关的信息记载来管理和考评业务人员的工作绩效。它可以给物流采购工作带来明显的改善和收益,使得产品成本、业务处理成本较少,业务周期缩短;使采购管理更加科学,减少管理层次;使机构更加扁平化,有利于高层管理者对业务人员的工作质量、工作能力及工作效率的了解;使人力资源也得到最大程度的开发;增大工作过程的透明度,有利于跨部门工作的连续性、一致性,大大提高工作效率和采购效率。同时,合并在一起的较大采购量也能使供应商最大程度地提高效率和实现规模经济效益,从而让采、供双方实现"双赢"。

2. 进行采购成本的定性和定量分析

采购在企业物流过程中占有非常重要的地位,购进的原材料一般要占产品中成本的大部分。这就意味着在获得物流方面所做的点滴成本费用节约能对利润产生很大影响。因此,采购成本的分析对降低物流成本有着重要的意义。

1) 采购成本的定性分析

采购成本的定性分析一般包括材料消耗分析、库存占用资金分析和采购成本的功能价值分析。

(1) 材料消耗分析。采购材料所支出的款项平均占销售收入的 60%,而用于支付工资的劳务费用仅占销售收入的 15%~20%。对于资源短缺的日本,其材料支出在销售收入中所占的比重比美国和欧洲各国多 5% 左右。从节约材料消耗入手,收效最大,最易于实现降低成本、增加盈利的目标。

(2) 库存占用资金分析。存货占用的资金规模很大,如果降低存货,可以减少利息支出，若加之仓储作业和运输搬运等费用的节约，则节省的物流费用就更多。由此可见，材料管理对于促进企业在生产过程的顺利进行、节约资金占用、降低产品成本、提高企业盈利能力，起着举足轻重的作用。所以，人们把降低原材料消耗、节省物化费用称为利润的"第一源泉"。

(3) 采购成本的功能价值分析。在采购价值分析中，价值是指购入的材料或产品的功能与其采购成本或产品的寿命周期成本相对比的比值，是衡量材料采购效益大小的评价尺度。早在 20 世纪 40 年代，美国通用电气公司的采购员麦尔斯就成功地解决了短缺物资的代用问题，随之创立了价值分析学说。价值分析是以提高购入材料的价值为目的的一项有组织的创新活动。在材料采购方面开展价值分析活动，易于入手，花费少，见效快，收益大。实践表明，价值分析应用于物资采购中，不失为一种有效的方法。

正确选购原材料，是企业合理使用原材料、降低产品成本的先决条件。根据材料在生产中的使用要求，进行功能价值分析和成本效益分析，力求花费最少的采购费用，购买物美价廉，适合生产使用需要的材料。这是价值分析指导材料采购工作的基本原理。

合理地采购原材料是价值分析的目的之一。任何功能都要为之付出费用，不切实际地追求多功能、高质量，势必造成浪费。因此，应以性能价格比作为衡量物资采购成功与否的标志。降低材料的使用费用是价值分析的另一个目的。购置费用容易引起人们的重视，而使用费用往往被忽视。例如，有的材料购置费用低而使用费用及寿命周期费用却较高，价值分析则要求整个寿命周期费用降到最低，即在通过淘汰、消化、合并、标准化、代用等途径，能以最少的费用取得所需要的必要功能，即功能成本最优化。

2) 采购成本的定量分析

(1) 价格与成本分析。价格与成本分析是专业采购的基本工具。它主要是借助于采购成本盈亏平衡分析（Event Point Analysis）方法，对供应商定价的基本依据和成本结构进行分析，以此进行采购决策。根据量本利分析的基本原理，销售收入、产量和单价三者之间的关系为：

$$销售收入(S) = 产量(Q) \times 单价(P)$$

根据成本的性态分析可知，生产成本由固定成本和变动成本两部分构成，即：

$$生产成本(C) = 固定成本(F) + 产量(Q) \times 单位产品变动成本(C)$$

当盈亏平衡时，即销售收入等于生产成本或单价等于单位产品成本，公式表达式为：

$$S_0 = Q_0 \times P = F + Q_0 \times C$$

式中，S_0 为保本点（即盈亏平衡点）销售收入；Q_0 为保本点产量。从而，保本产量 Q_0 和保本销售收入 S_0 的计算公式分别为：

$$Q_0 = \frac{F}{P-C}$$

$$S_0 = \frac{F}{1-C/P}$$

其中，单价与单位产品变动成本之差是指单位产品销售收入扣除变动成本后的剩余，称为单位边际贡献；而"$1-C/P$"表示单位产品销售收入可帮助企业收回固定费用以实现企业利润的系数，称为边际贡献率。

供应商在制订产品的价格时都会考虑到其边际贡献率是否大于零，也就是说产品的单价应该大于单位产品成本（即单位产品固定成本与单位产品变动成本之和）。作为采购人员要了解供应商的成本结构，就要了解其固定成本及变动成本的内容。如果采购人员不了解所购买物品的成本结构，就不能掌握所购买物品的价格是否公平合理，同时也失去了许多降低采购成本的机会。

一般情况下，在产品的成本结构中，固定成本比例越高，价格的弹性就越大，随市场季节性变化及原材料的供应波动也就越强烈。因而，采购这类特征的产品时，可采用加大订购数量或在消费淡季订购等方法来降低采购成本。而对于可变成本比例较高的产品，则要下力气改善供应商，促进其管理水平的提高并降低管理费用，以降低企业的采购成本。

（2）采购成本的因素分析。一般情况下，可以用连环替代法对影响采购成本的各因素进行定量分析。连环替代法是指将分析指标分解为各个可以计量的因素，并根据各个因素之间的依存关系，顺次用各因素的比较值（通常为实际值）替代基准值（通常为标准值或计划值），据以测定各因素对分析指标的影响。连环替代法的计算步骤如下。

① 将基准值代入反映指标及影响因素关系的算式，基准值即为比较标准的数据，如计划值、上期值等。

② 依次以一个因素的实际值替代基准值，计算出每次替代后指标数值，直到所有的因素都以实际值替代为止。

③ 把相邻两次计算的结果相比较，测算每一个替代因素的影响方向和程度。

④ 各因素的影响程度之和与指标的实际值与基准值的差额相等。

【例 8-6】 某企业 2009 年 9 月某种原材料费用的实际值是 9 240 元，而其计划值是 8 000 元。实际比计划增加 1 240 元。由于原材料费用是由产品产量、单位产品材料消耗用量和材料单价 3 个因素的乘积构成的，因此可以将材料费用这一总指标分解为 3 个因素，然后逐个分析它们对材料费用总额的影响方向和程度。现假定这 3 个因素的数值如表 8-3 所示。

表 8-3　材料费用的影响因素及数值情况表

项　　目	单位	计划值	实际值
产品产量	件	100	110
单位产品材料消耗量	公斤	8	7
材料单价	元	10	12
材料费用总额	元	8 000	9 240

根据表 8-3 资料，材料费用总额实际值较计划值增加了 1 240 元。运用连环替代法，可以计算各因素变动对材料费用总额的影响方向和程度如下。

计划值：$100 \times 8 \times 10 = 8\,000$（元）　　　　　　　　　　　　　　　　①

第一次替代（产品产量因素）：$110 \times 8 \times 10 = 8\,800$（元）　　　　　　②

第二次替代（单位材料消耗量因素）：$110 \times 7 \times 10 = 7\,700$（元）　　　③

第三次替代（材料单价因素）：$110 \times 7 \times 12 = 9\,240$（元）　　　　　　④

由于产品产量增加对材料费用的影响为：

②－①＝8 800－8 000＝800（元）

由于单位产品材料消耗量节约对材料费用的影响为：

③－②＝7 700－8 800＝－1 100（元）

由于材料单价提高对材料费用的影响为:

④－③＝9 240－7 700＝1 540(元)

综合 3 个因素对材料费用总额的影响为:

800－1 100＋1 540＝1 240(元)

3. 选择合适的采购模式和采购策略

根据采购的客观情况,选择合适的采购模式,有助于采购成本的下降和采购费用的降低。

1) 集中采购模式

采购部门一般人员多,负责采购的物品多,管理工作十分复杂。如果采购资源分散,采购管理分散,采购政策和标准不统一,采购行为不规范,势必难以控制采购成本。近年来,随着中国经济建设和买方市场的形成,加强和规范企业采购管理成为一个日益突出的问题。在相当一部分企业的采购环节,收受回扣和贿赂、舍近求远、舍贱求贵、以次充好、损公肥私的现象相当严重,造成采购成本居高不下。从某种程度上说,加强企业采购管理既是一个经济问题,也是一个社会问题、伦理道德问题和政策规范问题。统一采购、全球采购、招投标采购能统一采购标准,规范采购行为,充分利用全国甚至全球范围的资源,是降低企业采购成本的重要途径。

2) 联合采购模式

随着市场竞争的日益激烈,企业在采购过程中实施联合,已经成为企业降低成本、提高效益的重要途径之一。如果批发和零售的价格差距一样,商品采购的单价与采购的数量成反比,即采购的数量越大,采购的价格越低。企业间联合采购,可合并同类商品的采购数量,通过统一采购使各企业的采购费用相应降低。例如,对于飞机制造器材的价差有时可高达 90%。

联合采购的方式主要有采购战略联盟和通用材料的合并采购两种方式。

(1) 采购战略联盟。采购战略联盟是指两个以上的企业出于对整个世界市场的预期目标和企业自身总体经营目标的考虑,采取一种长期联合与合作的采购方式。这种联合是自发的、非强制性的,联合各方仍保持各个公司采购的独立性和自主权,彼此依靠相互间达成的协议及出于经济利益的考虑连接成松散的整体。随着现代信息网络技术的发展,企业有了一个崭新的合作空间,企业间可通过网络保证采购信息的及时传递,使处于异地甚至异国的企业间实施联合采购成为可能。国际上一些跨国公司为充分利用规模,降低采购成本,提高企业的经济效益,正在向采购战略联盟发展。

(2) 通用材料的合并采购。这种方式主要运用于有互相竞争关系的企业之间,通过合并通用材料的采购数量和统一归口采购来获得大规模采购带来的低价优惠。在这种联合方式下,每一项采购业务都交给采购成本最低的一方去完成,使联合体的整体采购成本低于各方原来进行单独采购的成本之和,这是这些企业的联合准则。这种合作的组织策略主要分为虚拟运作策略和实体运作策略。虚拟运作策略的特点是组织成本低,它可以不断强化合作各方最具优势的功能和弱化非优势功能。

3) 电子采购模式

电子采购作为一种新兴的采购方式,以其快速、方便、节约的特点被越来越多的采购单位所采用。它一般经过提出采购、选择商品和供应商、订货付款和完成交易 4 个阶段的流程。

电子采购从根本上了改变商务活动的模式，不仅实现了商品和服务采购过程的自动化，极大地提高了效益，降低了采购成本，而且可以使企业在一定程度上避免因信息不对称而引起的资源浪费，有利于社会资源的有效配置，便于企业用更具有战略性的眼光进行采购。其优点具体表现为以下4个方面。

(1) 节省采购时间，提高采购效益。企业实施电子采购是提高效率最直接、最易于实现的手段。电子采购实现了采购信息的数字化、电子化、数据传送自动化，减少了人工重复录入的工作量，使人工失误的可能性降到了最低限度。电子采购实施过程中的流程再造，也简化了业务流程。

(2) 采购成本显著降低。电子采购由于建立了用户和商家直接进行沟通和挑选的平台，减少了中间环节，节省了时间，从而使采购成本明显降低。

(3) 优化采购及供应链管理。电子采购在提高效率的同时，使各部门甚至个人的任何采购活动都在实时监控之下，有效堵住了管理漏洞，减少了采购的随意性，变事后控制为过程控制。同时，提高了企业供应链管理水平。由于电子采购的计划性强，周期短，货物能够根据计划时间更准确地到达现场，实现零库存生产。

(4) 加强了对供应商的评价管理。电子采购扩大了供应商资源，采购信息的公开化，适应了更多的供应商。供应商静态数据库的建立为企业采购提供了方便的查询手段，帮助企业及时、准确地掌握了供应商的变化，同时也为供应商选择提供了决策支持。

4) 关键采购策略

建立一个有效的、有成本意识的物流采购部门，首要的措施是建立ABC分类管理系统。ABC分类管理系统，将采购的全部原材料和零部件分成3类：A类表示该项目价格最贵，对公司的经营活动至关重要，在价值上占到全部物品的70%～75%，但在物品数量上仅占总数的5%～10%，对A类物品应重点管理和控制。一般情况下，可按品种设专人进行关键管理。

B类物品不像A类那么昂贵，但比C类物品贵些，在数量上占全部物品总数的20%左右，价值量上也约占总量的20%。一般情况下，对B类物品可按照类别进行管理和控制。

C类物品是企业中使用量大，但价格十分便宜的物品，如螺栓、螺帽、螺钉等。这类物品数量占到70%～75%，但价值却只占重量的5%～10%，库存量大，管理可以简单化，如一年采购一次或两次。

把所有的物料分成以上3个类别，就可以把重点放在A类物品上。对A类物品，采购时必须签订严格的合同，和供应商、潜在的供应商保持密切联系，把生产进度与采购进度、供应商的生产能力联系起来考虑，以及时满足生产的需要。ABC分类系统的目的就是使企业把管理控制的力度放在最重要的项目上，通过认真掌握A类部件情况，形成一个有效的材料价格管理控制机制。

另外，关键性采购也可以理解为采购物品的80/20法则，即数量或者种类占80%的采购物品只占所有采购物品价值的20%，而剩下的20%则占有80%的价值；其中有50%的物品的价值总量在2%以下。产品中原料（含零部件）的这种80/20特性为采购物品的策略制定提供了有益的启示，也就是采购工作的重点应该放在价值占80%而数量只占20%的物品上，这些物品包括了战略物资和集中采购品。此外，有50%的物品可以不予重视，其运作的好坏对成本、生产等的影响甚微。

复习与应用

1. 如何理解采购的概念？采购的基本程序有哪些？
2. 采购价格与采购成本有什么不同？
3. 影响采购价格的因素有哪些？
4. 降低采购成本的途径有哪些？

【案例分析】

沃尔玛全球供应链采购成本管理案例分析[①]

在今天这样一个全球化的时代，商品服务全球化所带来的就是竞争的全球化，而愈发激烈的竞争所带来的无疑是产品质量的提升和成本的降低。零售行业自身的技术要求不高，因此进入门槛较低，所以零售业的竞争集中在成本的控制上。因此，零售企业的成功关键在于其成本的控制，尤其是占其销售成本 70% 以上的采购成本的有效管理。而如今的世界零售市场由于激烈的成本竞争呈现出寡头竞争的局面，大企业不断并购小企业，剩下的包括美国的沃尔玛、法国的家乐福、英国的 Tesco 乐购及德国的麦德龙，其中沃尔玛则是其中最大的零售商。在过去的几十年中，沃尔玛还多次成为世界五百强中最大的公司。可见，沃尔玛在供应链和采购成本管理上做得相当出色，其成功经验也能给我国企业许多启示。

一、沃尔玛全球供应链采购成本管理现状与成功经验

1. 沃尔玛的全球供应链采购成本管理现状

1) 沃尔玛的经营现状

沃尔玛成立于 1962 年，由山姆·沃尔顿在美国中西部的本顿威尔小镇成立了第一家"沃尔玛百货有限公司"，发展至今沃尔玛已经成为全球最大的零售商。沃尔玛在 2012 年实现了 4 469.5 亿美元的销售收入，净利润达到 157 亿美元，这一数字是 Tesco 乐购的 3.5 倍，是麦德龙的 17.9 倍，是家乐福的 30.4 倍，同时沃尔玛为全球创造了 220 万个工作岗位。

从图 8-6 中不难看出，沃尔玛的年销售收入一直处于较高的水平，保持在全球五百强前三的位置，并且每年的销售收入都保持着小幅的增长。可见，沃尔玛的经营发展与全球化步伐相当稳健。其中最重要的原因在于沃尔玛强大的供应链体系以及信息系统对采购及其他各项成本的有效控制。除此之外，沃尔玛在美国拥有众多配送中承担着货物发货的任务。这大大降低了沃尔玛的物流成本，其物流成本仅占销售额的 2%～2.5%，同时大幅压缩了沃尔玛门店的仓库面积，从而可以最大限度地增加零售面积，降低仓储成本。同时沃尔玛特意将配送中心设立在零售店的中央位置，以 415 公里为一个商圈建立一个配送中心，从而能够保证商品从配送中心运到任何一家商店的时间不超过 36 小时。

2) 沃尔玛的采购管理现状

沃尔玛的采购部的结构如图 8-7 所示。

沃尔玛采购部门实行层层负责制：不同岗位的人员负责不同的工作职责。

[①] 徐小慧. 零售业供应链及采购成本管理研究：基于沃尔玛的案例分析. 商场现代化，2014 (2)：35-37.

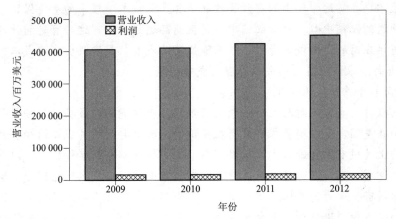

图 8-6　2009—2012 年沃尔玛营业收入和利润对比图

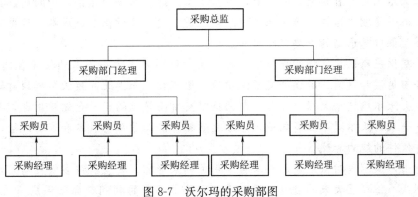

图 8-7　沃尔玛的采购部图

在沃尔玛，采购管理的工作内容包括商品种类、空间分配、商品陈列图、商品预算、库存控制及货运管理。

商品预算主要是销售额和毛利的预算，是根据上一年的情况按一定的增长幅度制定出的目标。商品预算的关键在于商品种类的混合，高毛利和低毛利商品的混合搭配比例会直接影响这个部门和整个商场的预算，低毛利的商品通常比高毛利的商品好销售，但是最终衡量业绩表现的是总毛利率。因此，要合理地安排高低毛利的比例，以达到预算的目标。沃尔玛的商品预算采用从下而上的方法，即商品的预算从下而上的订出。采购员和部门采购经理一起制定采购员的商品预算目标，而部门采购经理和采购总监一起制定部门采购经理的目标。通过从下而上的方法，每个人都有自己的目标，而每个人的目标都是经过仔细研究确定的，从而可以通过商品预算来提高工作效率。

库存控制是沃尔玛采购成本管理中的又一目标，库存控制的基本原则是：保证 2～3 周的库存水平。这是在所有商品销售基础上确定的一个平均数，而对于食品（除生鲜外）因为保质期相对于其他商品短，对这样的商品要有一个合理库存。库存控制的主要目的是提高商品流动速度，如果库存管理得好，商品在货架上流通得就快，不仅提高周转率，同时也提高了资金的流动速度，减少了资金的占用率。较少的库存也减少了清仓降价的可能性，增加毛利，进而增加了效益，减少了仓库的场地费、管理费等成本费用。

另外，沃尔玛在货运管理上的有效管理也是其采购成本管理中的重要保证。沃尔玛要求供应商把货物送到配销中心，然后配销中心再把商品送到店里，这种有时间性的控制发货的方式能够节省供应商的运输成本费用，从而降低商品成本，最终减少采购成本。

2. 沃尔玛的全球供应链采购成本管理的成功经验

1) 供应商与合作伙伴的管理

（1）透明报价、直接采购与准时采购。沃尔玛在全球范围内成功的基础就是其对供应商的严格管理。在美国，沃尔玛要求供应商在报价的同时更要表明其成本结构和利润，同类产品在美国市场上的现有零售价和本次所供产品准备定位在哪个零售价位上，以及给沃尔玛留出多少利润。这样一来，在选择供应商时就非常简单透明，而沃尔玛也可以在纷繁复杂的供应商中挑选出最有竞争力的。对于供应商来说，先确定其零售价，以及预留给沃尔玛的利润率，再从中扣除运费、进口费及佣金等费用后，来确定FOB价，这种倒推定价的方法使供应商的成本被沃尔玛牢牢地压制住而不得不最大限度地降低成本提高效率。

其次，沃尔玛实行直接采购的原则，直接从工厂进货而绕开冗杂的中间商，再将货物运入配送中心统一管理。这样一来不但可以缩短渠道长度，降低供应链成本，这更是沃尔玛能够履行"天天低价"承诺的重要保障之一。

最后，在供应商供应货物的环节中，美国沃尔玛则要求供应商必须按照合同准时交货，不允许有任何延误和提前。延误的交货沃尔玛一概不收，而因此导致沃尔玛缺货则很有可能使供应商失去沃尔玛这个大客户。另外，因提前交货而导致的额外仓储费用也需要供应商来承担。这样一来，沃尔玛不但有效地缩短了交货期，降低了库存成本和市场风险，也很好地检验了合作伙伴的能力和诚信。

不难看出，沃尔玛对供应商的要求可以用苛刻来形容，甚至有许多供应商表示向沃尔玛供货赚不到钱。但在巨大采购数量的诱惑下，即使是稀薄的利润都会让供应商之间抢破头。因此，这也是为什么沃尔玛能够如此成功地控制其采购成本的原因。

（2）战略合作。宝洁—沃尔玛模式可以说是当今零售商与供应商之间供应链管理合作的典范。这一模式开始于宝洁公司将其开发的一套"持续补货系统"与沃尔玛一同使用，这样一来，双方通过电子数据交换和卫星通信实现联网。借助于信息系统，宝洁公司能迅速了解沃尔玛物流中心内宝洁产品的价格、销售量、库存量等相关数据，并据此及时地制订出符合市场需求的生产和研发计划，同时也能对沃尔玛的库存进行单品管理，做到连续补货，防止滞销商品库存过多或畅销商品断货。而沃尔玛也可以通过制造商管理库存系统实行自动进货，并且跳过了原先对每笔交易条件的谈判过程，大大缩短了供应链流程的时间，使沃尔玛从庞杂的供应体系中解脱出来。

基于之前成功的尝试，宝洁和沃尔玛之后更在信息管理系统、物流仓储体系、客户关系管理、供应链预测与合作体系、零售商联系平台及人员培训等方面进行了全面、持续、深入而有效的合作，使得供应商与零售商的关系不再像过去那样剑拔弩张，而是进入到了战略合作的新高度。

2) 物流的管理

沃尔玛起初通过"集中配送模式"将门店物流集中管理的零售商，即由配送中心而非供应商直接将货物送到门店。大量实践证明，与传统的供应商直供的物流体系相比，"集中配送模式"能更好地发挥规模效应，降低物流成本，缩短存货周期和加强货品控制。

近年来，沃尔玛甚至希望其主要供应商将入站物流全部交由沃尔玛配送，并将物流费用从供应商的售价中相应扣除。这样一来，沃尔玛既可以利用自身强大的物流体系发挥规模效应，节约采购成本，还可以加强对供应商的控制，无论是议价还是管理能力都能得到提升。

3) 现代化信息网络的管理

1969 年，沃尔玛成为最早采用计算机跟踪库存的零售企业之一；1980 年，沃尔玛最早使用条形码技术提高物流和经营效率；1983 年，沃尔玛史无前例地最早发射自己的通信卫星；1989 年，沃尔玛最早与宝洁公司等大供应商实现"供应商管理库存—快速用户反馈"产销合作。可见，沃尔玛对信息技术的不懈追求总是走在时代的前列。

沃尔玛如此不惜代价，甚至斥资几亿美金发射通信卫星的做法在零售业，甚至是商界都实属罕见。但正是这样不惜代价的信息化投资，使得沃尔玛的成就令其竞争对手望尘莫及。从采购开始，到一系列的订购、入库、装运、配送及销售流程全部实现自动化、信息化和网络化管理，从自动订购到电子结算，从配送中心内的自动化装配到库存信息的联网共享，无一不体现出沃尔玛利用信息技术使得整个供应链环节之间实现了无缝连接，不但节约了大量的人力资本，提升管理效率和准确度，更最大程度地控制了采购管理成本及各项运营成本，并且使得沃尔玛与其他供应商的战略合作成为可能。

二、沃尔玛供应链采购成本管理对我国企业的启示

1. 加快信息化建设

沃尔玛在信息技术上的不懈追求，以及其因此而获得的巨大优势，是沃尔玛这么多年始终处于世界五百强前三位置的根本原因。邓小平说过，"科学技术是第一生产力"，那么对于沃尔玛来说，信息技术不但为其创造了财富，更为其节约了大量资源和成本。

当然，对于我国企业来说，想要获得像沃尔玛一样的信息技术，或者拥有一颗自己的通信卫星并不现实，但是重要的是我国的企业，甚至是一些中小企业是否有足够的眼光和远见，像沃尔玛一样，愿意花费大量的人力、物力、财力来建设和完善自身的信息系统。

在加快信息化建设方面，我国企业可以采取的措施如下。

1) 建立企业内部的信息管理网络

企业可以通过专门的信息管理系统，对企业的日常业务进行信息化管理，包括采购信息管理系统、会计信息系统及决策支持系统。通过对日常管理信息的汇总及分析，帮助企业自动地完成一些基础的管理决策。比如沃尔玛的采购订单就是通过计算机对预先设置的库存水平的基础自动生成的。

2) 建立企业外部信息的收集网络

企业的外部信息，包括企业的竞争对手、合作伙伴、市场环境及供应商等支持系统。企业对于其所处的外部环境的了解程度决定了企业的成败关键。正所谓"知己知彼，百战不殆"，信息化时代下对竞争对手的了解更需要强大的信息处理技术，而对市场环境及消费者需求的准确测定则决定了一家企业所提供的产品和服务的价值。

对于网络时代下的中国企业来说，外部信息的来源很多，如互联网、新闻媒体、市场反馈等，但是面对这些纷繁复杂的信息，如何筛选及使用对自身有用的信息就成了关键。因此，企业可以根据自身的经营经验，适当参考其他成功企业的管理模式，建设适用于自身的

外部信息管理系统，而不要一味地照搬照抄。

2. 加强战略合作

沃尔玛在供应链成本管理中的一大创新就是将原本利益有所冲突的供应商与零售商之间的关系转变为合作共赢的战略合作伙伴，而"宝洁—沃尔玛模式"更是值得所有企业学习借鉴的典范。

供应链成本管理这一理念引入中国的时间并不太长，同样，中国的市场经济环境还存在许多不完全性，如果将"宝洁—沃尔玛模式"生搬硬套在中国企业可能会适得其反。但是，其中的战略合作意识却是值得我们学习的。在企业经营过程中势必会遇到许多的利益冲突，但是采用"以邻为壑"的方式虽然得到眼前的利益，却难免为之后的发展留下隐患，转变思路，通过战略合作实现双赢，无疑才是企业长期发展的良策。

对我国企业来说，加强战略合作可以从以下两个方面入手。

1) 加强与供应商的合作

采购企业与供应商的关系非常微妙，可以说是既统一又对立。对供应商来说，采购企业是其客户，因此二者的利益是一致的，只有企业的需求得到满足，供应商才能实现自己的目标；另外，采购企业希望将供应商的报价压到最低以降低其采购成本，而供应商则希望自己的利润率越高越好，于是二者的对立就不可避免了。

因此，一家成功的采购企业不应该一味地将成本压力转嫁到供应商头上，而破坏了与供应商之间的关系，而是要从供应商的角度出发，寻找到既有利于自身发展，又不破坏供应商利益的合作方式。比如，对于零售企业来说，不妨像沃尔玛一样，将其部分的库存管理交由其信任的供应商来管理，既减少了自己的库存管理费用，又使供应商获得了必要的销售信息。

2) 加强与政府部门的合作

中国市场正处于一个不完全的市场经济体系下，因此政府部门对市场的干预也影响企业的未来走向。因此，对于中国企业来说，加强与政府部门的合作势必会给企业的经营提供便利。就目前情况来看，政府的保护已然成为我国企业在面临国际企业激烈竞争中的一根救命稻草。我国企业与政府部门的合作，除了要做到遵守商业秩序，合理利用好政府的保护政策外，更应该履行好企业的社会责任，良好的企业形象是企业成功的基础。

案例思考题：

1. 沃尔玛供应链采购成本管理是如何做的？
2. 沃尔玛采购成本管理有哪些值得借鉴的经验？
3. 你对沃尔玛供应链及采购成本管理有哪些建议？

中英文关键词语

1. 采购　Stock
2. 采购成本管理　Stock cost management
3. 经济采购批量　Economic stock quantity
4. 数量折扣　Quantity discount
5. 采购策略　Strategies for stock

进一步阅读

[1] 曲英，刘雅坤. 基于价值链分析的装配制造型企业采购成本管理研究：以星玛电梯为例. 管理案例研究与评论，2014 (2).

[2] 赵秀春. 美国飞马特公司基于供应链管理的采购成本控制 [D]. 上海：复旦大学，2009.

[3] 魏国辰. 采购实际操作技巧. 北京：中国物资出版社，2007.

[4] 贝利. 采购原理与管理. 北京：电子工业出版社，2006.

第 9 章 物流成本分析

【本章结构图】

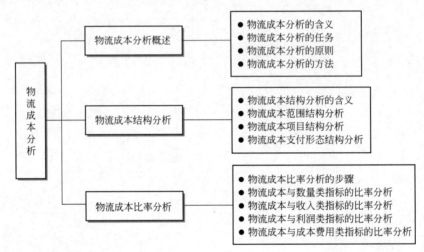

【本章学习目标】

通过本章的学习,你将能够:
- 解释物流成本分析的含义;
- 了解物流成本分析的任务和原则;
- 掌握物流成本分析的方法;
- 理解物流成本结构分析的含义;
- 了解企业物流成本结构分析的分类;
- 掌握如何进行物流成本范围结构分析;
- 掌握如何进行物流成本项目结构分析;
- 掌握如何进行物流成本支付形态分析;
- 掌握物流成本与数量类指标的比率分析;
- 掌握物流成本与收入类指标的比率分析;
- 掌握物流成本与利润类指标的比率分析;
- 掌握物流成本与成本费用类指标的比率分析。

9.1 物流成本分析概述

分析是人们认识客观事物本质、特征及其发展规律的一种逻辑思维方法,在人们日常生活和工作中都需要有分析能力。对于企业来说,成本是企业生存和发展必须考虑的要素之一,维持企业生存和发展的利润就是总收入与总成本之间的差额。如果我们能够对企业所付出的成本进行有效分析,找出其中存在的一些问题,这样就可以采取有效的方法降低成本,提高企业的利润,进而增强企业的竞争优势。在企业进行物流成本管理过程中,这种思想也同样适用,对企业的物流成本进行有效分析,可以有效控制物流成本,提高企业物流竞争优势。

9.1.1 物流成本分析的含义

物流成本分析是指利用物流成本核算数据和其他相关资料,以本期实际物流成本指标与目标物流成本指标、上期实际物流成本指标、国内和国外同类型企业的物流成本指标进行比较,以便了解物流成本相关指标升降变动的情况,以及引起这些变动的原因和相关因素,分清单位与个人的责任,寻找降低物流成本的各种途径,从而为物流成本管理决策提供依据。

一般而言,企业的物流成本分析主要是指对物流成本发生的事前、事中和事后进行的分析。

1. 物流成本事前分析

物流成本事前分析是指在物流成本尚未发生前所进行的物流成本预测。其目的是通过对物流成本的预测,在几个可供选择的运行方案中,选择成本最低的方案,为企业的目标成本提供一个标杆,据此编制企业的物流成本计划。通过对企业物流成本进行事先分析,可以使企业采取一些有力措施控制物流成本,以此来提高企业的经营绩效。

2. 物流成本事中分析

物流成本事中分析是指企业在执行物流成本计划过程中所进行的分析,它发生在物流活动从开始到结束的整个过程。事中分析主要目的在于检测各项成本定额和成本计划的执行情况,控制产品在流通过程中所产生的各项不必要费用,使实际发生的成本尽可能控制在目标成本范围之内,更好地完成企业关于物流成本的总体计划。

3. 物流成本事后分析

物流成本事后分析是指产品或服务在整个物流环节结束以后,对所发生的物流实际成本所作的具体分析。它主要发生在物流成本核算资料形成之后,根据实际情况及其他方面的有关信息,对实际发生的物流成本执行结果做出评价,分析与物流计划成本产生差距的原因,总结降低物流成本的各种经验,为以后物流成本控制能够更加有效奠定了基础。

物流成本事前、事中和事后分析这3个步骤是相辅相成、紧密联系的。同时,这3个分析过程又各自发挥着不同的作用。物流成本事前分析可以使企业在物流成本计划执行过程中有一个标准,对其在物流各环节的成本控制起到了方向性的引导作用。缺少事前分析,企业在物流的各环节就没有一个很好的掌控,容易失去方向。物流成本事中分析是在事前分析的基础上，使企业物流成本控制的目标能够有效实现。通过对物流运行过程中各环节的及时分析，一旦某个环节出现超额的费用，可以及时察觉，进行调整，使物流成本费用尽可能降低。物流成本事后分析可以总结产品在流通环节中的一些经验和教训，通过对经验累计，提出一些较好的控制成本的方法和措施，为以后的物流成本管理提供一些意见和建议。

在这3种分析中，物流成本事中分析的作用最大，它通过对各流通环节的分析可以控制物流成本；物流成本事前分析的作用大于事后分析，它为企业成本预算提供了一个纲领性指导，为后续的事中分析提供了方向；而事后分析是检查物流成本计划的执行情况，同时对工作业绩进行评价，这些都是事前分析和事中分析无法替代的。物流成本事前分析和事中分析在第3章和第5章中已作详细介绍，本章介绍的成本分析主要是指物流成本事后分析，即在成本已经发生的情况下进行的成本分析。

9.1.2 物流成本分析的任务

企业在进行物流成本分析时，应该完成以下4个方面的任务。

1. 正确计算物流成本差异

正确计算实际发生的物流成本，并计算与计划成本之间的差异，是企业在进行物流成本分析时的首要任务。首先，应计算出实际发生的物流成本，并将实际发生的物流成本与物流成本计划的各项指标进行对比，这构成了物流成本分析的基础。计算时，通过收集实际物流成本资料、计划资料及其他有关的信息资料，按照事先确定的物流成本分析方法进行计算。把与物流成本计划有差异的各个部分用一定的方式反映出来，以便进行分析。例如，可以采取编制"物流成本差异计算表"等方式表现。

2. 找出差异产生的原因

实际发生的物流成本与计划的物流成本产生差异的原因有很多，应根据具体情况，找出影响产生物流成本差异的主要因素。正常来说，影响物流成本计划执行结果的因素有客观因素、主观因素、技术因素和经济因素等。因此，在进行分析时，应采用科学的分析方法，计算出各种不同因素对物流成本的影响数额，并分析其产生差异的具体原因。在这一过程中，应把影响物流成本产生差异的因素进行具体的数据分析，然后根据数据变化的规律，找出物流成本变动的趋势，据此提出改进意见。

3. 对物流成本计划的执行结果做出公平公正的评价

在完成物流成本计算，找出产生问题的原因之后，就要对物流成本计划执行结果进行评价。在评价过程中要本着公平、公正的原则，实事求是，对于执行过程中取得的优异成绩给予肯定，总结物流成本在流通各环节的经验和教训，为后续物流成本管理活动奠定良好的基础。对于研究新方法，采取新举措使物流成本得以降低的单位和个人给予一定的物质和精神奖励，以调动各部门或单位和全体员工降低物流成本的积极性和主动性。对于在产品流通环节中出现的问题，也应该把责任具体落实到部门和个人身上，做到奖惩有度，才能最大限度地发挥物流成本管理的作用。权责明确、奖惩分明，才能使物流成本管理规章明确化、透明化，激发各部门和员工对降低物流成本付出足够的努力。

4. 提出进一步降低物流成本的具体方案

物流成本事后分析的目的之一就在于通过总结经验和教训，提出有效的措施和方案。我们进行成本分析的目的不在于分析本身,而是分析之后要采取一定的措施降低成本,提高企业的整体效益。因此,通过分析掌握产品在流通各环节的具体情况,找出产生问题的具体原因,一个个攻破,提出切实可行的措施和方案,使企业整体利润最大化。

9.1.3 物流成本分析的原则

企业在进行物流成本分析过程中应该遵循一定的原则,具体包括以下4个方面。

1. 全面分析与重点分析相结合

在进行物流成本分析过程中,要把全面分析与重点分析相结合。全面分析主要指对物流成本各环节的影响因素进行分析,不仅要从整个企业范围内进行,还要从整条供应链的角度来考虑,力求整体效益最大化。重点分析主要是指在全面分析的基础上,对影响物流成本的主要因素进行深度剖析,追寻原因,提出进一步的改进方案,使供应链的整体物流成本水平不断降低。

2. 纵向分析与横向分析相结合

在分析物流成本时,不仅要考虑企业内部的对比分析,也要考虑企业与其他同行业企业的同类产品或服务的物流成本对比分析。因此,物流成本分析应该纵向分析与横向分析相结合。

纵向分析是指对本企业各个时期的物流成本指标进行对比分析。例如,将本期实际物流成本与上期物流成本进行对比,本期物流计划成本与本期物流实际成本进行对比,或者本期物流实际成本与历史先进水平进行对比。通过观察不同时期成本变动幅度,总结成本变动的规律。

横向分析是指本企业的物流成本与国内外同行业其他企业的物流成本进行对比分析,取长补短,有助于企业学习国内外先进经验,找出差距,做好本企业的物流成本管理工作。

3. 专业分析与群众分析相结合

物流成本分析本身具有一定的专业技术性,因此在分析时,应由专门从事物流成本管理的有关专业人员进行分析,如成本会计人员、财务管理部门人员、生产管理部门人员和销售管理部门人员。他们负责产品或服务的采购、生产和流通,在分析成本时更便于操作,找出产生额外消耗的可能性更大一些。同时,由于物流成本涉及企业全体员工,以及供应链上游的供应商和供应链下游的经销商,所以他们都应参与进来对物流成本进行分析。在专业人员找出主要问题的基础上,找出并分析物流成本上升或下降的真实原因。全员参与到物流成本分析过程中,可以提高成本分析的积极性,同时也可以使全员在日常工作中自觉降低不必要的消耗,在不影响正常流通环节的情况下,将降低成本作为自觉行为。

4. 事后分析与事前、事中分析相结合

前述已经指出,在进行物流成本分析时,主要是进行事后的物流成本分析。但由于物流成本事前分析和事中分析的重要作用不可忽视,所以在分析过程中应该将事后分析与事前分析、事中分析相结合。这3个部分是相互联系,相互影响的,共同构成了物流成本分析的体系。通过事前分析对物流成本进行预测,通过事中分析在成本形成过程中进行物流成本控制,通过事后分析对物流成本计划的执行结果进行总结。只有这3个过程紧密结合,才能找出物流成本上升和下降的真正原因,提出改进方法。

9.1.4　物流成本分析的主要方法

在获得所需反映物流成本的信息资料后，对于所获取的数据要采用一定的方法进行分析比较，得出企业期望的物流成本分析数据。采用什么方法进行分析要根据企业对物流成本的分析目的、物流成本分析对象的特点和掌握资料的具体情况而定。在实际的物流成本分析工作中，使用较广泛的方法主要有物流成本对比分析法、因素分析法和相关分析法。

1. 物流成本对比分析法

物流成本对比分析法又称为比较法，它是实际工作中广泛应用的一种分析方法。物流成本对比分析法是通过相互联系的物流成本指标的对比来确定数量差异的一种方法。通过对比，揭露出存在的矛盾，发现问题，寻找差距，并对产生差距的原因进行分析。为进一步降低物流成本、提高物流成本的使用效益指明了方向。物流成本指标的对比分析主要有以下3种形式。

（1）实际物流成本与计划物流成本的对比。在进行物流成本分析时，可以将实际成本与计划成本进行比较分析。通过对比，能够说明物流成本计划完成的情况，物流成本水平是否达到了管理者的要求，为进一步分析指明了方向。同时，也使得管理者看清计划与实际执行操作间的差距，可以对物流成本计划作必要的调整。

（2）本期实际物流成本与前期实际物流成本（上年同期或历史最好水平）进行对比。通过对本期实际物流成本与前期实际物流成本的对比，可以反映出企业物流成本动态及其变化趋势，有助于企业管理者在产品或服务流通过程中汲取历史经验和教训、改进物流成本管理，使得物流成本总体最小。

（3）本期实际物流成本与主要竞争者或同行业先进水平进行对比。把本期企业实际发生的物流成本与主要竞争对手或同行业先进水平企业的物流成本进行对比，可以看到彼此之间存在的差距，有助于企业取长补短，努力发掘降低物流成本的各种潜在力量，从而使企业的效益不断提高，增强自身的竞争优势。

在采用对比分析法时，值得注意的是本期实际物流成本与对比单位的物流成本是否具有可比性。这种可比性主要指采用的计量单位、计价标准、时间单位、物流成本内容等是否一致。如果一致，比较的结果才能够说明问题，揭示的差异才符合实际情况；若不具有可比性，则分析的结果可能不准确，甚至会得出与实际结果相反的结论。因此，在采用物流成本对比分析法时，有两种方式可以选择，即绝对数对比和相对数对比。

2. 因素分析法

因素分析法是指将综合性指标分解为若干个相互联系的因素，通过测定这些因素对综合性指标影响程度的一种分析方法。例如，企业的物流成本就是一个综合性的价值指标，许多方面的工作都会影响企业的物流成本水平。物流成本的上涨和降低是由许多因素造成的，概括来说主要有两大类：外部因素和内部因素。外部因素主要来自于企业的外部环境，是外部经济环境和条件变化所造成的，这些因素是企业不可控制的，只能尽最大努力去协调；内部因素是企业本身经营管理原因造成的，这些因素企业可以进行控制和掌握，一旦内部因素发生问题，企业应该及时进行调整，从而避免或降低不该发生的物流成本。

采用因素分析法进行物流成本分析的步骤如下。

第一步，分析确定综合指标由哪些因素组成。

第二步，确定各因素与指标之间的关系，如加减关系、乘除关系等。

第三步，采用适当的方法，把综合指标分解成各个因素。分解的因素要能够反映该项指标的内在构成原因，否则计算结果将不准确。

第四步，确定每个因素对综合指标变动的影响方向与程度。确定的方法是将每次替代所得结果与这一因素替代前的结果进行比较，其差额就是这一因素对指标的影响程度，其正负号就表示对指标影响的方向。

因素分析法的具体计算思路为：以物流成本的计划指标为基础，按预定的顺序将各个因素的计划指标依次替换为实际指标，一直替换到全部计划指标都被实际指标代替为止。每次计算结果，与前一次计算结果进行比较，就可以得出某一因素对物流成本计划完成情况的影响。在此举例说明指标与因素之间的关系。

设某项物流成本指标 N 是由 A、B、C 三个因素组成的，在分析时，若是用实际物流成本指标与计划物流成本指标进行对比，则计划物流成本指标与实际物流成本指标的计算公式如下：

计划物流成本指标 $N_0 = A_0 \times B_0 \times C_0$，实际物流成本指标 $N_1 = A_1 \times B_1 \times C_1$，差距额 $G = N_1 - N_0$ 是我们的分析对象。

采用因素分析法测定各因素变动对成本指标 N 的影响程度时，各项计划物流成本指标、实际物流成本指标以及替代物流成本指标的计算公式如下：

计划物流成本指标：$N_0 = A_0 \times B_0 \times C_0$

第一次替代：$N_2 = A_1 \times B_0 \times C_0$；$N_2 - N_0$ 的余额是 A 因素变动的影响。

第二次替代：$N_3 = A_1 \times B_1 \times C_0$；$N_3 - N_2$ 的余额是 B 因素变动的影响。

实际物流成本指标：$N_1 = A_1 \times B_1 \times C_1$；$N_1 - N_3$ 的余额是 C 因素变动的影响。

把这 3 个因素的影响加起来 $G = (N_2 - N_0) + (N_3 - N_2) + (N_1 - N_3)$ 就是各因素对物流成本指标 N 的影响程度。

从这个例子可以看出，因素分析法是在物流成本指标对比分析法的基础上发展起来的，是对比分析法的补充。

3. 相关分析法

相关分析法是指在分析某个物流成本指标时，将与该指标相关但又不同的指标加以对比，分析其相关关系的一种方法。它的理论依据是企业各项物流成本之间存在相互联系的依存关系，一旦某个环节的物流成本发生了变化，受其影响的其他成本也会随之发生改变，如产量的变化会引起原料供应发生改变等。通过相关分析法找出指标之间规律性的联系，从而提高企业物流成本管理的水平。

9.2 物流成本结构分析

9.2.1 物流成本结构分析的含义

物流成本结构分析是以共同比物流成本表和比较共同比物流成本表的形式，来反映不同物流成本项目及范围物流成本和支付形态物流成本在总成本中所占的百分比,以及该百分比在企业不同时期的比较及其与其他企业之间的比较,进而明确企业降低物流成本的方向,了解物流成本结构的变化趋势,把握企业物流成本结构的合理性。

物流成本结构分析主要包括3类,即按物流活动的成本范围结构分析、物流活动的成本项目结构分析和物流活动的成本支付形态结构分析。

9.2.2 物流活动的成本范围结构分析

物流活动的范围成本主要包括供应物流成本、企业内物流成本、销售物流成本、回收物流成本和废弃物物流成本这几个部分。本章物流活动的范围成本结构分析主要从这几个方面进行,对各部分的结构比率作横向和纵向比较分析,找出物流活动成本结构不合理的地方,对其进行调整,寻求整体成本支出最小。

1. 物流活动的范围成本结构全面分析

在物流活动的范围成本结构中,首先应该分析物流活动各部分在物流活动总成本中所占的比例。例如,A、B两个公司是同类型、同规模的公司,通过调查研究得到A和B公司 20×4 年度和 20×5 年度物流活动的范围成本结构资料如表 9-1 所示。

通过这两个公司的物流成本明细表我们可以把各个物流成本所占的比重计算出来,以此来编制 A、B 两个公司在 20×4 年度和 20×5 年度的物流活动共同比成本表,具体情况如表 9-2 所示。

表 9-1 A、B 公司的物流活动范围成本结构明细表　　　　　　　　　　万元

物流范围成本	A 公司 20×4 年度	A 公司 20×5 年度	B 公司 20×5 年度
供应物流成本	42	50	55
企业内物流成本	10	13	15
销售物流成本	45	47	49
回收物流成本	1	3	1
废弃物物流成本	0.5	2	0.5
合　计	98.5	115	120.5

表 9-2 A、B 公司的物流活动共同比成本明细表　　　　　　　　　　%

物流范围成本	A 公司 20×4 年度	A 公司 20×5 年度	B 公司 20×5 年度
供应物流成本	42.64	43.48	45.64
企业内物流成本	10.15	11.30	12.45
销售物流成本	45.69	40.87	40.67
回收物流成本	1.02	2.61	0.83
废弃物物流成本	0.50	1.74	0.41
合　计	100.00	100.00	100.00

通过表 9-2 的物流活动的共同比成本明细表可知,对于 A 公司而言,在 20×5 年度的物流范围成本结构中,销售物流成本所占的比重最大,占总成本的 45.69%;其次是公司的供应物流成本,占总成本的 42.64%,这两部分累加起来高达总成本的 88.33%。从这个信息

中可以看出，企业物流活动的范围成本结构主要包括销售物流成本和供应物流成本这两部分。如果把这两部分的成本降下来，则企业的物流活动的总成本也会随之下降。

在表 9-1 中可看出 20×5 年度企业的销售物流成本由 20×4 年的 45 万元上升到 20×5 年度的 47 万元，增长了 2 万元；但是由于 20×5 年度企业物流活动总成本有较大幅度的增长，所以销售物流成本在范围成本结构中的比例反而下降了，由 20×4 年度的 45.69% 下降到 40.87%。这主要是因为 20×5 年度发生了经济危机，导致企业物流活动的总成本较 20×4 年度有所增长，但企业销售物流成本较 20×4 年度的比值有所下降，说明企业还是注意到销售物流成本所占比重过大，采取了相应的措施，在保证其他条件影响因素不变的情况下，使销售物流成本下降。除了销售物流成本，A 公司其他物流活动的范围成本比例基本没有多大的变化，说明这两年物流活动的范围成本支出结构变动趋势不明显。

上面的分析是从纵向进行比较 A 公司 20×4 年度和 20×5 年度的物流活动范围成本结构的变化情况。下面从同行业角度来考查 A 公司在行业竞争中所处的地位，进行横向比较分析。由表 9-1 可以看出，20×5 年度 A 公司与 B 公司相比较，A 公司物流活动的范围成本比 B 公司低，相对来说竞争力较强。B 公司回收物流成本和废弃物流成本比 A 公司低 2.5 万元，这说明 B 公司在绿色物流和环保物流方面做得比较好，值得 A 公司学习和借鉴。

2. 物流活动的范围成本结构具体分析

由于企业物流活动的范围成本结构中，销售物流成本和供应物流成本所占比重较大，而企业内物流成本、回收物流成本和废弃物物流成本所占比重过小，所以，在这里主要对销售物流成本和供应物流成本作进一步分析。

企业销售物流成本主要包括自营成本和委托成本。通过调查可得出 A、B 两公司销售物流成本中自营成本和委托成本的具体数据，根据这些数据可以推算出自营成本和委托成本在销售物流中所占的比重，详情见表 9-3。

表 9-3　A、B 公司销售物流成本明细及比重表　　　　　　　　　　　　万元

销售物流成本	A 公司 20×4 年度	A 公司 20×5 年度	B 公司 20×5 年度
自营成本	35	47	49
委托成本	10	0	0
物流销售成本合计	45	47	49
自营成本所占比重	77.78%	100%	100%
委托成本所占比重	22.22%	0%	0%
所占比重合计	100%	100%	100%

从表 9-3 可以看出，A 公司 20×4 年度销售物流成本由自营成本和委托成本两部分构成，其中委托成本所占比例超过了 20%。而在 20×5 年度，公司改变了原有的销售策略，销售物流成本都是自营成本，这样有利于增强企业自身的销售能力。通过 A、B 两公司在 20×5 年度的横向比较来看，两个公司都没有委托其他单位进行销售，所发生的成本都是销售物流自营成本，但 A 公司较 B 公司占有的优势也非常微弱。

除了销售物流成本外，企业的物流活动范围成本结构主要还有供应物流成本。根据调查的数据资料我们可以把 A 公司和 B 公司供应物流成本进行归类，如表 9-4 所示。

表 9-4 A、B公司供应物流成本明细及比重表　　　　　　　　　　　万元

供应物流成本	A公司20×4年度	A公司20×5年度	B公司20×5年度
自营成本	34	40	42
委托成本	8	10	13
小　计	42	50	55
自营成本所占比重	80.95%	80%	76.39%
委托成本所占比重	19.05%	20%	23.64%
合　计	100%	100%	100%

通过表9-4可以看出，A公司在20×5年度的自营成本增长6万元，增幅达到了17.65%，追述原因主要是一些基础材料的成本较20×4年度有所增长，委托成本也比20×4年度增长了2万元，物流供应成本的总体情况是较20×4年度增长了8万元，涨幅为19.05%。由于20×5年度的经济大环境受影响，所以从纵向上分析，A公司这两年的物流供应成本变动不大，在可接受的范围内。从横向比较来看，物流供应成本方面A和B公司差距在10%左右，说明A公司在竞争中还是微占优势的。综合看来，A公司的自营成本要比B公司的自营成本所占的比例稍微多一点。

3. 物流活动的范围成本结构的进一步分析

1) 物流活动的自营物流成本结构分析

企业物流活动的自营物流成本主要包括供应物流成本和销售物流成本，下面逐个来进行分析。

(1) 自营物流成本中的销售物流成本分析。

物流活动的自营物流成本结构分析主要是对供应物流成本所包含的具体成本项目进行比较分析。下面根据调查数据可列一个明细及比重表（见表9-5）分析来看。

表 9-5 A、B公司自营物流成本的供应物流成本明细及比重表　　　　万元

自营物流成本		A公司20×4年度	A公司20×5年度	B公司20×5年度
供应物流	运输成本	19	21	20
	装卸搬运成本	9	10	11
	物流信息成本	2	4	5
	物流管理成本	4	5	6
	小　计	34	40	42
各成本比重	运输成本	55.88%	52.5%	47.62%
	装卸搬运成本	26.47%	25%	26.19%
	物流信息成本	5.88%	10%	11.91%
	物流管理成本	11.77%	12.5%	14.28%
	合　计	100%	100%	100%

通过表9-5可以得出以下结论：自营物流成本中的供应物流成本主要包括运输成本、装卸搬运成本、物流信息成本和物流管理成本。下面对这些成本进行横向和纵向比较分析。

① 纵向比较分析。从总体数据上看，A公司20×4年度和20×5年度的自营物流成本

中供应物流成本方面的差异在各项成本中均有所增加，但从比例上来看，物流的运输成本和装卸成本都有所下降。20×5年度面临的就业压力使得人工搬运费用降低，从而运输费用和装卸费用在总体上的比重有所下降。20×5年度的总运输成本要比20×4年度多，有一部分原因在于物流信息成本和物流管理成本的增长，主要是物流信息成本的增长比较大，成本增长了2万元，物流信息成本所占比重也由20×4年度的5.88%增长到20×5年度的10%，增幅达4.12%。在这里可以看出，在其他外界条件不变的情况下，如何有效地降低物流信息成本和物流管理成本应是公司相关领导阶层关注的重点。同时，科学、合理地安排运输路线也可以有效地降低物流运输成本，这也是一个降低成本的焦点。

② 横向比较分析。在20×5年度，A公司和B公司的相差不大，基本上保持一个持平的状态，B公司的运输成本所占的比重相对来说较少，比A公司相对来说少6%左右，但是B公司的物流管理成本高于A公司1万元，总体来说B公司和A公司基本保持在同一个水平。通过横向比较可以看出，A和B公司应该在物流管理成本上进行调整，通过科学合理的安排物流程序和有效监督物流管理人员的工作效率，降低物流的管理成本。

(2) 自营物流成本中的销售物流成本分析。

企业在进行物流活动时，自营物流成本中的销售物流成本主要指销售过程中产生的物流成本。具体包括运输成本、装卸搬运成本、流通加工成本、物流信息成本和物流管理成本。根据数据调查资料，可以编制一个明细表，销售物流成本明细及比重如表9-6所示。

表9-6　A、B公司自营物流成本的销售物流成本明细及比重表　　　　万元

自营物流成本		A公司20×4年度	A公司20×5年度	B公司20×5年度
销售物流	运输成本	22	20	25
	装卸搬运成本	10	7	9
	流通加工成本	3	4	6
	物流信息成本	4	7	6
	物流管理成本	6	9	9
	小　计	45	47	49
各成本比重	运输成本	48.89%	42.55%	51.02%
	装卸搬运成本	22.22%	14.89%	18.36%
	流通加工成本	6.67%	8.52%	
	物流信息成本	8.89%	14.89%	12.25%
	物流管理成本	13.33%	19.15%	18.37%
	合　计	100.00%	100.00%	100.00%

① 纵向比较分析。A公司20×5年度的销售物流成本比20×4年度增长了2万元，主要增长点在物流信息成本和物流管理成本这两部分，增长幅度为3万元。在销售环节上，物流的运输成本和装卸搬运成本降幅较大，分别为2万元和3万元，主要是企业在产品仓储和摆放时做了一些改进，使在销售过程中的运输费用和搬运费用节省了不少。从各成本所占的比重可以看出，运输成本在销售物流成本中的比重也由原来的48.89%下降到42.55%，装卸搬运成本降幅更大，由原来的22.22%下降到14.89%。物流信息成本和物流管理成本增

幅较大，说明企业现在开始重视在物流信息和物流管理方面的工作，加大了投入力度。

② 横向比较分析。A 公司和 B 公司在总体上花费的费用相差不多，B 公司在销售物流总成本上高于 A 公司 2 万元。但是，通过各项具体成本比较来看，B 公司没有流通加工费用，这是 B 公司较 A 公司优越的地方，这也是 A 公司应该注意改进的地方。如何使流通加工成本降低甚至消失，是 A 公司应该改进的方向。其余的成本两个公司基本相差无几，在此不再进行讨论。

2) 物流活动的委托流成本结构分析

在供应物流成本和销售物流成本结构中，除了自营成本之外，最主要的就是委托成本。它主要是指把一些活动委托给第三方公司进行运作，节省自己的人力和物力，但是需要支付一定的费用。委托物流成本也分为在供应物流环节发生的成本和在销售物流环节上发生的成本，根据前面所提供的关于 A 公司和 B 公司的数据资料，对这些数据进行整理。通过表 9-3 可以看出，A 公司和 B 公司在 20×5 年度销售物流成本中没有发生委托成本，所以在委托成本这部分主要是对供应物流发生的委托成本进行归类整理，并对这些数据进行分析，以此来调整企业在这部分的经营策略。在这里通过表格的形式把它展现出来，如表 9-7 所示。

表 9-7 A、B 公司 20×4、20×5 年度委托物流成本信息明细表

	委托物流成本/万元	运输成本	装卸搬运成本	小　　计
销售物流	A 公司 20×4 年度	6.5	3.5	10
	成本所占比重	65%	35%	100%
	完成同样任务预计花费自营物流成本	7.5	2.8	10.3
	预计自营比委托成本高	1	−0.7	0.3
供应物流	A 公司 20×4 年度	5.6	2.4	8
	成本所占比重	70%	30%	100%
	完成同样任务预计花费自营物流成本	6.4	2.2	8.2
	预计自营比委托成本高	0.8	−0.2	0.6
	A 公司 20×5 年度	6	4	10
	成本所占比重	60%	40%	100%
	完成同样任务预计花费自营物流成本	7.2	3.5	11.7
	预计自营比委托成本高	1.2	−0.5	0.7
	B 公司 20×5 年度	9.5	3.5	13
	成本所占比重	71.54%	28.46%	100%
	完成同样任务预计花费自营物流成本	11	3	14
	预计自营比委托成本高	1.5	−0.5	1

从销售物流委托成本分析，A 公司在 20×4 年度委托成本总计为 10.3 万元，但是若这部分由企业自主经营来完成的话估计要花费 10 万元，和委托成本相差不大，这也是公司在 20×5 年度没有委托其他企业帮助完成销售物流这个环节的工作的主要原因，节省不了多少成本，还要进行不断的沟通和商讨，委托第三方物流工作的价值不大。

但是在供应物流成本这部分，委托第三方物流能够帮助企业节省成本较多。从表 9-7 可

以看出，在 20×4 年度 A 公司委托第三方进行一部分供应物流工作，节省了大约 6 000 元，在委托第三方物流进行工作时，在运输成本这部分要比自己进行运输节省 8 000 元，但是搬运成本要比自己经营多花费 2 000 元左右，所以综合起来还是节省不少，值得企业雇用第三方进行供应物流工作的分担活动。

在 20×5 年度 A 公司委托第三方进行供应物流活动的分担工作能够节省大约 1.2 万元，虽然搬运成本要多花费 5 000 元，但总体收益要比自营省 7 000 元。和 20×4 年度这部分的成本多节省 1 000 元，这样 A 公司在 20×4、20×5 年度供应物流中的委托物流成本基本上保持同等水平变化不大。B 公司在委托第三方经营中大约节省了 1 万元，这样在总体花费只有 13 万元的成本中，所占的比例较大，达到了这部分成本的 6% 以上，所以在这部分企业选择委托其他单位分担工作是十分明智的。

9.2.3 物流活动的成本项目结构分析

前述是把物流活动的成本按照范围结构来分，如果把物流活动的成本按照所属项目来分，可以分为物流功能成本和存货相关成本。其中物流功能成本是指在运输、仓储、包装、装卸搬运、流通加工、物流信息和物流管理过程中所发生的物流成本；存货相关成本是指企业在物流活动过程中所发生的与存货有关的流动资金占用成本、风险成本和保险成本。

物流成本项目结构分析的主要目的是通过分析上述具体成本项目在物流总成本中所占据的比例，调整不合理的部分，使物流总成本在总体上达到最优化。这是物流成本管理人员的基本工作目标。

1. 物流活动的成本项目结构的全面分析

对物流活动成本项目结构的全面分析，现通过举例进行说明。经市场调查获得了 C、D 两个公司的物流活动成本的相关资料（D 公司代表同行业平均水平），如表 9-8 所示。

表 9-8 物流活动成本项目结构分析明细表　　　　　　　　　　万元

物流活动的成本项目		C 公司 20×4 年度	C 公司 20×5 年度	D 公司 20×5 年度
物流功能成本	运输成本	25	27	24
	仓储成本	14	12	16
	包装成本	8	10	12
	装卸搬运成本	12	15	15
	流通加工成本	10	11	10
	物流信息成本	10	8	13
	物流管理成本	11	9	10
	小　　计	90	92	100
存货相关成本	流通资金占用成本	8	9	7
	存货风险成本	2	2	1
	存货保险成本	3	3	2
	小　　计	13	14	10
合　　计	其他成本			
	物流成本合计	103	106	110

通过表 9-8 可以看出，从总体上讲，C 公司在 20×5 年度的功能成本较 20×4 年度增加了 2 万元，主要是运输成本、包装成本、装卸搬运成本方面增长较多，而仓储成本、物流信息成本和物流管理成本有所下降，这样综合起来总体增长了 2 万元，成本波动不大。从这点看来，C 公司在 20×5 年度更关注在物流信息成本和物流管理成本上的缩减，减少一些不必要的开支。从物流活动的存货相关成本来看，A 公司在 20×5 年度的流通资金占用成本较 20×4 年度增加 1 万元，存货风险成本和存货保险成本水平没有变化。

C 公司与 D 公司相比，C 公司在运输成本和流通加工成本上比 D 公司高，而在仓储成本、包装成本、物流信息成本和物流管理成本上较 D 公司优越，特别是在物流信息成本上，比 D 公司物流信息成本水平低 5 万元，这不是一笔小数目。由此可以看出，C 公司在物流信息和物流管理方面比较具有优势，公司的相关负责人在这方面也下了工夫，在同行业中，处于领先地位。

综上所述，在物流活动的功能成本方面，C 公司较 D 公司物流功能成本总水平低 8 万元（由表 9-8 所得），在竞争能力上优于 D 公司。但是从存货相关成本看，C 公司在流通资金占用成本上比 D 公司高 2 万元，存货风险和存货保险成本分别比 D 公司高 1 万元。因此，C 公司在存货相关成本的竞争优势上不如 D 公司强，说明 C 公司相关责任人在存货相关成本方面应给予一定的关注，调整自己的资金策略来降低存货风险和保险成本。在存货相关成本方面 C 公司在同行中处于劣势地位，成本相对来说较高。

根据表 9-8 的数据资料可以编制 C 公司和 D 公司的物流活动成本项目共同比明细表，来反映各成本项目在物流活动中所占的比重，如表 9-9 所示。

表 9-9 物流活动的成本项目共同比分析明细表

成本项目		C 公司 20×4 年度	C 公司 20×5 年度	D 公司 20×5 年度
成本项目	功能成本比重	87.39%	86.79%	90.91%
	存货相关成本比重	12.61%	13.21%	8.09%
	总　计	100.00%	100.00%	100.00%

从表 9-9 中可以看出，C 公司 20×4 年度的功能相关成本占总成本的 87.39%，20×5 年度的功能相关成本所占比例为 86.79%。由此可见，单纯从共同比角度看来，功能成本在总体比重上的变化不大，差距不到 1%；而 D 公司的功能相关成本高达 90.91%，比 C 公司高 4.12%，若 D 公司代表的是同行业的平均水平，那么可以看出 C 公司的功能相关成本所占比重在同行业之下，说明 C 公司的功能性成本控制方面表现较好。另外，根据上述分析，C 公司的存货相关成本占总成本的比重为 13.21%，而代表同行业平均水平的 D 公司该比重为 8.09%，由此可以推断，C 公司的存货相关成本所占比重较同行业平均水平高 63.29%。

2. 物流活动的成本项目具体分析

前述将物流活动从成本项目构成上进行了划分，可以分为物流功能成本和存货相关成本。接下来对物流功能成本和存货相关成本做具体的分析，以求寻找其中成本比重较大的项目，进行成本控制，增强企业在成本管理上的竞争优势。

1) 物流功能成本结构具体分析

根据表 9-8 中的数据资料，编制 C 公司和 D 公司的物流活动功能成本项目所占比重明细表，对功能成本项目作详细的分析，以便找出其中有待改进的成本项目，提高功能成本的竞争优势，如表 9-10 所示。

表 9-10 C、D 公司比较共同比物流功能成本项目明细表   %

功能性成本项目	C 公司 20×4 年度	C 公司 20×5 年度	D 公司 20×5 年度
运输成本	27.78	29.35	24.00
仓储成本	15.56	13.04	16.00
包装成本	8.89	10.87	12.00
装卸搬运成本	13.33	16.30	15.00
流通加工成本	11.11	11.96	10.00
物流信息成本	11.11	8.70	13.00
物流管理成本	12.22	9.78	10.00
功能性成本合计	100.00	100.00	100.00

（1）纵向比较分析。从功能性成本项目共同比明细表中可以看出，20×4 年度，C 公司成本项目中运输成本占的比重较大，为 27.78%；而装卸搬运成本、流通加工成本、物流信息成本和物流管理成本基本相当，共占总体比重的 47.77%；仓储成本占总成本比重的 15.56%，在所有成本项目中位居第二位。通过表 9-10 可见，企业的大部分成本发生在运输和仓储环节，其余各项成本项目大体相当。单纯从共同比来看，C 公司在 20×5 年度运输成本的比重有所增加，装卸搬运成本提高了近 3 个百分点，仓储成本、物流信息成本和物流管理成本都有不同幅度的下降。这说明企业在原有情况下，降低了非主流环节的物流活动成本，在保证主要环节稳定的情况下，缩减了一些非主流环节的成本开支比例，使成本的价值发挥了更大的效应。

（2）横向比较分析。从横向上来看，C 公司和 D 公司功能性成本项目总体结构大致相同，也是运输成本、仓储成本和装卸搬运成本占总体比重较高，其余各项成本所占比重基本相当。通过具体分析可知，C 公司运输成本的比重较 D 公司高 5.35%。由此可见，在 C 公司的物流活动相关成本结构中，运输成本所占比重相对同行业运输成本平均水平较高。从表 9-8 中的数据可以看出，C 公司的运输成本在 20×4 年度是 25 万元，20×5 年度为 27 万元，均高于 D 公司 20×5 年度的运输成本 24 万元。由此可见，C 公司的运输成本无论是实际发生额，还是成本项目结构中所占的比重都比同行业的平均水平高，这也是 C 公司今后功能性成本项目结构调整的一个重点。除运输成本之外，C 公司装卸搬运成本和流通加工成本也均略高于 D 公司，其他各项成本均低于 D 公司，说明 C 公司在物流活动的功能性成本中，还是具有一定的竞争优势的；但运输成本过高，已成为不争的事实，应采取合理的手段以降低成本，进而达到同行业的平均水平。

2) 存货相关成本结构具体分析

存货相关成本主要包括流动资金占用成本、存货风险成本和存货保险成本。在此主要分析存货相关成本内部的共同比和比例之间的协调分配。根据表 9-8 提供的数据可以编制 C、D 公司的存货相关成本项目明细表，如表 9-11 所示。

表9-11　C、D公司比较共同比存货相关成本项目明细表　　　　　　　　　　%

存货相关成本项目	C公司20×4年度	C公司20×5年度	D公司20×5年度
流动资金占用成本	61.54	64.92	70.00
存货风险成本	15.38	14.29	10.00
存货保险成本	23.08	21.42	20.00
存货相关成本合计	100.00	100.00	100.00

（1）纵向比较分析。根据表9-11可知，在存货相关成本结构中，C公司在20×4年度和20×5年度的存货相关成本所占的比例变动不大，增减幅度最大的在3%左右，主要发生在流动资金占用成本的比例和存货保险成本所占的比例上。如此看来，公司可能是有意增加企业的流动资金，加强资金的周转力度；而对于存货存在的风险和保险方面的成本有意控制，逐步缩减这两项成本所占的比例。由表9-8中数据资料可以看出，存货风险成本和存货保险成本额度并没有发生变化，但是由于流动资金占用发生了改变，所以存货风险成本和存货保险成本在存货相关成本项目中所占比例略有下降。现在C公司需要详细分析影响流动资金占用成本的各种影响因素及其程度，如果有必要可作更详细的分析。

（2）横向比较分析。从表9-11中可以看出，在存货相关成本比较中C公司的流动资金占用成本所占比例较D公司低。如果D公司代表的是同行业的平均水平，那么从这个共同比明细表中可以得出这样一个结果，C公司的流动资金占用成本在同行业相比较而言占有一定优势。但从表9-8中可以清楚地看到，C公司的流动资金占用成本额为9万元，而D公司仅为7万元，出现如表9-11所示的这种结果，主要是因为D公司的存货相关成本整体上较低。所以，在分析的时候要从绝对数和相对数两方面进行比较，这样对物流成本的分析才能做到更科学、合理和全面。由此看来，企业还应该加大对流动资金占用成本的监管力度，从中找出可以缩减的项目。C公司和D公司在存货风险成本和存货保险成本所占比例上也存在一定的差距，这种差距主要反映了公司对于存货保管水平和风险意识的重视程度有所不同。

3. 物流活动的成本项目进一步分析

对物流活动的成本项目作进一步分析过程和范围成本结构的进一步分析相似，主要是对物流活动的功能成本的范围结构和支付形态结构进行分析，为企业成本结构优化调整提供依据。

1）功能成本范围结构进一步分析

在物流活动的功能成本结构中，主要包括运输成本、仓储成本、包装成本、装卸搬运成本、流通加工成本、物流信息成本和物流管理成本。在此主要针对运输成本、仓储成本、装卸搬运成本和物流管理成本作详细具体分析，以对公司或企业所发生的功能成本范围结构作进一步的检测，寻找潜在的收益。

（1）运输成本范围结构分析。

根据表9-12提供的数据可以编制C、D公司的运输成本范围结构分析和共同比明细表，通过该表可作纵向比较分析和横向比较分析。

表 9-12 运输成本范围结构分析和共同比明细表 万元

功能性成本范围结构		C公司 20×4 年度	C公司 20×5 年度	D公司 20×5 年度
运输成本	供应物流	13	15	16
	企业内物流	1	4	
	销售物流	9	8	8
	回收物流	1.2		
	废弃物物流	0.8		
	合计	25	27	24
各成本所占比重	供应物流	52.00%	55.56%	66.67%
	企业内物流	4.00%	14.81%	
	销售物流	36.00%	29.63%	33.33%
	回收物流	4.80%		
	废弃物物流	3.20%		
	合计	100.00%	100.00%	100.00%

① 纵向比较分析。从表 9-12 的数据中可以看出，C公司在 20×4 年度和 20×5 年度的运输成本各项分类中供应物流成本和销售物流成本占的比重最大，分别达到了 88% 和 85.19%。20×5 年度，企业内物流成本费用为 4 万元，占总体比重的 14.81%，说明在企业内部也发生了一部分运输成本。20×4 年度公司有退货、返修和废旧物品处理等运输业务，在 20×5 年度这些方面的成本通过科学手段进行处理已经控制住了。从各成本所占比重可以看出，功能性运输成本主要发生在供应物流活动和销售物流活动中，这应该成为 C 公司今后降低物流活动功能性成本的主要方向。

② 横向比较分析。通过 C、D 两个公司 20×5 年度数据比较分析可知，C公司比 D 公司多发生了一项企业内物流活动，D 公司的企业内部没有发生运输成本，与 C 公司相比较，D 公司的优势比 C 公司明显。两个公司在销售环节发生的运输成本水平基本相当，但是从比重上分析，由于 D 公司运输成本基数较小，所以 C 公司在销售环节发生的运输成本相对于 D 公司略低。但对 C、D 两个公司而言，供应环节和销售环节发生的运输成本应成为企业关注的重点。

在总体比重中，仓储成本占 15.56%，由表 9-10 中数据可知，其排位第二。但是仓储成本主要是企业内物流，即物流活动在企业内部发生的费用，是一项企业内物流成本，所以在这里不作重点分析。

(2) 装卸搬运成本范围结构分析。

装卸搬运成本主要是指在物流活动过程中发生的装卸、搬运等费用，根据表 9-8 的数据资料显示，C 公司装卸搬运成本在该公司物流功能成本中排行第三位，下面通过表 9-13 的数据资料对该公司装卸搬运成本范围结构进行分析。

表 9-13　装卸搬运成本范围结构分析和共同比明细表　　　　　　　　　万元

功能性成本范围结构		C公司 20×4 年度	C公司 20×5 年度	D公司 20×5 年度
装卸搬运成本	供应物流	4	7	8
	企业内物流	2.2	2	
	销售物流	4.5	6	7
	回收物流	0.6		
	废弃物物流	0.7		
	合　计	12	15	15
各成本所占比重	供应物流	33.33%	46.67%	53.33%
	企业内物流	18.33%	13.33%	
	销售物流	37.50%	40.00%	46.67%
	回收物流	5.00%		
	废弃物物流	5.83%		
	合　计	100.00%	100.00%	100.00%

① 纵向比较分析。通过表 9-13 可以看出，C公司 20×5 年度与 20×4 年度相比，装卸搬运成本项目中减少了两项，即回收物流成本和废弃物物流成本，说明公司在原有方案中改善了产品质量，在装卸搬运过程中没有退货、返修和废旧物品处理等业务，为公司的装卸搬运成本缩减了部分资金。从成本比重上看，装卸搬运成本主要体现在供应物流环节和销售物流环节，这两部分的比重累计高达 86.67%，说明这两个环节是 C 公司在控制装卸搬运成本上的主要方向。另外，企业内物流的装卸搬运成本比重也由 20×4 年度的 18.33% 下降到 20×5 年度的 13.33%，下降了 5 个百分点。由此可以看出，C 公司希望尽量减少企业内部物流环节的装卸搬运工作，以降低装卸搬运成本。

② 横向比较分析。C 公司和 D 公司相比较，两者的装卸搬运总成本水平相同，但是在 D 公司没有企业内物流成本的发生，说明企业在内部没有发生装卸搬运费用，在这方面成本控制得很好，值得 C 公司借鉴。但是从总体比重上来看，C 公司的供应物流成本所占比重较 D 公司少，主要是因为 D 公司的装卸搬运成本项目仅供应物流和销售物流两项，且大部分都集中在供应物流环节上。通过这个比较可以看出，把企业内物流成本项目逐步降低直至消除是 C 公司改进的方向，尽量不要在公司内部发生装卸搬运成本。总体来说，C 公司和同行业在装卸搬运成本的范围结构上基本保持一致。

(3) 物流管理成本范围结构分析。

物流管理成本的范围结构分析和前述运输成本范围结构分析相似，都是从供应物流、企业内物流、销售物流、回收物流和废弃物物流这 5 个方面来进行的。根据表 9-14 的有关数据资料，可以计算出物流管理成本范围结构分析表和共同比明细表，并可以做进一步的纵向比较分析和横向比较分析。

表 9-14　物流管理成本范围结构分析和共同比明细表　　　　　　　　　　万元

功能性成本范围结构		C公司20×4年度	C公司20×5年度	D公司20×5年度
物流管理成本	供应物流	4	2.7	3.8
	企业内物流	2.5	2.5	2.2
	销售物流	4	3.8	4
	回收物流	0.25		
	废弃物物流	0.25		
	合　计	11	9	10
各成本所占比重	供应物流	36.364%	30.00%	38.00%
	企业内物流	22.727%	27.78%	22.00%
	销售物流	36.364%	42.22%	40.00%
	回收物流	2.2727%		
	废弃物物流	2.2727%		
	合　计	100.00%	100.00%	100.00%

① 纵向比较分析。在物流管理成本中，根据20×4年度和20×5年度C公司的数据资料，可以看出，C公司20×4年度的物流管理成本主要由3个部分构成，即供应物流、企业内物流和销售物流环节发生的物流管理成本，这3部分成本占物流管理总成本的比重为95.46%，几乎囊括了所有的成本。而这种情况在20×5年度发生了微小的变动，即公司在回收物流和废弃物物流的管理成本消失，这可能主要是因为公司在产品质量和售后服务方面的能力有所提高，没有发生因为退货、返修等问题产生的物流管理成本，为缩减成本提供了一定的帮助。在进行物流管理时，销售环节的物流管理成本所占比重较高，20×4年度为36.36%，20×5年度又增长了近6个百分点，高达42.22%，这种现象表明企业在销售环节过程中，物流活动的控制和监督难度大，需要的费用较多。同时给公司指明了缩减成本的方向，即在成本所占比率高的成本项目上下工夫，从中找出成本缩减空间，增强公司的成本竞争力。

② 横向比较分析。从表9-14可以看出，C公司和D公司物流管理成本总体上的差距是1万元，其中C公司在供应物流的物流管理成本要比D公司少1.1万元，C公司供应物流在物流管理成本中所占的比重较D公司少8个百分点，说明C公司在供应物流环节发生的物流管理成本在同行业中占有一定的优势。同时，在销售物流环节发生的物流管理成本也较D公司少0.2万元，但此环节物流管理成本的比重却较D公司高2.22%，主要是因为C公司的物流管理成本总费用低于D公司。通过横向比较可以看出，即使C公司在物流管理成本方面不是处在行业领先的水平，至少也是在同行业中维持一个平均水平的状态。

2) 功能成本支付形态进一步分析

功能成本支付形态主要有人工费、维护费和一般经费3种。下面就物流运输成本、装卸搬运成本和物流管理成本的支付形态结构展开分析。

(1) 物流运输成本支付形态结构分析。

由表9-15可以看出，从C公司20×5年度的运输成本来看，主要有人工费和维护费两种支付形态，二者的总和占运输总成本比重高达92%，如果要降低物流运输成本的话，应该从这两项费用支付形态入手,着重分析人工费和维护费的支出明细。通过横向和纵向比较,寻找企业的成本薄弱环节,对其进行改进,以寻求降低物流运输成本的途径。

表 9-15 物流运输成本支付形态结构明细表   万元

物流成本支付形态结构		C公司 20×4 年度	C公司 20×5 年度	D公司 20×5 年度
运输成本	人工费	17	15	12
	维护费	6	9	9
	一般经费	2	3	3
	合　计	25	27	24
成本比重	人工费	68.00%	55.56%	50.00%
	维护费	24.00%	33.33%	37.50%
	一般经费	8.00%	11.11%	12.50%
	合　计	100.00%	100.00%	100.00%

① 纵向比较分析。通过比较C公司物流运输成本支付形态结构可以看出,运输总成本 20×5 年度较 20×4 年度增加了 2 万元,其中人工费用降低了 2 万元,但是维护费和一般经费分别增加了 3 万元和 1 万元,所以导致总成本增加了 2 万元。C公司应该详细分析维护费和一般经费支出明细表,查明费用发生的原因。如果增加的费用是由于部门负责的可控成本造成的,这个责任应该由运输部门负责;如果增加的费用是由于外界不可控制的因素造成的,则应按权责划分视情况而定,并要积极寻找降低成本的途径。相应的成本比重的变化也说明了各支付形态别变化的程度和方向,企业应查找原因,找出解决问题之法。

② 横向比较分析。通过表 9-15 中C公司和D公司在 20×5 年度运输成本费用的比较可以看出,C公司运输费用较D公司高 3 万元,主要原因在于人工费支出较高,而 20×4 年度C公司的人工费更高,说明可能是C公司在人工费支出的控制方面存在一定的问题。C公司应该就此对人工费用作重点分析,尽全力控制可控的人工成本,从而降低运输成本总额。

(2) 装卸搬运成本支付形态结构分析。

根据表 9-16 的数据资料,可以清楚看到装卸搬运成本的支付形态构成和各成本所占的比重。从C公司 20×5 年度的装卸搬运成本明细中看到,人工费和维护费二者所占的比重分别为 35.33% 和 44.67%,总和达到 80%。因此,如果要降低装卸搬运成本,必须首先着手降低这两方面的成本。具体做法是:可以通过列出这两项费用的支出明细表,查看支出明细是否科学、合理。对于可以控制的成本,尽量在不影响原有运作的前提下,节省成本;对于不可控制的成本,要尽可能满足其成本需要,保证工作的正常运转。

表 9-16 物流装卸搬运成本支付形态结构明细表   万元

物流成本支付形态结构		C公司 20×4 年度	C公司 20×5 年度	D公司 20×5 年度
装卸搬运成本	人工费	5.5	5.3	6.3
	维护费	5	6.7	6.5
	一般经费	1.5	3	2.2
	合　计	12	15	15

续表

物流成本支付形态结构		C公司20×4年度	C公司20×5年度	D公司20×5年度
成本比重	人工费	45.83%	35.33%	42.00%
	维护费	41.67%	44.67%	43.33%
	一般经费	12.50%	20.00%	14.67%
	合计	100.00%	100.00%	100.00%

① 纵向比较分析。由 C 公司 20×5 年度和 20×4 年度的装卸搬运成本纵向比较可知，人工费用降低了 2 000 元，人工费用所占的比重降低了近 10 个百分点。从前述运输成本的分析就得出了 C 公司的人工费可能存在一定的问题，所以在装卸搬运成本中尤其要引起重视，尽量使人尽其用，不浪费任何的劳动力资源。C 公司应该根据企业的实际情况决定增减人员。维护费和一般经费较 20×4 年度增幅较大，增幅分别为 1.7 万元和 1.5 万元，使得企业的装卸搬运总成本上升了 3 万元。对于维护费用和一般经费要列出详细的明细表，与 20×4 年度的明细费用进行对比，找出差异所在，进行差异分析。

② 横向比较分析。C 公司与 D 公司相比较，装卸搬运总成本额度相同，但是在人工费上，C 公司较 D 公司节省了 1 万元，而 C 公司的维护费和一般经费比 D 公司分别高出 2 000 元和 8 000 元。因此，C 公司应该把各项支出明细进行详细的比较。通过与同行业企业比较能够看出 C 公司在市场竞争中的优势和劣势，寻找合理的装卸搬运成本支出形态结构，从而进一步优化企业物流成本利用率。

(3) 物流管理成本支付形态结构分析。

根据表 9-17 的数据资料，C 公司 20×5 年度的物流管理成本主要发生在人工费和一般经费这两种支付形态上，二者在物流成本中所占的比重分别为 52.22% 和 42.22%，这两项费用的和占总体比重的 94.44%，如果能够把这两项费用控制得当的话，C 公司的物流管理费用就能够保证控制在合理水平之内。

表 9-17 物流管理成本支付形态结构明细表   万元

物流成本支付形态结构		C公司20×4年度	C公司20×5年度	D公司20×5年度
管理成本	人工费	5.3	4.7	4.2
	维护费	1	0.5	0.8
	一般经费	4.7	3.8	5
	合计	11	9	10
成本比重	人工费	48.18%	52.22%	42.00%
	维护费	9.10%	5.56%	8.00%
	一般经费	42.73%	42.22%	50.00%
	合计	100.00%	100.00%	100.00%

① 纵向比较分析。由表 9-17 可以看出，在 20×5 年度，C 公司的物流管理成本较 20×4 年度有所下降，由原来的 11 万元降到 20×5 年度的 9 万元，降幅达 20% 左右。具体比较看来，人工费、维护费和一般经费都有不同程度的降低，其中人工费用由原来的 5.3 万元下降到 4.7 万元，降幅为 0.6 万元，维护费的降幅为 0.5 万元，一般经费降幅较大，为 0.9 万

元。这从整体上说明企业在物流管理成本的控制上加大了力度，同时也取得了较好的效果。从各成本的比重上分析，在20×4年度，人工费用占总管理成本的48.18%，而在20×5年度的比例中占到52.22%。这主要是由于总成本降低而引起的各项成本比例发生了改变，但大体的比例变化不大，人工费和一般经费两项仍然占到了管理成本的90%以上，说明这两项费用支出形态仍然是管理费用今后控制的重点。

②横向比较分析。通过与同行业的D公司相比较，C公司仍然具有较强的竞争实力，主要体现在C公司的物流管理成本较D公司低1万元，具体表现为维护费较D公司节约0.3万元，一般经费节约1.2万元。尽管在人工费方面C公司较D公司多花费0.5万元，整体上来讲，C公司在物流管理成本方面较D公司优越。从各项成本比重上分析，在C公司，人工费所占的比例最大，占物流管理成本的52.22%；而D公司的一般经费所占的比重最大，高达物流管理成本的50%。据此看来，C公司应该尽可能降低人工费，保持自己对一般经费的控制能力，从而继续保持自身的竞争优势。

(4) 物流仓储成本支付形态结构分析。

根据仓储成本支付形态结构明细表9-18的数据资料，可以清楚地看出，C公司20×5年度的仓储成本主要发生在人工费和维护费上，所占比重分别为37.5%和54.17%，占总体费用的91.67%。所以在仓储成本管理中，最重要的是控制维护费用，这主要是因为仓储折旧费和维修支出费较多所致；其次是人工费用，主要是由于在仓储过程中发生的人工搬运等费用。如果把这两项费用控制得当的话，仓储成本就能够得到很好的控制。

表9-18 物流仓储成本支付形态结构明细表　　　　　　　　万元

物流成本支付形态结构		C公司20×4年度	C公司20×5年度	D公司20×5年度
仓储成本	人工费	5	4.5	5.3
	维护费	7	6.5	7.8
	一般经费	2	1	2.9
	合计	14	12	16
成本比重	人工费	35.71%	37.50%	33.13%
	维护费	50.00%	54.17%	48.75%
	一般经费	14.29%	8.33%	18.12%
	合计	100.00%	100.00%	100.00%

①纵向比较分析。同20×4年度发生的费用数据记录相比较，C公司20×5年度所发生的实际费用在人工费方面节约0.5万元；维护费节约0.5万元，由原来的7万元降低到6.5万元；一般经费降幅较大，降低了50%，由原来的2万元降低到1万元。各成本所占比重变化较大的是一般经费，由20×4年度的14.29%降到20×5年度的8.33%，其他的成本所占比重变化不大，基本上保持一个平稳的状态。从整体上来看，维护费是仓储成本控制的重点，应该在原有控制基础上进一步加大力度，尽量减少维修支出费用。

②横向比较分析。与D公司相比较，C公司的优势非常明显，在人工费上较D公司节约0.8万元；维护费用节约1.3万元；一般经费节约1.9万元，相当于D公司一般经费水平的34%。这几个数据能够清晰地说明，如果D公司代表的是同行业平均水平的话，那么C

公司在仓储成本方面就占有相当强的优势，它的成本控制优于同行业平均水平，这种态势应继续保持。

总体而言，C公司的各项成本无论是功能成本结构还是支付形态结构表明的信息是C公司大部分成本项目都保持和同行业相当或领先的水平，企业应继续保持。

9.3 物流成本比率分析

物流成本比率分析主要是分析物流成本与数量指标的比率分析、物流成本与成本费用指标的比率分析、物流成本与收入指标的比率分析以及物流成本与利润指标的比率分析。通过成本费用、收入和利润指标的成本分析，使企业能够明确掌握物流成本与企业最初的预算指标存在哪些差异，进而加以改进。

9.3.1 物流成本比率分析的步骤

物流成本比率分析主要分为两个步骤，即计算与企业物流成本相关项目的比值，依据计算结果进行评价。

1. 计算与企业物流成本相关项目的比值

这里的相关项目可以是财务方面的数据，也可以是顾客、企业内部等其他方面的数据。物流成本比率分析主要计算的就是物流成本与数量指标的比率分析、物流成本与成本费用指标的比率分析、物流成本与收入指标比率分析以及物流成本与利润指标的比率分析。

2. 依据计算结果，进行评价

企业在对物流成本比率指标进行分析时，首先要明确指标使用的前提条件和具体使用范围，在此基础上进行纵向比较分析和横向比较分析。如前文所述，可以根据企业历年实际发生的数据进行比较，也可以根据同行业的平均水准、行业内先进水平进行比较，以此来评价企业实际的物流成本水平。物流成本的结构分析及各项成本的增减变动情况，主要是对企业内部物流成本项目进行分析，而物流成本比率分析，主要是将物流总成本与会计报表的相关项目进行对比，计算出其相关比率，通过与财务数据和非财务数据进行比较来评价企业物流成本水平。

9.3.2 物流成本与数量指标的比率分析

数量指标主要是指企业的产品数量。对于制造企业来说，产品数量可以是其销售产品数量，也可以是其完工产品数量。一般情况下，采用产品物流成本指标作为物流成本与数量指标的比率分析评价指标。

1. 产品物流成本指标使用的前提条件

产品物流成本是指物流总成本与产品总数量的比值。具体表现为单位产品所消耗的物流成本水平。如果企业只生产和销售一种产品，这个指标的获取非常容易，直接用所耗费的物流总成本比上产品的总数量即可得出结果，以此来获取单位产品的物流成本信息并进行评价，为企业决策者提供相关决策信息。在实际运营过程中，企业不可能只生产单一品种的产品，大多数企业都是多品种、多元化生产和经营。在这种情况下，就需要对物流总成本进行划分，通过明确成本的责任，来确定各种产品的单位物流成本，以此来进行比较分析物流成本的优劣所在。

在制造企业的物流成本计算过程中，应该把产品分为两个部分，即完工产品和未完工产品。物流总成本应该据此进行划分，先计算出完工产品的物流成本水平，再对完工产品的物流成本进行比较分析，查找企业的优缺点，并对此进行详细分析，从而进行完善、改进。

根据上述可以得出结论，使用产品物流成本指标的前提条件是将物流成本在不同产品或同一产品的完工产品和未完工产品之间进行分配，分别计算出不同产品之间以及完工产品和未完工产品之间的物流成本。

2. 产品物流成本指标的使用范围

单位产品物流成本指标的适用条件是在不改变企业原有生产和销售产品种类的前提下，本期比率与上期或同期比率的比较。同时，也适用于生产或销售同一种或同几种产品的不同企业之间的比较分析。正常情况下，产品物流成本指标对于物流企业不太适用。因为物流企业没有生产流程，进而没有产成品，所以无法用单位产品物流成本指标来衡量物流企业的成本。但是，如果物流企业有能力承办的业务种类或商品种类比较单一，同时承办的业务又相对来说比较稳定，也可以采用业务或商品作为产品来承担物流成本。所以，可以采用单位产品物流成本指标来进行比较分析。总而言之，不管企业属于哪种类型，只要企业只生产或销售单一产品，那么使用单位产品物流成本指标进行比较分析则最为有利，而且所获结果也最为可靠。

3. 产品物流成本指标的使用缺陷

单位产品物流成本在使用过程中包含两种含义：一种是完工产品所耗用的物流成本水平，这种产品物流成本通常适用于生产制造企业进行成本比较分析；另一种是指单位已经销售产品所耗用的物流成本水平，这种产品物流成本通常使用销售产品作为产品物流成本的承担载体，以此来进行流通企业或制造企业的物流成本比较分析。产品物流成本指标的使用缺陷主要表现为以下两个方面。

1）完工产品物流成本指标

前述提及制造企业由于涉及完整的生产制造过程，在期末需要将所发生的物流成本采用一定方法在完工产品和未完工产品之间进行分配，这样可以体现出完工产品的物流成本占总物流成本的比重，进而对制造企业的物流成本耗费水平进行比较分析和评价。从单位产品物流成本指标的含义可知，如果把这个指标用比率来表示的话，分子物流成本主要包括企业供、产、销等所有经营活动所耗费的成本，具体包括供应物流、企业内物流、销售物流、回收物流和废弃物物流各个阶段所发生的物流成本；分母完工产品数量就物流范围而言，仅设计供应物流和企业内物流。所以，从两者的配比关系来看，计算内容口径存在不一致的问题。如果仅从数量关系来看，只有在企业本期完工产品全部对外销售的前提下，完工产品数量和销售产品数量才会相同，这个指标的使用才无争议。若企业生产、经销多种产品，或者产品的种类变化频繁，使用完工产品物流成本指标来衡量和分析企业物流成本则存在一定的局限性。

2）已销产品物流成本指标

已销产品物流成本指标是指物流发生的总成本与已经销售的产品数量之间的比值。如果企业生产的产品或采购到的产品全部实现销售，则这个配比关系成立，指标具有实用价值。但在实际运作中，物流成本从原材料采购就开始产生，经过企业生产、销售、直到废物回收，伴随着物的流动贯穿企业经营活动的始终。所以，在市场运行过程中，生产的产品当期全部实现销售的可能性很小，一旦企业存在产成品库存，那么这个指标的可靠性就有待考量，把它作为评价企业物流成本水平的标准也就有待商榷。这主要是因为企业发生的所有物流成本只由部分销售的产品来承担，会夸大单位产品物流成本水平，不利于企业正确衡量经营绩效。因此，这个指标只有在本期生产或采购的产品基本完全实现销售的情况下才具有使用价值。

4. 实例应用

已知A公司是一家专门从事某种产品生产制造的企业，主要生产甲和乙两种产品。20×5年年末甲产品生产了2 500件，全部实现销售；乙产品3 000件，但是只销售出去2 500件，还有500件没有实现销售，存至库房。相关负责人经查阅会计报表等相关资料了解到，20×5年度全年中经营甲产品共发生物流成本50 000元，乙产品花费的物流总成本126 000元。根据历史资料显示，在20×4年度，该公司销售甲产品2 000件，花费的物流成本为48 000元；乙产品2 400件，花费物流成本96 000元。按照上述数据编制甲产品和乙产品物流成本对比分析表，如表9-19所示。

表9-19　甲产品和乙产品物流成本对比分析表

	物流成本分类	20×4年度	20×5年度	较20×4年度同比增长
甲产品	物流成本/元	48 000	50 000	4.17%
	销售数量/件	2 000	2 500	
	单位物流成本/元	24	20	−16.67%
乙产品	物流成本/元	96 000	105 000	9.38%
	销售数量/件	2 400	3 000	
	单位物流成本/元	40	35	−12.50%
物流成本合计		144 000	155 000	7.64%

根据资料可以得出20×5年度乙产品生产3 000件，销售2 500件，按照已销售产品物流成本数量进行计算，已销售产品的实际物流成本为：

$$126\,000 \times \frac{2\,500}{3\,000} = 105\,000(元)$$

据此编制的物流成本对比分析表可以看出，A公司的物流成本在20×5年度较20×4年度同比增长了7.64个百分点，其中甲产品的物流成本同比增长了4.17个百分点，乙产品物流成本同比增长了9.38个百分点。通过进一步分析可以看出，甲产品的单位物流成本同比下降了16.67个百分点，乙产品单位销售物流成本较20×4年度同比下降了12.5个百分点，下降幅度较大。由此可见，A公司的两种产品总成本虽然有所增长，但单位销售物流成本较20×4年度有所下降，这说明A公司的物流成本控制较好，单位销售物流成本下降的幅度很大，说明企业在物流成本控制上取得了一定的成绩。

9.3.3 物流成本与收入类指标的比率分析

物流成本与收入类指标是指物流成本与主营业务收入指标的比率分析,这类指标中最重要的是单位销售收入物流成本比率,它等于发生的物流总成本与主营业务收入之比。对企业而言,主营业务收入是企业通过销售产品而实现的收入,在这里产品可以是实体产品,也可以是企业提供的各项服务。根据收入与成本的配比原则,单位销售收入的物流成本率主要反映的是企业为获取一定收入所付出的物流成本代价。

1. 物流成本与收入类指标使用的前提条件

通过单位销售收入物流成本率指标的计算公式可知,该指标的分子和分母之间不一定存在必然的联系。对企业而言,主营业务收入的高低对物流成本高低没有直接的影响,某些物流费用并不会因主营业务收入的高低而随之增减。企业在使用这个指标进行物流成本比率分析时,主要目的是通过对企业不同时期的物流成本收入类指标的比率进行横向和纵向比较,来评价企业在一定时期内单位营业收入所发生的物流成本是否科学、合理。但是,这个指标的使用有一个前提条件。首先,要对不同对象的主营业务收入和数量进行分析;同时,企业不同时期或不同企业之间产品的定价差异和营销策略差异不大。只有这样,这个指标的使用才具有说服力。如果企业在不同时期或行业内各企业之间的产品售价差异很大,会造成产品销售量的差异很大,这样也使得主营业务收入相差悬殊,这种情况会导致企业单位销售产品物流成本差异很大,不利于客观进行比较分析。

2. 物流成本与收入类指标的使用范围

物流成本与收入类指标主要适用于3种企业评价单位主营业务收入所发生的物流成本:生产制造业、流通企业和物流企业。物流成本与收入类指标可以用于横向比较,通过企业与同行业企业之间进行比较分析,以此来揭示企业内部存在的优点和缺点;也可以通过纵向比较,掌握企业在各个历史时期所发生的数据,从中查找存在问题的原因,提出解决方案。物流成本与收入类指标使用中,物流企业比较特殊,它只负责物资流通,由于其特殊的运作方式,根据收入成本配比原则,主营业务收入减去物流成本等于物流企业实现的物流收益。但这种情况,只有在物流企业才能够实现,物流企业主营业务收入是运作物流业务所实现的收入。因此,这一指标对于物流企业而言比制造业和流通业更为适用,更能够真实地反映单位物流活动销售收入所发生的物流成本水平。

3. 物流成本与收入类指标的使用缺陷

企业在应用物流成本与收入类指标进行物流成本分析过程中主要存在两方面的缺陷:一是对于生产制造企业来说,物流成本和主营业务收入之间没有必然的联系;二是企业进行营销活动时的产品定价和营销策略的改变会给物流成本与收入类指标的比例造成重大的影响。所以,物流成本与收入类指标有时无法真实地反映不同比较对象之间的差异。具体来讲,因为主营业务收入变化比物流成本变化更为活跃,使得不同比较对象之间即使指标非常接近,也并不等同于所反映的物流成本管理水平相当。同理,物流管理和控制水平相当,也可能由于主营业务收入相距悬殊导致指标差异较大。

4. 实例应用

B企业在20×4年度发生的物流成本为38 900元,主营业务收入为678 000元,在

20×5 年度发生的物流成本为 44 200 元，主营业务收入为 812 900 元；根据相关调查资料可知，B 企业产品价格和所采取的营销策略大致相同，在这里可以把这些情况看作等同，在后续的比率分析中可以不考虑这些方面的差异。

根据上述资料编制 B 企业物流成本与主营业务收入比率分析表，如表 9-20 所示。

表 9-20　B 企业物流成本与主营业务收入比率分析一览表

年度＼项目	物流成本/元	主营业务收入/元	物流成本/主营业务收入
20×4 年度	38 900	678 000	5.74%
20×5 年度	44 200	812 900	5.44%
20×5 年度较 20×4 年度同比增长率	13.62%	19.90%	−0.30%

根据表 9-20 中的数据可知，B 企业 20×5 年度发生的物流成本较 20×4 年度增长 13.62%，主营业务收入较 20×4 年度增长 19.90%，其增长幅度超过物流成本的增长幅度。企业在 20×5 年度单位营业收入的物流成本率为 5.44%，比 20×4 年度下降 0.3%。在产品价格和营销策略基本相等的情况下，B 企业在 20×5 年度单位营业收入的物流成本水平较为合理，企业的物流成本控制也较为稳定。

9.3.4　物流成本与利润类指标的比率分析

企业的物流成本与利润类指标的比率分析是指企业的物流成本与利润总额的比率分析，也可以是物流成本与企业净利润的比率分析。有些企业舍弃利润总额而采取净利润，更多的是考虑到所得税的影响程度，在此不做详细介绍。

1. 物流成本与利润类指标比率分析的使用前提

物流成本与利润类指标的比率主要是指物流成本利润率，它等于利润总额与物流成本之比。物流成本利润率主要反映的是花费单位的物流成本所能获得的利润额，表明单位物流成本的获利能力。该指标的大小能够说明单位物流成本盈利能力的强弱程度。一般情况下，物流成本数额与利润总额呈反方向变化，即物流成本数额增加，利润总额一般会随之而减少；反之，利润总额则会随之而增加。所以，该指标不仅可以评价企业的获利能力，还可以评价企业对物流成本总额的管理水平和控制能力。

利润总额是所获收入减去在计算期内的所有成本和各项费用的余额。因此，使用该指标进行企业物流成本水平的评价必须要考虑到不同比较对象之间所获得的收入、成本和费用要素之间是否存在显著的差异。若存在显著差异，必须对这些显著性差异进行相应的修正，在修正的基础上再进行比较分析。如果企业在计算期内发生了营业外收益或其他投资性收益，在计算物流成本利润率时应该把这些非主营业务收益扣除，再进行计算，使得物流成本利润率具有可比性。因此，物流成本与利润类指标的使用前提是这类指标具有可比性。指标的可比性主要体现在两方面：一是比较对象之间利润总额的构成要素要大体相同，存在差异较大的因素应该将其剔除；二是利润总额中所包含的盈利因素应该与物流成本因素相对应，与物流成本无关的其他业务利润和投资收益应该剔除。

2. 物流成本与利润类指标的适用范围

同物流成本与收入类指标一样,物流成本与利润类指标的适用范围主要集中于3类企业:生产制造业、流通企业和物流企业,该类指标用来评价这3类企业单位物流成本的获利能力。物流成本利润率可以用于企业内纵向比较分析,也可以用于行业内横向比较分析。以此来评价企业单位物流成本获利能力在企业内部是否有所变化,以及企业单位物流成本获利能力在同行业所处的水平。由于物流成本利润率反映的是物流活动所产生的收益与所付出的成本之间的比值,它能够真实地反映出企业物流成本投入和支出之间的关系。因此,该类指标也适用于任何类型企业的盈利能力评价和物流成本管理水平的评价。

3. 物流成本与利润类指标的使用缺陷

利润总额是一个集收入、成本、费用等因素于一体的综合性指标。因此,物流成本利润率本身就具有较强的综合性。它可以降低物流成本与主营业务成本、期间费用、企业总成本和主营业务收入等类指标的使用缺陷,但同时,该类指标也存在利润总额等指标所包含的不足之处。比如,产品的原材料价格变动对主营业务成本和期间费用的影响,完工产品的价格和营销策略对主营业务收入的影响等,这些均会对利润总额产生影响,影响的程度取决于该指标对各因素的敏感性程度。因此,在使用该类指标时,首先要对利润总额指标进行分析,尤其是敏感性分析。在单纯收入或单纯成本费用因素发生变动时,由于对利润总额影响较大且不具有抵消作用,因此更应该注意分析和调整。

物流成本利润率指标的分母物流成本指标对利润总额也具有一定的影响。当利润总额中涉及的其他影响因素保持不变的情况下,物流成本发生变化时,利润总额也会发生同向小幅度的变化,这能够体现物流成本利润率指标对物流成本的敏感程度,也能够反映物流成本对物流成本利润率的影响程度。

4. 实例应用

C企业在20×4年度发生的物流成本为59 600元,主营业务收入为1 224 000元,主营业务成本为1 020 000元,期间费用为122 000元,期间费用中销售费用为36 000元,财务费用为30 000元,管理费用为56 000元。C企业20×5年发生的物流成本为66 000元,其中包含隐性物流成本26 000元,主营业务收入为1 392 000元,主营业务成本为1 160 000元,期间费用中销售费用为40 000元,管理费用为64 000元,财务费用为330 000元,其中300 000元为向银行购建厂房所支付的利息费用,营业外支出为6 000元,发生了投资收益200 000元,在此不考虑相关税金的影响。

根据上述资料进行计算和分析。

20×4年企业利润总额为:

$$1\ 224\ 000-1\ 020\ 000-122\ 000=82\ 000(元)$$

20×5年首次计算企业利润总额为:

$$1\ 392\ 000-1\ 160\ 000-64\ 000-40\ 000-330\ 000-6\ 000+200\ 000=-8\ 000(元)$$

由于企业在运营期间发生的利息支付不应该由该运营期间独立承担,所以应该对利润总额进行调整,再次计算结果为:

$$-8\ 000-200\ 000+300\ 000-26\ 000=66\ 000(元)$$

根据这些数据,可以编制C企业物流成本利润率分析一览表,如表9-21所示。

表 9-21 C 企业物流成本利润率分析一览表   元

项目 年度	物流成本	利润总额	调整后利润总额	调整后的利润 总额/物流成本
20×4 年	59 600	82 000	82 000	1.38
20×5 年	66 000	−8 000	66 000	1
20×5 年较 20×4 年同比增长率	10.74%	−109.76%	−19.51%	−27.54%

通过表 9-21 中的数据资料可以看出，C 企业在 20×5 年发生的物流成本比 20×4 年增长了 10.74%，利润总额却下降了 109.76%，由于在比较期间存在一些非本运营期间的费用，所以对利润总额的相关因素进行调整后所得的利润总额仍然较 20×4 年下降了 27.54%，说明 C 公司的物流成本和利润总额呈反方向变化。

由于 C 公司在 20×5 年的首次计算利润总额为亏损，经过调整可实现利润总额为 66 000 元，此时物流成本利润率为 1，说明单位物流成本可实现 1 个单位的利润。而 C 公司在 20×4 年单位物流成本可实现 1.38 个单位的利润总额，这与企业自身因素有关，也与整个经济大环境不景气有关。此种情况，说明企业的物流成本获利水平降幅较大。

企业的任何一种物流成本比率指标都可以在一定程度上说明企业内部和外部存在的问题，特别是对于企业内部纵向的比较和同行业的横向比较过程中，更容易发现企业本身存在的问题。但在应用物流成本比率指标时，一定要注意每个指标都有其自身的局限性，在计算时要充分考虑。同时，企业在应用物流成本比率指标进行分析时，一定要结合企业的实际情况，具体问题具体分析，切忌盲目照搬，这样不仅不能真实反映企业内部物流活动管理情况，也不能够客观揭示存在的一些实际问题。

9.3.5 物流成本与成本、费用类指标的比率分析

在分析完物流成本与收入类、利润类指标后，还要进行成本费用指标的分析，成本费用类指标分析主要包括 3 类：主营业务成本、期间费用和企业总成本分析。

1. 物流成本与主营业务成本的比率分析

在分析物流成本与主营业务成本比率之前，首先要明确物流成本与主营业务成本比率的含义。物流成本与主营业务成本比率是指物流成本与主营业务成本之比，其中物流成本是指在一定运营期内，由于物资流通而发生的不包含物资本身价值的成本支出；主营业务成本是指已经实现销售的包含物的价值的成本支出。对于制造业和流通业而言，物流成本与主营业务成本比率主要反映了一定运营期间内单位已销售产品成本的物流成本比率；而相对物流企业而言，主营业务成本主要反映的是对外支付的委托物流成本。因此，物流企业的物流成本与主营业务成本率主要反映的是企业所发生的物流成本总额与委托物流成本的比率关系。

1) 物流成本与主营业务成本比率指标使用的前提条件

在主营业务中，产品的采购成本（包含购买产品的价款和采购费用）是主营业务成本的重要组成部分。因此，不同时期或不同企业间采购产品价格差异较大，则会导致主营业务成本产生很大的差异。所以，企业在使用这一指标来衡量物流成本与成本费用的比例前，应先将产品采购价格进行比较。只有在价格大致相同的情况下，比较才具有实际意义；若价格差

异较大,仍需要进行该比较,则可以通过对价格进行调整,以某一固定价格作为基数,将所有比较对象的产品采购价格参照基数价格作调整,形成抽象价格差异,再进行比较分析。

2) 物流成本与主营业务成本比率指标的适用范围

物流成本与主营业务成本比率指标适用于生产制造业、流通企业用于分析单位已销售产品成本的物流成本比率,也适用于物流企业分析单位委托物流成本的物流成本比率。物流成本与主营业务成本比率既可以进行所有产品成本与主营业务成本比率的分析,也可以用于单类产品的物流成本与主营业务成本的比率分析。在这里需要强调的是,无论是所有产品、单类产品还是单项产品,进行物流成本与主营业务成本比率分析时,比较的对象之间必须相匹配,否则该指标将没有实际意义。

3) 物流成本与主营业务成本比率指标的使用缺陷

企业之所以计算物流成本与主营业务成本比率,其主要目的是通过与不同时期、同行业内不同企业之间进行比较,来说明企业自身该比率的科学性和合理性,进而以此评价企业的物流成本水平是否科学、合理。物流成本与主营业务成本中一些成本的组成是相同的,但是还存在着一些成本费用构成上的差异。因此,物流成本与主营业务成本比率指标多大最为合适,没有唯一的答案。因为企业在改变其经营决策时,原有采购价格与物流成本构成要素中人工、材料和燃料等价格将随之而发生变化,且变化方向相反或幅度差异较大,这都会对物流成本与主营业务成本比率形成一定的影响。所以,物流成本与主营业务成本比率保持在什么水平最佳很难确定。也就是说,并不存在一个合理的比率作为标杆,也不是该类指标越小越好,应该有一个适当的度。在某些情况下,物流成本与主营业务成本比率过低的话,并不意味着企业物流成本控制得好。

4) 实例应用

D 企业在 20×4 年销售 D_1 产品 135 件,发生物流成本为 16 400 元,主营业务成本为 256 000 元;销售 D_2 产品 158 件,发生物流成本为 18 600 元,主营业务成本为 298 000 元。D 企业在 20×5 年销售 D_1 产品 170 件,物流成本为 17 000 元,主营业务成本为 288 000 元;销售 D_2 产品 170 件,物流成本为 19 000 元,主营业务成本为 321 000 元。

根据以上资料可以编制 D 企业物流成本与主营业务成本明细表,如表 9-22 所示。

表 9-22 D 企业物流成本与主营业务成本明细表   元

年度	项目	物流成本	主营业务成本	物流成本/主营业务成本
20×4 年	D_1 产品	16 400	256 000	6.4%
	D_2 产品	18 600	298 000	6.2%
	合计	35 000	554 000	6.3%
20×5 年	D_1 产品	17 000	288 000	5.9%
	D_2 产品	19 000	321 000	5.9%
	合计	36 000	609 000	5.9%
20×5 年较 20×4 年同比增长/%	D_1 产品	3.66	12.50	−7.81%
	D_2 产品	2.15	7.72	−4.84%
	合计	2.86	9.93	−6.35%

根据表 9-22 可知，D 企业在 20×5 年较 20×4 年物流成本增长了 2.86 个百分点，而主营业务成本的增幅较大，达到了 9.93 个百分点，接近于 10% 的增幅。在主营业务成本中，增幅较大的是 D_1 产品，它的主营业务成本增幅达 12.5 个百分点，而 D_2 产品的增幅略小，为 7.72 个百分点。对于 D 企业来说，单位主营业务成本发生了 0.059 个单位物流成本，比 20×4 年下降了 6.35 个百分点，其中 D_1 产品下降了 7.81 个百分点，D_2 产品下降了 4.48 个百分点。因此，若这两个年度的其他相关要素价格变化不大的情况下，说明企业 D_1 和 D_2 产品的物流成本与主营业务成本的比率总体来说较为合理，D 企业成本控制得较好。

2. 物流成本与期间费用的比率分析

物流成本与期间费用比率是指物流成本与期间费用之比。这里的期间费用主要包含 3 项，即销售费用、财务费用和管理费用。这一比率反映了企业在一定运营期间内发生的物流成本占期间费用的比重。

1) 物流成本与期间费用比率指标使用的前提条件

不同类型的企业在会计核算过程中，对有关费用的列支科目要求有所不同。对于制造业和流通企业来说，所发生的物流成本是在期间费用的有关科目中列出；而对物流企业而言，所发生的物流成本主要在主营业务成本科目中反映。因此，企业物流成本与期间费用的比率对于制造企业和流通企业来说，更真实地反映出全部物流成本在期间费用中所占的比例，不需要做任何调整。而对于物流企业，需要把委托成本从企业物流成本总额中分离出来，再分别计算出自营物流成本和期间费用的比例，这样才能够真实地反映出该指标的含义。

2) 物流成本与期间费用比率指标的适用范围

物流成本与期间费用指标适用于制造业和流通企业，同时，也适用于一些能够把自营物流成本从物流总成本分离出来，并以此来计算物流成本与期间费用比率的物流企业。该指标的比率分析可以用于一个企业不同时期的纵向比较分析，也可以用于同行业不同企业之间的横向比较分析。物流成本与期间费用比率指标有一个显著优点，就是可以忽略产品品种的差异，不受产品品种变化和产品价格波动的影响。

3) 物流成本与期间费用比率指标的使用缺陷

物流成本与期间费用比率指标的使用，除了对制造业和流通企业在进行比较分析时不需要做相关调整外，其他企业在使用时需要进行调整，否则该类指标就不能够真实反映指标的实际含义。对于生产制造业，若企业物流成本的构成项目中，有相当比重的内容来自期间费用，则该指标无法真实地反映出物流成本与期间费用比率的含义，评价结果也就不具备客观性。

除此之外，对于所有企业而言，如果期间费用在某一会计期间因政策调整或企业经营管理方向发生了重大变化，可能导致企业产生大量与物流成本无关的期间费用支出，例如，修建厂房、构建仓库等需要资金较多的项目。这相对于以前的会计期间或其他企业而言，分子物流成本的构成内容未发生变化，但是分母期间费用却大量增加，使得企业物流成本与期间费用的比率降低，这并不意味着企业成本控制得好。所以，在一些情况下，不能单单看数字的表象，还要去挖掘数字背后潜在的实质。

4) 实例应用

E 企业在 20×4 年发生的物流成本是 26 500 元，期间费用中销售费为 20 000 元，财务费用为 15 600 元，管理费用为 25 000 元；E 企业在 20×5 年发生的物流成本为 32 300 元，期间费用中销售费用为 18 000 元，财务费用为 182 000 元（其中 170 000 元为举债所支付的利息），管理费用为 34 000 元。

根据上述资料可以进行计算和分析如下。

E 企业 20×4 年的期间费用为：

$$20\ 000+15\ 600+25\ 000=60\ 600(元)$$

20×5 年的期间费用为：

$$18\ 000+182\ 000+34\ 000=234\ 000(元)$$

由于在财务费用中存在举债所需支付的利息，而这些利息不应该由该运营期全部承担，所以应该在期间费用中减去资本性的利息支出，进行调整后的期间费用为：

$$234\ 000-170\ 000=64\ 000(元)$$

根据以上数据可以编制 E 企业物流成本与期间费用比率分析明细表，如表 9-23 所示。

表 9-23 E 企业物流成本与期间费用比率分析明细表   元

年度\项目	物流成本	期间费用	调整后期间费用	物流成本/期间费用	物流成本/调整后的期间费用
20×4 年	26 500	60 600	60 600	43.73%	43.73%
20×5 年	32 300	234 000	64 000	13.80%	50.47%
20×5 年比 20×4 年同比增长/%	21.86	286	5.61	−68.44	15.41

从表 9-23 可以清晰地看出，E 企业在 20×5 年的物流成本比 20×4 年同比增长了 21.86%，调整之前的期间费用增长幅度达到了 286%，经过对资本性利息支出的调整，期间费用的增幅为 15.41%，由此可以看出，调整前后差异很大。

E 企业在 20×5 年度物流成本与期间费用之比为 13.80%，比 20×4 年下降了 68.44%，从这个数据上看，企业的成本控制得较好。通过进一步分析发现，财务费用中存在 170 000 元的资本性利息支付，而 20×4 年没有该利息支出项目，所以为了使该指标具有可比性，需要对数据进行调整。调整后的数据发现，实际上企业物流成本与调整后的期间费用比重较 20×4 年增长了 15.41%。从这一点来看，实际上 E 企业在物流成本控制上不如 20×4 年好，这需要企业根据实际情况来具体分析。

3. 物流成本与企业总成本的比率分析

物流成本与企业总成本比率，其计算公式为：

物流成本与企业总成本比率＝物流成本/(主营业务成本＋销售费用＋财务费用＋管理费用＋营业外支出＋其他业务成本)

该指标主要反映了企业物流成本占企业总成本的水平。通过物流成本与企业总成本比率的计算公式可以看出，物流成本是企业总成本构成的一部分。通过较长时期的比较分析，企业可以推算出物流成本占总成本比重的区间。

1) 物流成本与企业总成本比率指标使用的前提条件

物流成本与企业总成本比率对所有企业而言都是一种简单的分析指标，主要反映的是一种结构百分比关系。需要注意的是，在物流成本中包含显性成本和隐性成本，其中显性成本在总成本中能够完全体现出来；而隐性成本主要是指现有资源被占用所造成的机会成本，往往不包含在总成本中。所以，在使用该指标前，首先要明确物流成本中是否存在隐性成本，以及隐性成本在总成本中所占的比重。如果隐性成本在物流成本中所占比重较大，为了使物流成本与企业总成本比率更具实际意义和可比性，应该在原有成本基础上对其进行调整，即在原有成本基础上加上隐性物流成本，从而使结构百分比具有比较意义。

2）物流成本与企业总成本比率指标的适用范围

物流成本与企业总成本比率主要适用于制造企业、流通企业及物流企业在一定期间内物流成本与企业总成本之间的比率分析。与前述的几个比率指标一样，该指标可以进行时间上的纵向比较分析，也可以进行同行业内与其他企业间的横向比较分析。同物流成本与主营业务成本比率指标相比，物流成本与企业总成本比率弱化了企业产品品种变化和产品价格变动的影响；同物流成本与期间费用比率指标相比，该指标弱化了与物流成本无关的大额期间费用变动的影响，是一种更为综合的比率指标。

3）物流成本与企业总成本比率指标的缺陷

由于物流成本与企业总成本比率可以弱化产品品种和产品价格对其的影响，还可以弱化与物流成本无关的大额期间费用对其的影响，针对这种情况，物流成本与企业总成本比率存在一定的缺陷，即当货物的种类和价格发生变化时，会影响物流成本的发生，继而影响该指标的准确性。同时，当期间费用中与物流成本无关的大额费用发生变动时，会导致企业物流总成本发生改变，进而影响到该指标的高低，使企业不同期间或同行业不同企业之间该指标的可比性削弱。

4. 实例应用

F 企业 20×4 年物流成本为 28 000 元，主营业务成本为 450 000 元，销售费用为 21 200 元，财务费用为 16 500 元，管理费用为 30 000 元，在整个运营期间没有发生其他营业外支出和业务成本；F 企业在 20×5 年发生物流成本为 36 000 元（其中隐性成本为 16 000 元），主营业务成本为 562 000 元，销售费用为 23 200 元，财务费用为 145 000 元，管理费用为 35 000 元，其中购买地皮向银行借款发生的利息支付额为 130 000 元，营业外支出为 5 000 元。

根据以上数据可以计算出 F 企业 20×4 年度和 20×5 年度企业总成本，分别为：

20×4 年企业总成本＝450 000＋21 200＋16 500＋30 000＝517 700（元）

20×5 年企业总成本＝562 000＋23 200＋145 000＋35 000＋5 000＝770 200（元）

根据前述提到的为了使物流成本与企业总成本比率指标具有可比性，需要对企业总成本进行调整，调整后的数据企业总成本为：

调整后 20×5 年企业总成本＝770 200＋16 000－130 000＝656 200（元）

根据以上计算数据编制 F 企业物流成本与总成本比率分析表，如表 9-24 所示。

表 9-24　F 企业物流成本与企业总成本比率分析　　　　　　元

年度＼项目	物流成本	企业总成本	调整后企业总成本	物流成本/企业总成本	物流成本/调整后的企业总成本
20×4 年	28 000	517 700	517 700	5.41%	5.41%
20×5 年	36 000	770 200	656 200	4.67%	5.49%
20×5 年较 20×4 年同比增长/%	28.57	48.77	26.75	−13.68	1.48

由表 9-24 可以看出，F 企业在 20×5 年物流成本较 20×4 年增长了 28.57%，企业总成本增长了 48.77%，调整后的企业总成本较 20×4 年增长幅度为 26.75%。由此可见，对企业总成本的相关构成调整更能够真实地反映企业的实际成本水平。根据调整后的数据可知，物流成本与企业总成本比率的增幅没有超过物流成本的增幅。

由比率分析可看出，F 企业 20×5 年物流成本占总成本比重的 4.67%，较 20×4 年降低了 13.68%。为了使指标和 20×4 年具有可比性，对其进行调整，调整后的数据表明企业物流成本占总成本的比重为 5.49%，比 20×4 年增长了 1.48%。虽然这个数据不如调整前的数据喜人，但是可以看出企业的成本控制还是相对稳定的。

复习与应用

1. 物流成本分析的主要方法有哪些？这些方法分别在什么条件下适用？
2. 物流成本结构分析的分类有几种？如何判断企业内部成本变动情况以及企业物流成本的市场竞争力？
3. 物流成本比率分为哪几类？每一类比率分析的前提条件及适用范围是什么？

实战习题

ABC 有限责任公司在 2008 年进行结算时得出的物流成本数据如下所示。根据数据对其进行物流成本比率分析，并进行横向和纵向比较，说明 ABC 公司在 2008 年物流成本的内部变动情况和在市场上的竞争力。

ABC 公司在 2007 年生产甲种 120 件产品全部销售，发生物流成本为 14 400 元，销售乙产品 140 件，发生物流成本为 15 400 元，公司共发生物流成本为 29 800 元，主营业务收入为 612 000 元，主营业务成本为 510 000 元，期间销售费用为 18 000 元，财务费用为 15 000 元，管理费用为 28 000 元，没有发生营业外支出项目。2008 年销售甲产品 150 件，共发生物流成本为 15 000 元（有 7 000 元隐性成本），主营业务成本为 260 000 元；销售乙产品 150 件，发生物流成本为 18 000 元（有 6 000 元隐性成本），主营业务成本为 320 000 元，主营业务收入为 696 000 元，期间销售费用为 20 000 元，财务费用为 165 000 元（其中有 150 000 元用于建厂借款的利息费用）营业外支出为 3 000 元，投资获取收益为 100 000 元。

根据所给信息列表进行分析：并判断说明企业的物流成本水平及控制效果。
1. 作物流成本与数量类指标的比率分析，列表进行说明。
2. 作物流成本与收入类指标的比率分析，列表进行说明。
3. 作物流成本与利润类指标的比率分析，列表进行说明。
4. 作物流成本与费用类指标的比率分析，列表进行说明。

中英文关键词语

1. 物流成本分析　　Logistics cost analysis
2. 物流成本结构　　Logistics cost configuration
3. 物流成本比率　　Logistics cost rate
4. 自营物流成本　　Self-support logistics cost
5. 委托物流成本　　Entrustment logistics cost

6. 功能性物流成本   Functional logistics cost
7. 存货相关物流成本   Stock in trade-related logistics cost
8. 企业总成本   Enterprise total cost

进一步阅读

[1] 希尔顿. 成本管理：商务决策战略（案例分析）. 2版. 北京：中国人民大学出版社，2004.

[2] 普罗特纳，西本，库梅尔，等. 应用成本效益分析：理论、方法、习题和解答. 上海：上海财经大学出版社，2011.

[3] 张昌博. 作业成本法在医药物流中心成本分析中的应用. 物流技术，2010 (1).

第 10 章 物流绩效评价

【本章结构图】

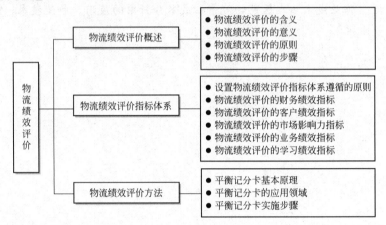

【本章学习目标】

通过本章的学习，你将能够：
- 解释物流绩效评价的含义；
- 明确物流绩效评价的原则；
- 掌握物流绩效评价的步骤；
- 明确建立物流绩效评价指标体系应遵循的原则；
- 掌握物流绩效评价的财务类指标；
- 掌握物流绩效评价的非财务类指标；
- 理解平衡记分卡的基本原理；
- 掌握应用平衡记分卡进行评价的步骤。

10.1 物流绩效评价概述

物流作为提高经济竞争力的重要因素，要想使其健康地发展，必须对企业物流的计划、顾客服务、运输、存货等物流活动进行绩效评价与分析。对物流绩效进行评价与分析，才能够正确判断企业的实际经营水平，提高企业的经营能力，进而增加企业的整体效益。科学有效的物流绩效评价是企业在激烈的市场竞争中立于不败之地的重要法宝之一。

物流绩效评价实质是对物流成本效益进行分析。物流经营的基本动机是使企业所获利润最大化。因而，必须对物流经营能力的各方面予以详尽的了解与掌握，使企业相关的管理部门能够及时发现问题，发掘潜在的力量，为企业实现经济效益的持续增长以及物流成本在科学合理的控制下不断降低奠定基础。

10.1.1 物流绩效评价的内涵

绩效是业绩与效率的统称，它包括效率和效果两方面的内容，主要是指企业在一定经营期间内的经营效益和经营者的业绩。绩效的好坏直接影响到企业的发展壮大和经营者的能力。因此，许多企业都是以绩效为标准来考核一个企业的经营状况和经营者在任期间的能力表现，这种考核被称为绩效评价。

1. 绩效评价的含义

绩效评价又称为绩效评估，是指通过运用运筹学和数理统计的方法，建立一套科学的指标体系，参照统一的评价标准，按照一定的程序，对企业在一定经营期间内的经营效益和经营者的业绩进行定量和定性分析，并做出公正、客观和准确的综合评价。

绩效评价通常有两类评价者与被评价者：一类是企业所有者对企业经营者的绩效评价，这种绩效评价在更广的范围内属于经济学问题的范畴，是法人治理结构的问题；另一类是企业的经营管理者对属下各级责任者的绩效评价，这是一个管理学或管理事务的问题。本章介绍的绩效评价的内容属于第二类绩效评价，即在企业组织内部，高层管理者通过制订预算或编制计划等方式，对下级责任者设定的绩效标准，然后进行绩效考核，据以反映实际的执行情况，并对其作出绩效评价。

2. 物流绩效评价的含义

物流绩效评价就是企业根据自身的物流战略规划和发展目标，在一定时期内，利用一定的方法，根据预先确定的评价指标体系和评价标准，对反映企业物流历史的、当前的和未来的发展状况的有关指标进行综合分析，对企业物流水平和发展状况进行全面系统评价的过程。物流绩效评价是对物流业绩和效率的一种事后的评估与度量，以及事前的控制与指导。

对企业物流进行绩效评价可以充分调动员工工作的积极性，并及时发现物流活动中存在的问题，有利于提高企业的盈利能力。

10.1.2 物流绩效评价的意义

物流绩效评价是企业进行科学、全面的绩效管理的基础，是促进企业建立激励和约束机制的有效手段。科学的物流绩效评价有利于促进物流企业经营观念和发展战略的改变，有利于企业更加充分合理地利用身边的各项物流资源。

由于市场的激烈竞争，每个物流企业都相应地建立了自己的物流绩效评价体系，从根本上提高企业的物流活动管理水平，为其在激烈的竞争中获取一定的优势。发达国家关于物流绩效的研究起步较早，1985 年，A. T. Kearney 曾指出，进行综合绩效考核的企业，可将其总体产量提高 14%～20%。与发达国家相比，我国无论是在学术方面还是在应用方面对物流绩效的研究都与发达国家存在很大的差距。"物流绩效评价"这个词对于我国大部分企业来说还比较陌生，即使我国的一些企业在进行物流绩效评价，也只是停留在一个较为低级的阶段，只局限于现行的管理模式。比如说企业先行的评价指标数据多来源于财务部门提供的结果，在时间上较为滞后。这样，企业无法对所发生的物流活动进行动态及时的监控，客观上就会造成企业无法及时发现物流活动过程中出现的问题，继而不能及时、行之有效地解决问题，从而对企业整体经营活动造成不好的影响。还有一点必须指出，现在的评价指标体系的建立并没有考虑到供应链的整体物流绩效评价，缺乏战略联盟思想，因而使得物流绩效评价不够科学、全面，不利于科学有效考核企业物流绩效的最终结果。同时，对于通过物流绩效评价来改善企业的管理，降低物流成本，提高物流效率，提高顾客的满意度，提升企业形象等方面的作用认识还不充分。因此，我国企业应该结合本企业的自身情况，具体问题具体分析，制定一套科学合理的绩效评价指标体系，采用科学的绩效评价方法，更好地实现企业进行物流绩效评价的最终目的。

1. 物流绩效评价可以正确评价企业物流活动的过去

正确评价企业的过去是说明企业现在和揭示企业未来的基础。物流绩效评价通过一定的考核方法和评价指标体系对企业过去发生的物流活动进行评价，其中最主要的是对物流活动所产生的成本进行绩效评价。通过对实际成本费用等资料的分析能够准确说明企业发生物流活动的绩效情况，指出企业物流的成绩、问题及产生问题的原因，分析是内部原因还是外部原因，是主观原因还是客观原因，对原因分析清楚有利于企业正确评价已经发生的物流活动。

2. 物流绩效评价可以全面评价企业物流活动的现状

通过对企业所有物流活动进行绩效评价有助于企业全面评价物流活动的现状，最直接反映这些情况的就是企业的财务会计报表和管理会计报表。企业的财务会计报表和管理会计报表是企业所有生产经营活动的综合反映，企业的物流活动也包含在其中。但是这些会计报表是根据会计专业的特点以及管理者的要求设计的，无法为不同的使用者提供其所需的全面数据资料。

物流绩效评价，根据物流分析主体目的的不同，可以采用不同的分析方法和分析手段，得出企业物流在该方面现状的指标。例如，企业物流部门的资产结构情况的指标、企业的营运现状指标、企业物流活动盈利能力指标等。通过对企业物流活动全面评价，可以使企业清楚地认识到企业物流活动的现状，有利于企业调整物流活动中多余的环节，节省时间、人力、物力和财力，反过来讲就是为企业创造了利润。

3. 物流绩效评价可以准确估计企业物流活动的潜力

企业物流活动的潜力是指现有条件不变的情况下，企业对物流活动投入一定的资源而得到的最大产出，也称为产出潜力；或者在产出不变的情况下，使企业对物流活动所投入的资源最小，也就是所谓的成本潜力。企业可以通过趋势分析法说明企业物流活动的总体发展潜力，也可以通过因素分析和对比分析找出企业关于物流管理环节的潜力。

总之，通过物流绩效评价可以充分挖掘企业物流活动各方面的潜在力量，使企业总体利益最大化。

4. 物流绩效评价可以充分揭晓企业各项物流活动存在的风险

企业进行的任何物流活动都存在一定的风险，这主要是因为在经济活动中存在许多不确定性因素。如果企业对这些风险因素估计不准，或者采取危机预警管理不当的话，会给企业的经营造成严重的后果。

企业的物流风险主要包括资金投资风险、物流活动经营风险和财务风险。对企业进行物流绩效评价，尤其是对企业物流活动的潜力的分析来说，企业正确估计物流经营活动的风险非常重要。通过对各项物流活动进行细致的考核和评价，使得经营者能够清楚地知道目前企业的物流活动表现如何，企业的物流活动在哪些方面存在漏洞，哪些方面需要尽可能地完善，从而降低物流活动存在的风险。正常情况下，企业物流绩效评价结果越差，说明企业物流活动的风险越高，也即企业的经营风险越高，反之企业的经营风险就越低。

综上所述，对于广大企业来说，可以通过对绩效评价结果的分析，及时了解和掌握自身在地区、行业、规模中的优势和劣势，从而不断改进和优化物流运作程序，及时调整物流运作方式，实现更高效的物流运作效率，以提升企业物流绩效。同时，通过物流绩效评价，可以使企业更系统地整合现有资源，更有效地降低物流成本，更准确地提高物流服务质量，从而创造更多的物流价值和经济效益。因此，对我国企业进行物流绩效评价，是企业长远发展的有利保证，也是企业现代化管理的重点。

10.1.3 物流绩效评价的原则

没有规矩不成方圆，在进行物流绩效评价时，也需要遵循一定的原则。

1. 整体性

目前物流活动已经渗透到企业经营活动的各个部分，只要有物质的流通就有物流活动，这里所说的物质的流通既包括实体物资又包括金融、期货等非实体物资。随着物流活动各个流程的不断整合与发展，企业对物流活动的绩效评价就不能只局限于对局部物流成本的考核和控制，因为这不能满足企业对整体物流活动的掌控。因此，企业对物流活动的绩效评价应该从整体上对所有的物流活动进行综合绩效评价。现在不少大型企业集团都已改变了传统上只对局部的物流部门内部，通过简单功能性指标进行分析和对物流绩效进行评价，而是从公司整体利益和整条供应链的综合利益出发，制定和部署物流战略，通过企业集团对渠道联盟的总体绩效来衡量物流活动的绩效。这与现今倡导的供应链一体化战略联盟思想相一致。

2. 可接受性

企业在进行物流绩效评价过程中不仅要有评价指标、评价手段和评价方法，同时还需要企业的管理者和员工积极参与配合。没有企业管理者和员工的积极配合，所取得的绩效评价结果的真实性和可靠性有待商榷。因此，企业在对物流绩效评价体系和指标的设计上，要充分考虑到绩效评价的过程和结果能否被管理者和员工接受和支持。一旦企业所采用的物流绩效评价指标体系脱离企业的实际情况，不具有实用性，这样的绩效评价就不会得到参与评价的管理者和员工的理解和支持，绩效评价也会遭到极大的阻力。一般情况下，企业在设计物流绩效评价指标体系时，要事先广泛征求管理者和员工的意见和建议，尽可能把工作要求详细、准确地告诉参与评价的相关人员，这样可以极大地提高物流绩效评价体系的可接受性，相应的也可以提高绩效评价结果的准确性。

3. 定性与定量相结合

企业在进行物流活动的绩效评价时，在评价方法的选择上要采用定性方法和定量方法相结合的原则。单纯使用定量方法，采用的数据是已经发生的数据，容易使企业的评价结果过于死板，同时在时间上具有滞后性。若单一使用定性方法，评价的结果过于主观，不容易形成统一标准。因此，在进行物流绩效评价时要使用定性方法和定量方法相结合进行评价。这样既保证了绩效评价的客观性，又保证了绩效评价的灵活性。评价指标的选取也应该采用定量指标和定性指标相结合的办法，因为物流绩效评价涉及物流活动的风险和客户满意度等问题，而这两类指标往往难以进行量化。因此，在进行绩效评价时除了要对物流绩效评价指标进行量化外，还应当使用一些定性指标对定量指标进行修正。对定性指标一定要给出明确的定义，并按照某种参照标准对其赋值，使其能够合理、准确地反映指标的性质。

4. 个性和共性相结合

物流绩效评价体系具有广泛的适用性，能够把不同类别、不同行业的企业物流绩效反映出来，这是物流绩效评价的共性。同时，物流绩效评价还应该具备个性，具体问题具体分析，它要求绩效评价还应该根据具体的行业和企业的实际情况做出适当的调整，使绩效评价能够根据不同企业物流活动的状况科学合理地作出评价。

5. 经济性

企业在进行绩效评价时，还应考虑物流绩效评价在应用时的收益和付出的成本。具体而言，在设计绩效评价指标体系时，指标不宜过多。指标过多会造成数据的采集复杂，参与评价的管理者和员工有抵触情绪，评价的成本也随之上升。同时指标过多导致操作结果过于复杂，结果得不偿失。评价指标也不能过少，评价指标过少会导致企业评价的结果不全面，无法达到预期的理想结果。因此，在保证评价指标能够满足评价需求时，尽可能使评价的成本最低。

6. 可比性

企业在建立物流绩效评价体系时，要考虑到数据在时间上纵向的可比性，还要考虑与其他同类企业包括国外的企业物流绩效评价体系的兼容性和横向的可比性。这样有利于与国外同行业的企业物流绩效相比较，同时也可以与国内的竞争对手进行比较分析，发掘潜在的竞争力。企业在建立物流绩效评价体系时要参照国际和国内同行业的物流管理标准，提高评价的可比性。

10.1.4 物流绩效评价的步骤

物流绩效评价大致要经历前期准备工作阶段、主要工作阶段和后期处理工作阶段，见图10-4所示。

1. 前期准备工作阶段

1) 建立物流绩效评价组织机构

在进行企业物流绩效正式评价之前需要做一些基本的准备工作，以保证物流绩效评价工作能够顺利进行。首先，要建立物流绩效评价工作的组织机构，它直接组织和进行评价活动，负责成立绩效评价小

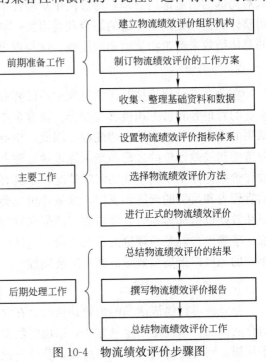

图 10-4　物流绩效评价步骤图

组，选择小组成员。一般情况下，评价组织机构还会从企业外部聘请有关的专家和学者加入评价小组，来提高评价的科学性和可靠性。成为一名合格的评价小组成员应该具备以下几点要求。

第一，应该具备企业管理、物流管理和财务会计等方面的专业知识。

第二，必须熟悉物流绩效评价整个的流程，同时有较强的综合分析能力。

第三，评价小组的组长应该在经济管理方面有较为丰富的工作经验，具备较高的职业素养，并能够秉公评价。

2）制订物流绩效评价的工作方案

制订物流绩效评价的工作方案是绩效评价前期准备工作的核心部分，是整个绩效评价工作的规划，为绩效评价工作的顺利进行提供了指导方案。物流绩效评价的工作方案主要包括以下6个方面的内容。

（1）企业进行物流绩效评价的目标。企业在进行物流绩效评价时，首先要明确进行绩效评价的目标是什么。绩效评价的目标是指导整体评价体系运作的指南，它应该从属和服务于企业的总目标，由企业的总目标决定。绩效评价目标是通过在物流活动中建立自上而下的激励和约束机制，调动全体参与评价人员的积极性，提高物流活动的整体效率。只有使全体参与人员明白物流绩效评价的目标，才能提高企业的效率，才能为企业的发展提供帮助。

（2）绩效评价的对象。企业进行物流绩效评价的对象有两个，即企业和员工。其中，员工主要是指经营管理者。虽然企业物流绩效评价的目标是通过经营管理者来执行和实现的，但由于存在着道德风险和逆向选择问题，经营管理者的目标和企业的目标往往不能完全一致，有时甚至是背道而驰。这就是为什么在对企业进行物流绩效评价的基础上，还要对企业物流活动的经营管理者进行绩效评价。

在制订物流绩效评价的工作方案中确定评价对象具有重要的意义。明确评价对象可以使执行者有针对性地收集资料，节省不必要的收集成本，提高绩效评价的效率。对企业进行物流绩效评价能够影响企业的后续经营活动，是扩张、维持、收缩、转型还是退出。对物流活动的经营管理者进行绩效评价则能够影响其奖惩和职位的升降等敏感性问题。

（3）物流绩效评价指标。进行绩效评价必须建立在科学合理的评价指标的基础上，而评价指标的选择对绩效评价的整体效果至关重要。物流绩效评价所关注的是评价对象对企业的整体发展紧密相关的各个方面，评价对象在这些方面的表现从一定程度上决定了绩效评价的最终结果。物流绩效评价指标主要分为两大类：一类是财务方面的评价指标，如成本、利润和报酬率等；另一类是非财务方面的评价指标，如顾客满意度、顾客忠诚度等。

（4）物流绩效的评价方法。采用何种方法进行物流绩效评价对最终的绩效评价结果有很大影响，一种好的评价方法既可以充分展现物流活动中存在的问题，还可以发掘物流活动的发展潜力，激发物流活动发挥其最大能力；同时，一种好的评价方法可以充分利用已得到的信息资料，使评价的结果更为客观、科学、准确。

（5）物流绩效的评价标准。物流绩效的评价标准主要取决于绩效评价的目标。科学有效的评价标准应该具备以下几个特征：难度适中，不能太简单，使评价对象轻松达到标准；不能过难，对于一个不可能完成的任务，会抵消员工的积极性；评价标准应该是员工只有经过努力后才能达到绩效考核的标准。同时，绩效评价的标准要具有透明度，评价对象能够准确地理解和接受这个评价标准，使得刚性和柔性相结合。

(6) 绩效评价报告的形式。绩效评价工作完成以后，要以书面的形式向相关负责人呈现此次评价的结果。以什么样的形式呈现绩效评价的结果，是绩效评价的工作方案应该包含的内容。一般来讲，绩效评价报告的形式要根据绩效评价的目标，确定最终需要形成的绩效评价报告的具体形式。例如，物流成本绩效分析报告、企业物流绩效近期发展情况报告等。

3) 收集、整理基础资料和数据

绩效评价的主要依据就是所需资料和数据，企业在制订完绩效评价的工作方案后，要根据工作方案的要求收集具体物流活动的基础数据，并对所获数据及信息进行加工、整理，提炼出所需信息用于物流绩效评价。在做好基础工作的前提下，从横向比较上分析，物流绩效评价小组还应该收集同行其他企业在进行物流绩效评价时采用的评价方法和评价标准，及时了解行业的物流绩效评价现状。从纵向比较上分析，物流绩效评价小组还应该收集企业历年的绩效评价报告及相关具有价值的信息，为当前的物流绩效评价活动提供参考意见。

2. 主要工作阶段

1) 物流绩效评价指标体系的设置

在前期准备工作就绪的情况下，要进行正式的绩效评价工作，这是物流绩效评价的关键步骤。在物流绩效评价的工作方案中已经涉及指标的选择，那么在这个步骤中的主要工作是建立一个完整的绩效评价指标体系，使这个评价指标体系能够满足评价所需的全部信息。同时，指标数量应尽可能少，使评价的过程尽可能地简化。

2) 物流绩效评价方法的应用

进行绩效评价的方法有很多，如平衡记分卡、绩效棱柱法、数据网络分析法、层次分析法和模糊综合评价等。究竟采用哪种方法进行物流绩效评价要综合考虑企业进行物流绩效评价的目标，所拥有的人力资源及企业收集数据的具体实际情况。使用绩效评价方法，一定要遵循公平公正原则，对每项参与评价的物流活动平等对待。

3) 进行正式的绩效评价工作

设置完物流绩效评价指标体系，选择好物流绩效评价方法之后，要进行正式的物流绩效评价工作。在这个阶段，物流绩效评价小组成员应客观地对物流绩效评价对象进行评价，依据评价指标和评价方法，并把评价标准作为唯一的评价依据。

3. 后期处理工作阶段

1) 总结物流绩效评价的结果

评价工作完成后，要对所产生的评价结果进行总结。找出问题的所在，分析物流绩效较差的原因，针对性地提出解决问题的方案，达到绩效评价的最终目的。对于绩效评价好的物流活动要总结经验，为其他的物流活动树立榜样，提供一些参考意见。

2) 撰写物流绩效评价报告

物流绩效评价结果得出以后，要以书面报告的形式呈现给相关部门的负责人，它是整个评价过程的结论性文件。绩效评价人员通过各种渠道获得与评价对象有关的资料和数据，经过加工、分析和整理后，依据确定的评价方法和评价指标对评价对象进行绩效评价，再把所得结果进行比较分析，找出差异所在的原因，提出评价对象业绩的好坏情况，给出改进方向和适当的鼓励，最大限度地激发物流活动的潜力。

3) 总结物流绩效评价工作

总结物流绩效评价工作是进行物流绩效评价的最后一步，是对物流绩效评价的所有工作进行总结。也就是把从物流绩效评价工作开始时的工作背景、工作时间、工作地点、评价过程中遇到的问题、措施和政策建议等形成书面材料，专门建立一个物流绩效评价工作档案，对以后的物流绩效评价具有一定的参考价值。

10.2 物流绩效评价指标体系

物流绩效评价是利用物流活动的相关数据和其他相关资料，对物流活动的绩效进行评价，对评价结果进行比较分析，查看物流活动是否还有可以提升的空间，以使企业的整体利益最大化。通过绩效评价可以查缺补漏，同时对物流活动的相关负责人和参与的员工具有鞭策和激励作用。在整个物流绩效评价过程中，物流绩效评价指标体系的设置至关重要，它的科学性和合理性对物流绩效评价结果具有直接的影响作用。因此，对物流绩效评价指标体系的设置要慎之又慎，考虑周全，以免产生不必要的成本浪费。

10.2.1 设置物流绩效评价指标体系应遵循的原则

建立一套企业物流绩效评价指标体系对企业物流的绩效进行判断、评价，从而为企业改善现行物流体系提供参考依据具有重要意义。为保证评价体系的有效性、科学性，在建立该体系时应遵循以下原则。

1. 客观性原则

客观性原则是建立物流绩效评价指标体系的首要原则。在进行物流绩效评价过程中要尽最大程度减少人为主观因素对评价过程和评价结果可能造成的影响，保证评价结果的客观性。同时，物流绩效评价指标体系在设立过程中要求具有全局观念，不偏不倚，这就要求参与评价指标体系设立的各方代表应该具有代表性和公正性，最大程度地保证评价指标的科学性和可靠性。

2. 可比性

在物流绩效评价过程中，评价指标的选择必须是可比的，这里讲的可比性不仅是指横向可比性，同时还包括纵向可比性。通过横向可比性能看出不同活动或项目之间存在差距，通过纵向可比性能看出目前企业物流绩效活动与先前的绩效活动有哪些方面的进步，进而总结经验和教训。有时，在建立物流绩效评价指标体系时还要参考国际与国内同行业的物流管理标准，使建立的物流绩效评价体系更科学。

3. 可操作性

整个物流绩效评价体系是一项复杂的系统工程，评价指标体系设立时必须考虑评价所需的各种资料和数据的可获得性和收集的难度。如果收集数据和资料的难度过高，评价工作就无法顺利地完成，也就达不到企业期望的结果。在进行评价指标的选择上，一定要选择那些容易获得且收集难度不大的指标，组成一个完整的指标体系。

4. 适用性

设立绩效评价指标体系要具有适用性，也就是说所选择的指标必须为一定的目的服务，通过一个或几个指标可以看到什么样的结果。评价指标体系不适用，会从整体上对评价结果产生严重影响，评价工作所做的努力也将付之东流。这需要评价小组成员在设计评价指标时要考虑清楚每个指标的作用，从根本上剔除那些没有实际作用的评价指标。

5. 经济性

物流绩效评价指标在保证了可操作性和适用性的时候，要考虑到操作时的成本收益，即物流绩效评价指标的经济性。在建立评价指标体系时，评价指标体系的大小必须适宜。指标体系过小，会导致评价结果不全面；评价指标体系过大，又会造成企业需要收集的数据和资料过多，这样导致评价成本上升和操作过程的复杂性。因此，在进行绩效评价指标体系的设立时，应该结合企业本身的实际情况，同时参考国内现有物流绩效评价指标体系和国外先进指标体系，寻找适合企业自身实际情况的指标体系。

10.2.2 物流绩效评价指标体系的设立

物流绩效评价指标体系中包含两类指标：财务评价指标和非财务评价指标。企业作为一个独立的法人实体，它的物流活动财务绩效如何，受到企业内部和外部利益相关者的普遍关注。正常情况下，利益相关者可以通过企业公开发布的财务报表中的财务数据来分析评估企业的财务情况和企业的经营成果。这种情况也适用于企业物流活动的绩效评估，通过对企业财务报表的分析，能够知道企业物流活动绩效的财务情况。

1. 物流绩效财务评价指标

物流绩效财务评价指标反映的是各项物流活动的投入与产出的对比关系，也可以说是物流活动的经营效率。通过财务评价指标的比较分析，能够发现企业物流活动中存在的问题。在评价活动结束之后，根据面临的具体问题，有效地采取解决问题的对策，提高物流活动的经营效率。物流绩效的财务评价指标主要包括营运能力评价指标和获利能力评价指标两类。

1) 物流营运能力评价指标

企业物流活动的基本动机是追求利润最大化，而企业的物流运营能力正是获取利润的基础。企业的物流运营能力是指物流活动基于外部市场环境的需要，通过内部人力资源和作业资源的配置组合而对实现财务目标的生产作业作用的程度。企业物流活动的运营能力对企业的获利能力具有非常重要的影响，它主要包括两个核心指标，即人力资源运营指标和作业资源运营指标。

(1) 人力资源运营指标。

人力资源是物流活动的主题，它可以源源不断地为企业物流活动创造利润。人力资源整体实力的高低对企业物流运营能力具有决定性作用。企业可以通过分析物流人力的特点来调动经营管理者的积极性和能动性，从而通过物流活动效率的提高来奠定物流运营能力持续、稳定扩展的基础。物流活动是以人为核心展开的，衡量人力资源的营运能力指标是物流劳动作业效率。

物流劳动作业效率又称劳动效率，是指物流活动收入净额与平均员工人数的比值，其计算公式为：

$$物流劳动作业效率 = \frac{物流活动收入净额}{从事物流活动的员工人数的平均值}$$

其中：

$$物流活动收入净额 = 物流营业额 - 物流营业折扣与折让$$

有的企业也使用"工时数"来代替"平均工人数"求劳动效率，这要根据企业的实际情况而定。一般而言，劳动效率越高，说明企业的人力资源使用情况越好。物流绩效评价指标体系遵循可比性原则，因此，在进行物流绩效评价指标分析时，要注意将企业实际的劳动效率指标和计划劳动效率、同行业平均劳动效率进行比较，找出和分析差异的原因，充分发掘人力资源的潜力。

(2) 作业资源指标。

企业物流活动中花费的成本大部分是为了获取完成各项物流活动所需的作业资源而耗费的，物流拥有或控制的企业资源表现为各项资产的占用。因此，作业资源的营运能力实际上就是物流总资产及其各构成要素的营运能力。具体的评价指标主要有物流总资产周转率、物流流动资产周转率、应收账款周转率、存货周转率和物流固定资产周转率。

① 物流总资产周转率。物流总资产的营运能力集中在总资产的营运水平，即其周转率方面。物流总资产的周转率代表着物流总资产的营运能力，它是指物流活动营业收入净额与平均资产总额的比值，其计算公式为：

$$物流总资产周转率 = \frac{物流活动营业收入净额}{平均物流资产总额}$$

物流总资产周转率也可以用周转天数表示，它与物流总资产周转率相配比使用，其计算公式为：

$$物流总资产周转天数 = \frac{计算期天数}{物流总资产周转率}$$

在物流总资产周转率和周转天数的计算公式中，平均物流资产总额应按照不同的计算期分别确定，且公式中的平均物流资产总额与物流活动营业收入净额应保持期间口径上的一致性。一般情况下，年平均物流资产总额的计算公式为：

$$年平均物流资产总额 = \frac{\frac{1}{2}年初数 + 一季度数 + 二季度数 + 三季度数 + \frac{1}{2}年末数}{4}$$

当物流总资产额所占用的资金波动比较大时，可以采取加大数据采集密度的方法来计算平均物流资产总额，把上式中的季度数据改为月份数据，再进行计算；当物流资产总额所占用的资金相对比较稳定、波动较小时，可以采取计算期的期初和期末物流资产占用额来计算平均物流资产总额。

物流总资产周转率可以综合、全面地反映出企业全部物流资产的营运能力。正常情况下，物流总资产周转率越高，表明企业物流周转速度越快，表明企业物流总资产的营运能力就越高。

通过物流总资产周转率和物流总资产周转天数这两个指标的评价可以判断企业物流活动的流动资产和固定资产的周转情况。需要说明的是，企业物流活动的营业收入直接来源是企业物流活动的流动资产周转额，而固定资产是对流动资产有效规模的推动及对流动资产价格转换能力与转换效率具有一定的影响。所以，在物流绩效评价时，也要考虑企业营业收入的现实情况，而对固定资产则侧重于利用效率的评价。

② 物流流动资产周转率。物流流动资产营运能力主要表现在物流流动资产周转率上，其计算公式为：

$$物流流动资产周转率(次数) = \frac{物流活动营业收入净额}{物流流动资产平均占用额}$$

通过这个指标可以揭示企业物流流动资产实现营业的能力，以及流动资产投资的节约与浪费等情况。在一定时期内，物流流动资产周转速度越快，说明计算期内实现同样的物流活动营业收入净额占用的流动资金就越少，对财务目标的贡献也就越大，企业物流活动的流动资产利用效率就越好。

$$物流流动资产占用率 = \frac{物流流动资产平均占用额}{物流活动营业收入净额} = \frac{1}{物流流动资产周转率}$$

另外，物流流动资产周转率也可以用物流流动资产周转天数表示，其计算公式为：

$$物流流动资产周转天数 = \frac{计算期天数}{物流流动资产周转率}$$

物流流动资产周转天数越短，表明周转速度越快。为了详尽地揭示物流流动资产的周转速度，还需要依靠其他一些指标补充说明，如应收账款周转率和存货周转率等指标。

③ 应收账款周转率。应收账款周转率是企业营业收入净额与平均应收账款之比。与总资产周转率和流动资产周转率一样，这个指标能够通过周转次数和周转天数来反映。其计算公式为：

$$应收账款周转率 = \frac{物流活动营业收入净额}{平均应收账款额}$$

$$应收账款周转天数 = \frac{计算期天数}{应收账款周转率} = \frac{计算期天数 \times 平均应收账款额}{物流活动营业收入净额}$$

计算公式中的平均应收账款额是指资产负债表中的应收账款和应收票据之和的期初和期末数的平均值，它是未扣除坏账准备的应收账款金额。在一些关于物流绩效评价的书中，也有使用赊销收入净额来替代物流活动营业收入净额的，使得分子、分母的口径一致。但是，赊销收入净额这一数据是财务报表的外部使用人很难获取的，即使是财务报表的内部使用人，有时也很难获得真实的数据。所以，为了保持历史的一贯性，企业可以使用物流活动的营业收入净额来计算应收账款周转率。

应收账款周转率这一评价指标是反映企业物流活动应收账款变现速度快慢及管理效率的指标。一般情况下，应收账款周转率越高，说明企业应收账款回收速度越快，短期偿债能力越强。可以减少坏账损失和收账费用，从而增加物流流动资产的投资收益。若应收账款周转速度慢，企业过多的运营资金会被应收账款所占用，影响到其他活动资金的使用，严重时会导致资金的枯竭甚至瘫痪。因此，应收账款周转率这个指标应该掌握一定的"度"，应收账款周转率过大，可能导致企业的信用政策或者付款条件过于苛刻，连锁反应会影响企业的销售情况，影响企业物流活动的盈利能力。

在利用公式计算应收账款周转率时应该注意3个方面：第一，如果企业物流活动的营业收益具有季节性，那么该指标就无法正确反映企业物流活动的实际经营状况；第二，平均应收账款应该是扣除平均坏账准备后的净额，否则应收账款周转率的水分较大；第三，若应收账款余额的波动性较大，应尽可能使用更详尽的计算资料。

④ 存货周转率。存货周转率是营业成本与平均存货额的比值，它是衡量和评价企业物流活动在存货、生产和销售回收等环节综合管理水平的财务指标。它的计算公式为：

$$存货周转率 = \frac{营业成本}{平均存货额}$$

$$存货周转天数 = \frac{计算期天数}{存货周转率} = \frac{计算期天数 \times 平均存货额}{营业成本}$$

在存货周转率计算公式中,没有采用营业收入净额而使用了营业成本,主要是因为要除去营业毛利对存货周转速度的虚假影响。因为存货是按照成本计价的,应用营业成本正好可以保持分子和分母口径的一致性。此外,由于企业可以选择采用不同的存货计价方法,因此在和其他企业进行指标的比较时,应该充分考虑到由于会计处理方法的不同而造成的影响,增强评价指标的可比性。

存货周转速度的快慢,不仅反映出物流采购、存储、作业、营业等各环节管理工作状况的好坏,而且对物流的偿债能力及获利能力产生着决定性的影响。一般来说,存货周转率越高,说明周转速度就越快,存货占用资金的水平就越低,那么存货变为应收账款或现金的速度也就越快。但是,存货周转率过高也并非好事,它可能反映出企业的存货水平过低,或者采购的次数过多,这可能意味着企业的存货不足,容易导致企业发生缺货现象。反之,如果企业的存货周转率过低,应该仔细分析存货的质量结构,明确存货中是否包含次品或者实际价格低于账面价格的存货。因此,企业应该根据自身所处的行业特点和同行业水平,确定一个合理的存货周转率,并根据企业自身的实际情况不断进行调整。

有的企业为了进一步分析物流内部各个组成部分的存货周转率,把它细化分为原材料周转率、产成品周转率和在产品周转率,计算公式分别为:

$$原材料周转率 = \frac{耗用原材料成本}{平均原材料存货}$$

$$产成品周转率 = \frac{产成品营业成本}{平均产成品存货}$$

$$在产品周转率 = \frac{在产品制造成本}{平均在产品存货}$$

⑤ 物流固定资产周转率。一般情况下,物流服务的收入直接来源于流动资产的周转,固定资产的周转本身并不能直接创造收入。固定资产要完成一次周转必须经过整个折旧期间。因此,如果用营业收入除以固定资产占用额来反映固定资产周转速度具有很大的缺陷,即它并非固定资产的实际周转速度。但如果从固定资产对推动流动资产周转速度的作用来看,固定资产与物流营业收入有着必然的联系,即流动资产投资规模、周转额的大小以及周转速度的快慢在很大程度上取决于固定资产的作业经营能力及利用效率。因此,结合流动资产投资规模、周转额、周转速度来分析固定资产的营运能力还是非常必要的。固定资产周转率的计算公式为:

$$固定资产周转率 = \frac{营业收入净额}{固定资产平均占用额} = \frac{流动资产平均占用额}{固定资产平均占用额} \times 流动资产周转率$$

由于企业采用的固定资产折旧方法或者折旧年限可能存在差异,为了计算方便,固定资产周转率计算公式中的固定资产平均占用额应按照资产负债表中固定资产原值数据计算,这样处理就可以避免由于上述差异造成的误差,进而提高该指标的可比性。

固定资产周转率越高,企业的固定资产的营运能力就越强,同等规模的固定资产可以为企业创造更多的物流服务收入;固定资产周转率越低,表明企业的固定资产的营运能力就越差。

2）物流获利能力评价指标

企业物流活动对利润的不断追求是其经营的最大动力和最终目的，也是企业物流活动进行成本控制的根本原因。企业物流获利能力实际上指的是物流的资金增值能力，通常体现为物流收益数额的大小和水平的高低，它是企业进行物流绩效评价的重点所在。

一般情况下，企业物流活动的获利能力强弱是由其经常性的经营管理业绩决定的。在物流绩效评价中通过获利能力指标，可以发现企业经营管理中存在的问题，并对症下药，改善企业物流活动的获利能力。企业物流活动的获利能力指标主要包括以下5种。

(1) 物流营业利润率。

物流营业利润率是指在一定时期内企业物流活动的营业利润与营业收入净额的比值。从利润表上可以看出，物流活动的利润主要分为营业收入毛利、经营利润、营业利润、利润总额和净利润。其中，利润总额与净利润都包含着非营业利润因素，所以能够直接反映企业物流活动获利能力的指标是毛利率、经营利润率和营业利润率。其中，尤以营业利润率更能综合地反映企业的正常生产经营的获利能力，其计算公式为：

$$企业物流营业利润率 = \frac{营业利润}{营业收入净额} \times 100\%$$

企业物流营业利润率指标是一个正向指标，能够反映出企业物流活动最基本的获利能力，是评价企业获利能力最重要的指标之一。它表明每一元钱的物流活动营业收入中有多少能够转化成企业的物流营业利润。物流营业利润率越高，说明企业物流活动主营业务的盈利能力越强；反之，则盈利能力就越差。

(2) 企业物流活动的成本利润率。

成本利润率是指利润与成本的比值，物流活动的成本利润率的计算公式为：

$$物流活动的成本利润率 = \frac{物流活动的利润}{物流活动的成本} \times 100\%$$

在这里需要指出的是，物流活动的成本和利润可以分为多个不同的层次，在进行成本利润率计算时，物流活动的利润和物流活动的成本的口径要相匹配，这样计算出来的成本利润率才有价值。利润的层次在前面已经提及，在此通过图示予以说明成本的层次，如图10-5所示。

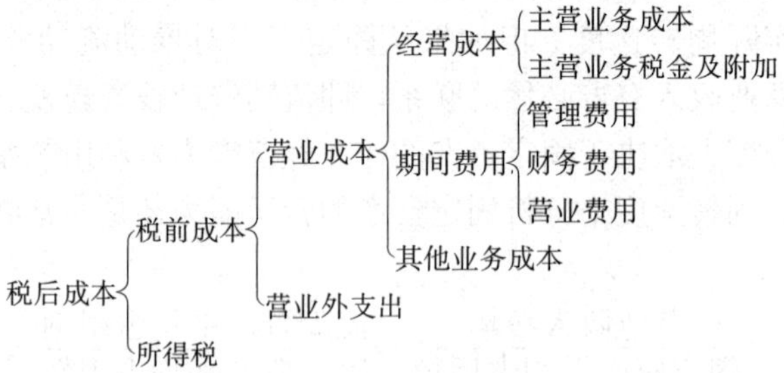

```
                                            ┌ 主营业务成本
                                  ┌ 经营成本 ┤
                                  │         └ 主营业务税金及附加
                                  │         ┌ 管理费用
                       ┌ 营业成本 ┼ 期间费用 ┤ 财务费用
                       │          │         └ 营业费用
            ┌ 税前成本 ┤          └ 其他业务成本
 税后成本 ──┤          └ 营业外支出
            └ 所得税
```

图10-5 成本层次图

按照利润和相应层次口径的成本的匹配关系，企业物流活动的成本利润率的具体计算公式如下：

$$经营成本利润率 = \frac{经营利润}{经营成本} \times 100\%$$

$$营业成本利润率 = \frac{营业利润}{营业成本} \times 100\%$$

$$税前成本利润率 = \frac{税前利润}{税前成本} \times 100\%$$

$$税后成本利润率 = \frac{净利润}{税后成本} \times 100\%$$

在实际应用中，经营成本利润率是最重要的。因为它能够反映出主要物流成本的利用结果。同时，如果把经营成本利润率和其他利润指标配合使用，就可以帮助企业发现物流系统中存在的问题。在各项收入和税收不变的情况下，若经营成本利润率很高而税前成本利润率很低，有可能是由于企业物流活动的管理费用、财务费用和营业费用等支出过多所致，若是这样，企业就应该针对这些成本费用的项目进行重点分析，找出问题所在，并提出有效的解决方法；如果经营成本利润率和税前成本利润率均很低，且差异不大，则表明企业物流成本过高，是今后控制的重点；当经营成本利润率和税前成本利润率都很高时，表明企业在物流成本管理方面的工作取得了良好的效果，企业的获利能力较强。

(3) 物流资产利润率指标。

企业物流活动的资产利润率是反映物流资产获利能力的指标，根据资产的不同层次，可以将其分为3个细化指标，即物流总资产利润率、物流固定资产利润率和物流流动资产利润率。

① 物流总资产利润率。物流总资产利润率是指一定时期内利润额和物流总资产水平的对比。根据利润的层次不同，可以把物流总资产利润率分为以下3种计算方法。

$$物流总资产息税前利润率 = \frac{息税前物流利润总额}{平均物流资产总额} \times 100\%$$

$$物流总资产利润率 = \frac{物流利润总额}{平均物流资产总额} \times 100\%$$

$$物流总资产净利润率 = \frac{物流利润净额}{平均物流资产总额} \times 100\%$$

在此需要指出的是，息税前物流利润的计算口径为：

息税前物流利润 = 物流利润总额 + 利息支出 = 物流净利润 + 利息支出 + 所得税

其中，利息支出包括基于物流活动所发生的财务费用的利息支出和计入固定资产原值的资本化利息。

物流总资产利润率主要是从资金来源的角度出发，对物流资产的使用效益进行评价。对于这个指标，所有利益相关者和债权人都十分重视。该指标越高，表明企业物流活动运用全部资产获利能力越强。同时，只要物流总资产的息税前利润率大于负债利息率，就可以实行负债经营，利用财务杠杆效应，借钱生钱，提高企业物流活动的获利能力。虽然较高的物流总资产息税前利润率能降低或避免一部分偿还债务的风险，但是，为了确保资本得到保值增值，还需要对物流总资产净利润进行分析，这个指标是企业物流经营活动产生的最直接的财源。

② 物流固定资产利润率。仅仅依靠分析物流总资产利润率有时候并不能满足实际工作的需要，因此，企业还需要对物流固定资产利润率作进一步分析，了解企业总资产内部各部

分的利润率水平。这里主要通过两个指标来表现,即物流固定资产利润率和流动资产利润率。其中,物流固定资产利润率根据成本与所对应的利润层次不同,可以分为两个层次的指标,即固定资产经营利润率和固定资产营业利润率,计算公式分别为:

$$固定资产经营利润率 = \frac{经营利润}{固定资产平均占用额} \times 100\%$$

$$固定资产营业利润率 = \frac{营业利润}{固定资产平均占用额} \times 100\%$$

物流固定资产利润率主要反映的是企业物流活动运用固定资产获利的能力,该指标越高,说明企业物流活动运用固定资产获利的能力强,反之则获利能力弱。物流固定资产是企业物流流动资产周转获利的物质基础,在分析物流固定资产利润率后,有必要对物流流动资产利润率进行分析。

③ 物流流动资产利润率。物流流动资产是直接创造物流活动收入的主要来源,它能够体现出企业物流活动利润增长是否稳定的物质基础。与物流固定资产利润率一样,物流流动资产的利润率主要由物流流动资产经营利润率和物流流动资产营业利润率两个指标构成,计算公式分别为:

$$流动资产经营利润率 = \frac{经营利润}{流动资产平均占用额} \times 100\%$$

$$流动资产营业利润率 = \frac{营业利润}{流动资产平均占用额} \times 100\%$$

比较而言,流动资产经营利润率指标比较重要,该指标越高,表明企业物流活动流动资产获利的能力就越强;反之,则物流活动流动资产获利能力较弱。

④ 物流活动的净资产利润率。物流活动的净资产利润率是企业物流活动利润净额与物流活动净资产的比值,其计算公式为:

$$物流净资产利润率 = \frac{物流利润净额}{物流净资产} \times 100\%$$

企业进行物流活动的最终目的是实现物流系统利润的最大化,要到达这一目的,最主要的就是最大限度地提高物流净资产利润率。物流净资产利润率是企业物流获利能力的核心指标,其数值的高低主要取决于3个方面:资产获利能力、产权比率和资产运营效率。该指标越大,说明企业资产的获利能力和资产运营能力越强,反之则越弱。

2. 物流绩效非财务指标

企业物流绩效评价除了受财务指标的影响,还受到非财务指标的影响,主要包括顾客服务绩效评价指标、市场影响力指标、物流活动业务绩效指标和物流活动的相关负责人学习和发展绩效指标。

1) 顾客服务绩效评价指标

企业管理物流活动最主要的目的是更好地满足顾客的需求,要做到这一点,就要了解顾客的需要。企业可以从时间、产品品质和效益等方面来衡量对顾客需要的满足程度。一般情况下可以用顾客保持率、新顾客吸引率和顾客满意度等指标来衡量。

(1) 顾客保持率。

企业物流活动的客户保持能力对企业的整体发展非常重要,它表明企业的现有顾客是否愿意继续与企业保持业务往来。这个指标属于企业的效益型指标，留住一个老顾客比吸引一个新顾客要容易得多。企业顾客保持率越高，说明企业物流服务水平及服务质量越好。其计算公式为：

$$顾客保持率 = \frac{本期老顾客数量}{上期顾客总数量} \times 100\%$$

这里的期数可视企业物流活动的特点具体选择年、半年、季度或月来确定。

（2）新顾客吸引率。

新顾客吸引率主要反映的是企业通过物流活动吸引新顾客的能力，它在某种程度上能够体现企业物流的综合管理水平和企业物流竞争能力，该指标和顾客保持率一样，也属于效益型指标。该指标越大，说明企业对新顾客的吸引能力越强，也就表明企业在市场发展中占有比较有利的位置。若该指标较低，表明企业在产品本身或物流过程中存在不足和缺陷，要尽可能找出原因进行改善，只有牢牢地抓住顾客才是企业的生存法则。该指标的计算公式为：

$$新顾客吸引率 = \frac{本期新获得的顾客数}{本期顾客总数} \times 100\%$$

（3）顾客满意度。

顾客满意度是指在所有顾客中满意的顾客所占的比重，用来反映顾客对于企业通过物流活动所提供的产品和服务的满意程度。顾客满意的时间从企业开始接受订单到顾客最终收到产品为止的整个物质流通过程。这个指标能够反映出企业内部物流活动运行的便捷和流畅程度，它有利于企业降低顾客成本，提高顾客的认知价值。

$$顾客满意率 = \frac{本期满意顾客数量}{本期顾客总数量} \times 100\%$$

该指标越高，表明企业的产品和服务产生的价值要大于顾客所付出的成本，即顾客让渡价值越大。这是企业在经营活动中希望得到的结果。顾客满意度越高，说明企业越有可能留住老顾客，同时借助于老顾客的口碑传播，能吸引到更多的新顾客，从而形成良性循环，使企业不断发展壮大。同理，如果该指标低，那就意味着顾客流失的可能性就越大，这样也容易形成恶性循环。所以，企业应该竭尽所能地提高顾客的满意度，促进企业健康良性地发展。

2）市场影响力指标

企业通过一系列的物流活动能够为企业市场竞争情况形成多大的影响力是市场影响力指标追求的结果。具体而言，主要有市场占有率、市场增长率及市场应变能力。

（1）市场占有率。

市场占有率又称为市场份额，主要是指企业的产品在同行业中的竞争力，是企业在其目标市场上所占的比重。这个指标对企业来说至关重要，它一方面能够反映出企业经营业绩，另一方面也能反映出企业市场地位，是测定企业市场发展潜力的横向对比指标。它的计算公式为：

$$市场占有率 = \frac{本企业产品所占有的市场份额}{同行业的市场总份额} \times 100\%$$

有时也可以用相对市场占有率来替代市场占有率，相对市场占有率是指本企业产品所占有的市场份额与该行业最大竞争企业的市场份额之比，它能够使企业更好地找到自己与竞争强者之间的差距，并据此进行改进。这个指标也是正向指标，该指标越大，说明企业产品或服务的渗透程度越深,企业的竞争实力越强;反之则竞争能力越弱。

(2) 市场增长率。

市场增长率主要是指产品或劳务的市场销售量或销售额在比较期内的增长比率。它能够表明企业在激烈的市场竞争中的发展潜力。市场增长率是测定企业市场发展的纵向对比指标,同时也是企业在进行产品战略发展中不可缺少的一项标准。它的计算公式为:

$$市场增长率 = \frac{比较期市场销售量 - 前期市场销售量}{前期市场销售量} \times 100\%$$

从统计学角度来看,市场占有率和市场增长率是反映企业在经济竞争格局中最直观、最简明的一对经济统计指标,在二维空间中的双指标组合能够反映企业在市场中的竞争态势。

(3) 市场应变能力。

市场应变能力是一个定性指标,主要是指企业对市场需求变化的敏捷反应力和对顾客需求变化的柔性能力。它是企业适应市场变化的能力体现,反映了企业在物流过程中的生产管理协调能力。通常会采取十分制打分法,请本企业的相关部门负责人和业内人士给予评价。

3) 企业物流活动的业务绩效指标

这类指标主要反映企业物流活动的业务能力,主要包括物流准时率、物流准确率和物流安全率 3 个方面。

(1) 物流准时率。

物流准时率是对企业的物流活动时间协调绩效的描述,主要反映了企业物流的协调能力,即物流活动在要求的时间内完成,满足下一步工作的需要。这个指标属于效益型指标,该指标越高,表示企业的物流协调能力越强。它的计算公式为:

$$物流准时率 = \frac{准时完成的物流工作量}{物流活动的总工作量} \times 100\%$$

(2) 物流准确率。

该指标主要是指企业在进行物流各项活动过程中工作准确性。这个指标能够反映企业物流活动与企业顾客之间物流关系协调能力,它是对企业物流活动绩效评价的一个重要方面。该指标越大,说明企业物流工作的准确性越高,即表现出企业提高服务的高质量。该指标的计算公式为:

$$物流准确率 = \frac{准确完成的物流工作量}{物流总工作量} \times 100\%$$

(3) 物流安全率。

现代企业在进行物流活动时除了要求准时、准确之外,还有一项很重要的要求就是安全。从产品的原材料供应开始到最终产品达到消费者手中这一系列过程中不仅要求材料和产成品的安全,同时也要求物质存储及运输过程中人、财、物的安全。物流安全指标能够反映出企业在进行物流活动时安全完成物流过程的产品比率,其计算公式为:

$$物流安全率 = \frac{安全的物流工作量}{物流总工作量} \times 100\%$$

4) 物流活动的相关负责人学习绩效指标

这类指标主要是由参与物流工作的人员素质、业务培训、新技术开发和流程创造 4 个方面决定,它们是企业物流工作发展的驱动力。

(1) 人员素质。

企业的物流工作人员素质是指反映企业物流人员的学习能力、创新能力等的定性指标，这项指标可以由直接领导进行评价打分，一般来说都是采取十分制量化，以便进行评价。

(2) 员工培训率。

这个指标主要反映企业为员工个人能力发展的规划，包括个人职业能力的培养、进修机会等，员工的整体培训率越高，说明企业重视物流绩效的发展，企业整体的后续发展动力就越高。它的计算公式为：

$$员工培训率 = \frac{每年参加培训的员工数量}{员工的总数量} \times 100\%$$

(3) 新技术开发能力。

新技术开发主要是指企业研发部门的工作成效，它不仅能够反映出企业的科研能力和企业的财务实力，同时也反映了企业在整个行业中的整体技术水平，是企业的核心竞争力的表现，该指标属于效益型指标。新技术开发可由每年技术引进和改进总次数来表示，也可以根据同行业的平均水平为标准进行打分，同样采用十分制定量化，便于进行比较。该指标越高，说明企业的科研能力越强或者企业有足够的资金实力引进新技术，企业在市场中的竞争优势也就越大。

(4) 物流流程创造。

物流流程创造主要反映了企业对物流生产流程的改进和重造能力，可以用每年流程再造和改造的次数表示。主要体现企业的生产流程的改进和重塑，为求以最小的投入取得最大的产出。

企业进行物流绩效评价时，绩效指标应根据企业的实际需要进行选择和设置。不同的企业，其物流绩效指标的选取不同；即使同一企业，在不同时期进行物流绩效评价所选取的指标也不一定相同，要具体问题具体分析。

10.3　物流绩效评价方法

企业在进行物流绩效评价时，选择的综合评价指标不同，应用的方法也不同，下面主要介绍平衡记分卡。

10.3.1　平衡记分卡的基本原理

平衡记分卡（Balanced Score Card，BSC），是绩效管理中的一种新思路，适用于对部门的团队考核。在 20 世纪 90 年代初由哈佛商学院的罗伯特·卡普兰和诺朗诺顿研究所所长、美国复兴全球战略集团创始人兼总裁戴维·诺顿发展起来的一种全新的组织绩效管理方法。平衡记分卡自创立以来，在国际上，特别是在美国和欧洲，很快引起了理论界和客户界的浓厚兴趣与反响。

平衡记分卡作为一种绩效考核方法，它打破了传统的单一使用财务指标进行绩效考核，而是在财务指标的基础上加入了非财务驱动因素，即客户因素、内部经营管理过程和员工的学习成长，其基本框架模式如图 10-6 所示。

依照平衡记分卡的框架可以看出，对企业的物流活动绩效评价主要从 4 个方面来进行。

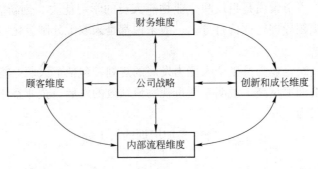

图 10-6　平衡记分卡框架图

1. 财务维度绩效评价

关于财务维度的绩效评价能够显示企业物流的发展战略及其执行对企业股东和其他利益相关者的影响。它涵盖了传统的绩效评价要素，评价目的在于能够有效掌握企业的短期盈利状况。财务指标在物流绩效评价中尽管具有局限性，但能显示已经实施的物流活动的财务结果。平衡记分卡保留了财务方面的指标，是为了显示企业的战略及其实施和执行是否能为最终经营结果的改善做出贡献。

2. 顾客维度绩效评价

企业进行物流活动不仅要取得财务上的直接收益，同时还要考虑战略资源的开发与保持。通常这种战略资源包括内部资源和外部资源，外部资源就是企业的现实顾客与潜在顾客，为企业带来物流服务产品的市场，这也是企业战略性成长的需求基础。

现代企业的竞争立足于服务顾客、满足顾客、帮助顾客实现其价值取向。因此，企业的经营战略和物流的发展战略应以顾客和市场为导向，为顾客和市场提供价值，并据此确定相应的评价要素来衡量顾客层面绩效。平衡记分卡要求对企业物流绩效评价，从顾客绩效方面来看主要考虑两个方面：一是对顾客对企业物流服务满意度的评价；二是对企业的经营行为所开发的客户数量和质量的评价。具体的评价指标有市场占有率、顾客保持率、顾客获得率及顾客的满意度等。这些指标是衡量该层面绩效的重要评价要素，它们反映了企业物流活动在市场中为顾客提供价值的大小。

3. 内部流程维度绩效评价

除了外部资源，企业赖以生存的另一重要资源是企业的内部资源，即企业物流活动的内部业务能力，包括产品特性、业务流程、软件和硬件资源等。企业的内部业务绩效主要来自企业的核心竞争能力，即如何保持持久的市场领先地位，较高的市场占有率是关键的一环。

为了达到顾客的要求，企业在其内部的业务流程、决策与行动上应有良好的表现，具备一定的市场竞争能力，并最终通过向顾客提供相应的产品和服务来满足现有和未来目标客户的需求。平衡记分卡要求企业必须从整体经营战略出发，对其业务流程进行分析，找出其核心环节并使之转化为能够为顾客提供较高战略价值的能力。

内部流程维度在企业物流绩效评估中最能够反映其行业和企业特色。同时，需要结合企业物流活动的特点和客户的具体需求共同确定。其主要的评价指标有单位进货价格、订单完成率、按时配送率、退货更换时间、按时交货次数、员工完成规定任务的时间和出错率等。

4. 创新及成长维度绩效评价

企业物流绩效在顾客维度和内部流程维度方面的评价是从企业发展的战略层次上来看，都把评价的重点放在了企业物流活动的现有竞争能力上。而企业对物流活动在创新与学习层面的评价则强调了企业要不断创新，并保持其竞争能力和未来的发展势头。因此，无论是管理阶层还是基层员工都必须不断地学习，不断为企业推出新的物流产品和服务，使物流产品和服务能够迅速有效地占领目标市场。不断地学习业务和创新，将会为顾客提供更多价值含量高的产品和服务，减少运营成本，从而提高企业的经营效率，增加股东价值。

学习和成长能力是企业在财务层面、顾客层面以及内部层面取得较高绩效水平的驱动因素，对其进行评价目的在于反映企业是否具有能够继续改进和创造未来价值的能力。企业物流绩效在这个维度的评价指标有人员素质、员工满意度、员工培训率、研发费用增长率等。

平衡记分卡这4个指标之间存在的相互驱动的因果关系如下：财务指标是企业最终的追求和目标，也是企业存在的根本物质保证；而要提高企业的利润水平，必须以客户为中心，满足客户需求，提高客户满意度；要满足客户，就必须加强自身建设，提高企业内部的运营效率；提高企业内部效率的前提是企业及员工的学习与发展。这4个方面构成一个循环，从4个角度解释企业在发展中所需要满足的4个因素，并通过适当的管理和评估促进企业发展，可以说它们基本囊括了一般企业在发展中的关键因素。

10.3.2 平衡记分卡的应用

1. 平衡记分卡的应用领域

自平衡记分卡方法提出之后，它对企业全方位的考核及关注企业长远发展的观念受到学术界与企业界的充分重视，许多企业尝试引入平衡记分卡作为企业管理的工具。在国外平衡记分卡应用领域十分广泛，涉及服务提供商、生产制造商、金融服务企业、物流服务企业和高科技企业。随着企业改革的不断深入，绩效评价越来越受到管理层的重视。平衡记分卡的提出与应用推广也对国内产生了较大的影响，目前国内有众多专家、学者、企业界人士在讨论平衡记分卡的推广与运用问题。研究平衡记分卡的学者也由最初的管理会计发展到人力资源管理领域、战略管理领域。许多企业在绩效考核方面借鉴了平衡计分法的思想，有些企业不仅自己采用了平衡计分法，还在此基础上开发出软件产品，如山东鲁能科技集团，将平衡计分法的思想融入其绩效管理软件，该产品运用于电力系统，云南、广西、东北的电力系统均有所采用。

2. 平衡记分卡法的实施步骤

1) 建立企业物流活动的远景与战略

企业物流活动的远景与战略要简单明了，并对每一部门均具有实际的指导意义，使每一部门可以采用一些业绩衡量指标去完成企业的物流活动。

2) 在企业的高层管理层中达成共识，分析各维度之间的因果关系

企业的高层管理者应该对企业物流活动的发展远景及发展战略达成共识，通过成立平衡记分卡小组或委员会去解释公司的物流发展战略，通过分析财务、顾客、内部业务、学习与成长4个维度的因果关系，并从这4个方面建立具体的绩效考核指标体系。

3) 建立物流绩效评价指标体系

根据企业物流活动的具体情况建立符合企业物流绩效评价实际需要的指标体系，用于考核物流绩效。在建立物流绩效评价指标体系时，一定要根据企业自身的实际情况，考虑自身的实际需要，切忌盲目使用，照搬照抄。

4) 进行物流绩效评价

指标设置完后，要根据企业物流活动的各个指标值进行绩效评价，比较各部门的物流绩效活动优劣，并查找物流绩效不佳部门的问题所在，提出解决方案。

5) 总结评价结果并进行跟踪反馈

企业物流活动绩效评价结束后，必须总结评价结果。同时，对于参与评价的部门进行跟踪反馈，发现问题及时反馈给各个物流活动的相关部门进行调整和修正，再进一步修正评价结果。

中英文关键词语

1. 绩效评价　Performance evaluation
2. 评价原则　Evaluation principles
3. 绩效评价指标体系　Performance evaluation index system
4. 财务绩效指标　Financial performance index
5. 非财务指标　Non-financial index
6. 财务维度　Financial perspective
7. 顾客维度　Customer performance perspective
8. 学习及成长维度　Learning and Growth perspective
9. 内部流程维度　Internal business processes perspective
10. 平衡记分卡　Balance score card

进一步阅读

[1] 王变娜, 陈辉发. 基于平衡计分卡理论的食品冷链物流绩效评价：来自达能中国酸奶业务的经验. 商业会计, 2014 (10).

[2] 张霞. 以物流品损坏与时间成本最低为基础的绩效考核体系研究. 物流技术, 2014 (9).

[3] 孙静. 我国快递型物流企业的绩效评价研究. 中国储运, 2014 (4).

参 考 文 献

[1] 冯耕中，李雪燕，汪应洛，等. 企业物流成本计算与评价：国家标准 GB/T 20523—2006《企业物流成本构成与计算》应用指南. 北京：机械工业出版社，2007.
[2] 包红霞. 物流成本管理. 北京：科学出版社，2007.
[3] 余艳琴. 物流成本管理. 武汉：武汉大学出版社，2008.
[4] 张国庆. 企业物流成本管理. 合肥：合肥工业大学出版社，2008.
[5] 宋华. 物流成本与供应链绩效管理. 北京：人民邮电出版社，2007.
[6] 何开伦. 物流成本管理. 武汉：武汉理工大学出版社，2007.
[7] 李建丽. 物流成本管理. 北京：人民交通出版社，2007.
[8] 傅桂林，袁水林. 物流成本管理. 北京：中国物资出版社，2007.
[9] 王欣兰. 现代物流管理概论. 北京：北京交通大学出版社，2007.
[10] 赵忠玲，冯夕文. 物流成本管理. 北京：经济科学出版社，2007.
[11] 曾益坤. 物流成本管理. 北京：知识产权出版社，2006.
[12] 杜学森. 物流成本管理实务. 北京：中国劳动社会保障出版社，2006.
[13] 钱芝网，蒋朝晖. 物流成本管理实务. 北京：中国时代经济出版社，2008.
[14] 郭晓梅. 管理会计. 北京：北京师范大学出版社，2007.
[15] 财政部企业司.《企业财务通则》解读. 北京：中国财政经济出版社，2007.
[16] 冯巧根. 成本会计. 北京：北京师范大学出版社，2007.
[17] 石金涛. 绩效管理. 北京：北京师范大学出版社，2007.
[18] 邓凤祥. 现代物流成本管理. 北京：经济管理出版社，2003.
[19] 朱伟生. 物流成本管理. 北京：机械工业出版社，2004.
[20] 鲍新中. 物流成本管理与控制. 北京：电子工业出版社，2006.
[21] 林德斯，费隆. 采购与供应链管理. 11版. 北京：机械工业出版社，2001.
[22] 贝利. 采购原理与管理. 北京：电子工业出版社，2006.
[23] 黄志平，文晓巍. 食品安全背景下农业企业物流外包决策的案例研究. 南方农村，2014（1）：61-65.
[24] 艾默瑞，芬尼特. 公司财务管理（上）. 北京：中国人民大学出版社，2000.
[25] 陈正林. 企业物流成本生成机理及其控制途径：神龙公司物流成本控制案例研究. 会计研究，2011（2）：66-71.
[26] 罗俊. 物流公司仓储管理案例分析. 现代商贸工业，2009（11）：39-40.
[27] 徐小慧. 零售业供应链及采购成本管理研究：基于沃尔玛的案例分析. 商场现代化，2014（2）：35-37.